Will Hofmann

Götter

Will Hofmann

Götter

Roman

Fabulus-Verlag

Bibliografische Information der Deutschen Nationalbibliothek:
Die Deutsche Nationalbibliothek verzeichnet diese Publikation in der Deutschen Nationalbibliografie; detaillierte bibliografische Daten sind im Internet über http://dnb.d-nb.de abrufbar.

Lektorat: Elmar Klupsch, Stuttgart
Umschlaggestaltung: Gestaltungsbüro Röger & Röttenbacher GbR, Leonberg
Satz und Herstellung: Fabulus-Verlag, Fellbach
Druck und Bindearbeiten: CPI books GmbH, Leck
Printed in Germany
ISBN 978-3-944788-34-0

Besuchen Sie uns im Internet unter:
www.fabulus-verlag.de

Inhalt

Prolog

Die Frau fiel ihm sofort ins Auge. Clemens Röder wollte sich drei Dosen Sauerkraut kaufen. Er liebte es, zwischendurch eine Gabel davon in den Mund zu schieben und genüsslich zu kauen. Er brauchte nichts dazu, es ersetzte ihm das zweite Frühstück. An seinem Kartoffelstand hatte er immer einen kleinen Vorrat stehen, und der war aufgebraucht.

Die Fremde stand neben ihm, als er im untersten Regal die richtige Marke suchte. Sie war merkwürdig gekleidet; eher nach der Herrenmode zu Kaisers Zeiten, wie Clemens sie von alten Bildern her kannte. Ja, die Dame trug Herrenkleidung, eine Art hellen Leinenanzug. Der war reichlich abgetragen und einen Tick zu groß, das kam nun noch hinzu.

Eigentlich waren Clemens zuerst die Schuhe aufgefallen, als er sich gebückt hatte. Die sahen aus wie selbstgemacht, halbprofessionell. Bei Schustern in Marokko hatte er ähnliche Gebilde gesehen, aus weichem Leder, ohne Sohle, über den Knöcheln wie ein Sack zusammengebunden.

Die Frau entfernte sich, Clemens blickte hinter ihr her. Sie hatte einen leichten, federnden Gang, die Bewegung war elastisch, fast tanzend – frisch, ganz im Gegensatz zu ihrer Kleidung.

Clemens konnte nicht anders, er ging der Fremden nach, bemühte sich aber, nicht aufzufallen.

Auch das war merkwürdig. Die Frau nahm Dinge aus den Regalen und musterte sie so, als hätte sie sie noch nie gesehen. War sie eine Ausländerin, die versuchte, die Etiketten zu entziffern?

Doch nicht nur die Dosen und Packungen erforschte sie. Sie starrte auch die Regale, die Preisschilder, die Wurst-, Fleisch- und Fischtheke an, als wäre das alles rätselhaft für sie.

Clemens gewahrte wohl, dass auch andere Kunden verwundert reagierten. Einige warfen der Frau neugierige, oft abschätzig Blicke zu.

Die Fremde entdeckte jetzt die Kühltruhen. Clemens konnte sich nicht helfen, es kam ihm so vor, als ginge sie nicht einfach nur dorthin, sondern sie schien regelrecht zu studieren und zu beobachten, was andere Kunden dort machten; so, als sei ihr das alles vollkommen unbekannt. Kurz darauf griff die Fremde in die Gemüsetruhe, ließ die Erbsenpackung aber sofort wieder fallen. Hatte sie etwa mit der Kälte in der Kühltruhe nicht gerechnet? Schnell fasste sie sich ein Herz, nahm die Erbsen nochmals heraus und betrachtete die Schachtel von allen Seiten. Sie schüttelte sie und legte sie leicht irritiert zurück.

Dann ging die junge Frau zu den Kurzwaren. Dort stand ein Mann in ähnlicher Aufmachung, er trug einen buschigen Vollbart. Die beiden gehörten ohne Zweifel zusammen. Sie zog ihn zu den Kühltruhen und zeigte ihm ihre Entdeckung. Auch er war von den gekühlten Artikeln mehr als beeindruckt. Von ihrer Unterhaltung konnte Clemens nicht jedes Wort verstehen, er merkte aber schnell, dass sie in einem merkwürdigen Tonfall sprachen. Es hörte sich nicht nach einem ausländischen Akzent an, eher nach einem Dialekt – einen, den er jedoch noch nie gehört hatte. Und herumgekommen war Clemens Röder schon ordentlich. Mehr als einmal hatte er Leuten, die er neu kennenlernte, sehr genau die Region benennen können, aus der sie kamen.

»Na ihr zwei, seid wohl aus dem Urwald geflohen?«, meinte ein anderer Kunde. Er kam sich offenbar besonders witzig vor und griente in sich hinein. Die beiden sahen sich verunsichert an, beratschlagten sich kurz und gingen zur Kasse, ohne aber etwas zu kaufen. An der Kasse starrten sie wieder wie gebannt auf die Vorgänge, die dort abliefen. Im Vorbeigehen musterten fast alle Leute das seltsame Paar, als käme es aus einer anderen Welt. Jemand scharwenzelte um sie herum, und Clemens machte ihn sofort als Ladendetektiv aus. Die Situation konnte sich zuspitzen.

Die beiden hatten längst bemerkt, dass sie beobachtet wurden. Schließlich nahm der Mann die Schöne bei der Hand, ging an der Kassiererin vorbei und brummelte: »Hab mein Geld vergessen.«

Clemens kam es eher so vor, als hätten sie überhaupt keines. Vielleicht wussten sie nicht einmal, was das war. Die Kassiererin nickte beiläufig. Die Zwei verließen den Laden, und Clemens bedauerte es, eine so lange Schlange vor sich zu haben.

Clemens schätzte die Frau auf Anfang dreißig. Dunkelblondes, kräftiges Haar, das lang hinter die Schultern fiel. Wettergegerbtes Gesicht mit betonten Wangenknochen. Nicht im üblichen Sinn schön, eher ausdrucksstark. Tiefliegende Augen, die neugierig in die Welt blickten und hellwach die Umgebung aufnahmen. Eine Frau, die schnelle

Entscheidungen treffen konnte und Entschlusskraft ausstrahlte. Dazu die schlanke Figur mit den wendigen Bewegungen – äußerst anziehend.

Schade, dass sie weg war. Auch der Mann schien interessant. Doch ihn hatte Clemens längst nicht so genau beobachtet. Beide waren geheimnisvoll.

Offenbar hatten sie einen derart gewaltigen Eindruck auf Clemens gemacht, dass er in der Nacht von Ufos träumte. Und einem davon entstieg das seltsame Paar als Botschafter einer anderen Welt. Die Frau kam auf ihn zu – sehr elegant gekleidet.

Eine Weltraumprinzessin.

Flucht

Siebzehn Jahre zuvor

Was war das denn? So etwas hatte Agnes noch nie gesehen. Da war eine wie sie und doch anders. Zum ersten Mal seit ihrer Flucht sah sie ein menschliches Wesen. Alle möglichen Tieren gab es hier, große und kleine, ohne dass sie deren Namen gekannt hätte. Im Reservat gab es nur Hündinnen und Hühner. Jedenfalls waren das die Tiere, die man sehen durfte – außer den ganz kleinen wie Fliegen, Käfern und Würmern; und natürlich den Vögeln. Aber die waren weit weg, weil sie fliegen konnten und niemanden nahe an sich heranließen.

Doch Agnes wusste mehr. Sie kannte Mäuse und Großmäuse und hatte damit eines der vielen Verbote unterlaufen. Es war nur eine Frage der Zeit, bis man sie erwischte und zum Tod verurteilte. Dabei war noch nicht einmal alles herausgekommen, was sie mit den Nagern angestellt hatte.

Agnes hielt sich gut versteckt. Sie musste auf der Hut sein, denn es konnte sein, dass man sie noch suchte und ihr eine Häscherin hinterhergeschickt hatte. Doch Agnes schloss das beinahe schon aus. Dafür sah das fremde Wesen zu armselig aus, und es hatte, soweit sie es erkennen konnte, auch keine Waffen bei sich.

Merkwürdig verhielt sich die Fremde. Sie schaute sich

suchend um und ging zu einem Baum. Dann öffnete sie die Hose, griff hinein und brachte ein fleischiges Röhrchen zum Vorschein. Damit zielte sie gegen den Baum, und jetzt trat gelbe Flüssigkeit aus.

Agnes war sprachlos. Das konnte nicht sein. Sie war völlig verdattert, die Knie wurden ihr weich, sie taumelte einige Schritte zurück und erschrak, als ein Zweig unter ihr knackte. Die Frau, oder was das war, schaute in ihre Richtung, entdeckte sie aber nicht hinter dem Laubvorhang. Agnes musste sich zusammenreißen und einen klaren Gedanken fassen. Die andere ging weiter, nachdem sie ihr Röhrchen wieder verstaut hatte. Sofort nahm Agnes die Verfolgung auf.

Bei Mäusen gab es zwei Sorten, das wusste Agnes. Aber doch nicht bei Frauen? Es gab nur Frauen. Alle gleich gebaut. Sie hockten sich hin beim Harnen. Wie sollte das auch gehen – im Stehen?

Lange hatte Agnes ihre Mäusefamilie gehegt. Schon als kleines Kind war sie ein fixes Mädchen gewesen. So lange sie denken konnte, waren ihr die verdammten Regeln auf den Geist gegangen. Immer gehorchen und tun, was die großen Frauen sagten, immer diese Beterei und Schufterei, das war nichts für sie.

Sommers wie winters früh ins Bett! Agnes konnte oft nicht schlafen. Das Schnarchen der anderen nervte sie. Doch sie fasste einen Plan. Wenn in der Frühe die Sonne aufging, bekam Agnes das fast immer mit. Eines Tages, als es dämmerte, tat sie, als müsse sie zur Toilette. Sie drehte ihre Decke so zusammen, sodass man bei flüchtigem Hinsehen denken konnte, sie liege noch im Bett. Leise verließ sie den

Schlafsaal. Vida, die Aufseherin, lag mit dem Oberkörper auf dem Tisch und schlief. Wunderbar. Agnes räusperte sich, aber die Wache tat keinen Mucks.

Obwohl die Mädchen sich nur in den zugewiesenen Räumen aufhalten durften, hatte Agnes längst herausgefunden, dass es nicht weit weg von den Toiletten noch einen kleinen Ausgang gab. Dorthin ging sie, drückte vorsichtig auf die Klinke – und die Tür gab nach.

Agnes war in Freiheit. Große Sorgen, bemerkt zu werden, musste sie nicht machen, da auch die Großen ein gewaltiges Pensum an Arbeit und Gebeten zu verrichten hatten. Alle fielen abends todmüde ins Bett und bewegten sich nicht früher aus ihren Behausungen als unbedingt nötig.

Agnes schlich durch ein paar kleine Gassen zum Dorfrand. Wirklich niemand begegnete ihr. Bald umgaben sie nur noch Felder und Obstbäume. Hier würde sie nachher wieder arbeiten müssen. Doch nun kletterte sie in einen Baum und besah sich ihre kleine Welt von oben.

Dort das Dorf mit der Kapelle, dem Richtplatz und dem Galgen. Nicht weit weg von ihr die Mauer. Der konnte sie mit den Augen ein Stück weit folgen, bis sie hinter einem Hügel verschwand. Und Agnes wusste, sie umschloss das ganze Reservat lückenlos. Es gab ein einziges Tor. Und das wurde nur geöffnet, wenn Gehenkte hinausgeschafft wurden. Nach ihrem Tod durch den Strang hatten sie kein Recht mehr, in der Gemeinde zu bleiben.

Agnes kannte den Lauf der Sonne. Jeden Morgen schaute sie als Erstes aus dem Fenster und merkte sich deren Stand. So konnte sie abschätzen, wann geweckt wurde und sie zurück sein musste.

Das gelang ihr beim ersten Ausflug mühelos. Vida schlief

noch. Agnes nahm ihren Platz im Bett wieder ein und wartete die kurze Zeit bis zum Wecken ab. Am Abend schlief sie so schnell wie noch nie ein.

Ihre innere Unruhe weckte Agnes am nächsten Morgen noch vor der Dämmerung. Sie machte sich auf den Weg hinaus in die Freiheit – allerdings eine Freiheit innerhalb der Mauern.

Das Ausbüxen wurde Agnes zum zweiten Leben. Sie untersuchte die Welt und bestaunte die Dinge, die verboten waren. Gern kletterte sie in die Bäume. Im Frühjahr beobachte sie aus nächster Nähe, wie geschickt Amseln ihr Nest bauten. Sie schlich sich behutsam heran, sodass das Amselpaar sie bald kannte und spürte, dass von Agnes keine Gefahr ausging. Also tolerierte es das Mädchen.

Eines Tages lagen Eier im Nest, die Agnes an die von Hühnern erinnerten, nur waren sie winzig klein und grün mit braunen Punkten. Ein Vogel blieb zwei Wochen darauf sitzen, der andere brachte ihm Futter. Dann waren die Eier entzwei, und fünf winzige, nackte Vögelchen piepsten im Nest herum. Agnes war außer sich vor Freude, dass sie verfolgen konnte, wie diese Kleinen versorgt wurden, wie sie wuchsen, Federn bekamen und eines Tages davonflogen.

Von da an blieb das Nest verwaist.

Gern hätte Agnes jemandem von ihren Beobachtungen erzählt und nach weiteren Einzelheiten gefragt. Aber sie hütete sich, denn sie war nicht dumm. Was sie tat, war absolut verboten. Von daher wäre die ihr auferlegte Strafe ziemlich streng gewesen. Einmal hatte sie erlebt, dass ein Kind namens Miriam erhängt wurde, kaum älter als sie. Alle hatten der Hinrichtung zur Abschreckung beiwohnen müssen. Was war ihr Verbrechen? Hatte sie gestohlen, jemanden verprügelt, gelogen? Nichts von dem, sondern Zweifel am Glauben hatte sie geäußert. Das war eine Todsünde. Auch Agnes hatte ihre Zweifel und konnte dafür gehenkt werden. Angeblich kannten die Göttinnen alle Gedanken der Frauen. Demnach hätte sie schon längst beseitigt werden müssen. Da das aber nicht der Fall war, bestärkte es Agnes in ihrer Überzeugung, dass keine der Göttinnen ihre Gedanken lesen konnte.

Besonders den Unterricht über das Lügen hatte Agnes hoch interessiert verfolgt. Da Lügen so etwas wie ein Kapitalverbrechen war, beschäftigten sich die Erzieherinnen ausführlich damit. Doch die offizielle Meinung führte bei Agnes zum gegenteiligen Effekt. Sie hatte von der Strategie des Lügens erfahren. Damit keimte in ihr der Verdacht auf, dass alles, was Menschen sagten, gelogen sein *konnte.* Damit begann Agnes, an *Allem* zum zweifeln. Gleichzeitig aber war sie aber klug genug, diese Erkenntnis für sich zu behalten. Sie glaubte nur noch das, was sie selbst gesehen und herausgefunden hatte.

***

Die Zeit in Salem, ach ja. Das Internat im Schloss, zur Reichsabtei gehörend, europa-, nein weltweit anerkannte Bildungsstätte für die höheren Töchter und Söhne.

Rudolph von Wallmoden war einer der Aufsässigen. Keinen Schabernack gegen Schüler und auch nicht gegen Lehrer ließ er aus. Juckpulver in den Kragen einer Pädagogin gestreut, Hundeflöhe in die Handtasche der Gemeinschaftskundelehrerin geleert, das waren noch die kleineren Vergehen. Nächtliche Partys mit Alkohol und Zigaretten machte er trotz aller Verbote mit. Später war er einer der Hauptorganisatoren solch illegaler Vergnügungen. Gelegentlich wurde er erwischt. Es hagelte Einträge ins Klassenbuch, mehrfach wurden seine Eltern unterrichtet.

Beliebt war das Eindringen in die Gemächer der Schülerinnen. Das fand fast regelmäßig statt. Doch bis auf einige Zungenküsse hatte sich mit den jungen Damen leider noch nicht mehr abgespielt. Die jungen Herren minderten ihren Druck durch Onanieren, und das oft in der Gruppe und als Wettkampf, wie Jungs das so machen. Es gab zwei Disziplinen: Schnelligkeit und Weitspritzen. Dabei mogelte Ebbi, indem er seinen Erguss mit den Fingern weiterschnickste. Das versuchte er, unauffällig mit den Wichsbewegungen zu kaschieren.

Der übelste Streich den Lehrern gegenüber war Rudolphs Rache mit dem Apomorphin gewesen. Damit hatte er kurz vor dem Schulverweis gestanden. Rudolph wurde eine Woche Zwangsurlaub verordnet, um zur Besinnung kommen. Nach seiner Rückkehr war er wie verwandelt. Von da ab war er ein Musterschüler. Direktor Klöbert fragte sich oft, wie die von Wallmodens dieses Wunder vollbracht hatten, und so mancher Lehrer hätte das auch gern gewusst.

Dr. Franke war Rudolphs Intimfeind. Chemie war nun einmal nicht sein Lieblingsfach, und daraus machte der Schüler auch keinen Hehl. Aber immerhin bemühte er sich, was der Lehrer jedoch nicht honorierte. Im Gegenteil. Genüsslich ritt er auf Rudolphs Schwächen herum. Der ließ sich das in seiner widerspenstigen Art wenig gefallen und stand oft am Pult. Der Doktor verdonnerte unaufmerksame oder missliebige Schüler nämlich gern zum Stehen, notfalls ohne Unterbrechung einen ganzen Unterrichtsblock lang. Fiel man in den ersten fünf Unterrichtsminuten auf, stand man fast 90 Minuten an der Wand. Das sollte nach Frankes Meinung die Aufmerksamkeitsfähigkeit steigern.

Franke hatte die Angewohnheit, sein Pult zu Beginn jeder Stunde an die Wand zu schieben, um freie Bahn zu haben, wenn er vor der riesigen Tafel herumrannte und Gleichungen über Gleichungen anschrieb. Auf dem Schreibtisch stand immer eine Tasse mit starkem Kaffee, die der Lehrer im Laufe des Unterrichts mehrfach nachfüllte. Neben dem Pult stand meist Rudolph.

***

Kinder werden von den Göttinnen gebracht. Das hatte Agnes gelernt. Die Vogelkinder kommen aus Eiern, das hatte Agnes mit eigenen Augen gesehen. Da Vögel keine Frauen waren, konnte das bei denen anders sein. Seitdem wuchs Agnes' Misstrauen. Die Zweifel wurden ihr durch die Mäuse zur Gewissheit, und seitdem übertrug sie es auf all das, was man ihr erzählte. Nach außen hin tat sie so, als glaube sie inbrünstig alles, was man ihr vorbetete. Aber sie selbst war sich sicher, dass ALLES nichts als Lug und Trug war.

Mäuse waren noch interessanter als die Amseln. Agnes beobachtete sie, wie sie aus kleinen Löchern herauskamen, durch die Ackerfurchen liefen und in ihrem Unterschlupf auch wieder verschwanden. Vom Baum aus entdeckte sie ihre Wege und das, was sie taten – vor allem, woran sie knabberten und was sie in ihre Löcher schleppten. Dass es Mäuse waren, wusste sie von den Erzieherinnen. Denn ab und zu sah man auch mal eine im Dorf, manchmal sogar in den Häusern. Dort vertrieb man sie immer. Angeblich stahlen sie Lebensmittel und brachten Krankheiten.

Eines Morgens brachte Agnes eine Holzkiste mit, die sie aus der Gerümpelkammer entwendet hatte. Die würde bestimmt niemand vermissen. Agnes hatte ein paar Leisten, einen Hammer und Nägel dabei. Damit besserte sie die halb zerfallene Kiste aus. Ein Versteck hatte sie im dichten Gestrüpp an einem Erdwall gefunden. Dann legte sie sich auf die Lauer. Sie musste eine Engelsgeduld aufbringen und eine Ewigkeit warten. Sie wartete in der Nähe des Mauselochs, aus dem tatsächlich irgendwann ein Tierchen herauskam. Agnes ließ es gewähren, verfolgte es mit den Augen.

Die Maus rannte zu einem Erbsenbeet, nagte an etwas herum und eilte mit einer Schote im Maul zurück zu ihrem Zuhause. Doch hinein ins Loch kam sie nicht. Blitzschnell schoss Agnes' Hand nach vorn und ergriff das Mäuschen. Das fing sofort an zu fiepen und zu beißen. Doch Agnes ließ nicht locker. Sie packte es mit der linken Hand so, dass das Köpfchen aus ihren Fingern hervorlugte. Da konnte es den Kopf drehen und wenden wie es wollte, seine Zähne erreichten nicht mehr ihre Finger. Die paar Kratzer vom ersten Biss machten Agnes nichts aus.

Ab in die Kiste, ein Drahtnetz darüber, und Agnes hatte ihr erstes Haustier. Das versorgte sie jetzt jeden Morgen, auch Heu und Stroh bekam das Mäuschen. Ein Schälchen fürs Trinkwasser musste Agnes noch entwenden. Damit wurde ihr Strafregister immer länger. Aber noch wusste niemand von ihren Taten. Und je länger die Strafen ausblieben, desto sicherer war sie sich: Keine ihrer Taten konnten die Göttinnen aus der Ferne sehen, keine ihrer Gedanken lesen.

Bald hatte Agnes drei weitereMäuse gefangen, denn die eine sollte nicht allein sein. Sie versorgte sie gut, und bald wurden die Mäuse richtig zutraulich. Sie schienen sich sogar darauf zu freuen, wenn Agnes das Drahtgeflecht anhob und es Futter gab. Bald konnte Agnes die Kleinen streicheln.

Irgendwann kam es Agnes so vor, als würde eine der Mäuse dicker. Der Bauch wuchs und wuchs – und dann die Riesenüberraschung: Eines Morgens purzelten sieben kleine Mäuse in der Kiste herum, nackt, rosig und ganz tapsig, und der Bauch der Alten war wieder dünn.

Niemand erklärte Agnes diese Beobachtung, sie zog alleine ihre Schlüsse daraus: Göttinnen und Priesterinnen logen und betrogen.

Von wegen, sie schenkten den Frauen die Kinder. Die Frauen sind es selbst, die die Kinder auf die Welt bringen. Bauch dick, keine Kinder, Bauch dünn, Kinder da. So war es immer wieder bei manchen Frauen. Aber was erzählte man stattdessen der Gemeinde?

Hatte eine Gläubige sich in treuem Gottesglauben wohlgefällig verhalten oder den Priesterinnen über Gotteslästerungen oder strafbare Handlungen anderer Frauen berichtet, dann wurde ihr die Gnade der Göttinnen zuteil.

Die Gesetze und das Leben waren hart. Die Frauen mussten arbeiten und die Göttinnen verehren. Ihre Geschlechtsteile durften sie weder berühren noch Lust auf ihrer oder fremder Haut erzeugen. Bei den Frauen war es die Regel, dass etwa alle vier Wochen Blut aus ihrem Geschlechtsteil floss. Das war eine Schande und eine stetige Erinnerung daran, dass eine jede von ihnen sündig sei.

Zweimal im Jahr, jeweils zur Sonnenwende, gab es große

Dankesfeste. Die Göttinnen benannten die folgsamsten Frauen, die von Martha, der Oberpriesterin, vorgeschlagen worden waren, und belohnten sie in den nächsten sechs Monaten. Eine nach der anderen wurde von den großen, lauten Vögeln abgeholt. Die Auserwählten durften in weichen Betten liegen und wurden von Helferinnen bedient. Sie konnten essen und trinken, was sie begehrten. Dabei wurden Speisen zubereitet, die es auf der Erde nicht gab.

Nach einigen Tagen erreichte die Auszeichnung den Höhepunkt: Die Folgsame trank göttliche Getränke und war bald berauscht. Ein Gefühl, das die Frau bislang nie noch erlebt hatte. Wie auch? Auf Erden gab es nur Wasser und Tee zu trinken. Doch der Trank war längst nicht alles. Göttinnen mit wundervollen Masken erschienen und berührten die Auserwählte überall am Körper. Was dabei von der verbotenen Region zwischen den Beinen ausstrahlte, war fast nicht zu ertragen. Eine Göttin kam und legte sich auf die Glückliche, Helfer spreizten ihr sanft die Beine. Und nun drang Göttliches in den Schoß ein und schürte ein Feuer der Lust. Und das nicht nur einmal, sondern viele Male. Eine Göttin schöner als die andere. Das ging so eine Woche lang.

Dann gab es keine Getränke mehr, die Göttinnen blieben fern, und das Feuer im Schoße erlosch.

Am Tag darauf flogen die Göttinnen die Ausgezeichnete wieder zurück zur Erde. Dort bekleidete sie von diesem Tag an in der Regel ein höheres Amt.

Als äußeres Zeichen ihres besonderen Verdienstes blieb neun Monate lang die Blutung aus. Die Versündigung war für diese Zeit vergeben.

Der Bauch wuchs so lange, bis er kugelrund war. So konnten alle sehen, welch große Ehre der Ausgezeichneten durch die Göttinnen zuteil geworden war.

Nach Ablauf von neun Monaten wurde sie erneut geholt und bekamen nochmals Getränke, die einen Zustand des Glücks und der Berauschung verursachten. In dieser Zeit spielten sich gewaltige Vorgänge im Körper der Gläubigen ab. Davon merkte diese jedoch wenig. Sobald die Sinne wieder aufklarten, kehrte sie auf die Erde zurück. Der Bauch war fort, aber eine frische Narbe zog sich quer über den Unterleib. Erneut musste die Frau sie sich bewähren, wollte sie noch einmal die Auszeichnung erlangen.

Diese Großen konnte Agnes nicht verstehen. Wie still die ihrer Arbeit nachgingen und wie wenig Freude sie ausstrahlten. Dabei war das Leben doch spannend, wenn man die Augen nur aufmachte. Doch sie schauten weder nach links noch nach rechts. Hätte Agnes den Begriff *Scheuklappen* gekannt, hätte sie den benutzt. Nicht auffallen, nichts falsch machen, das schien das einzige Ziel. Darin drückte sich die Angst vor allem und jedem aus. Niemand konnte einer anderen Frau trauen.

Angst und Misstrauen waren die grundlegenden Gefühle der meisten Bewohner in diesem Reservat.

***

Röder war nicht leicht aus der Ruhe zu bringen, doch heute tat sein Herz einen Hopser. Da war die Traumfrau von gestern, die ihm im Supermarkt aufgefallen und ihm in der letzten Nacht als Außerirdische erschienen war.

Sie stand da mit ihrem Mann am Nachbarstand bei Käse-Käthe, aber nicht mehr in diesem Opa-Outfit. Beide trugen jetzt ganz normale, wenn auch ein wenig abgegriffene Alltagskleidung. Geld hatten sie also doch. Gestern war es Clemens so vorgekommen, als wüssten sie vielleicht gar nicht, was das ist. Die Frau kaufte Käse und bezahlte mit einem Zehn-Euro-Schein. Statt der *Metallscheiben* wollte sie sich allerdings noch ein paar Scheiben Leerdamer geben lassen. Dabei duzte sie die Marktfrau. Diese ließ sich das nicht gefallen und fragte schnippisch, ob sie zusammen im Sandkasten gespielt hätten.

Die Fremde schien die Frage zu irritieren. Sie ging allerdings nicht darauf ein, sondern fragte, was die Verkäuferin meine. Jedem normalen Menschen war das klar. Wieder überlegte Clemens, ob sie vielleicht doch eine Ausländerin war, die den Unterschied zwischen »du« und »Sie« nicht kannte. Dafür waren ihre Grammatikkenntnisse aber zu gut. Dass sie die Münzen jedoch als *Scheiben* bezeichnete, passte wieder in kein Bild.

Käse-Käthe schnitt ein paar Scheiben Leerdamer herunter und legte sie auf die Waage, bis der Gegenwert des Wechselgeldes erreicht war. Sie machte noch eine lustige Bemerkung zu den *Scheiben*. Das forsche »Du« der Fremden schien vergessen.

Auch sie schien neugierig, weil sie die Kundin von früheren Einkäufen her nicht kannte. Deshalb fragte sie, woher sie komme.

Bei der unerwarteten Antwort »Aus dem Sperrgebiet« stellten sich Clemens die Nackenhaare hoch. Käthe jedoch lachte, hielt das für einen Scherz. Ihm kam das ganz anders vor, weil etwas mit den beiden einfach nicht stimmte. Die Antwort schien ihm ernst gemeint. Die Frau rief ihren Mann in diesem denkwürdigen Dialekt herbei. Bevor die beiden abzogen, rief Clemens: »Gnä' Frau, wie wär's mit Kartoffeln? Festkochend, mehlig, alle Sorten. Direkt vom Hof.«

Die Fremde drehte sich gewandt um, sah ihn mit festem Blick an. Ihre graugrünen Augen lagen tief in der Höhle und strahlten etwas Geheimnisvolles aus. Clemens sah darin ein tiefgründiges Feuer glimmen. Zumindest kam ihm das so vor.

»Nein, habet Dank«, entgegnete sie entschieden. »Heute brauche ich keine Grumbeeren.«

Sie drehte sich zu ihrem Mann um, nahm ihn bei der Hand und ging mit ihm davon. Clemens schickte sich an, ihr hinterherzuspringen, um sie zu fragen, was sie mit dem Sperrgebiet gemeint hätte. Doch da hörte er eine Stimme von rechts: »Aber mir können Sie Kartoffeln verkaufen!«

Clemens bediente die Kundin so schnell er konnte. Gab aus Versehen zu viel Wechselgeld heraus, sagte noch kurz: »Tut mir leid, muss schnell mal weg.« Und, zu Käthe gewandt: »Kannst du mal einen Blick auf meinen Stand werfen und die Leute kurz vertrösten?«

Er rannte durch einige Gänge, doch das merkwürdige Paar war nicht mehr zu sehen. Es ging Clemens nicht mehr aus dem Sinn. Würde er in der kommenden Nacht wieder von einer außerirdischen Prinzessin träumen? Clemens hatte keinen Zweifel, dass das eine ganz besondere Frau war. Sie erinnerte ihn an jemanden, da war er sich sicher. Doch er musste sich noch eine Weile gedulden, bis er sie wieder sah.

***

Die Göttinnen schenkten den Nachwuchs. Bei Gottesdiensten brachten sie ganz kleine, hilflose Mädchen mit. Sie mussten gefüttert und gesäubert werden. Dafür gab es Häuser, in denen Frauen mit besonderer Ausbildung ihren Dienst verrichteten. Sie mussten die kleinen Wesen nach festgelegten Vorschriften ernähren und am Leben erhalten.

Die Kinder lernten laufen und sprechen. Sie kamen in Schulen und wurden fürs Leben geformt. Das bestand von klein auf aus Arbeit und Gottesfurcht. Sobald die Mädchen etwas tragen konnten, mussten sie Aufgaben übernehmen, damit sie ein gottgefälliges Leben führten. Dabei wurde in ihrem Gewissen schon früh verankert, dass die Scheide nur zum Wasserlassen da war und ansonsten den Göttern gehörte.

Wie konnten erwachsene Frauen auf dieses Geschwätz nur hereinfallen? Spürten sie denn nicht, dass da etwas in ihrem Bauch wuchs? Agnes traute sich und fragte Lisa danach. Lisa war eine der Glücklichen. Sie hatte die Würdigung durch die Göttinnen erfahren und so begeistert davon erzählt, dass alle neidisch waren, die noch keinen dicken Bauch gehabt hatten.

Und die kleinen Mädchen starrten sie mit offenen Augen an und wünschten sich nichts sehnlicher, eines Tages auch einmal von den Göttinnen geholt und belohnt zu werden. Aber das würde noch dauern. Dazu mussten ihnen erst einmal die Brüste wachsen. Vorher waren sie noch Kinder. Sie konnten zwar schon bestraft werden, aber Belohnung gab es nur für erwachsene Frauen. Reif mussten sie sein, wie die Göttinnen es lehrten.

Alle in der Gruppe schworen sich, so fromm wie nur irgend möglich zu werden; alle, bis auf *Agnes.*

»Wie fühlt sich ein derartiger Bauch denn an? Ist der nicht viel zu beschwerlich?«, fragte sie Lisa rundheraus.

»Doch«, gab Lisa zu. »Aber diese Schwere, die trage ich mit großer Freude.«

»Darf ich einmal herauf fassen?«, fragte Agnes und tat besonders ehrfurchtsvoll. Lachend stimmte Lisa zu, und Agnes strich über die große Wölbung. Bald schon würde Lisa wieder abgeholt werden.

»Da beweget sich etwas, da herinnen!«, stellte Agnes erstaunt fest. Das kannte sie auch von sich selbst. Manchmal hatte sie Blähungen, die taten sogar weh. Wenn sie ihre Hände darauf drückte, dann linderte das den Schmerz. Und sie spürte es im Inneren genauso rumpeln wie jetzt bei Lisa. Doch die Priesterinnen hatten ihr gesagt, was es war:

»Die Göttinnenkräfte in meinem Bauche ringen meine kleinen Teufel hernieder. Wissest du, in jeder von uns stecken die kleinen Teufel. Das wird auch dir bald von den Priesterinnen gelehret.«

Mochte Lisa noch so treuherzig erzählen, wieso nur tischten die Göttinnen ihr diese Lügen auf? Agnes verstand es nicht. Doch sie kam dahinter, dass es zwei Sorten von Mäusen gab. Ein Mäuschen lag eines Morgens tot im Kasten. Agnes nahm es heraus und vergrub es in der Nähe. Beim nächsten Sonnenaufgang hatte sie ein kleines Messer und eine Schere dabei. Die blieben fortan in ihrem Versteck.

Agnes schnitt das kleine Tier auf und schaute, was alles darin zu finden war. Sie nahm es auseinander und überlegte, was in ihrem eigenen Körper auch vorhanden sein mochte. Oben die Lunge, die hatte sie auch. Das hatte die Lehrerin ihr und der Gruppe beigebracht. Sie musste ja wissen, wohin die Luft beim Atmen ging. Auch das winzig kleine Herz entdeckte sie. Das machte bei ihr dieses Bum, bum – Bum, bum, das sie manchmal hören konnte, wenn sie still im Bett lag. Gern hätte sie ihr Ohr einmal auf die Brust eines anderen Mädchens gelegt, aber das war verboten.

Als sie ganz klein war, so erinnerte sie sich, hatte sie sich immer wieder einmal an die Brust einer Erzieherin gedrückt. Dort hatte sie ebenfalls dieses Bum, bum gehört. Sie hatte das dann mit ihrem Mund nachgemacht. Daraufhin hatte die Erzieherin sie mit einem Ruck von ihrer Brust weggerissen und unwirsch in ihr Bett geworfen. Sie konnte nie vergessen, wie erschrocken sie damals gewesen war.

Ein minimales Wissen über die inneren Organe hatte man den Kindern beigebracht. Dass das Essen in den Magen kam, zum Beispiel. Den konnte man sogar spüren, wenn er ordentlich voll war. Und dass der Darm die Nahrung aufsog, und das, was der Körper loswerden wollte, kam aus dem After wieder heraus. Und auch die Flüssigkeit musste irgendwo hin. Die trat aus der Harnröhre aus.

Agnes fand bei dem Mäuschen noch viel mehr, worauf sie sich keinen Reim machen konnte. Alles war so winzig klein. Sie fand auch so etwas wie die Brüste. An denen hatten die Mäusebabys zunächst genuckelt, bevor sie später selbst etwas fraßen. Aber es waren nicht nur zwei Brüste, sondern acht. Besonders interessierte sich Agnes für das, was da im Schoß war. Das durfte man nicht berühren. Ein winziges Kügelchen war dort. Darin konnten sieben kleine Mäusekinder doch unmöglich Platz finden? Oder war dieses Kügelchen tatsächlich so angeschwollen, dass alle hineinpassten?

Immer wieder starb eine Maus, und Agnes zerlegte alle. Dabei hatte sie schnell herausgefunden, dass es zwei Sorten von Mäusen gab. Die andere Art hatte nämlich keine Zitzen und nicht diesen Knoten hinter der Scham. Statt dessen ein winziges Röhrchen. Bald war ihr klar, dass die unterschiedlichen Maussorten ihre Scham unbedingt eine Weile aneinander reiben mussten, damit der Bauch der einen wuchs und drei Wochen später die Jungen herauskamen. Agnes hatte sogar das Glück, bei einer Geburt dabei zu sein. Ungläubig, aber begeistert, verfolgte sie genau, wie aus dem Schambereich ein Baby nach dem anderen herausgepresst wurde.

Ein Glücksfall kam Agnes zugute. Beim Herumstreunen entdeckte sie ein anderes totes Tier, das viel größer war als die Mäuse, obwohl es ähnlich aussah. Nur der Schwanz war viel länger und ganz nackt.

Auch dieses Tier zerlegte Agnes. Sie musste sich beeilen, denn es roch schon komisch. Sie hatte gelernt, dass die toten Mäuse nach einiger Zeit zu stinken begannen und die Organe grün und blau und schleimig wurden. Dieses größere Tier musste schon ein paar Tage tot sein.

Agnes erfuhr mehr. Es war kein Muttertier, sondern die andere Sorte. Sie beobachtete sehr genau. Ihr fielen Hoden, Prostata und Nieren auf. Leber und Milz hatte sie schon bei den Mäusen kennengelernt. Vorsichtige Nachfragen bei der Lehrerin, ob im Bauch noch mehr drin wäre als Magen und Darm, brachten kein Ergebnis. Agnes hatte das Gefühl, die Lehrerin wusste auch nicht mehr. Andererseits durfte sie nicht zu neugierig fragen. Damit hätte sie sich verraten können.

Wo aber gab es andere Großmäuse? Agnes vermutete, dass es nicht nur diese eine gab. Sie versorgte zwar noch ihre Mäuschen, aber nur noch halbherzig. Stattdessen hielt sie Ausschau nach den großen. Sie wollte die Mäuse freilassen. Es war schön, sie zu haben, mit ihnen zu spielen, aber viel von ihrer morgendlichen Extrazeit ging für Nahrungsbeschaffung drauf; auch wenn das wesentlich einfacher war, da die Mäuse gern Küchenabfälle fraßen, wie sie herausgefunden hatte.

Eines wollte Agnes aber noch abwarten: Eine ihrer Mäuse war wieder schwanger. Die Geburt wollte sie noch miterleben, dann sollten die Mäuse ihre Freiheit bekommen. Doch eines Tages lag das Muttertier tot im Kasten, und es gab keine Geburt. Neugierig sezierte Agnes die werdende Mutter und stellte dabei fest, dass fünf kleine Mäuschen regungslos in einem Sack steckten, der nichts anderes sein konnte als dieses Knötchen hinter der Scham.

Es war nur eine Frage der Zeit, bis Agnes den Unterschlupf der Großmäuse entdeckte. Und natürlich würde sie sich eine davon schnappen. Nur war das ein anderes Kaliber als ein kleines Mäuschen. Das Vieh biss bei seiner Gefangennahme kräftig um sich, und Agnes hatte beim Morgenappell Mühe, die Wunden an ihren Händen zu erklären.

Für die Großmaus musste Agnes viel mehr Futter anschleppen. Dafür wurde sie aber umso zutraulicher, sodass sie sie ausgiebig streicheln konnte. Sie dachte sich sogar einen Namen für das neue Tier aus: Quicks. Quicks sollte natürlich nicht allein bleiben. Doch Agnes hatte Manschetten, nochmals eine Großmaus mit der Hand zu packen. Es wäre doch viel einfacher, sie gleich in einem Kasten zu fangen.

Agnes besorgte eine andere ausgediente Kiste und ein

Gitternetz. Das Gitternetz legte sie im Großmaus-Revier auf den Boden. Sie wusste inzwischen, dass die Tiere gern Walnüsse fraßen. Deshalb legte sie eine Nuss in der Mitte aufs Gitter. Darüber stülpte sie die Kiste, deren eine Seite sie mit einem Stöckchen anhob. Dieses Stöckchen und die Nuss verband sie mit einem Faden, den sie zusätzlich durch eine Schlaufe im Gitter führte. Wenn alles klappte, wie sie es sich vorstellte, würde die Großmaus in die Kiste hineinschlupfen und versuchen, die Nuss herauszuschleppen. Durch den Zug am Faden müsste der stützende Stock umkippen und das Tier wäre gefangen.

Nach diesen Vorbereitungen legte sich Agnes auf die Lauer. Die Sonne stieg, aber nichts passierte. Schweren Herzens musste sie in den Schlafsaal zurückschleichen.

***

Zusammen mit Ebbi bewohnte Rudolph von Wallmoden ein Zimmer im Internat. Ein Glücksfall, denn sie verstanden sich von Anfang an.

»Wo ich herkomme, kann ich dir erzählen.« Und Rudolph erzählte, seine Familie entstamme einem uralten niedersächsischen Adelsgeschlechts, dessen Ursprünge bis ins 12. Jahrhundert zurückreichten. Aus ihm gingen immer wieder bedeutende Militärs hervor. Der bekannteste war der Reichsgraf und Feldmarschall Ludwig Johann von Wallmoden-Gimborn, ein unehelicher Sohn des englischen Königs George II.

»Unehelicher Sohn?«, hakte Ebbi nach.

»Ja«, bestätigte Rudolph, »die waren weniger verklemmt, als man heute denkt. Ludwig Johann machte richtig Karriere. Nur Napoleon ergab er sich 1803 kampflos. Meine Alten stritten immer wieder darüber, ob das klug war oder nicht.«

»Mein Gott, das ist ja der reinste Geschichtsunterricht.«

»Stimmt. Wenn Preußen drankommt, habe ich es einfach. Ich persönlich bin der Meinung, das war ganz schön klug von Ludwig und nicht feige. Damals gab es in Europa noch nicht die antinapoleonische Koalition. Und den Kampf gegen die Franzosen hätte er schwerlich gewinnen können.«

»Hör mir damit auf, das kommt noch früh genug dran. Erzähl mir lieber noch etwas von deiner Familie.«

»Warum willst du das so genau wissen?«, hakte Rudolph nach.

»Mein Vater hat bloß die Paulaner-Brauerei in München. Mich interessiert halt alles, was mit Adel und Militär zu tun hat.«

»Na, dann bist du bei mir ja richtig.« Rudolph fuhr fort und berichtete von Ludwig Johanns Sohn, Ludwig Georg Thedel. Der war österreichischer General und kämpfte im Deutschen Krieg gegen Preußen, obwohl er einige Jahre zuvor in dessen Diensten gestanden hatte. Seine Karriere war bunt. 1813 trat er der russischen Armee bei. Durch seine Siege wurden die Dänen zum Frieden gedrängt. 1817 ging er wieder nach Österreich zurück und wurde Oberbefehlshaber über dessen Truppen im Königreich Neapel.

Rudolphs Ururgroßvater Otto war der Ziehsohn dieses Ludwig Georg Thedels, der selbst kinderlos geblieben war. Ihm verdankte er das Interesse fürs Militär, die Kenntnisse und den Aufstieg in der Hannoveranischen Armee. Einer seiner Söhne, Karl August, fiel im Deutschen Krieg 1866 als junger Offiziersanwärter. Ottos Armee hatte den Untergang des Königreichs Hannover nicht verhindern können. Dieses wurde nach dem Krieg als Provinz Hannover ins preußische Staatsgebiet aufgenommen.

»Hatte deine Familie denn keinen Hass auf Preußen, weil die einen von euch gekillt haben?«

»Nö, die waren da nicht zimperlich. So was bringt der Krieg halt mit sich. Wir waren dem neuen Herrscher treu ergeben. Ottos Sohn Karl kannte seinen Vater nur aus Erzählungen. Und der hat ihn heiß und innig verehrt. Gehorsam, Treue, absolute Loyalität sind die unverrückbaren Leitlinien unserer Familie bis heute.«

»Toll!« Ebbi schwelgte in Begeisterung.

»So toll find ich das nun nicht. Mit dem Gehorsam habe ich's nicht so. Deshalb bin ich ja auch hier. Mein Alter meint, die könnten mir hier ein paar Manieren beibringen.«

Ebbi war begierig, von der Wallmoden'schen Familiengeschichte mehr zu erfahren. Und Rudolph gab zum Besten, was bei den Erwachsenen immer wieder die Runde machte.

Die von Wallmodens halfen mit, Preußens Ruf als ausgezeichnete Militärmacht auszubauen. Bis dann der Erste Weltkrieg kam und damit das Ende des Kaiserreichs.

»Und da war nicht Schluss mit den Wallmodens?«

»Wo denkst du hin? Mein Großvater Johann Heinrich machte in der Reichswehr der Weimarer Republik gleich wieder Karriere. Er unterstand Generalmajor Werner von Blomberg, falls du von dem schon mal was gehört hast.«

Als Ebbi den Kopf schüttelte, meinte sein Klassenkamerad, dass er direkt Paul von Hindenburg und später Reichskanzler Adolf Hitler unterstellt war.

»Mit den Nazis hab ich's ja nicht so.«

»Meinst du ich? Meine Familie ist da einfach so hineingeschlittert. Was sollten die denn machen? An Kriegsverbrechen hat sich jedenfalls keiner beteiligt. Das haben wir schriftlich. Oder glaubst du, man hätte uns sonst auf Schloss Bredebeck wohnen lassen?«

»Wo ist das denn?«

»Schloss Bredebeck liegt in der Lüneburger Heide. Meine Eltern hatten sich den Herrschaftssitz mit der Familie Kühling geteilt.« Nach Rudolphs Worten stellte der Untergang des Dritten Reiches für die Familie nur eine kleine Zäsur dar. Sie verlor zwar einen Teil ihrer Ländereien an die Sowjetisch Besetzte Zone, später DDR, doch hatte der größte Teil ihrer Güter ohnehin im Raum Celle gelegen.

Rudolph wuchs in diesem weitläufigen Schloss auf. Trotz der Anwesenheit der Kühlings gab es in räumlicher Hinsicht keinerlei Einschränkung. Selbst nach Eröffnung des Truppenübungsplatzes Bergen wurde seiner Familie, unbemerkt von der Öffentlichkeit, Wohnrecht gewährt. Die Kühlings zogen es allerdings vor, den Grund und Boden gegen eine gute Entschädigung zu verlassen. Ihnen waren die andauernden Schieß- und Gefechtsübungen ein Gräuel.

»Sag mal, so ein Schloss kenne ich nur aus Filmen. *Tanz der Vampire* und so. Kann man es damit vergleichen?«

»Nö, nicht wirklich. Denk mal mehr an ein größeres Herrenhaus. Trotzdem hatten wir große Säle mit Ahnengalerien, Wandteppichen, antiken Möbeln, kostbarem Besteck. Außerdem gab's riesige Ländereien. Und Angestellte für alles: Gärtner, Köche, Kindermädchen, später auch Privatlehrer. Und so weiter.«

Ebbis Eltern hatten zwar auch reichlich Personal. Doch erinnerten ihn Rudolphs Schilderungen an eine märchenhafte Wunschwelt.

»An Wohlstand hat's euch also nicht gemangelt.« Ein bisschen Neid kam durch.

»Daran musste ich keinen einzigen Gedanken verschwenden. Immer feine Gesellschaft um uns herum. Es gab große Bälle mit eigenem Orchester. Und weißt du, was das Beste war?«

Ebbi zuckte die Schultern.

»Wenn die englische Königsfamilie zu Besuch kam.«

»Wirklich?«

»Ja klar, oder meinst du, ich flunkere dich an?«

»Natürlich nicht. Das kommt mir nur so unrealistisch vor. Wie im Fernsehen.«

»Doch, doch, ein paar Mal waren sie da, wenn sie ihre Truppen besuchten. Wir hatten ja Platz, die Gemächer der Kühlings waren frei. Und sie hatten es nicht weit zu ihren Soldaten. Jedes Mal gab es ein riesiges Fest. Was meinst du, was man da für kostbare Uniformen sehen konnte.«

»Und bestimmt prachtvolle Ballkleider?«

»Das schon, aber ehrlich gesagt, die haben mich gar nicht so gereizt.«

»Dann kannst du bestimmt auch schießen?« Ebbis Neugierde war unerschöpflich.

»Klar doch, Jagen, Reiten, das habe ich quasi mit der Muttermilch aufgesogen.«

»Wow. Und gehst du auch zur Bundeswehr?«

»Mein Vater will schon, dass ich beim Militär Karriere mache und die Offizierslaufbahn einschlage. Möglichst bis weit nach oben. General oder Admiral oder so was. Hat er selbst ja nie geschafft. Aber ich weiß noch nicht. Hab's ja nicht so mit dem Drill.«

Mit offenem Mund hatte Ebbi Rudolphs Ausführungen gelauscht, damals, als sie sich kennengelernt hatten. Er war zu seinem treuen Anhänger geworden. Aber auch der hatte ihn verraten.

***

Am nächsten Tag lag die Kiste flach auf dem Gitter. Agnes drehte sie herum und hielt dabei das Gitter auf der Öffnung fest. Tatsächlich saß eine zweite Großmaus darin. Es hatte geklappt, Agnes hatte mit Erfolg ihre erste Falle gebaut. Sie hatte noch weiter vorgesorgt und sich alte Handschuhe beschafft. Damit griff sie in die Kiste. Natürlich biss das Tier um sich, doch die Zähne kamen nicht durch den Schutz.

Zwei Sommer lang züchtete Agnes nun Großmäuse. Die zweite bekam den Namen Quacks. Auch hier Nachwuchs – Anna, Lena, Olga, Merta und Frieda – und Todesfälle. Agnes wurde immer besser in Anatomie. Sie verstand zwar nicht alles, aber vieles. Sie hatte sogar eine Vorstellung von der Zeugung entwickelt – aufgrund genauer Beobachtung und durch ihre Untersuchungen.

Ein trauriges Ereignis entpuppte sich für Agnes als weiterer Glücksfall: Bei einem ihrer morgendlichen Ausbrüche stellte sie fest, dass Hassa, die alte Hündin, sich nicht rührte. Es hatte schon länger geheißen, sie würde es wohl nicht mehr lange machen. Hündinnen waren von den Göttinnen geduldet. Sie sollten den Frauen Freude bereiten. Wer ein totes Tier zuerst fand, musste es hinter dem Feld begraben. Bei den Feierlichkeiten zu Ehren der Göttinnen wurde es denen mitgeteilt. Und beim nächsten Gottesdienst brachten sie dann eine neue Hündin mit.

Agnes war ganz aufgeregt. Sie nahm Hassa mit und brachte

sie zu ihrem Versteck. Mit Messer und Schere öffnete sie schnell Bauch und Brustkorb. Besonders fiel ihr diesmal die Röhre auf, durch die die Luft in die Lungen gelangte. Was wäre, fragte sie sich, wenn man die einfach aufschneiden würde? Könnte das Tier dann weiter atmen, ohne dass die Luft durch Mund und Nase strömte? Das musste sie ausprobieren. Am liebsten hätte sie noch ein Beil geholt, um den Schädel zu spalten. Denn sie wollte in Erfahrung bringen, was sich dahinter verbarg. Das hatte sie bei Mäusen und Großmäusen noch nicht herausgefunden. Doch die Sonne stand zu hoch. Sie musste zurück.

Agnes legte Hassa in die Hundehütte und schlich in den Schlafsaal. Nach dem Wecken ging sie sofort raus, kam nach kurzer Zeit zurück und sagte zur Wärterin, Hassa liege tot in ihrer Hütte. »Gut, du wissest ja, was du zu tuen habest.« Agnes war erleichtert, dass die Wärterin selbst nicht nachsehen ging. Die zerschnittene Hundeleiche hätte sicherlich einigen Wirbel verursacht, auch wenn man Agnes damit nicht automatisch hätte in Verbindung bringen können.

Das war viele Jahre her.

Jetzt folgte Agnes einem Wesen von der anderen Sorte. Überaus merkwürdig und sehr aufregend. Wieso hatte man die nie im Reservat gesehen? Und warum gab es nicht auch Hunde von der anderen Sorte? Bei Mäusen und Großmäusen gab es die doch auch? Agnes vermutete, dass es bei Amseln und Hühnern genauso war. Nur hatte sie von denen keine zerlegen können.

Agnes war in den Nächten nach ihrer Flucht weit gewandert. Die Göttinnen sollten sie nicht sehen, wenn sie mit ihren großen, lauten Vögeln über das Land flogen. Das war eine ziemliche Strapaze. Außer ein paar Körnern und etwa Wasser aus irgendeinem Rinnsal gab es nichts zu essen und zu trinken.

Von den Bäumen aus hatte Agnes Blicke in die Ferne schweifen lassen können. Am Horizont schien sich die Erde zu erheben. Dorthin hatte sie gewollt, und dorthin hatte sie es auch geschafft. Es gab richtigen Wald, nicht nur ein paar Sträucher oder vereinelte Bäume. Es gab Hügel, bei denen die Vögel der Göttinnen nur selten vorbeikamen.

***

Geschichte gegen Geschichte, so war es abgemacht. Wo sollte Clemens beginnen? Am besten ganz von vorn.

Dunkle Erinnerungen an eine Frau. Das muss seine Mutter gewesen sein. Am deutlichsten spürte er noch ihre Wärme, ein wohliges Gefühl, wenn sich sein kleiner Körper an ihren schmiegte. Nicht weit entfernt von diesen Erinnerungen waren laute Worte, Schreien und Schimpfen – und die Angst dieser Frau, die sich auf ihn übertrug.

Konkreter waren die Bilder im Heim. Die langen Essenstische, der Schlafsaal, die vielen anderen Jungen um ihn herum. Kommandierende Erzieherinnen, später herrische Lehrer. Regeln über Regeln, drakonische Strafen bei Vergehen. Dabei waren Prügel noch harmlose Maßnahmen. Die konnte Clemens wegstecken. Schlimmer war die Dunkelzelle, in der er immer wieder für ein, zwei oder drei Tage landete. Einmal sogar für eine Woche.

In dieser Zeit gab es nichts zu essen. Das hatte man sich selbst zuzuschreiben. Wasser wurde einmal am Tag im Napf durch die Klappe gereicht. Kein Waschbecken und keine

Toilette. Nach Beendigung der Strafe kam gleich die nächste. Schimpfe wegen der Scheiße und der Pisse in den Ecken. Das war Hohn und Willkür. Was blieb einem anderes übrig, als da hinzumachen? Mit bloßen Händen musste man die eigenen Ausscheidungen einsammeln und mit dem eigenen Handtuch alles sauber und trocken wischen.

Die Woche Kerker war dafür, dass Clemens Horst vermöbelt hatte. Der hatte es verdient: Er hatte die Hausaufgaben nicht geschafft, die er immer für ihn machte. Klar war Horst schwächer, doch der hätte sich bei Mager, dem Deutsch- und Sportlehrer, nie beschwert. Das wäre ihm nicht gut bekommen, und das wusste Horst auch. Leider hatte Schwester Karla mitbekommen, wie Clemens auf Horst eindrosch. Sie stand plötzlich im Zimmer und zerrte den Schläger am Ohr in die Dunkelzelle. Eine Woche lang musste er darin verharren.

Dort schwor Clemens Rache.

So ging es viele Jahre: Gewalt einstecken und austeilen. Kleine kriminelle Handlungen wie Diebstahl, Betrug, Erpressung waren an der Tagesordnung. Am coolsten war der, der bei den Ausflügen und später, als sie raus durften, in Läden und Geschäften am meisten klaute. Erfahrungen mit Zigaretten, Alkohol und auch ein paar Drogen kamen hinzu. Doch Hasch, Speed und Kokain waren nichts für Clemens. Das beeinflusste sein Gemüt zu stark. Mochte es sich noch so gut anfühlen, das war ihm nicht geheuer. Er musste Herr seiner Sinne bleiben. Härtere Sachen probierte er erst gar nicht. Seine Clique ließ das Lästern bald bleiben, weil sie postwendend seine Fäuste spürte.

Ja, Clemens, vor dem hatten sie Respekt.

***

Kaum jemand hatte es so geschickt verstanden wie Agnes, Feuer anzufachen. Das war nur selten nötig, denn die Feuerstelle wurde Tag und Nacht bewacht. Die Glut sollte nie verlöschen. Manchmal geschah das doch. Dann musste man einen spitzen Stock mühsam auf einem anderen Holzstück drehen, bis die Spitze heiß wurde, zu rauchen anfing und das trockene, feine Gras sich entzündete, das sie daran hielt.

Diese Fähigkeit kam Agnes in der Wildnis zugute. So konnte sie sich an kalten Tagen nicht nur an den Flammen wärmen, sondern entdeckte auch, dass es außer Früchten, Getreide, Nüssen und Gemüse noch andere Nahrung gab. Das waren allen voran die Tiere mit den riesigen Ohren. Deren bemächtigte sie sich, indem sie mit Steinen nach ihnen zielte. Nach einem Treffer waren sie nicht immer gleich tot, aber zumeist so benommen, dass sie nicht mehr fliehen konnten.

Anfangs quälte sie sich ab, den Langohren das Fell abzuziehen. Es dauerte eine Ewigkeit, die Haut an einer Steinkante soweit aufzuschaben, dass sie sie herunterreißen konnte. Das Fleisch war fast zu zäh, um es roh zu essen. Agnes fand jedoch schnell heraus, dass es zarter wurde, wenn sie es über die Flammen hielt. Wurde die Oberfläche dabei dunkelbraun, schmeckte es richtig gut.

Eine andere Art, der Tiere habhaft zu werden, waren Fallen. Agnes musste dazu eine Art Korb flechten. Darin wurde sie immer perfekter, und sie litt schon lange keinen Hunger mehr. Auch Mäuse und Großmäuse fing sie mitunter. Doch an den Mäuschen war nicht viel dran, und die großen schmeckten nicht besonders. Eine Vogelart, die nicht fliegen konnte, gab dagegen eine ordentliche Portion ab. Sie ähnelte Hühnern, nur war sie kleiner und farbenprächtiger. Agnes fand bestätigt, dass es diese Großvögel in zwei Sorten gab: die eine bunt, die andere grau. Nur die grauen Vögel legten Eier.

Agnes fand Stellen, an denen wildes Getreide wuchs. Allerdings war das so wenig, dass es sich kaum lohnte, es zu mahlen. Manchmal nahm sie eine Handvoll davon und kaute es, was aber viel mühsamer war als mit Früchten oder Nüssen. Sie wusste aus dem Schulunterricht, was die Bauern damit machten, sodass sie in ihrem neuen Leben über diese Kenntnisse froh war. Statt alle Körner aufzuessen, sammelte sie sie und hob sie auf.

Im Frühjahr kratzte sie mit einem Stock ein Stück Erde auf, streute die Körner in die Furche und scharrte sie zu. Bald schon kamen die ersten grünen Blättchen aus der Erde, Halme bildeten sich, später Ähren. Nach wenigen Monaten waren sie gelb, und Agnes fuhr ihre erste, bescheidene Ernte ein. Das Mahlen der Körner zwischen zwei flachen Steinen war anstrengend, aber es klappte. Das Mehl mischte Agnes mit etwas Wasser und den Eiern, die sie den Großvögeln stibitzt hatte. Daraus buk sie ihr erstes Stück Brot. Das schmeckte anders als im Reservat, doch für sie war es eine Köstlichkeit.

Ganz anders war es Agnes im ersten Winter in der Freiheit ergangen. Da wäre sie fast verhungert und erfroren. Mit viel Mühe hatte sie den erlegten Tieren die Felle vom Körper gezogen und sich notdürftig eine Art Umhang daraus zusammengeknotet. Doch der schützte nicht richtig vor der Kälte. Auch die Fußlappen boten keinen ausreichenden Schutz.

An mehreren Stellen bekam Agnes kräftig schmerzende Erfrierungen. Außerdem riss sie sich an vielen Stellen die Fußsohlen und die Unterschenkel an Eis und verharschtem Schnee auf.

Tagsüber musste sie ständig in Bewegung bleiben, damit die Kälte nicht in sie drang. In der Nacht suchte sie Schutz unter einem riesigen Berg getrockneter Blätter. Trotzdem musste sie mitten in der Nacht oft aufstehen, Kniebeugen und Liegestütze machen, um den Kreislauf anzuregen und warm zu werden. Oft kauerte sie vor einem kleinen Lagerfeuer, das immer nur eine Körperseite erwärmte. Zu groß durfte sie das Feuer nicht machen, da sie befürchtete, dass Funken ihren Blätterberg anzünden konnten.

Durch ihre körperlichen Anstrengungen gegen die Kälte wuchs der Hunger. Agnes hatte zwar eine Menge an getrocknetem Obst und Fleisch gesammelt, aber die Vorräte gingen schneller als gedacht zur Neige. Sie teilte sich die Reste bis zum Frühjahr genau ein und aß mit eiserner Disziplin nicht mehr, als für einen Tag vorgesehen war. Oft stand sie sehnsüchtig davor und kämpfte mit der Versuchung, sich ausnahmsweise etwas mehr zu gönnen. Doch die Vernunft siegte.

Zusätzliche Nahrung gestattete sie sich nur in Form erlegter Tiere. Doch die waren nicht mehr so zahlreich und schienen viel mehr auf der Hut zu sein als im Sommer. Am meisten Glück hatte sie bei den kleineren oder größeren Vögeln, vor allem den ganz schwarzen mit den bedrohlichen Schnäbel. Von denen konnte sie immer wieder mal einen bewusstlos werfen.

Womöglich retteten drei Langohren ihr das Leben, an denen aber auch nicht so viel dran war wie im Sommer.

Vielleicht hatte sie deshalb Jagdglück mit ihnen, weil sie geschwächt waren. Einen Vorteil hatten die tiefen Temperaturen allerdings: Das Fleisch verdarb nicht so schnell. Agnes musste davon nichts wegwerfen und hatte von jedem der Tiere fast eine Woche lang zusätzliche Kost.

Trotzdem magerte Agnes in dieser Zeit ab. Im Frühjahr war sie nur noch ein Gerippe, das mit etwas Haut überzogen war. Doch sie lebte. Kaum spross irgendwo der erste Halm oder zeigte sich die erste Knospe an einem Ast, riss sie sie ab und zermalmte diese mit ihren Zähnen. Es war mit Sicherheit nicht die ideale Nahrung, aber ihr ausgemergelter Körper konnte selbst daraus noch etwas an Energie gewinnen. Manches davon bekam ihr auch nicht. Eine Sorte mit rundlichen Blättern schmeckte sauer, eine andere mit langen, gezackten Blättern war bitter, doch beide vertrug sie gut. Zum Glück wuchsen beide Arten bald reichlich.

Später entdeckte Agnes große, braune Tiere, deren Köpfe ihr bis etwa zur Brusthöhe gingen. Bei diesen Tieren trug die andere Sorte ein komisches, verzweigtes Gestänge auf dem Kopf. Agnes gab ihnen den Namen *Asttiere*. Auch davon erlegte Agnes hin und wieder eines, aber sie konnte nur einen kleinen Teil davon essen, weil nach einigen Tagen das meiste Fleisch verdorben war.

Genauso ging es ihr mit den *Hügeltieren*. Die waren ungefähr genauso groß, aber überwiegend weiß, zum Teil mit schwarzen Flecken. Sie hatten eine längliche Schnauze und ein freundliches Gesicht. Die Augen waren jedoch sonderbar: Statt der schwarzen Löcher in der Mitte hatten sie schwarze, waagerechte Striche. Die *andere Sorte* trug auch etwas auf dem Kopf, das aber kürzer und spitzer war als bei den Asttieren und nicht so verzweigt. Wegen der Menge an verdorbenem Fleisch bevorzugte Agnes Großohren und Großvögel als Nahrungsgrundlage. Als Umhang allerdings waren die Felle der Hügeltiere ideal.

Dann gab es noch eine Sorte Tiere, die den Hündinnen im Reservat ähnelten. Sie waren aber dünner und größer. Eines Nachts war Agnes durch langgezogenes Jaulen aus dem Schlaf gerissen worden. Weil das ein für sie unbekanntes Geräusch war, war sie sofort hellwach. Sie ging diesem Jaulen nach. Es war eine wolkenlose Vollmondnacht, sodass sie sich gut orientieren konnte. Nach einer halben Stunde Wanderung fand sie sie auf einer kleinen Erhebung mitten in einer Lichtung sitzen: sieben von diesen Hundetieren, vier große und drei kleine. Sie saßen dort, friedlich, wie es schien, reckten ihre Hälse dem Mond entgegen und stimmten immer wieder dieses klagende Geheul an.

Agnes war rund zweihundert Meter von den Tieren entfernt. Näher traute sie sich nicht heran. Denn sie wusste, Hunde hatten scharfe Zähne und konnten beißen. Ein lauer Wind wehte von den Tieren zu ihr herüber, weshalb sie sie nicht witterten. Nach einer Weile hatte Agnes genug gesehen und wollte wieder gehen. Dabei trat sie auf irgendetwas, das knackte, wahrscheinlich einen trocknen Zweig. Sofort schreckten alle sieben Tiere auf und stoben in die entgegengesetzte Richtung davon.

Auf dem Heimweg dachte Agnes über diese hundeartigen Wesen nach. Vielleicht waren sie wirklich Hündinnen, von denen es verschiedene Sorten gab. Konnte man mit denen das gleiche machen wie im Reservat und als Haustiere halten? Agnes hätte dann eine Begleiterin, wäre nicht mehr so allein. Es war doch immer wieder schön gewesen, ein solches Tier zu streicheln. Und es könnte auf sie aufpassen, hörte mit den feinen Ohren viel mehr als ein Mensch und stieß bei Gefahr Warnlaute aus.

Vielleicht konnte man diese Tiere sogar essen.

Noch ein paar Mal hatte sich Agnes zu den nächtlichen Versammlungen geschlichen. Immer waren es sieben Tiere, wahrscheinlich stets die gleichen. Die kleinen waren bald ausgewachsen und von den großen nicht mehr zu unterscheiden. Doch im nächsten Frühjahr waren zwei neue da, und damit waren sie jetzt neun.

Einmal konnte Agnes beobachten, wie zwei der Hundetiere ein großes Tier jagten. Es sah ähnlich aus wie ein Hügeltier, aber der Kopf war gedrungener, und aus der Stirn sprossen keine Stangen hervor. Insgesamt war es runder und dicker.

In großen Sätzen sprangen die Hündinnen neben dem Tier her und bissen ihm beim Rennen mehrmals in den Hals. Bald brach das Opfer zusammen, und die Jäger zerrten es in den nahen Wald. Agnes wusste nun, dass diese Tiere ausgezeichnete Räuber waren, die ihr mit Sicherheit gefährlich werden konnten. Sie fragte sich, ob der Knüppel, den sie immer bei sich trug, zur Verteidigung ausreichte.

Doch schien die Gefahr verhältnismäßig gering. Die Hundetiere nahmen immer Reißaus, sobald sie Agnes aus der Ferne witterten. Eines von ihnen zu fangen würde ihr vielleicht gelingen. Doch wie würden die übrigen acht reagieren? Denn das gefangene Tier würde mit Sicherheit Hilfeschreie ausstoßen.

Doch jetzt ging es nicht um die Hundetiere, sondern Agnes beobachtete ein Wesen wie sie selbst. Das ging auf einen

Busch vor einer Felswand zu. Es schaute sich um. Nein, das war kein Häscher, eher jemand auf der Flucht, wie sie selbst. Das Wesen drückte einige Zweige zur Seite und verschwand im Gebüsch.

Agnes wartete gespannt ab. Nichts passierte. Sie näherte sich dem Busch, alle Sinne angespannt. Auch sie drückte die Zweige zur Seite, sorgfältig darauf bedacht, nicht das leiseste Geräusch zu verursachen. Darin hatte sie eine Menge Übung. Ihre Augen gewöhnten sich schnell an das Dunkel in dem dichten Blattwerk. Steine lagen herum, einige Mauerreste ragten aus dem Boden. Sie tastete sich daran entlang und gewahrte eine Öffnung, vor der eine halb verfallene Treppe in die Tiefe führte. Dort war es sehr dunkel. Sie hörte das andere Wesen darin herumhantieren.

Nach einer Weile wurden die Geräusche weniger, dann vernahm Agnes ein leises Schnarchen. Was sollte sie tun? Sie hätte die Fremde im Schlaf töten können, doch wusste sie nicht, ob sie gefährlich war. Wenn sie wie sie selbst auf der Flucht war, konnte man sich verbünden und sich das Leben wesentlich erleichtern. Doch sie musste auf der Hut sein. Sie wusste jetzt, wo die andere wohnte. Es war allerdings keine Höhle, sondern ein fast zerfallenes Gebäude. Wie das an diese Stelle gekommen war, darüber hatte sich Agnes viele Gedanken gemacht. In dieser Gegend gab es mehrere solcher Ruinen. Ob hier auch einmal ein Reservat gewesen war?

Wie auch immer, die Ruine bot einen guten Unterschlupf. Allerdings lag sie ziemlich weit weg von ihrer Höhle. Sie war heute nur in diese Gegend gelangt, weil sie einen ihrer Erkundungsstreifzüge unternommen hatte. Immer wieder erforschte Agnes die Umgebung und wechselte ihren Standort, um Neues und Besseres zu finden. Zum Beispiel eine bessere Unterkunft, mehr Früchte, mehr Tiere. Oder ein Fließwasser in der Nähe, das das Trinken erleichterte.

Es gab also Zeiten der Ruhe und der Wanderschaft. In den Ruhephasen kümmerte sich Agnes um Dinge, die ihr das Leben erleichterten. Sie fand heraus, dass es Pflanzen mit festen Fasern und fünfgliedrigen, spitzen Blättern gab. Eine andere Sorte wuchs bis Hüfthöhe und hatte hellblaue oder weiße Blüten. Die Namen sollte sie erst später kennenlernen. Daraus konnte sie sich Stoffe weben, so mühsam das auch war.

***

Rudolph wurde an einem denkwürdigen Freitag nach vorn zitiert. Er sollte seine Hausaufgaben zum Ablauf des Citratzyklus in einer Zelle vorweisen. Eine komplizierte Materie. Was Wunder, dass der Schüler sich schnell verhaspelte? Als er versuchte, sich an die entsprechende Formel zu erinnern und sie natürlich falsch an die Tafel zeichnete, überflog Franke die Notizen, die der Schüler zu dieser Stunde mitzubringen hatte.

»Was ich hier sehe, ist fatal«, schimpfte Franke auf einmal los. »Sowohl an der Tafel wie auch im Heft. Eine einzige Katastrophe. Und wie verschmiert das Ganze ist. Das Blatt strotzt nur so vor Rechtschreibfehlern.«

Der Doktor der Chemie schien sich regelrecht in eine Schimpforgie hineinzusteigern.

»Rudolph, Sie bekommen von mir drei Sechsen: eine fürs Mündliche, denn das ist stümperhaft, was Sie da an die Tafel zeichnen. Eine fürs Schriftliche, da die Hausaufgabe unter aller Sau ist. So drücke ich mich selten aus, aber Sie zwingen mich regelrecht dazu. Und die dritte Sechs gibt's für mangelnde Ordnung.« Damit war der Lehrer aber immer noch nicht am Ende.

»Was wollen Sie eigentlich hier? Was ist das für eine Schule?«

»Internat«, brachte Rudolph krächzend hervor. Ihm war der Sinn dieser Frage nicht ganz klar.

»Welchen Abschluss wollen Sie hier machen?«

»Abitur.«

»Sie und Abitur! Sie sind eine Schande für diese Schule. Leute wie Sie gehören auf die Sonderschule, da können sie noch so viel ›von und zu‹ heißen. Und ich bin mir nicht sicher, ob Sie die schaffen würden. Auf jeden Fall, bei Lernbehinderten wären Sie unter Ihresgleichen.«

Rudolph stand der Mund offen. Das war schon heftig, vor der ganzen Klasse derart heruntergeputzt zu werden. Das ging eindeutig zu weit. Doch für eine solche Gelegenheit hatte er vorgesorgt.

Es blieb nicht aus, Rudolph sollte zusätzlich zur Abfuhr und den drei Sechsen den Rest der Stunde im Stehen verbringen.

»Warum?«, fragte Franke in die Klasse hinein. Und aus vielen Mündern kam die Antwort: »Das erhöht die Aufmerksamkeit.«

***

Auch für die Jagd eigneten sich die Fasern gut. Agnes schaffte es, sie zu langen Schnüren und dickeren Seilen zu verdrillen. Daraus knüpfte sie Netze, die sie auf die Fährten ihrer

Beutetiere legte. Die Enden waren mit einem Seil verknüpft, das sie über einen Ast führte. Dann legte sie sich auf die Lauer und zog das Netz in dem Moment hoch, in dem ihr Opfer darüber lief. Das klappte meist erstaunlich gut.

Sie fand Steine, die sich, zu Splittern klein geklopft, fast wie Messer benutzen ließen. Damit konnte sie Holz ein wenig bearbeiten und sich nach und nach eigene Möbel bauen. Einen Einen Stuhl und Tisch stellte sie her, indem sie passende Äste miteinander verband.

Die den großen Tieren abgezogenen Felle trocknete Agnes, damit sie nicht verfaulten. Schwieriger war hingegen, sie weich zu bekommen. Das gelang im Grunde nicht richtig. Agnes tauchte sie wiederholt ins Fließwasser, walkte sie durch und ließ sie trocknen. So wurden sie wenigstens etwas elastischer. Im Lauf des Sommers hatte sie sich einen ganzen Stapel davon zugelegt.

Aus den Fellen stellte Agnes Kleidung her, die ihr Schutz vor der winterlichen Kälte bot. Sie war splitternackt geflohen, hatte zunächst sogar ihr Büßerhemd liegen lassen müssen. Anfangs verknotete sie nur die Zipfel der Felle, die einmal die Beine der Langohren umhüllt hatten. Die befestigte sie mithilfe von Schnüren und hatte so eine Art Umhang.

Später lernte sie, grobe Nähte zu fertigen. Dazu klopfte sie mit spitzen Steinen Löcher in die Fellränder, durch die sie dann die Schnüre zog. Statt der Faserschnüre verwandte sie auch lange Lederriemen. Die stellte sie her, indem sie von den Fellresten die Haare abrieb und mühevoll mit scharfen Steinkanten spiralförmig von außen nach innen die dünnen Streifen abtrennte.

Am Fließwasser wuchsen lange, feste, dunkelgrüne Stängel mit braunen, fast schwarzen Knötchen an der Spitze. Aus denen flocht sie kleine und mittelgroße Körbe; ebenso waren sie für eine Art Beutel oder Tasche zu gebrauchen. Hierin konnte sie ihre Vorräte sammeln. Für größere Körbe benutzte sie dünne Zweige. Bald fand sie heraus, welche sich am besten biegen ließen, ohne zu brechen. Auch ihre Fallen stellte sie daraus her.

Und noch etwas kam ihr aus der Schulzeit zugute. Sie hatte Töpfern gelernt. Die meisten Freundinnen hatten das gehasst. Doch sie war fasziniert davon, wie sich aus bestimmten Lehmsorten Dinge formen ließen, die dann im Feuer hart wurden.

Solchen Lehm fand sie, trockenes Holz für ein großes Feuer gab es reichlich, und bald hatte Agnes eine stolze Anzahl von Bechern, Schalen und Schüsseln – eine nette Aussteuer.

Heute kehrte Agnes jedoch nicht zurück. Sie kauerte sich in eine Nische in den Mauerresten, die anfangs noch Tageswärme abstrahlten. Sie dachte nach und nickte irgendwann ein. Wie so oft weckte sie das erste Dämmerlicht. Sie wusste nun, was zu tun war. Sie schaute sich die Örtlichkeiten noch einmal genau an, denn ihr Plan musste gelingen.

***

Agnes ging nach Hause und knüpfte ein großes Netz. Es war das größte, das sie bislang hergestellt hatte. Und ein langes Seil benötigte sie auch. Es dauerte einige Tage, bis alles soweit war. Sorge, beobachtet oder verfolgt zu werden, hatte sie keine. Allerdings achtete sie auf jedes Geräusch, jede Veränderung in ihrer Umgebung. Am Verhalten der Tiere konnte Agnes ablesen, ob sich irgendetwas Ungewöhnliches ereignete. Sie kannte die Vogelstimmen ebenso wie deren Warnruf. Schließlich konnte es ja sein, dass das seltsame Geschöpf ebenfalls Erkundungen anstellte.

Nachdem die Vorbereitungen abgeschlossen waren, schaffte Agnes alles in die Nähe des Kellergewölbes. Einen Tag wartete sie noch, observierte nochmals eingehend das fremde Wesen. Sie registrierte, bei welchem Sonnenstand es aus dem Gebüsch herauskam, welche Wege es ging, wie es sich versorgte. Sein erster Gang morgens führte zum großen Baum. Dort holte es sein Röhrchen aus der Hose und harnte an den Stamm. Dann machte es sich auf den Weg zu einem nahen Fließwasser, aus dem es ausgiebig trank.

Agnes stellte fest, dass die Beobachtete herkömmliche Kleidung trug, die etwas anders war als in ihrem Reservat. Kein Wunder, denn die dort hatte anscheinend keine Brüste oder nur winzig kleine. Sie konnte noch nicht so lange unterwegs sein, denn Jacke und Hose waren kaum zerschlissen.

Die Fremde war eine Sammlerin und kannte die Stellen, an denen sie Früchte und Nüsse fand. Den ganzen Tag über machte sie keine Anstalten, ein Tier zu erlegen.

Am Abend verzog sich die Frau in ihre Unterkunft. Agnes kuschelte sich in die schon bekannte Felsnische.

Als die Morgensonne sie weckte, wusste sie, dass sie ausreichend Zeit hatte, um ihren Plan in die Tat umzusetzen. Agnes legte das riesige Netz auf dem Boden vor dem Gebüsch aus.

Die vier Ränder waren mit Seilen durchflochten, die sich wie bei einem Beutel zusammenziehen ließen. Die Seiten mit den Seilen verbarg Agnes so gut wie möglich unter Zweigen. Klar, sie wären zu erkennen gewesen. Da die Fremde mit so etwas jedoch nicht rechnete, würde sie wohl auch nichts bemerken.

Die vier Seilenden verknüpfte Agnes mit einem langen Seil. Das führte sie durch eine Astgabel, die sich günstigerweise über dem Austritt befand. Behände kletterte sie ein paar Mal auf den Baum hinauf und wieder hinunter. Von der Gabelung aus führte sie das Seil über einen anderen Ast direkt am Stamm entlang. Nun kam der schwierigste Teil. Agnes hatte das fremde Wesen so eingeschätzt, dass es nicht nur ein gutes Stück größer war als sie selbst, sondern vor allem auch schwerer. Ihre Kraft würde wohl reichen, das Netz hoch- und zuzuziehen. Aber sie würde die Fremde nicht halten können, wenn diese kraftvoll an den Maschen zerrte. Also musste sie sich noch einen Trick einfallen lassen.

Agnes hatte beim ersten Mal die Örtlichkeiten eingehend erforscht. In Brusthöhe befand sich am Stamm ein abgebrochener, toter Ast, der sehr stabil war. Der sollte ihr als Feststellhilfe dienen. Allerdings musste die Seillänge genau darauf abgestimmt sein. Sie legte einen größeren Stein in die Mitte des Netzes und zog so lange am Seil, bis sich das Netz nach oben zugezogen hatte. Sie wusste nun also, wie weit das Seil nach unten gezogen werden musste. Genau an der Stelle des trocknen Astes knüpfte sie eine Schlinge ins Seil. Die wollte sie blitzschnell über diesen Ast schieben, damit die Gefangene im Netz keinen Widerstand leisten konnte.

Nachdem sie den Knoten geknüpft hatte, ließ sie das Netz wieder herunter und verlegte es unauffällig vor dem Ausgang aus dem Gebüsch. Ein wenig Laub noch darüber gestreut, damit die Fremde wirklich nichts bemerkte.

Danach kletterte Agnes wieder auf den Baum hinauf und

hielt das Seilende mit der Schlinge fest. Es begann die Zeit des Wartens. Doch das störte Agnes nicht, denn Geduld besaß sie zur Genüge.

Die Sonne kletterte höher. Agnes konnte abschätzen, dass sie ungefähr den Stand hatte wie gestern, als die Fremde herausgekommen war. Und bald hörte sie etwas: Husten, Räuspern, dann ein lautes Gähnen.

***

Hauptschulabschluss gerade so geschafft, mit Tricksereien erschwindelt. Keine Lehrstelle bekommen. Ämterbesuche, die Clemens schnell stanken. Damit wollte er nichts zu tun haben. Er trieb sich herum, die Augen immer offen. Ein Motorrad, das wäre schon etwas gewesen. Fahren konnte er längst, schwarz allerdings. Denn für den Führerschein brauchte er Geld, für eine eigene Maschine erst recht.

Er knüpfte Kontakte, hatte mit seinem Charme schnell Zugang zu den verschiedensten Leuten. So lernte er nach und nach Leute in allen gesellschaftlichen Kreisen kennen, machte jeden Job, der ihm angeboten wurde. Er stellte Kegel auf Kegelbahnen auf, bis diese automatisiert wurden. Er war Balljunge im Tennisclub und Caddie bei den Golfern. Dabei fungierte er immer wieder mal als Trainingspartner, wenn jemand ausfiel. Er fand Gefallen am Tennis, und bald darauf spielte er es selbst. Er machte den Führerschein für Motorboote am Steinhuder Meer – Segeln hätte ihn mehr interessiert, doch die Ausbildung hierzu schaffte man nicht an einem verlängerten Wochenende.

Clemens trieb sich auf Gemeinderatssitzungen herum und sogar auf Versammlungen ehrenamtlicher Helfer in verschiedenen Kirchengemeinden. Er kannte Hinz und Kunz und konnte so manchen Handel einfädeln, Geschäfte makeln oder auch Streitereien schlichten. Dabei war er nicht abgeneigt, sich seine Hilfe versilbern zu lassen, oder er handelte im Voraus eine angemessene Summe aus. Die fiel umso höher aus, je kreativer er mit Gesetzen und Vorschriften umgehen musste.

Clemens hatte sich aus diesem Grund einen Reisegewerbeschein für Kunsthandwerk besorgt, um die Herkunft des Geldes auf seinem Konto zu erklären. Damit finanzierte er den Führerschein sowie eine Zündapp KS 80. Später wurde es eine BMW R 90 S. Für ein paar Jahre ließ er sich sogar von der Fremdenlegion anheuern. Doch seinen Vertrag verlängerte er nicht. Er hatte in der Zeit viel gelernt und sich ein schönes finanzielles Poster zugelegt. In dieser Zeit konnte er nicht viel ausgeben. Nicht die Gefahr schreckte ihn ab, sondern der Drill, der nicht zu seiner Lebensauffassung passte.

Clemens pendelte zwischen den Welten. Er eignete sich weltmännisches Auftreten an, wusste sich zu kleiden und zu stylen. Er nutzte seine Kontakte, besorgte gefälschte Papiere und auch die ein oder andere Waffe. Was seine Auftraggeber damit vorhatten, bereitete ihm keine schlaflose Nacht. Das lag einzig und allein in deren Verantwortung. Viele brauchten so ein Ding, um anzugeben oder um sich in einer unsicheren Welt sicherer zu fühlen.

Die sexuelle Entwicklung lief, wie sollte es anders sein, im halbseidenen Milieu ab. Bei leichten Damen, die schnelles Geld suchten. Klar tauchte Clemens auch in den Bereich krimineller Prostitution ein, dachte kurzzeitig sogar an eine Karriere als Zuhälter. Es stand ihm ja alles offen. Doch das war ihm zu entwürdigend. Ein wenig Ehrgefühl hatte er schon.

Mehr als eine Tätigkeit als Produktionsassistent bei Sportclips war für ihn nicht drin. Das war eine Sendung spätabends, in der ansehnliche junge Damen bei sportlicher Betätigung nach und nach die Hüllen fallen ließen. Aufgrund der gymnastischen Übungen wippten ihre Weichteile aufreizend auf und ab, hin und her.

Das machte den männlichen Zuschauern natürlich Appetit darauf, eine der Nummern anzurufen, die in den anschließenden Werbespots für Sexualdienstleistungen eingeblendet wurden. Und diese Damen ließen nach der Sendung den jungen Assistenten oft genug willig an sich heran.

***

Agnes hört ein Rascheln. Das müssen die Zweige direkt am Kellerausgang sein. Das Rascheln kommt näher, Agnes sieht sich bewegende Zweige. Dann kann sie durch das Laub Umrisse der Fremden erkennen. Jetzt ist sie am Rand des Netzes. Agnes wartet ab, bis sie noch zwei Schritte weiter gegangen ist. Sie springt, mit der Schlinge in der Hand, vom Baum. Blitzschnell schiebt sie diese über den vorgesehenen Ast.

»Hach – was …«, hört Agnes einen ängstlichen Aufschrei, der aber sofort erstirbt, als sie mit einer Keule in der Hand auf die gefangene Fremde zugeht. Die zappelt im Netz herum und schaut ängstlich auf die Jägerin.

»Halte stille, odar ich schlage dich todt!«, droht Agnes und schwingt dabei grimmig ihren Knüppel.

Die Fremde steht still. Das Netz hat ihre Arme an den Körper gepresst, und mit weit aufgerissenen Augen starrt sie Agnes an. Diese stellt befriedigt fest, dass ihre Konstruktion hält. Die wäre vielleicht sogar etwas für die großen Asttiere. Agnes kann ihr Gegenüber jetzt genau betrachten und sieht deren Angst. Und sie sieht die nasse Stelle, die sich in ihrer Hose ausbreitet.

»Was thuest du hier?«, wollte Agnes wissen.

Die Frage schien die Frau etwas zu beruhigen. »Bist du kein Gott, dass du das nicht wissest?«, war ihre Gegenfrage.

»Was *Gott*? *Göttin* heißet das! Nein, ich bin keine Göttin. Itzt sag mir aber, was machest du hier?«, drängte Agnes auf eine Antwort.

»Entflohen«, war die kurze Antwort.

»Entflohen, von wo?«, wollte Agnes wissen. Sie hatte nicht mehr das Gefühl, dass die Fremde eine Bedrohung war. Doch ganz sicher war sie sich noch nicht.

»Aus dem Reservat.« Aha, wie ich, dachte Agnes.

»Und wessenthalben?«

»Sie hätten mich ansonsten gehänget.«

»Was war denn dein Verbrechen? Hast du nicht zur Genüge geglaubet?« Agnes musste lachen.

»Das schon, aber mir ist ein Säugling gestorben. Ich bin Erzieher.«

»*Erzieherin!* Es gibt nur *Erzieherinnen*«, verbesserte Agnes.

»Bei uns heißen wir *Erzieher.*«

Agnes überlegte. Das fremde Wesen schien ehrlich zu sein. Doch sie blieb auf der Hut.

»Ich hoffe, du belügest mich nicht. Wenn ja, geht es dir schlecht. Ich werde dich itzo befreien. Aber vorher binde ich dir Hände und Füße zusammen.«

Agnes ließ die Fremde beide Hände durch eine Masche

stecken und verknotete sie kunstgerecht. Dann nahm sie die Schlinge vom Baumstamm und befahl der Frau, sich hinzusetzen. Die Öffnung des Netzes hielt sie noch geschlossen. Dann musste die Fremde die Beine durch eine Schlinge stecken. Auch die band sie ihr zusammen. Anschließend öffnete Agnes das Netz und streifte es von der Gefangenen herunter. Dabei fragte sie:

»Wie heißest du?«

»Günter«, kam die Antwort.

»Mein Name ist Agnes«, stellte sie sich jetzt vor. »Was bist du für eine höchst sonderliche Frau?«, wollte sie als Nächstes wissen. »Was habest du für ein Röhrchen?«

»Ich bin keine Frau!«

Agnes war verblüfft. »Wir sind wahrlich allesamt Frauen. Es gebet schließlich nur Frauen.«

»So etwas Halbschüriges!« Das war aus dem Mund einer Gefangenen recht frech. Agnes packte ihre Keule fester und hob sie leicht an.

»Ich bitte um Vergebung«, sagte Günter, »ich wollte dich nicht aufbringen. Aber wir sind doch alle Männer. Ich bin ein Mann, und du bist ein Mann. Es gibt nichts anderes als Männer. Und dann weiß ich auch mitnichten, was du mit dem ›Röhrchen‹ meinest. Ich habe wahrhaftig keine Röhre bei mir.«

»Also du nennest dich *Mann.* Ich nenne mich *Frau.* Ich bin eine Frau, *die* Frau, wie *die* Sonne! Und du nennest dich *Mann. Ein* Mann. *Der* Mann also, wie *der* Mond?«

Günter nickte bestätigend.

»Das ist ja unglaublich!«, überlegte Agnes laut.

»Es ist so, wahrhaftiglich. Ich belüge dich nicht«, beteuerte Günter.

Agnes sagte ihm, dass sie nicht ihn meinte, sondern soeben begriffen hatte, dass Göttinnen, Priesterinnen und Erzieherinnen sie beim Sprachgebrauch ständig belogen hätten. Doch sie hatte keine Lust, Günter das jetzt ausführlich zu erklären. Auch sein Röhrchen war nicht so interessant. Sie wusste bereits, dass er zur anderen Sorte Lebewesen gehörte – wie bei den Mäusen und Großmäusen. Anderes war ihr im Augenblick wichtiger. Doch eine Unterhaltung im Stehen war ungemütlich.

Deshalb gebot sie Günter, sich auf einen umgestürzten Baumstamm zu setzen. Gefesselt hüpfte er darauf zu und tat, wie ihm geheißen. Agnes ließ ihn nicht aus den Augen. Als er saß, kam sie zu ihm und ließ sich rittlings neben ihm auf dem Stamm nieder, sodass sie ihn im Profil sah. Dann sollte er ihr alles von sich erzählen.

***

Die Stunde, in der Rudolph zum wohl hundertsten Mal an der Wand stand, verlief anders als von Franke geplant. Eine Viertelstunde nach der Zurechtweisung des Schülers lief der Chemielehrer weiß an, einige Mitschüler meinten später sogar, er sei grün im Gesicht geworden. Er fasste sich an den Bauch, rannte zur Tafel, hob den Eimer mit dem Wischwasser an, hielt seinen Kopf darüber und erbrach sich im Schwall hinein. Das Wasser spritzte heraus und plätscherte auf den Boden.

Die Klasse war zunächst wie versteinert, doch dann fingen einige an zu grinsen. Franke wollte den Eimer wieder abstellen. Da kam aber schon die nächste Brechattacke. Der Lehrer riss den Eimer nochmals so heftig hoch, dass

Wasser, vermischt mit dem Erbrochenen, abermals heraus schwappte. Frankes Hemd bekam einiges davon ab.

Er schnappte sich seine Kaffeetasse und rannte Richtung Tür. Ein Schüler sprang auf und riss sie ihm dienstbeflissen auf. Würgend eilte der Lehrer über den Flur und verschwand in der Toilette.

In der Klasse herrschte Schweigen. Rudolph ging zu seinem Platz und sagte triumphierend: »So, dem hab ich's gegeben. Im wahrsten Sinne des Wortes.«

Die Mitschüler bedrängten ihn und wollten wissen, was er in den Kaffee getan hätte. Denn diesen Vorgang hatten alle beobachtet, als Franke sich an der Tafel an den stöchiometrischen Gleichungen austobte. Rudolph behielt das kleine Geheimnis jedoch für sich.

***

»Ich war als Kind wie alle anderen«, begann Günter auf Agnes' Geheiß hin zu erzählen. »Vielleicht etwas stiller als die meisten.« Toben, Streiten und Schreien waren nichts für ihn, berichtete er weiter, obwohl er sich gern bewegte, schneller laufen und weiter springen konnte als viele. Aber er war ein nachdenkliches Kind, wollte alles genau wissen. Deshalb war er ein aufmerksamer Schüler und bei Erziehern und Lehrern beliebt.

Ein besonders enges Verhältnis entwickelte er zu Klaus, der ihn über viele Jahre betreute. Den bewunderte er, so wie der wollte Günter auch werden. Damit war auch klar, dass er wie Klaus Erzieher werden musste. Dafür sprach, dass Günter schon immer kleine Kinder gern mochte. Er war ganz aufgeregt, wenn die Götter einen neuen Jungen ablieferten.

Als er vier oder fünf Jahre alt war, nahm Klaus ihn mit, wenn er einen Säugling bekam. Günter beobachtete genau, wie Klaus das kleine Wesen liebevoll in seine starken Arme nahm, wie er ihn streichelte oder wiegte, wenn er schrie, wie er ihm die Flasche gab, an- und auszog und wickelte. Günter freute sich immer, wenn Klaus ihn das ein oder andere machen ließ. Er platzte fast vor Stolz, wenn er einen solch kleinen Wurm halten durfte. Dabei passte er höllisch auf, dass er ihn ja nicht fallen ließ.

Im Alter von acht Jahren konnte Günter einen Säugling beinahe allein versorgen. Er wusste sogar, wie man die Milch aus Trockenpulver anrührte, wie man Fläschchen und Schnuller auskochte. All das waren Dinge, die die Götter regelmäßig als Gaben brachten. Günter lernte, wann es das erste Gemüse und später Brot gab. Er liebte die kleinen Jungen und freute sich, wenn sie immer mehr konnten: den Kopf halten und ihn wenden, sich selbst vom Bauch auf den Rücken drehen und umgekehrt. Krabbeln, stehen, laufen, immer das Gleiche und immer wieder ein Erlebnis. Und wenn diese kleinen Kerlchen erst einmal zu sprechen anfingen, war das einfach etwas Wunderbares. Günter war froh, dass er den Kleinen etwas geben konnte.

Keine Frage, Günter machte die Ausbildung zum Erzieher. Etwas anderes war nichts für ihn. Und das sahen seine Lehrer und die Priester genauso.

Vier Jahre musste Günter lernen. Er tat es mit Hingabe und war Klassenbester, weil er mit dem Herzen dabei war und seine Begeisterung den Verstand beflügelte. Nach dem Abschluss war er der unterste Untererzieher. Die mussten die unangenehmsten Tätigkeiten ausführen wie Windeln wechseln, Säuglinge waschen und füttern und viele Nachtwachen übernehmen. Selbst daran fand Günter Gefallen. Er liebte es, die weiche Haut zu reinigen und zu streicheln.

Nach ein paar Jahren durfte sich Günter auch um größere Jungen kümmern, bei denen er sehr beleibt war. Die Buben mochten ihn so wie er einst Klaus. Der war inzwischen alt geworden und kam nicht mehr oft zum Dienst. Für Günter war er aber immer ansprechbar, und der holte sich bei ihm so manch guten Rat.

Klaus betonte immer wieder, wie wichtig es ist, die Kinder spielen zu lassen. Wie schön das war, wusste Günter aus eigener Erfahrung, denn er konnte sich noch gut daran erinnern.

Viel Zeit zum Spielen blieb den Kindern ohnehin nicht. Sowie sie etwas tragen konnten, mussten sie Botengänge übernehmen und wenig später die ersten schwereren Dinge schleppen. Trotzdem hatten sie etwas Freizeit. Und die nutzte Günter, so gut es ging. Er spielte mit den Kleinen vor allem Nachlaufen und Verstecken.

Dabei machte Günter eine Entdeckung. Ein Jugendlicher konnte getrost die Aufsicht für ihn führen, und Günter genoss es, sich wieder einmal selbst zu verstecken. Das hatte er als Junge schon vor vielen Jahren gemacht. Er erinnerte sich an sein Lieblingsversteck in einer Scheune. Dort gab es einige Nebenräume, die voll gestopft waren mit unnützen und unbrauchbaren Gerätschaften. Von einem dieser winzigen Räume führte eine Treppe in den Keller. Der Tür sah man an, dass sie lange nicht mehr benutzt worden war. Entsprechend schwer ließ sie sich öffnen. Immer wieder erforschte Günter diesen Keller, in dem ein Verlies ans nächste grenzte.

Obwohl er als Junge oft hier unten gewesen war, hatte Günter das Gefühl, längst nicht alles gesehen zu haben.

In diesen Gewölbekeller tauchte er als Erwachsener nun nochmals ein. Obwohl seine Augen sich inzwischen an die Dunkelheit gewöhnt hatten, war es doch mehr ein Tasten als ein Sehen. Bald war es hier unten wirklich stockfinster. Er sah die eigene Hand vor den Augen nicht mehr. Hier würde ihn keines der Kinder finden. So weit hatte er sich als Junge auch nie getraut.

Mit den Händen erspürte Günter, dass der Gang noch nicht zu Ende war. Diesmal wollte er wissen, wohin er führte. Er streckte die rechte Hand schräg nach vorn und ließ die Finger über die Mauer streichen. Manchmal stieß seine Hand an einen Vorsprung. Günter tastete sich nach links weiter und gewahrte, dass er immer noch Luft vor sich hatte. Er kam sogar recht schnell voran.

Dann meinte Günter plötzlich, einen Schimmer zu erkennen. War es eine Einbildung, oder kam von vorn tatsächlich Licht? Der Lichteinfall wurde immer größer. Bald konnte er Strukturen an der Wand erkennen, bald den ganzen Gang.

Dieser weitete sich schließlich zu einem kleinen Raum von vielleicht vier bis fünf Schritten in jede Richtung. Das Licht kam von schräg oben, und ein Haufen Geröll lag vor der Öffnung.

Neugierig kletterte Günter den Schuttberg hinauf, dem Licht entgegen. Es drang durch die Ritzen zwischen einigen größeren Steinen. Der Schutt unter Günter gab nach, sodass er zunächst nicht bis an diese Ritzen gelangte. Deshalb schichtete er einige große Steinbrocken aufeinander, um eine stabile Basis zu haben. Beinahe wie eine Treppe, dachte er.

Diese stieg er dann hinauf und kam deutlich näher an die Spalten heran, durch die grünliches Licht fiel. Günter drückte ein paar der kleineren Steine zur Seite und konnte nun den Kopf hindurch strecken. Er sah dichtes Gebüsch um sich herum. Da packte Günter die Neugierde. Er schaffte es mit einiger Anstrengung, zwei größere Brocken zur Seite zu schieben. Dann stemmte er sich auf die Arme und wand sich aus dem Loch heraus.

Er stand in niedrigem Gestrüpp, Sonnenstrahlen fielen durch das Blätterwerk. Günter trat aus dem Busch heraus. Vor ihm lag der Wald. Das Grün konnte er beim Blick über die Mauer des Reservats sehen, wenn er zum Beispiel auf der obersten Plattform des Kornspeichers war.

Günter ging ein Stück in die andere Richtung und streckte den Kopf vorsichtig nach vorn. Dort hinten lag das Reservat. Günter sah die Mauer und die Dächer einiger hoher Gebäude. Auch einige Baumwipfel ragten über die Abgrenzung.

Was mochte das sein, was er da entdeckt hatte? Befragen wollte er dazu lieber niemanden, da er sich sicher war, etwas Verbotenes getan zu haben. Es gab allgemeine Verbote, die ein solches Tun untersagten. So hieß es in einem Gesetz: *Von jeglichem, das du nicht kennest, hast du deinem Priester zu berichten.* Dieses würde er auf jeden Fall brechen, denn er hatte nicht die Absicht, das zu tun. Die Höhe der Strafe hierfür kannte er nicht, aber er wollte es nicht darauf ankommen lassen, es zu erfahren.

Günter ging wieder zurück. Er krabbelte durch das Loch und verschloss es mit den Steinen, die er zur Seite gelegt hatte. Bald war es im Gewölbe wieder so dunkel wie zu dem Zeitpunkt, als er es entdeckte hatte.

Einen gab es jedoch, den er fragen konnte, fiel ihm auf dem Rückweg ein. Das war Klaus. Er musste ihm ja nicht sagen, dass er das Reservat verlassen hatte. Eigentlich hegte Günter kein Misstrauen seinem alten Erzieher gegenüber. Doch Vorsicht war immer besser, das hatte man ihm beigebracht.

Am Abend ging Günter also zu dem alten Herrn und tat so, als erzähle er mehr nebenbei von dem Versteckspiel. »Weißt du, Klaus, da fande ich auf einmal eine Treppe in einen Keller.« Er tat so, als handele es sich dabei um eine jüngste Entdeckung. »Es ginge von da aus in weitere Kellerräume. Aber weit kam ich nicht, zumal ich bald nichts mehr sehen konnte. Doch ich hatte das Gefühl, das könnte ein längerer Gang sein. Ich merket das an dem Hall, der entstand, wenn ich in die Hände klatschte.«

»Ja, solcherlei Gänge soll es geben«, meinte Klaus. Er schien nicht sonderlich überrascht. »Ich war zwar nie in einem gewesen, aber mein eigener Erzieher hat mir erzählet, dass unsere Vorfahren Fluchtwege bauen mussten. Gänge, besser gesagt.«

»Und weswegen?«

»Es gab damals das Böse. Das Böse gibet es schon immer und immer noch. Wir kennen ja alle das Knallen und Pfeifen, das da draußen oft genug tobet und vor dem uns die Götter beschützen, so gut sie können. Unseren Vorfahren erteilten sie einst den Befehl, die Gänge zu bauen. Sollten die Feinde ins Reservat eindringen und sie tödten wollen, hätten die Altvorderen derweil fliehen können.«

»Ist das jemals passieret?«

»Keiner von den alten Herren konnte sich daran erinnern.

Auch die Priester wussten es nicht, sondern sahen darin den Beweis, wie gut der Schutz der Götter ist. Unterdessen wird von den Gängen nicht einmal mehr geredet. Vielleicht war das, wo du warst, der Anfang von einem solchen.«

Das leuchtete Günter ein. »Ja, das könnte wohl sein«, meinte er bestätigend.

***

Dann kam Julio, Julio aus Argentinien. Der krempelte das Leben von Clemens um. Julio war ein fröhlicher, positiver Kerl, der genau wusste, wie das Leben lief. Ein Mensch, der immer strahlte und gute Laune hatte. Clemens hatte ihn in einer Bar kennengelernt. Die beiden freundeten sich an. Clemens war fasziniert von ihm, weil Julio nichts aus der Ruhe brachte. Zu jedem Ereignis und zu jeder Nachricht hatte er eine Meinung und eine Erklärung. Und er war ein Meister im Spotten!

Julio hatte vor nichts und niemandem Achtung, weder vor Russen noch vor Amerikanern, nicht vor Willy Brandt, Konrad Adenauer, Nelson Mandela, Martin Luther King oder Angela Davis – nicht einmal vor Rudi Dutschke. Clemens interessierte sich nicht besonders für Politik. Aber der Studentenführer der Sechzigerjahre imponierte ihm gewaltig. Wie selbstbewusst der das Establishment angriff.

»Bist du Kommunist?«, hatte Clemens ihn in der Anfangszeit gefragt, woraufhin Julio von einem Lachkrampf geschüttelt wurde.

»Kommunismus – der Ausflug in den Irrwitz!«, war sein Kommentar. »*Ismus* ist die Münze, und davon Kommun*ismus* die eine und Fasch*ismus* die andere Seite. Ich kann dir noch nicht mal sagen, welches die Vorderseite ist.«

»Aber für dich sind doch alle Menschen gleich.«

Die nächste Lachsalve folgte. »Ja, in ihrer Blödheit sind sich alle Menschen gleich. Doch in ihrer Entwicklung sind sie höchst unterschiedlich.«

Julio wurde wieder ernst, und Clemens spitzte die Ohren. Die Menschen erreichen sehr unterschiedliche Entwicklungsstadien. Die haben nicht unbedingt etwas mit Intelligenz zu tun, eher ging es um so etwas wie Reife. Doch dieser Begriff war nur eine grobe Annäherung an das, was Julio meinte.

»Und wie erreiche ich diese Reife?«

»Wir nennen das Vollendung. Wir sind vollendet, wenn wir über allem stehen.«

»Wer ist denn *wir*?«

Wieder lachte Julio. »Dazu bist du noch nicht reif genug.«

»Aber wie gelange ich denn dahin?«

»Indem du die dicksten Brocken aus deinem Leben räumst, mit deiner Vergangenheit ins Reine kommst.«

Mehr sagte Julio zunächst nicht. Clemens ging grübelnd nach Hause. Was rumorte aus seiner Vergangenheit am heftigsten in ihm? Die verdrängten Jahre im Heim waren es! Die hatten ihn geprägt, sein Urvertrauen zerstört und ihm den Glauben an die Menschheit genommen. Da musste erst einer wie Julio kommen, damit er begreifen konnte, was Freundschaft ist.

***

Er wollte schon gehen, aber Klaus bat ihn zu bleiben. Er machte Günter darauf aufmerksam, dass er Neider hatte. Besonders Andreas schien es nicht verschmerzen zu können, dass Günter beliebter war als er. Da erst fiel ihm auf, dass Andreas ihn oft schnitt, grob anfuhr, über ihn spöttelte und dergleichen mehr. Das war Günter eigentlich ziemlich egal. Er wusste nicht, dass Andreas bei den Priestern gegen ihn stichelte.

In Glaubensdingen hatte sich Günter nie etwas zuschulden kommen lassen. Er glaubte den Glauben aller. Wieso auch nicht? Angesehene und kluge Leute waren es, von denen er schon von klein auf erfahren hatte, was es mit den Göttern auf sich hatte.

Die Götter waren gut, und sie waren streng. Zu den Gottesdiensten kamen sie mit ihren göttlichen Vögeln angeflogen. Die waren stark und laut, sodass man sich die Ohren zuhalten musste. Und sie machten einen Wind, der einen umwerfen konnte.

Die Götter nahmen die Gebete an, und sie nahmen die Gaben. Regelmäßig sonntags ließen sie ihre Vögel mit Getreide, Obst, Gemüse und den Erzeugnissen aus den Werkstätten füllen. Besonders die vielen kleinen, geschnitzten und angemalten Figürchen waren ihnen wichtig. Im Gegenzug lieferten sie Nahrung, die es im Reservat nicht gab, darunter das Milchpulver für Babys. Sie brachten Werkzeuge aus verschiedenen Materialien, wie Sägen, Hämmer, Nägel, Schrauben und viele Dinge, die nur Götter erschaffen konnten. Auch während der Woche rückten sie öfter an in ihren furchteinflößenden Luftgefährten, wenn sie etwas benötigen oder der Oberpriester sie aus dringlichen Gründen ins Reservat bat. Nur er alleine war in der Lage, mit den Göttern direkt in Verbindung zu treten.

Zweimal im Jahr, jeweils zur Sonnenwende, gab es große Götterfeste. Die Götter wählten die folgsamsten Männer aus und belohnten sie in den kommenden sechs Monaten. Nach und nach nahmen sie sie in ihren großen Vögeln mit. Die Männer durften in weichen Betten liegen und wurden von Götterkindern bedient. Sie konnten essen und trinken, was immer sie begehrten. Dabei wurden Speisen zubereitet, die es auf der Erde nicht gab.

Nach drei Tagen erreichte die Auszeichnung den Höhepunkt: Ein kleines Gerät wurde über den Penis gestülpt, das große Lust erzeugte. Gleichzeitig streichelten Götter mit Wedeln die Haut des Ausgezeichneten. Die Lust am Glied wurde schließlich so groß, dass sich der ganze Körper in lustvollen Zuckungen aufbäumte. Dabei gab das Glied eine Flüssigkeit ab – etwas anderes als das, was man sonst auf der Toilette ließ. Die austretende Flüssigkeit wurde von der Maschine aufgesogen.

Am folgenden Tag flogen die Götter den Ausgezeichneten wieder zurück zur Erde. Dort bekleidete er von da an gewöhnlich ein höheres Amt.

Einige der Ausgezeichneten sagten sogar, die Götter selbst hätten ihnen die großen Wonnen bereitet. Ganz klar konnten sie sich nicht erinnern, da die Getränke die Wahrnehmung und die Erinnerung eingetrübt hatten. Sie sagten, es seien besonders schöne Götter gekommen mit großen, weichen Rundungen auf dem Brustkorb. Die streichelten den Auserwählten, ganz besonders das verbotene Glied. Bevor die Lust übergroß wurde, setzte der Gott sich darauf, und der Glückliche hatte das Gefühl, das Glied gleite in den Gott hinein. Und bald darauf durchflutete ihn eine Wonne, die den ganzen Körper in ekstatische Zuckungen versetzte.

Doch die Götter konnten auch strafen. Dreimal hatte Günter mit ansehen müssen, wie Männer auf dem Dorfplatz gehängt wurden. Dazu zog man sie langsam am Galgen in die Höhe, die Hände in Handschellen auf dem Rücken. Sie strampelten und gaben gurgelnde Laute von sich. Schreien konnten sie nicht, weil die Schlinge den Hals zuzog. Nach einer Weile hörte das Zappeln auf.

Die Hingerichteten wurden heruntergelassen, und ein Heiler fühlte den Puls am rechten Arm. Dann nickte er den Priestern zu. Helfer warfen die Leichen auf eine Karre, zwei Mann zogen sie zur Mauer. Das Tor wurde geöffnet, die Männer marschierten mit ihrem Gefährt einige hundert Meter weiter, dann kippten sie die Gehenkten einfach auf den Boden.

Späher berichteten, dass der Leichnam meist schon am nächsten Morgen zerrissen und nach ein paar Tagen verschwunden war. Deshalb mussten außerhalb der Mauern Ungeheuer wohnen, die die Körper zerfetzten und auch das Krachen und den Donner verursachten. Die Männer konnten froh sein, dass sie im Schutz der Götter in einem Reservat lebten – mit sicheren Mauern darum herum.

Günter hatte alle drei Hingerichteten gekannt, den ersten schon als Kind. Es war ein alter Mann, der heimlich Verbotenes aus Obst gebraut hatte. Er war immer nett zu dem kleinen Günter gewesen. Im Gottesdienst lernte er aber, dass sich hinter dem Äußeren eines Menschen das Böse verbergen kann.

Den zweiten kannte er nur vom Sehen. Ein Ungläubiger. Günter konnte das nicht verstehen. Wie konnte es sein, dass jemand nicht glaubte? Die Götter kamen leibhaftig zu ihnen, und jeder konnte sehen, dass sie allmächtig waren.

Trotzdem fragte er Klaus, warum bei Nicht-Glauben die Todesstrafe verhängt wurde. Statt zu antworten hatte Klaus nur seinen Finger auf den Mund gelegt. Diese Frage fiel also auch unter die Verbote.

Die dritte Hinrichtung war noch nicht so lange her, zwei Jahre vielleicht. Die traf Günter am härtesten, denn der Delinquent war sein Kollege Hubert, ein Erzieher, den er sehr mochte. In seinem Nachtdienst war ein Junge gestorben. Dieser hatte eines Abends hohes Fieber bekommen, und die Priester warfen Hubert vor, seine Sorgfaltspflicht verletzt zu haben.

Nach dem letzten Besuch bei Klaus wurde Günter immer wieder zum Priester zitiert, da es Beschwerden gegen ihn gab. Der Priester nannte zwar keinen Namen, doch Günter ging davon aus, dass Andreas ihn anschwärzte. Es wurden die verschiedensten Vorwürfe erhoben. Er sei zu weich im Umgang mit den Jungen oder lasse ein Kind zu lange plärren, bevor er etwas unternehme. Er spiele zu viel mit ihnen, halte die Kinder nicht ausreichend zur Sauberkeit an, gebe beim Essen zu wenig aus, und seine Gebete seien zu kurz.

Günter wollte Andreas darauf ansprechen, doch der verstand es geschickt, sich zu entziehen.

Und dann geschah das Entsetzliche. Günter wusste, dass er keinen Jungen bevorzugen sollte. Nach außen behandelte er alle gleich. Trotzdem war es so, dass er zu einigen mehr Nähe verspürte als zu anderen. Sein absoluter Liebling war Richard. Der fing gerade an zu sprechen und plapperte ulkige Dinge vor sich hin. Er kuschelte sich gern an Günter, und der konnte das genießen.

Zwei Wochen lag die fürchterliche Nacht zurück. Günter machte wie immer seinen Abendrundgang durch den Schlafsaal. Bei Richard blieb er stehen und schaute auf ihn hinunter. Er wunderte sich – atmete er denn? Entsetzt bemerkte Günter, dass sich Richards Brustkorb nicht bewegte.

Er stupste ihn an. Keine Reaktion. Jetzt packte Günter ihn an den Schultern und schüttelte ihn. Doch Richard rührte sich nicht. Panisch hob der Erzieher ihn hoch, rannte mit ihm ins Wickelzimmer. Er kniff ihn, schüttelte ihn, wusch ihn mit kaltem Wasser ab. Nichts zu machen, das Kind blieb regungslos. Es atmete nicht. Günter legte sein Ohr auf den kleinen Brustkorb und hörte nichts.

Tot, Richard war tot. Gestorben in seiner Obhut. Und er hatte nicht einmal Fieber oder andere Krankheitsanzeichen gehabt. Günter wunderte sich über sich selbst. Er blieb ruhig, obwohl er traurig war und Angst bekam. Er sah das Bild schon vor sich, wie er am Galgen hochgezogen wurde. Zweifellos würde Andreas ihn bei den Befragungen beschuldigen.

Aber es gab den Gang. Einfach so wollte Günter sich nicht hinrichten lassen. Er wusste nicht, was da draußen auf ihn zukam, dort, wo angeblich das Böse lauerte. Bei seinem zehnminütigen Ausflug damals hatte er davon nichts entdeckt. Doch das hieß nicht viel. Schlimmer konnte es dort aber auch nicht kommen.

***

Das Geheimnis, das Rudolph nicht lüften wollte, löste sich beinahe von allein. Zunächst kam der Konrektor und gab der Klasse bis zur nächsten Stunde frei. Dr. Franke habe anscheinend eine akute Magenverstimmung und sei für heute beurlaubt.

Am Montag stellte der Pädagoge sich vor die Klasse und fragte, wer ihm das Apomorphin in den Kaffee getan habe. Schweigen, obwohl alle es wussten. Franke wartete einige Minuten ab. Die Zeit zog sich unendlich in die Länge, die Spannung war kaum auszuhalten.

»Gut, ich warte noch drei Minuten. Der Täter hat jetzt die Möglichkeit, das Schlimmste zu verhindern.«

Rudolph saß da und überlegte tatsächlich, ob er sich stellen sollte. Doch der Franke hatte ihm derart übel mitgespielt, dass er es nicht anders verdient hatte. Rudolph blieb stur. Die drei Minuten waren unerträglich. Und Franke sah ihn die ganze Zeit an, nur kurz unterbrochen durch kontrollierende Blicke auf die Uhr.

»So, die drei Minuten sind um«, konstatierte er nach dieser ewig langen Zeit. »Waren Sie's, Rudolph? Ich gebe Ihnen nochmals eine Minute.«

»Ich war es nicht«, behauptete dieser, obwohl es viel schwerer war, sich zu sperren, nachdem er direkt angesprochen worden war. Und diese eine Minute schien doppelt so lang wie die drei Minuten zuvor. Aber er siegte. Er gab es nicht zu, und seine Kameraden würden alle dichthalten. Die hatten selbst miterlebt, wie Franke ihn gedemütigt hatte. Immerhin hatte der alte Chemiker den Kaffeerest mitgenommen und war mit seiner Analyse am Wochenende auf das richtige Mittel gekommen.

Wieder ein prüfender Blick auf die Uhr. »Gut, es bleibt mir nichts anderes übrig, wir kommen zur Einzelbefragung durch Direktor Klöbert.« Alle Schüler, einer nach dem anderen, bis auf Rudolph, wurden zum Direktor zitiert. Rudolph saß wie auf Kohlen in seiner Bank. Er war sich nicht mehr so sicher, ob seine Kumpane dichthalten würden. Nachdem der Letzte herausgerufen worden war, musste Rudolph noch eine halbe Stunde lang allein im Klassenraum ausharren. Ein schlechtes Zeichen. Endlich kam die Sekretärin und holte auch ihn.

***

Die Nacht war jung. Es würde eine Weile dauern, bis man den toten Richard entdeckte und bemerkte, dass der Erzieher verschwunden war. Er hatte also Zeit zum Planen. Günter überlegte, was er mitnehmen sollte. Da draußen war er völlig auf sich gestellt und würde wahrscheinlich auf Feinde treffen.

Günter nahm den größten Rucksack und packte Kleidung, zwei Decken, einige Messer sowie anderes Besteck hinein. Es konnte ja etwas kaputt gehen. Außerdem Werkzeuge wie Hammer, Beil, Seil und Schnüre, auch einen Fuchsschwanz, über dessen ulkigen Namen er sich immer wieder wunderte.

Günter konnte das Gepäckstück kaum heben, aber in den Seitentaschen war noch Platz. In die stopfte er Brot, Getreide, etwas Obst, einen Becher, eine Schüssel und einen Teller. Selbst an das Rasierzeug dachte er. Nur die Priester durften Bärte tragen. Er musste sich richtig quälen, um den Rucksack auf den Rücken zu bekommen. Er setzte ihn auf dem Tisch ab, schnallte sich die Riemen um und hob ihn an. Das ging gerade noch so.

Jetzt wurde es aber Zeit zu verschwinden. Günter schlich durch die engen Gassen. Niemand begegnete ihm. Er betrat die Scheune, fand im spärlichen Mondlicht die Kellertreppe und war von da ab auf seinen Tastsinn angewiesen. Aber er fand den Gang und ging ihn so schnell entlang, wie die äußeren Umstände es zuließen.

Endlich weitete sich der Raum. Günter hatte das Ende des Gangs erreicht. Es war absolut dunkel, da das Licht der Nacht zu schwach war, um durch die Ritzen zu dringen. Günter stellte erst einmal den Rucksack ab. Das war eine enorme Erleichterung. Unterwegs war er so konzentriert gewesen, dass er dessen Schwere fast vergessen hatte.

In der Dunkelheit konnte er sogar die Stufen ertasten, die er beim letzten Mal erreichtet hatte, stieg auf ihnen hinauf und ertastete die Brocken vor dem Ausstieg. Die drückte er nach vorn und zur Seite, sodass er bald genügend Platz für den Kopf hatte und auch schwach die Umrisse der Umgebung erkennen konnte.

Günter vergrößerte die Öffnung, ging zurück, holte den Rucksack und stemmte ihn hoch. Doch der war so breit, dass er sich durch die Öffnung nicht hinausschieben ließ. Günter stellte ihn nochmals auf dem Kellerboden ab, entleerte die Seitentaschen und brachte deren Inhalt separat an die Oberfläche. Dann versuchte er es noch einmal. Diesmal klappte es. Keuchend drückte Günter den Rucksack durchs Loch und schob ihn soweit weg, wie er konnte. Anschließend stemmte er sich selbst aus der Öffnung.

Das war anstrengend, und er ruhte ein paar Minuten aus. Dann machte er sich daran, das Loch wieder zu verschließen. »Wozu tue ich dieses?«, fragte er sich halblaut. Eine plausible Antwort fiel ihm zunächst nicht ein. Trotzdem vollendete er die Aufgabe.

Dann wuchtete er sich wieder dieses Ungetüm von Rucksack auf den Rücken und trat aus dem Gebüsch. Den Mond konnte er jetzt zwischen den Blättern deutlicher erkennen, sodass Günter sich an seinem Licht orientieren konnte. Die Richtung war klar: möglichst weit weg vom Reservat. Vielleicht würden sie ihn suchen. Womöglich würde Klaus gezwungen werden zuzugeben, dass er von dem Gang wusste. Dann war es doch besser, wenn man das Ende des Ganges verschlossen vorfand. Auf jeden Fall würde man Günters Versagen den Göttern melden. Und wenn man ihn im Reservat nicht fand, vielleicht suchte man ihn dann draußen.

Günter schleppte sich weiter. Die Bäume wurden höher, und er kam zügiger voran, musste sich nicht mehr durchs Gestrüpp zwängen. Ab und zu machte er eine kurze Pause. Dazwischen dachte er immer wieder an Richard, den armen kleinen Kerl. Was war nur passiert? Hatte er etwas übersehen? Er war sich nicht sicher.

Es dämmerte, die zunehmende Helligkeit machte die Flucht leichter. Allmählich stieg der Boden an. Günter wusste nicht, wie weit er schon gelaufen war. Er hatte den Eindruck, dass er auf einen Höhenzug zulief. Berge waren es nicht, aber die Begriffe *Berg* oder *Gebirge* kannte er ohnehin nicht. Das Reservat war überwiegend flach, genau wie die Umgebung jenseits der Mauer, mit Ausnahme der Hügel in der Ferne.

Dann entdeckte Günter etwas, was er nie zuvor gesehen hatte: Er kam an einen Graben mit fließendem Wasser. Bisher kannte er nur Wasser, das man aus Brunnen hatte schöpfen müssen. Und hier floss es einfach auf der Erde. Wunderbar, wirklich, ein Wunder. Plötzlich merkte Günter, wie seine Zunge am Gaumen klebte. Er stellte den Rucksack ab, legte sich an den Rand des kleinen Grabens, füllte seine Hand mit dem Nass und führte sie zum Mund. Köstlich! Er wollte mehr.

Also rutschte er ein Stück nach vorn und tauchte den Mund direkt in die glucksende Flüssigkeit. In vollen Zügen stillte Günter seinen Durst. Das war nicht schlecht. Gab es hier draußen vielleicht sogar noch mehr solcher Wunder? Warum hatte kein Lehrer davon erzählt? Oder wussten die das selbst nicht? Zumindest den Begriff *Bach* hatte ihm niemand beigebracht.

Und tatsächlich stieß Günter noch auf das ein oder andere Wunder. Zum Beispiel die Früchte, die er nicht kannte. Er merkte schnell, dass er nicht verhungern würde. Ihm war aber auch klar, dass er sich für den Winter einen Vorrat anlegen musste. Und er brauchte zum Schutz ein Haus. Das fand er zwar nicht, aber er merkte schnell, dass es inmitten der Hügelkette immer wieder Kuhlen im Boden gab, in denen er geschützt war.

An diesem Punkt seiner Erzählung band Agnes ihm wortlos die Fesseln von den Füßen. Sie sah ihm in die Augen und sagte: »Ich glaube itzt, ich kann dir vertrauen.«

Günter überlegte für einen kurzen Moment, ob er nicht wegrennen sollte. Die Handfesseln bekäme er schon irgendwie ab. Doch dann überwog das Gefühl, er könne dem andern ebenfalls vertrauen. Während er noch überlegte, band Agnes ihm auch die Hände los. Nochmals ein kurzer Gedanke an Flucht. Oder konnte er Agnes gar überwältigen? Er war kleiner und schmaler als er selbst. Nein, das kam für Günter nicht infrage. Wenn Agnes ihm hätte schaden wollen, hätte er das längst tun können.

»Erzähle weiter, Günter«, forderte Agnes ihn auf, »dann hörest du auch die Geschichte von meiner Seite.«

Viel war nicht mehr zu erzählen. Günter hatte nur ein paar Tage später zerfallene Mauern und einen Keller entdeckt, gut versteckt hinter einem Gebüsch. Den wählte er als neues Zuhause und richtete sich ein wenig darin ein. Bald hatte er ein Bett aus Laub und Gras, darüber die eine Decke, die andere als Zudecke. Er fand Platz für seine Kleider und das Werkzeug.

In der Umgebung entdeckte er Stellen, an denen reichlich Beeren und Nüsse wuchsen. Auch unbekannte Gewächse gab es. Sie hatten einen dünneren oder dickeren Stiel und eine Scheibe oder einen Zipfel obenauf. Die meisten schmeckten nicht, einige Arten waren aber in Ordnung. Von einer Sorte wurde Günter allerdings richtig schlecht. Von da an probierte er neue Sorten ganz vorsichtig. Er nannte sie *Scheibengewächse.*

Schade, dass er kein Feuer hatte. Ab jetzt ging Günter jeden Morgen auf Nahrungssuche. Er nahm den Rucksack mit und befüllte die Seitentaschen. Das Obst, das er nicht sofort aß, legte er zum Trocknen aus. Das musste ihn über den Winter retten. Die Nüsse ebenso. Auch die genießbaren Gewächse schnitt er in Scheiben und trocknete sie.

Ja, und an diesem Morgen war alles anders. Da klappte das Netz vom Boden hoch, und er war Agnes' Gefangener. Sein erster Gedanke war: ›Itzt haben mich die Götter erwischet.‹

Doch der Mann da, der sich Agnes nannte, sah nicht so aus wie die Götter, wie er sie kannte. Die waren immer prächtig gekleidet. Und dieser Agnes sah auch nicht so aus wie die Männer in seinem Reservat. Woher kam der dann aber? Günter war gespannt, was Agnes zu erzählen hatte. Er konnte sich noch nicht damit abfinden, dass *der* andere eine *die* andere war, die sich *Frau* nannte und kein Mann sein wollte.

»Du bist entwichen«, begann Agnes, »ich bin es auch. Wir haben das gleiche Schicksal. Ich denke, wir müssen zusammenhalten. Bei mir lieget die Flucht schon länger zurück. Ich habe drei Winter überstanden. Im ersten wäre ich fast verhungeret und erfroren. Aber es gehet. Auch bei mir war das Entweichen voller Aufregung und Spannung. Ich wurde gehenket und habe es überlebet.«

Ungläubig starrte Günter sie an. Agnes verstand seine Zweifel. Sie reckte den Hals vor und zeigte ihm eine Narbe unterhalb des Kehlkopfs. »Da hatte ich mir ein Loch gemachet, wodurch ich atmen konnte.« Sie schwieg kurz.

»Aber bevor ich dir dieses erkläre, will ich noch eines von dir wissen«, verlangte Agnes. Ihr war aufgefallen, dass Günter immer wieder von Gott und Göttern, Priestern und Erziehern gesprochen hatte. »Bei uns werden sie Göttin und Göttinnen, Priesterinnen und Erzieherinnen genennet«, erläuterte sie.

»Ihr hänget da überall ein *innen* hinterwärts dran? Wieso denn dieses. Das machet doch Umstände.«

»In unserem Reservat ist das aber so die Sitte, zu sprechen«, beteuerte Agnes.

Günter war noch mehr verblüfft. »Meinest du, wir kommen nicht aus dem gleichen Reservat? Gebet es deren noch andere?« Der Mann zweifelte an seinem Wissen von der Welt.

»Es sind deren mindestens vier«, erklärte sein Gegenüber. »Die habe ich selbst gesehen. Vielleicht sind deren gar noch mehr. Wären wir im gleichen Reservat gewesen, hättest du dich an mich erinneret. Oder habest du vor drei Jahren meine Hinrichtung miterlebet?«

Das überzeugte Günter. Hätte es Hinrichtungen gegeben, wäre es seine Pflicht gewesen, ihnen beizuwohnen. Auch wenn man nicht alle Einwohner eines Reservats kannte, das Gesicht eines zum Tode Verurteilten vergaß man nicht.

»Und noch einen Erweis kann ich dir aufführen«, sagte Agnes jetzt.

Aufführen? Wie wollte der dort das anstellen, was ihn ganz überzeugte? Derweil band Agnes ihre Felljacke auf und reckte Günter ihre Brüste entgegen. »Hast du Derartiges schon gesehen?«

***

Sein Schlüsselerlebnis im Heim war für Clemens die Woche, die er in der Dunkelzelle verbringen musste. Die wollte er jetzt so schnell wie möglich aufarbeiten. Er beriet sich mit Julio, der dieses Vorhaben für seinen Entwicklungsprozess für wichtig hielt.

Keines der Ereignisse in seinem Leben, noch nicht einmal die bei der Fremdenlegion, schien Clemens im Nachhinein derart einschneidend wie diese Strafmaßnahme in seiner frühen Jugend. Er erinnerte sich daran, dass er damals geschworen hatte, dass er sich eines Tages an Schwester Karla rechen würde.

Die Vorbereitungen dauerten gerade mal vier Wochen. Clemens entdeckte eine alte Fabrik mit geeigneten Kellern und kräftigen Stahltüren. Ein Kumpel hatte aus einer der Türen ein Viereck autogen herausgeschweißt und es dann wieder mit zwei kräftigen Scharnieren befestigt. Ein Riegel kam draußen dran, eine Ablage innen. Eine verdreckte Matratze flog in eine Ecke, versiffte Decken landeten darauf.

Schwester Karla war schnell überwältigt. Ein kräftiger Kumpel von Clemens schaffte sie ins Auto, und beide zerrten sie sie in den vorbereiteten Keller. Karla erkannte Clemens sofort wieder. Sie winselte nicht um Gnade. Das imponierte ihm. Aber Erbarmen hatte sie von ihm ohnehin nicht zu erwarten.

In dem Keller war es so gut wie stockdunkel. Mag sein, dass tagsüber ein wenig Licht durch die Ritzen der aufgeschweißten Klappe hereindrang. Dort stellte Clemens jeden Tag wortlos zwei Flaschen Mineralwasser ab. Von drinnen kamen keine Frage und keine Bitte.

Nach sieben Tagen sagte Clemens: »Sie haben mich dreimal eingesperrt, insgesamt zwölf Tage. Wollen Sie die in einem Rutsch absitzen, oder wollen Sie unterbrechen und dann nochmals hier herein?«

»In einem Stück«, war die nüchtern-sachliche Antwort. »Bis dahin bin ich wenigstens verhungert.«

Damit lag sie wohl richtig. Verdursten würde sie nicht. Doch fast zwei Wochen ohne Nahrung – es war nicht sicher, ob sie das schaffte.

Clemens besorgte einen großen Korb mit Lebensmitteln, darunter Gebäck, Obst, Konservengläser mit Würstchen und verschiedenen Gemüsesorten, und stellte ihn ihr ins Verlies.

Nach weiteren fünf Tagen öffnete Clemens die Tür. Sein Kumpan stand neben ihm. Der Korb war leer.

»Sie sind noch nicht fertig«, stellte Clemens fest und überreichte ihr einen Eimer. »Sie wissen, was jetzt zu tun ist.« Eine Andeutung von Nicken. Karla machte sich daran, mit den Händen ihre Notdurft aufzuklauben und in den Eimer zu klatschen. Es kostete sie sichtlich Überwindung und Anstrengung, und ihre Hände zitterten. Dieses Mal konnte sie kleine Seufzer und Stöhner trotz heftiger Willensanstrengung nicht unterdrücken.

»Ein Handtuch habe ich nicht für Sie«, erklärte Clemens anschließend. »Also ziehen Sie Ihr Kleid aus und wischen damit den Kellerraum sauber.«

Widerspruchslos gehorchte die ehemalige Erzieherin. »Und wieder anziehen«, befahl Clemens. Auch das tat sie ohne Widerspruch.

»Wie ein Schwein sehen Sie aus«, höhnte Clemens jetzt. »Wie ein armes, altes, abgemagertes Schwein.«

Dann ließ er sie stehen und ging mit seinem Kumpan davon. Karla trat nach einer Weile aus dem Gebäude, blinzelte ob der Helligkeit, blickte sich um. In einer Ecke entdeckte sie ein paar Lumpen. Mit schleppendem Schritt ging sie dorthin, nahm sich ein paar Stofffetzen und versuchte, damit die Exkremente von ihrem Kleid abzuwischen.

»Ich bin kein Unmensch«, hörte sie Clemens plötzlich neben sich. »Sie allerdings, Sie waren ein Unmensch.«

»Verzeihung!«

Clemens traute seinen Ohren nicht, doch diese Entschuldigung brachte ihn nicht aus dem Konzept. »Wir fahren Sie jetzt nach Hause, da Sie so unmöglich durch die Straßen laufen können.«

Auf dem Rücksitz lag eine Decke, die verheerende Verschmutzungen verhindern sollte. Die Fahrt verlief ohne ein weiteres Wort. Doch ein »Danke« kam noch aus Karlas Mund, als sie ausstieg. Schleppend und tatterig mühte sie sich über den Bürgersteig und verschwand in der Haustür.

Clemens hatte das Gefühl, quitt zu sein. Er hatte sogar den Eindruck, die Alte hatte etwas kapiert.

»Und wenn die uns anzeigt? Die kennt dich doch und hat unsere Nummer.« Der Kumpan machte sich plötzlich Sorgen.

»Reichlich spät, deine Bedenken«, spöttelte Clemens. »Die geht aber nicht zur Polizei. Die würde sich ja nur selbst belasten.«

***

Günter war irritiert. »Nein, Beulen dieser Art habe ich noch nie erblicket«, räumte er freimütig ein. Klar kam es schon einmal vor, dass sich jemand stieß oder auch Arm oder Bein brach. Das schwoll dann mächtig an. Aber am Brustkorb, und dann gleich an zwei Stellen, und genau unter den Brustwarzen. Und wie riesig die waren ...

»Machen die dir schlimme Pein?«, fragte er, und Bedauern schwang in seiner Stimme mit.

Agnes musste lachen. »Nein, meine *Beulen* machen mir keine Pein. Das sind auch keine Beulen, sondern Brüste. In unserem Reservat haben solche alle von uns. Jedenfalls die großen.«

Günter schluckte. Das war also normal. Und das tat nicht weh? »Wenn es nicht schmerzet, darf ich die Beulen einmal anlangen?«

Agnes stellte sich vor ihn. »Darfst du. Aber nur, wenn du nicht mehr *Beulen* sagest. Brust oder Busen heißet das.«

Vorsichtig steckte Günter seine Hand aus, befühlte ihre Brust. Schön war das, so warm und weich, nur die Brustwarze war härter. Günter griff mit der anderen Hand an den anderen Busen. Genau das gleiche Gefühl, ein aufregend gutes Gefühl. Er erinnerte sich an die Erzählungen der begnadeten Männer, und es dämmerte Günter, dass Götter mit Schwellungen sie verwöhnt hatten. Waren das diese Beulen? Oder besser Brüste? War Agnes vielleicht doch ein Gott?

Günter drehte die Warze vorsichtig zwischen seinen Fingern. Agnes schüttelte sich etwas. »Du habest doch Schmerzen!«

»Nein, nicht im Geringsten. Es ist etwas anderes. Wie eine Kitzelei. Dabei nicht unbehaglich.« Trotzdem ließ Günter jetzt los – und bedauerte es sofort.

»Und alle Männer bei euch haben diese Beulen oder Brüste? Gibt es keinen, der das nicht hat?« Günter wollte es immer noch nicht glauben, obwohl er diese fremden Körperteile sah und soeben betastet hatte.

Agnes wich ein Stück zurück und schloss die Bändel an ihrer Jacke. Schade, dachte Günter, er hätte sich diese Rundungen gern noch ein Weilchen angeschaut. Und vielleicht auch noch weiter betastet. Die Antwort aber fiel ganz anders aus.

»Wir sind keine Männer, oder was du da sagest. Wir sind Frauen. Ich bin eine Frau, hörest du. Und ich bin eine *die* oder *sie* und kein *er* oder *der*. Das habe ich dir schon einmal erkläret.«

»Stimmt«, bestätigte Günter. »aber ich kann das nicht recht glauben. Es will mir einfach nicht in diesen meinen Kopf hinein.« Den schüttelte er jetzt. »Kein Mann?«, fuhr er fort. »Aber wir alle sind doch Männer? Wie kann es etwas anderes geben als Männer? Frau? Frauen? Diese Wörter habe ich noch nie gehöret.«

»Und ich kenne mitnichten *Mann* und *Männer*. Wir sind unser Leben lang belogen worden.«

Das dämmerte Günter allmählich auch. »Existieret denn wirklich kein einziger Mann in eurem Reservat?«

»Gibet es nicht. Auch das Wort gibet es nicht«, bestätigte Agnes. »Dabei gibet es bei allen Tieren Frauen und Männer.«

Hörte das denn gar nicht auf? Was erzählte Agnes ihm da? Was wusste der, was er selbst nicht wusste? Nein, was wusste *sie*? Günter verbesserte sich in Gedanken selbst.

Agnes merkte, wie das alles Günter beschäftigte. »Brauchest du noch einen Nachweis?«, fragte sie ihn.

»Gibet es denn noch mehr?« Günter hatte eigentlich genug.

»Was hast du denn da unten für ein Rohr?«

»Was meinest du?«

»Na, inmitten deiner Beine.«

»Ach, du meinest das Glied? Das haben doch alle, einer etlich größer, der andere etwas kleiner.«

»Glied, aha. Siehst du, ich habe keines«, sagte Agnes und öffnete ihren Rock.

Ungläubig starrte Günter auf ihre Scham. Wirklich, da war nichts. »Ja und womit ...?« Günter wusste nicht, wie er sich ausdrücken sollte.

»Ich weiß, du seichest aus deinem Rohr oder Glied. Du seichest im Stehen, wie ich beobachtet habe. Ich setze mich hin, mein Urin kommt aus der Harnröhre.«

»Ja und, wo ist die?« Günter wurde neugierig.

»Inmitten meiner Schamlippen«, erklärte Agnes. »Und da ist noch Weiteres.«

»Schamlippen? Sieht aber doch so aus, als wäre das alles geschlossen. Darf ich das einmal beäugen?«

»Nein.« Das klang eindeutig, und Günter war enttäuscht.

»Aber deine Beulen, Brüste meine ich, hast du mir doch auch gezeiget.«

»Das ist etwas anderes. Unten das ist mir zu innig.«

Schweigen. Günter wusste nicht, was er sagen sollte. Ihm schwirrte der Kopf ob des Gesagten, Gesehenen, Erlebten. »Was machen wir itzt?«, fragte er schließlich.

»Du zeigest mir dein Losament, ich zeige dir dann meines. Das ist allerdings etwas weiter weg.«

»Du wolltest mir erzählen, wie du das Erhängen überlebet und durch deinen Hals geatmet habest.«

»Das kann ich wohl auf dem Wege thuen«, schlug Agnes vor und zog ihn Richtung Buschwerk. Günter ging nun voraus und bahnte ihr den Weg. Einen letzten Ast drückte er zur Seite, dann ließ er Agnes in sein Reich eintreten. Schnell gewöhnten sich ihre Augen an die Dunkelheit. Agnes staunte.»Was du alles habest! Decken, Kleidung, Werkzeug.« Sie sah sich genau um. »Erstaunlich, selbst Nadeln und Fäden habest du. Was musste ich mich weiland abmühen, bis ich Löcher in die Felle bekommen habe und die dicke Kordel einfädeln konnte.«

»Ich habe dir erzählet, dass ich Verschiedenerlei mitgenommen habe.«

Das stimmte. Nachdem Agnes alles gesehen hatte, schlug sie vor, zu ihr zu gehen. Bald brachen sie auf. Günter fragte noch, ob sie an fließendem Wasser vorbeikämen. Als Agnes das bejahte, nahm er einen Krug mit.

Sie brachen auf, und Agnes begann, ihre Geschichte zu erzählen. Sie musste weit ausholen, damit Günter sie verstand. Sie sprach von ihren Mäusen und den Großmäusen, berichtete, wie sie die toten Tiere vor lauter Neugierde auseinandergenommen hatte. Was sie Aufregendes entdeckt hatte, und dass es von allen Tieren zwei Sorten gab.

»Deshalb war ich nicht übermächtig verwundert, als ich dein Röhrchen – dein Glied – wahrnahm. Erstaunet war ich nur, das bei einer Frau vorzufinden.« Günter verstand. Doch schon kam die nächste Überraschung.

Agnes berichtete von der ersten Geburt, die sie bei den Mäusen miterlebt hatte. Günter hatte wieder seine Zweifel. Aber bisher hatte der dort – *nein, die da* – immer recht gehabt.

›Das ist kein Mann‹, musste sich Günter immer wieder vorsagen. Er hatte begriffen, dass *sie* sich ärgern würde, wenn er *sie* nochmals *Mann* nannte. Das ist eine Frau. Sie ist eine Frau. Ich bin keine Frau. Ich bin ein Mann. Es gibt zweierlei Menschen in zweierlei Reservaten. In einem leben nur Männer. Und in den andern leben nur Frauen – keine Männer! Warum war das so?

»Was schweigest du?«

»Ich muss nachdenken. Zwei Arten Menschen, zwei Arten Tiere. Aber keiner unserer Hunde hat Beulen. Alle haben sie ein Glied und heben das Bein beim Seichen. Da kann man es sehen.«

»Heben das Bein? Unsere hocken sie sich hin. So muss ich es ja auch thuen.«

»Aber wessentwegen ist das so? Wer trennet uns, und aus welchem Grund?«

»Das kann ich itzt noch nicht benennen. Aber nach der Geburt der kleinen Mäuschen deuchte mir zu stimmen, was ich schon lang erahnet hatte: Wir wurden allenthalben belogen.«

Das sah Günter mittlerweile auch so. Inzwischen waren

sie am Grabenwasser angelangt. Günter tauchte den Krug hinein, füllte ihn mit Wasser, und beide tranken mit großen Schlucken und erquickten sich daran. Günter sah Agnes dabei zu. Und er merkte, dass diese *Frau* sehr schön *war.*

»Die Kinder kommen aus einer kleinen Kugel im Leib. Darin werden sie groß, die Kugel weitet sich fortwährend aus. Die Thierfrauen bekommen einen dicken, runden Bauch.«

»Fürwahr?«

»Dann kommen die Kleinen heraus, vier oder fünf an der Zahl. Manchmal auch mehr. Winzig klein, doch laufen sie sogleich herum. Sie legen sich an den Bauch der Alten und saugen aus deren Zitzen. Bei den Hündinnen nennen wir sie Zitzen, nicht Brüste. Eines bin ich mir aber sicher, ich habe auch so eine Kugel in meinem Inneren.«

»Wie erschließest du dir das?«

»Es muss bei uns Frauen alles genauso sein wie bei den Thieren. Sonst hätte ich das Erhängen nicht überlebet. Weil ich wusste, wie es bei den Thieren ist, konnte ich einen Ausweg ersinnen. Und der hat auch geklappet.«

Nachdem Günter sich satt getrunken Hatte, füllte er den Krug halbvoll und steckte ihn in die Seitentasche seines Rucksacks. Mehr durfte er nicht einfüllen, sonst wäre von dem Wasser beim Gehen einiges heraus geschwappt.

»Lass uns weitergehen«, schlug Günter vor. »Dann erzählest du mir von deiner Flucht. Aber eines will ich noch wissen: Wirst du dereinst auch Kinder bekommen?«

»Gemeinhin sollte das möglich sein.«

»Wann wird das sein?«

»Woher soll ich davon Kenntnis haben?« Agnes wollte Günter nicht sagen, dass die Mäuse, Großmäuse und Langohren ihre Schamgegend immer wieder inbrünstig aneinander rieben. Sie glaubte, dass dadurch die Babys, winzig klein, in der Kugel entstanden. Und ihr kam der Gedanke, dass Günter etwas Ähnliches machen musste, damit bei ihr Kinder kämen.

***

»Sie waren der Übeltäter«, eröffnete Klöbert ohne Umschweife das Gespräch. »Das ist die Aussage aller Ihrer Mitschüler.«

»Gemeine Arschlöcher«, murmelte Rudolph vor sich hin.

»Wie bitte?«, hakte Klöbert nach. Als der Schüler schwieg, fuhr er fort: »Von Wallmoden, ich glaube, Sie verkennen den Ernst der Lage. Wenn einer ein Arschloch ist – Sie meinen wohl, ich hätte das nicht gehört –, dann sind Sie es. Sie können froh sein, dass wir von einer Anzeige wegen gefährlicher Körperverletzung vorerst absehen.«

Körperverletzung, dachte Rudolph, und dann auch noch gefährlich. Lachhaft! Doch er sagte lieber nichts.

Klöbert teilte ihm mit, dass er für eine Woche beurlaubt sei. Diesmal war es Franke, der vor sich hin grinste. Er hatte seinem Vater einen Brief auszuhändigen, in dem der Vorfall geschildert war. Der Erhalt des Schreibens war durch den Vater sofort per Fax zu bestätigen. In dem Schreiben wurde der Familie von Wallmoden als Konsequenz aus den Vorfällen empfohlen, Rudolph von der Schule zu nehmen. Andernfalls sollten die Eltern einen Plan vorlegen, wie eine Verhaltensänderung des renitenten Schülers zu gewährleisten sei.

Zur Abrundung wurde dem Schreiben das gesamte Sündenregister Rudolphs angehängt. Auf der Zugfahrt stellte er allerdings befriedigt fest, dass das allenfalls ein Fünftel dessen war, womit er hätte auffallen können. Trotzdem, das Gespräch mit seinem Vater würde alles andere als erfreulich werden. Seine Mutter dagegen hielt sich aus den Schulsachen vornehm heraus. Und wenn sein Vater ihn von der Schule nahm, war ihm das so gut wie gleichgültig. Das Abi konnte man auch anderswo machen. Und diesen Franke wäre er in einem solchen Fall ein für alle Male los.

***

Agnes' Gedanken waren schon längst viel weiter vorausgeeilt. Sie hatte die Vermutung, dass die Götter mit den belohnten Frauen etwas Ähnliches machten. Die Kinder in den Bauch, in diese Kugel einpflanzen. Anscheinend schafften sie es, die Frauen so zu benebeln, dass sie es nicht richtig mitbekamen, sodass sie sich hinterher nur an ein unheimlich tolles Gefühl in der Schamgegend erinnerten.

Selbstverständlich hatte Agnes ausprobiert, wie es sich da unten anfühlte. Sie machte sich längst nichts mehr aus den Verboten der Priester. Betastet, gestreichelt und gedrückt hatte sie die verbotene Zone – und festgestellt, dass es sehr angenehm und keineswegs in irgendeiner Weise merkwürdig war. Soweit war sie allerdings nicht gegangen, selbst zu einem Höhepunkt zu kommen.

Die Frauen jedenfalls wurden ins Reservat zurückgebracht, und alle konnten sehen, wie ihr Bauch wuchs. Bevor die Kinder herauskamen, wurden sie nochmals abgeholt. Die Götter schienen nicht warten zu wollen, bis die Kinder von selbst kamen, sondern schnitten sie vorher heraus. Das sah man an der Narbe. Auch davon bekamen die Frauen kaum etwas mit. Die Schmerzen, so hieß es, seien durch den Kampf mit dem Bösen im Bauch entstanden. Aber die Götter hätten das Unding herausgeholt und vernichtet. Davon sei nur die Narbe übrig geblieben.

Die Frau wurde zurückgebracht und dem Kinderheim oft wenig später ein neuer Säugling übergeben.

Diese Gedanken behielt Agnes vorläufig jedoch für sich. Sie merkte, dass Günter jetzt schon überfordert war. Im Weitergehen erzählte sie, sie habe bei den Tieren entdeckt, dass eine Röhre die Luft in die Lungen bringt und dass diese vorn am Hals liegt. Sie deutete darauf, erst bei sich, dann bei Günter. Sie hatte sich gefragt, ob man, wenn man sie aufschnitt, durch diese Öffnung würde weiter atmen können.

Bei Olga, der einen Großmaus, hatte sie das ausprobiert, und es hatte tatsächlich funktioniert. Das Tier hatte bei der Operation fürchterlich geschrien und gequiekt. Agnes hatte sich gewundert, welchen Krach so ein kleines Wesen machen kann, und gefürchtet, es könne die Dörfler aufwecken. Doch die Großmaus überstand alles bestens, war sogar bald so zutraulich wie zuvor. Als die Wunde verheilt war, konnte Agnes dem Tier Nase und Schnauze zuhalten, solange sie wollte – die Luft ging über die Öffnung rein und raus.

Und dann wurde Agnes zum Tode verurteilt. Ein Mädchen, Vera, war ihr eines Nachts zum Tiergehege gefolgt. Sie war ein paar Jahre älter und hatte bereits richtige Brüste; bei Agnes zeigte sich erst ein winziger Ansatz. Klar, dass Vera sie verpetzte. Klar, dass man Agnes verhaftete. Daraufhin gingen die beiden Priesterinnen mit ihr zum Tiergehege. Sie musste mit ansehen, wie alle Großmäuse – Anna, Lena, Olga, Merta, Frieda – totgeschlagen wurden.

Gnadenlos droschen die Frauen mit einem Knüppel auf die Käfige ein, bis diese zusammenkrachten. Die Tiere quiekten und schrien in ihrer Todesangst aus Leibeskräften, rannten, solange sie konnten, in Panik hin und her. Nie in ihrem Leben würde Agnes dieses schrille Gekreische vergessen.

»Ihr schändlichen Hündinnen!«, schrie Agnes vor Wut. »Höret doch auf. Die haben euch nichts gethan.« Sie war außer sich, und in ihrer Rage fügte sie hinzu: »An den Thieren konnte ich sehen, dass die Götter uns belogen haben.«

Keiner glaubte ihr die Geschichte von den Geburten. Im Gegenteil, ihre Ausführungen waren der Beweis, dass sie vom Glauben vollends abgefallen war, auch wenn sie nichts von den anatomischen Studien erzählt hatte. Dafür konnte es nur eine Strafe geben: Tod durch den Strang in drei Monaten. In der verbleibenden Zeit traf Agnes ihre Vorbereitungen. Durch das Gefängnisfenster konnte sie Vera vorbeigehen sehen. Ihr Bauch begann allmählich zu wachsen.

***

»Wie geht es dir damit?«, fragte Julio, als Clemens von der Rache an seiner alten Erzieherin berichtete.

»Gut«, war die ehrliche Antwort. Für Clemens war die ganze Aktion stimmig. Gleiches hatte er mit Gleichem vergolten. Das schien ihm gerecht. Er hätte mit dieser Zicke auch sonst was anfangen können: Sie schlagen, quälen, vergewaltigen. Nein, das lieber doch nicht. Oder sie umbringen. Oder alles zusammen bzw. nacheinander. So, wie er es gemacht hatte, war es richtig. Clemens hatte ein gutes Gefühl dabei. Und er musste Klara für ihr Verhalten sogar ein Stück weit Anerkennung zollen. Wer weiß, warum sie so geworden war, wie sie war. Doch das wollte er gar nicht wissen. Für ihn war damit das Heimleben abgeschlossen.

Nach der Schilderung sagte Julio: »Ich sehe, du meinst es ernst. Ich habe dem Gremium schon von dir erzählt. Sie haben zugestimmt, ich darf dich zur nächsten Versammlung mitbringen.«

***

Übel war schon die Idee und erst recht die Ausführung. Doch Agnes war hart genug gegen sich selbst. Sie entwendete ein scharfes Messer, als sie zum Spülen eingeteilt war. Auch wenn sie Gefangene war, musste sie immer noch arbeiten. An einem Stein in ihrer Zelle schliff sie es nach und machte es so scharf wie möglich. Ein paar Lappen hatte sie ebenfalls mitgenommen.

In dieser Zeit nervten sie die Priesterinnen, besonders Martha, die sie aufforderte, ihre Taten zu bereuen. Agnes tat, wie von ihr verlangt, aber niemand glaubte ihr. Sie hatten recht, dass sie ihr nicht glaubten. Denn wieso sollte sie etwas bereuen, von dem sie felsenfest überzeugt war?

Ihre alte Erzieherin wurde zu ihr geschickt, um sie zu bearbeiten. Agnes unterhielt sich angeregt mit ihr und meinte, sie wisse gar nicht, was in sie gefahren sei. Die Tierchen hätten sie fasziniert, doch sie hätte wohl die falschen Schlüsse gezogen. Agnes bat sie, noch einmal wiederzukommen und ihr ein Stück vom Holunderzweig mitzubringen, so dick wie der Daumen ungefähr. Was sie damit wolle? Der rieche einfach gut.

Schon am nächsten Tag hatte sie das Gewünschte. Agnes schnitt sich eine Scheibe heraus und höhlte das weiche Innere aus.

Drei Wochen vor der Hinrichtung setzte Agnes das Messer unter ihrem Kehlkopf an. Mit einem Ruck stieß sie es zwischen die Knorpel. Das Blut spritzte bis an die Wand. Doch die war graubraun und porös, sodass es niemand bemerken würde. Aber es kam niemand mehr, der sich in ihrer Zelle umsah.

Agnes spürte, wie Blut in ihre Luftröhre lief, und sie musste mächtig husten. Die Hustenanfälle störten niemanden. Sollte die Gefangene doch verrecken. Sterben musste sie sowieso. Für eine Verworfene noch die Priesterin oder die Heilerin zu holen, verbot sich von selbst.

Agnes drückte einen Finger mit einem Tuch darum in die Wunde. Wie das brannte! Aber sie konnte etwas vertragen. Sie stöhnte nur so laut, dass es keinem auffiel. Sie hielt den Finger einige Minuten in die Wunde. Es quoll kein Blut mehr daraus hervor, auch der Bluthusten hörte auf. Vorsichtig zog Agnes den Finger mitsamt dem Tuch aus der Wunde. Kein Blut sickerte nach. Nun wollte sie wissen, ob es so klappte, wie sie sich das vorgestellt hatte. Sie atmete ein und verschloss mit der Stimmritze den Luftweg, so, als wollte sie sich räuspern. Dann atmete sie vorsichtig aus. Und siehe da, die Luft blubberte aus der Wund heraus. Dabei rissen die Blutgerinnsel ab, und die Wunde fing wieder richtig an zu bluten.

Also nochmals auf die Zähne gebissen und trotz der Schmerzen den Finger wieder hinein. Dieses Mal wartete sie länger. Sie ließ einen Stoffstreifen in der Wunde und machte keinen weiteren Atemversuch. Sie wartete einige Tage ab, bis die Wunde nicht mehr schmerzte. In dieser Zeit tauschte sie immer wieder den Stoffstreifen aus. Erst nach einer Woche machte sie den nächsten Versuch.

Sie zog den Stoff heraus und tastete mit dem Finger nach der Wunde. Sie war wie ein schmaler Strich. Also einatmen, Kehlkopf verschließen wie beim Luftanhalten und dann die Luft herausgepresst. Die strömte durch die Öffnung hinaus, die nun nicht mehr blutete. Es zischte und blubberte und hörte sich an wie ein Mittelding zwischen diesen beiden Geräuschen.

Das Ausatmen ging leicht vonstatten. Schwieriger war das Einatmen. Der Spalt der Wunde war zu schmal. Zwar konnte Agnes mit einem pfeifenden Geräusch etwas Luft einziehen, aber das reichte nicht. So klemmte sie sich jetzt den Holunderring in die Wunde. Das tat wieder enorm weh. Aber danach konnte Agnes frei und ungehindert ein- und ausatmen. Der Ring drückte sich zu einem Oval zusammen, wodurch der Schmerz etwas nachließ und sie immer noch genügend Luft bekam.

Der Tag der Hinrichtung nahte. Die Wärterin warf ihr das schwarze Büßerhemd in die Zelle. Agnes freute sich, dass es so war, wie sie es sich gewünscht hatte: hochgeschlossener Kragen und lange Ärmel, die bis zu den Handgelenken reichten. Nachdem sie es übergezogen hatte, drückte sie den Ring in die Wunde.

Dann kam Martha, die Oberpriesterin. Ein letztes Mal sprach sie die Verdammnis über die Fehlgeleitete aus. Kniend und mit gesenktem Kopf musste Agnes bekennen, dass sie eine Sünderin sei. Dann drückte sie mit der Hand auf den Ring in der Luftröhre. So konnte sie ihre angebliche Reue vor sich hin murmeln.

***

Inga Braun, Sektenbeauftragte der Bundesregierung, war etwas Großem auf der Spur. Einer Gruppe, die sich die *Streber* nannte.

Ein halbes Jahr zuvor hatte sie einen entsprechenden Hinweis bekommen. Als sie eines Abends ihr Büro verließ, sprach sie eine verängstige Frau an, die sich als Katarina Blumberg vorstellte und vierundvierzig Jahre alt war. Sie bat inständig um ein Gespräch, und Inga nahm sie mit in ein nahe gelegenes Café. Immer wieder schaute sie sich auf dem kurzen Weg dorthin ängstlich um. Sie bat Inga, sich in eine Ecke zu setzen, die von außen nicht einzusehen war. Jeden Gast, der das Lokal betrat, beäugte sie misstrauisch.

Katarina berichtete, sie schwebe in Lebensgefahr, wenn die *Streber* herausbekämen, dass sie sich an die Regierung gewandt habe. Hier fiel der Name zum ersten Mal. Neugierig ließ sich Inga berichten. Der Frau tat es offensichtlich gut, sich alles von der Seele zu reden.

Streber, ein seltsamer Name, doch Inga bekam schnell heraus, was es damit auf sich hatte. Die Gruppe strebe nach Vollkommenheit, erklärte Katarina, das sei ihr oberstes Ziel. Sie versprach7 ihren Mitgliedern, sie dorthin zu geleiten. Am Anfang habe sie das alles für bare Münze genommen. Man musste kostenpflichtige Kurse belegen, um die Stufen der Vervollkommnung hinzuaufsteigen. Doch gleichzeitig wurde das Weltbild immer enger. Außerhalb der Streber zählte nichts mehr. In den mittleren Stufen schon musste man sämtliches Einkommen und Vermögen abgeben. Die Partner hatten mit einzusteigen, oder man wurde zur Trennung gezwungen. Kinder wurden nach den strengen Vorstellungen der Streber erzogen.

Es gab das Schweigegelübde ab der ersten und den Unumkehr-Eid ab der vierten Stufe. Ohne diesen Eid abgelegt zu haben, war ein Aufstieg nicht möglich. Doch man fieberte ihm entgegen. Vorher konnte man noch aussteigen. An beide Verpflichtungen war man ein Leben lang gebunden. Katarina war sich sicher, überwacht zu werden. So schnell entkam niemand den Klauen der Streber. Es war ihr klar, dass sie mit Erreichen der vierten Stufe ihr Leben den Strebern überantwortet hatte. Bei einem Bruch drohte ihr die Auslöschung. Das war ihr bewusst, und deshalb war sie in Gefahr.

Inga fragte nach, ob es konkrete Todesdrohungen gebe. Gegen sie seien noch keine ausgesprochen worden, meinte Katarina. Doch sie waren unumgänglich. Mit dem Kontakt zu Inga hatte sie das gnadenlose Gesetz der Streber gebrochen. Katarina wusste von Liquidationen.

Inga war sprachlos und fragte die Frau, warum sie sich nicht telefonisch oder per E-Mail gemeldet habe. Die Adresse ihrer Abteilung sei doch leicht zu googeln.

»Telefon, E-Mails und Internet werden von den Strebern streng kontrolliert«, war die Antwort. Trotzdem hatte Katarina sie gefunden.

»Über welchen Weg haben Sie das geschafft?«, wollte Inga wissen.

»Das zu erzählen dauert jetzt zu lang. Lieber ein andermal.«

Das schien vernünftig. Die Sektenbeauftragte befragte

Katarina zur Organisation der Streber. Ihr dämmerte, dass diese mindestens die Ausmaße der Scientologen hatten, aber anscheinend vollkommen verdeckt agierten.

Damit war das erste Treffen beendet. Katarina musste zurück, damit ihre Abwesenheit nicht auffiel.

Es kam zu einem weiteren Treffen. Dabei wollte Inga wissen, wie die Streber ihre Mitglieder anwarben. Das geschah ausschließlich durch persönliche Kontakte. Die Streber verwickelten Leute in Gespräche und fanden dabei schnell heraus, wer auf der Suche war. Mit Mitgefühl und Verführungskraft kitzelten sie die Lebensprobleme heraus und deuteten Lösungen an. Die Werber waren gut geschult, sie selbst hatte lange Zeit diese Aufgabe. Auch sie, Katarina, wurde in einer Krise angesprochen. Später war ihr klar, wie das funktionierte. Denn sie hatte gelernt, den Leuten ihr Unglück vom Gesicht abzulesen. Den meisten Menschen ging es irgendwann im Leben so. Bei Frischverliebten wäre jede Mühe umsonst.

Die Streber beobachteten Leute, die aus psychiatrischen Krankenhäusern oder Arztpraxen kamen. Das waren für sie wahre Fanggründe. Der Werber durfte allerdings keine instabilen Opfer anschleppen, keine, mit deren Problemen die Gruppe sich anschließend herumschlagen musste, und auch keine Personen, die materiell auf wackeligen Füßen standen.

Zum nächsten vereinbarten Treffen erschien Katarina nicht mehr. Musste die Sektenbeauftragte Schlimmes befürchten?

Sie entschloss sich zu einem Undercover-Einsatz und war fortan häufig Gast bei Psychiatern. Sie hielt sich zu den Sprechstundenzeiten in den Wartezimmern auf, blieb eine

Weile dort sitzen und ging dann wieder, wobei sie ein möglichst trauriges Gesicht machte. Dann suchte sie eine Kneipe in der Nähe auf, setzte sich an den Tresen und stierte verzweifelt auf das Schnapsglas vor sich.

Beim siebten Kneipenbesuch fragte ein anderer Gast sie höflich, ob er sich zu ihr setzen dürfe. Sie sah ihn unsicherfragend an und gestattete es ihm.

***

Martha zog Agnes an der Schulter hoch, als sie meinte, dem Reueritual sei Genüge getan. Dann übergab sie die Sünderin der Henkerin und ihren beiden Gehilfinnen. Die führten sie zum übervölkerten Dorfplatz. Alle aus dem Reservat waren da. Agnes gewahrte Vera, deren Bauch schon überzeugend die Gunst der Götter zeigte.

›Wenn du wüsstest …‹, dachte Agnes.

Zum Glück ging jetzt alles recht schnell. Agnes wurde die Stufen hinaufgeführt. Martha ließ eine große Tirade an Beschimpfungen vom Stapel, und die Unterpriesterin hielt einen Vortrag über das Schlechte in der Welt. Wie das auszumerzen sei, könnten am heutigen Tag alle sehen. Sie forderte die Anwesenden auf, einige Flüche nachzusprechen. Dann gab sie der Henkerin einen Wink. Die legte Agnes die Schlinge um den Hals und band ihr die Hände auf dem Rücken zusammen. Dann nickte sie den Helferinnen zu.

Zusammen zogen sie am anderen Ende des Seiles, das über eine Rolle oben am Galgen geführt wurde. Agnes spürte, wie ihr Hals sich in die Länge zog. Übel war das. Ihr ganzes Körpergewicht hing an diesem Seil, der Hals wurde ihr zugequetscht. Die Schmerzen im Nacken waren wahnsinnig, und sie sollte leiden. Sadistisch langsam wurde sie zunächst in die Höhe gehievt. Aber Agnes bekam Luft. Sie wusste, jetzt musste sie zappeln. Das brachte ihr sogar etwas Erleichterung.

Die beiden Frauen wurden rabiater und zogen sie immer schneller nach oben, so dass Agnes oben mit dem Kopf gegen den Balken knallte. Sie war leicht benommen, was sogar ganz angenehm war. Sie musste nun so tun, als würde sie weniger zappeln. Dann ließ sie Arme und Beine einfach still nach unten hängen. Gleichzeitig durfte sie nicht mehr tief atmen, weil man sonst gesehen hätte, dass sie noch lebte. Sie atmete also möglichst flach, aber die Luft war ausreichend. In diesem Zustand spürte sie die Schmerzen im Hals und im rechten Arm umso mehr.

Endlich ließ man sie herunter. Eine Leichenkarre stand schon bereit. Agnes wurde darauf abgelassen, und sie tat so, als wäre ihr ganzer Körper völlig entspannt. Unwirsch drehte man sie auf den Bauch. Martha schnitt die Fesseln an den Handgelenken auf. Dann winkte sie der Heilerin, die am rechten Handgelenk den Puls tasten sollte. Als sie den nach unendlich langen zwei bis drei Minuten nicht fand, sah sie die Oberpriesterin an und schüttelte den Kopf. Martha lächelte, drehte sie sich der Einwohnerschaft zu und sagte: »Das Böse ist aus diesem Körper ausgestoßen.«

Jubel brach los, und die Helferinnen drehten Agnes wieder zurück auf den Rücken. Diese tat so, als wäre durch die Drehbewegung die linke Hand zum rechten Arm geschleudert worden. Im Bereich des Ellenbogens hatte sie innen die Naht aufgetrennt. Das war ganz schnell gegangen, nachdem die Priesterin ihr das Büßerkleid zugeworfen hatte. Mit einem Messer hatte Agnes, als die Gottesdienerin sich den Beschimpfungen hingab, blitzschnell den Riss hineingeschlitzt. Das war dieser frommen Runkunkel zum Glück entgangen.

Dieser Öffnung versuchte sie sich mit den Fingern der linken Hand zu nähern. Unterdessen zogen die Henkerinnen die Karre in Richtung Tor. Wann immer es etwas holperte, und das tat es fast die ganze Zeit, näherte Agnes ihre Hand dem Ellbogen, so, als würde er durch das Ruckeln dorthin bewegt. Endlich erreichte sie die Schnur, mit der sie sich den Arm abgebunden hatte. Die Schmerzen im Unterarm waren fast unerträglich. Doch das musste sie aushalten, wollte sie überleben.

Vorsichtig löste Agnes den Knoten. Sie spürte das Blut wieder ins Gewebe schießen. Das war beinahe schon abgestorben, und der Schmerz wurde zunächst einmal noch viel schlimmer. Agnes hätte schreien mögen, doch der kleinste Laut von ihr hätte ihren tatsächlichen Tod bedeutet.

Als sie am Tor waren, ließ der Schmerz etwas nach. Weiter ging es über holperigen Boden. Nach fünfhundert Metern kippten die Frauen die vermeintliche Leiche unsanft von der Karre auf den Boden und gingen zurück. Als Agnes keine Schritte mehr vernahm, öffnete sie die Augen. Sie konnte die Mauer sehen, die angefüllt mit Schaulustigen war. Ganz vorsichtig bewegte sie ihre Hände. Sie wusste, das konnte von dort niemand sehen. Dann zog sie den Ring aus der Luftröhre. Die Narbe klappte ein wenig zusammen, und Agnes konnte wieder normal atmen.

›Na wartet‹, dachte Agnes. ›Morgen sehet ihr hier nichts mehr. Dann könnet ihr euch Gedanken machen, was passieret ist.‹

Reglos blieb sie liegen. Dabei machte sie sich weitere Gedanken. Was, wenn man sie suchte? Vielleicht sollte sie doch vorbeugen. Bis zum Einsetzen der Dämmerung hatte sie einen Plan. Als die Mauer kaum noch zu sehen war, ging sie davon aus, dass man sie umgekehrt auch nicht mehr erkennen konnte. Das schwarze Büßerkleid war bestimmt nicht mehr auszumachen.

***

So fing das alles an. Clemens wurde in den Geheimbund der Streber eingeführt. So nannten sich die tatsächlich. Die nach Vollendung strebten. Diese erreicht man durch inneren Seelenfrieden. Das Leben beschert aber Ballast. Also muss man lernen, alten Ballast abzuwerfen und neuen anzusammeln verhindern. Dafür gab es Kurse, Seminare, Schulungen, die streng hierarchisch aufgebaut waren. Man musste sich über viele Ebenen hocharbeiten.

Klärung hieß dieser Vorgang. Dabei musste sich die Seele entwickeln – in den unteren Ebenen in die Tiefe, danach in die Breite. Ebene neun war die *Vorstufe*, Ebene zehn die *Vorvollendung*. Diese galt den Streber-Jüngern als höchste Stufe. Ob es eine Stufe elf gab und ob diese hier auf Erden zu erreichen war, blieb ein Geheimnis bis zur *Vorvollendung*. Die Mitglieder dieser Stufe hielten sich in eigenen Zirkeln auf, waren fast hermetisch vom übrigen Bund abgetrennt. Bei großen Zeremonien traten sie in prunkvoller Aufmachung mit charismatischer Ausstrahlung auf.

Das Ganze war ähnlich strukturiert und organisiert wie bei den Zeugen Jehovas oder den Freimaurern. Doch das wurde Clemens erst viel später klar.

Er selbst hatte bis dahin nur von der Hand in den Mund gelebt. Sein Konto brauchte er für die üblichen Überweisungen wie Miete, Strom, Wasser. So sparte er nur auf ein Ziel hin: sein Motorrad. Ein Plus wies sein Konto so gut wie nie auf. Folglich hatte er auch kein Geld für die Kurse im Bund. Im Gegensatz zu ihm hatten viele Mitglieder ihr Hab und Gut in die Organisation eingebracht.

Es gab noch eine andere Möglichkeit, den Gegenwert für die Kurse abzustottern: durch Arbeit für die Organisation. Dazu zählten Aufgaben von Putzen über Kantinenhilfe bis hin zu Handwerksdiensten oder Computeradministration. Jeder konnte das einbringen, was ihm am meisten lag.

Bei Clemens war das einerseits das Anwerben neuer Mitglieder. Nach Abschluss der Schulung kannte er die Anzeichen, die darauf hindeuteten, wer *reif* war für den Bund. Im Prinzip waren es die, die sich in irgendeiner Form auf der Suche befanden. Andererseits nutzten die höheren Ebenen seine fragwürdigen Beziehungen. Clemens wunderte sich, wofür sie Waffen und gefälschte Papiere brauchten. Doch er hielt es wie bisher: Es war nicht sein Gewissen, das er damit belastete. Bei den Strebern ging es, da war er sich sicher, um die Vollendung.

Und dieses Ziel heiligte die Mittel. Auch dass er gelegentlich brutale Gewalt gegen abtrünnige Mitglieder zu organisieren hatte, gab ihm nicht weiter zu denken. Was mussten die auch abhauen? Die kannten doch den Laden, hatten drei Stufen durchlaufen und sollten Bescheid wissen. Denn Schweigegelübde wurden schon in der ersten Stufe auferlegt.

Bei der Zeremonie zur Aufnahme in die vierte Stufe schwor man den *Unumkehr-Eid*, der eine Umkehr ausschloss. Wer es dennoch versuchte, musste bestraft und möglichst in den

Bund zurückgeholt werden. Das wurde bald zu Clemens' Hauptbetätigungsfeld. Die Sanktionen gegen die Frühaussteiger, die das Schweigegelübde gebrochen hatten, kamen ihm dagegen wie sportliche Vorübungen vor.

Er organisierte diese Züchtigungen, legte auch selbst kräftig Hand an und schaffte es in jedem einzelnen Fall, die Wortbrüchigen zur Rücknahme ihrer Anzeigen zu bewegen. Darüber hinaus erwirkte von den meisten eine Selbstanzeige wegen *falscher Anschuldigungen*, sodass auch die Staatsanwaltschaft ihre Ermittlungen einstellte.

***

Das Kleid zog Agnes langsam aus, breitete es auf dem Boden aus und schob etwas Erde darunter. So schien es, als würde hier ein Leichnam liegen, und das sollte man vom Reservat aus ruhig erkennen, wenn man sich anstrengte. Keiner konnte sehen, dass nicht mehr sie in dem Hemd steckte. Anschließend kroch sie in Richtung Bäume, die weit weg standen. Als sie die Mauern überhaupt nicht mehr erkennen konnte, stand Agnes auf und begann zu laufen. Bis zum Wald waren es zirka zwei Kilometer.

Die folgenden Tage verbarg sich Agnes im Wald. Sie aß Beeren und fand auch Wasser, das durch eine Rinne floss. Verhungern und verdursten musste sie erst einmal nicht. Noch war es warm, doch der Winter würde zum Problem werden. Schon am zweiten Tag, als Regen einsetzte, merkte sie, wie schnell sie fröstelte, weil sie nackt war.

In der vierten Nacht holte sie ihr Hemd von dem Flecken, an dem man sie abgeworfen hatte. Auch bei früheren Gelegenheiten waren die Leichen der Gehenkten nach ein paar

Tagen verschwunden. Die Frauen würden keinen Verdacht mehr schöpfen.

Im Kleid fühlte sich Agnes schon wohler. Doch das würde gegen die Winterkälte nicht ausreichen. Sie nutzte also die Zeit und unternahm weite Streifzüge. Dabei entdeckte sie Landstriche mit einer Fülle an Obst und Nüssen. Für den Winter legte sie sich einen großen Vorrat davon an – im halbwegs erhaltenen Zimmer einer Ruine. Davon entdeckte Agnes nach und nach einige. Sie glichen eher Höhlen.

Am Anfang konnte sie nicht abschätzen, ob sie ihre rechte Hand je wieder würde gebrauchen können. Der dunkelrot verfärbte und aufgequollene Mittelfinger schmerzte wie verrückt. Dann wurde das Endglied blau, schließlich schwarz. Wenn sie mit dieser Hand etwas anfasste, musste ihn Agnes weit abspreizen. Denn jede noch so kleine Berührung löste fast unerträgliche Schmerzen aus. Das geschah immer wieder aus Unachtsamkeit.

Nach zwei Wochen ließen die Schmerzen nach. Das Endglied blieb allerdings schwarz, es wurde sogar etwas dünner als der restliche Finger. In der Folgezeit trocknete es richtig ein, aber es schmerzte überhaupt nicht mehr.

Eines Abends betrachtete Agnes ihre Hände. Das schwarze Glied war verschwunden. Ihr Mittelfinger war jetzt von allen Fingern der kürzeste, und an seiner Spitze sah sie eine rötliche Narbe. Als sie mit der linken Hand vorsichtig darüber strich, hatte sie zwar ein komisches Gefühl wie ein Prickeln, aber keine Schmerzen mehr. Agnes hatte das Endglied im Lauf des Tages verloren, ohne es zu bemerken. Auch ihr Hals hatte sich gut erholt. Anfangs hatte Agnes kaum erträgliche Schmerzen. Die traten besonders nachts auf, wenn sie zur Ruhe kam. Tagsüber, im Überlebenskampf, wichen sie zurück, sie war abgelenkt. Sie bemerkte sie vor allem beim Schlucken. Selbst Wasser hinunterzubekommen war eine Tortur. Es ging nur in kleinsten Portionen. Obst oder Nüsse musste sie ewig lange durchkauen, bevor sie sich wagen konnte, sie hinunterzuschlucken.

An Sprechen wäre nicht zu denken gewesen. Der Rachen war vollkommen verschwollen. Da war es von Vorteil, dass sie im Wald nicht reden musste. Ein paarmal hatte sie ausprobiert, ob sie noch sprechen konnte, doch sie brachte nur Gekrächze hervor.

Doch auch diese Pein war allmählich gewichen. Selten nur dachte Agnes noch daran.

Allmählich wurde die Geflohene zur passionierten Jägerin. Nach dem ersten Winter hatte sie das Stadium überschritten, in dem sie sich gerade so eben am Leben hielt. Um sich herum fand sie alles Lebensnotwendige, sogar in einem gewissen Überfluss. Hunger musste sie keinen mehr leiden. Und so fand sie Gefallen an der Jagd. Sie perfektionierte ihre Fähigkeiten und dachte sich immer neue Tricks aus, die zum Erfolg führten.

Großvögel und Langohren fing sie nicht wenige. Schade fand sie, dass sie das meiste des Langohrs wegwerfen musste. Bis sie es ganz aufgegessen hatte, war das Fleisch schon verdorben. Sie merkte, dass es viel besser schmeckte, wenn sie es über dem Feuer röstete. Und Feuer machen konnte sie. Sie merkte auch, dass das Fleisch sich länger hielt, wenn es einmal durchgegart war und sie es in die kühlste Ecke der Ruine legte. Das klappte fast genauso gut, wie wenn sie das Fleisch in kleine Stücke riss und trocknen ließ. Das war dann sehr zäh, aber sie hatte ja genügend Zeit zum Kauen.

Einmal wehte ein etwas stärkerer Wind. Agnes hatte das Langohr neben das Feuer auf einen Stein gelegt. Der Wind blies den Rauch fast die ganze Zeit über das tote Tier. Das Fell hatte Agnes, wie immer mit sehr viel Mühe, schon herunter gezerrt. Dieses Langohr wurde nicht schlecht. Alles an ihm schmeckte rauchig, aber der Geschmack veränderte sich nicht mehr in Richtung verdorbenes Fleisch.

Das alles hatte Agnes diesem *Mann* erzählt, der sie nur bewundern konnte. Wie leicht war seine Flucht gewesen gegenüber dem, was sie berichtet hatte. Er hatte sogar Zeit gehabt, Vorbereitungen zu treffen. Dass sie aber Tiere aß, war ihm unverständlich. Er kannte keine Tiere – außer den Hunden im Reservat. Natürlich hatte er gelegentlich Mäuse gesehen. Selbst im Kinderheim entdeckten sie immer wieder welche. Aber die wurden totgeschlagen, wenn man sie erwischte. Keiner war je auf die Idee gekommen, sie auseinanderzuschneiden.

Agnes meinte nach geraumer Zeit, sie seien gleich da. Noch ein paar Schritte um einen dicken Baum herum, und Günter sah den Eingang zur Ruine, der durch ein Geflecht aus Ästen etwas geschützt war. Aber was war denn das davor? Aus Stangen hatte Agnes ein Gehege errichtet und mit dünnen Zweigen verflochten. Fast fünf Schritte in jede Richtung maß die Einfriedung, und auch ein Gitternetz zum Schutz nach oben hatte Agnes geflochten. Darin hoppelten fünf größere Langohren herum und noch ungefähr zehn kleine. Sie schienen sich nicht zu erschrecken, als sich ihnen die beiden Menschen näherten. Günter hatte sie bisher immer nur aus der Ferne gesehen. Und wenn er einem etwas näher kam, dann rannte das Tier mit Blitzesgeschwindigkeit davon.

Und noch eine Tiersorte gab es im Gehege. Das waren sechs Exemplare von diesen wunderschön anzusehenden bunten Großvögeln.

»Davon hast du mir kein Wort gesaget.« Das klang fast wie ein Vorwurf.

»Ich habe doch die ganze Zeit erzählet. Hätten wir einen Umweg machen gesollt, damit für die Schilderung noch Zeit gewesen wäre?«

»Entschuldige, ich habe das nicht bärbeißig gemeint«, erklärte Günter. »Ich habe heute so viel Neues auf einmal erlebet und gehöret wie in den letzten zehn Jahren nicht. Doch sage mir, was thust du denn mit den Thieren?«

»Ich füttere sie mit Gras und Blättern, die für uns Menschen nichts sind. Dann kriegen sie zweimal im Jahr Junge. Wenn die ausgewachsen sind, bekommen sie auch Junge. Und ab und zu esse ich einen auf.«

»Du issest sie auf?«

»Ja, ich schlage sie todt und esse sie genauso auf wie die wilden. So muss ich nicht so oft auf die Jagd gehen. Seit ich Kenntnis mit dem Rauche habe, kann ich eine halbe Woche lang gut leben von so einem Thier. Und das Fell mache ich zu meiner Bekleidung. Es ist allerdings weidlich umstandsvoll, es zusammenzunähen. Da werden mir deine Nadeln und die Fäden Erleichterung bringen.«

»Und die Vögel, kriegen die auch Junge?«

***

Bevor er abreiste, hatte Rudolph Ebbi, seinen Zimmernachbarn, gefragt, wieso sie ihn verpfiffen hätten. Gerade von ihm hätte er das nicht erwartet. Er stritt es gar nicht erst ab, meinte aber: »Weißt du, auch für dich ist mir meine Freiheit zu schade.«

»Nun übertreib mal nicht. Wer will dir denn deine Freiheit nehmen?«

»Das war halt keine Kleinigkeit, das mit dem Apomorphin.« Dann berichtete er, wie Franke und Klöbert dargelegt hätten, dass man mit dem Mittel jemanden durchaus ins Jenseits befördern könne.

»›Wenn Sie nicht sagen, wer es war, übergeben wir die ganze Angelegenheit der Staatsanwaltschaft wegen versuchten Mordes‹«, zitierte Ebbi den Direktor. Jeder würde sich mitschuldig machen, wenn er jemanden decke, der einen Mord geplant hätte. »Klöbert erklärte, du hättest mit Vorsatz gehandelt«, führte Ebbi weiter aus. »An Apomorphin kommt man nicht so ohne Weiteres ran, hat er gemeint. Da muss schon einer kriminelle Energie aufbringen. Damit handelt es sich nicht um Totschlag, sondern um Mord. ›Wir können alle froh sein, dass Dr. Franke noch lebt‹, hat er gesagt. Beihilfe zu versuchtem Mord, da könnte ich mit einigen Jahren Jugendstrafe rechnen.«

»Mord, Beihilfe zum Mord, dass ich nicht lache«, schnaufte Rudolph empört. »Niemals wollte ich den umbringen. Obwohl, eigentlich hätte er's verdient gehabt. Aber einen Denkzettel sollte er kriegen. Und Gefängnis dafür, dass man nichts sagt, um einen Kumpel zu schützen. Da bist du denen aber richtig auf den Leim gegangen.«

»Das sind wir alle«, verriet Ebbi. »Was soll man in so einer Situation machen? Da denkt man nicht in Ruhe nach, ob Knast wahrscheinlich ist oder nicht. Und ehrlich, du hast schließlich ja auch Scheiße gebaut.«

Nun ja, vielleicht hatte der Ebbi mit dem, was er sagte, gar nicht so unrecht. Rudolph war sich nicht mehr so sicher, ob er an dessen Stelle nicht auch den Mund aufgemacht hätte.

***

»Ja, aber auf andere Art und Weise«, war Agnes' Antwort auf Günters Frage. »Die legen Eier, auf denen die Alten drei bis vier lange Wochen ruhen, und dann kommen ganz kleine Vogelkinder aus dem Ei heraus. Sie sehen aus wie Federbälle, gelb-braun-schwarz geschecket. Dieselbigen werden langsam groß und bekommen ein richtiges Federkleid. Damit können sie von dannen fliegen. Deshalb auch ein Dach über dem Gehege, das ich mit viel Beschwer gebauet habe.«

»Was, Eier legen die?«, wunderte sich Günter. »Bei uns legen einzig die Hühner Eier, und die Götter bringen uns diese Thiere als Gottesgaben. Nie habe ich gesehen, dass aus einem solchen Ei ein Großvogel oder ein Huhn herausgeschlüpft wäre. Ich dachte immer, die seien nur zum Aufessen da.«

»In meinem Reservat verhält es sich ebenso«, pflichtete Agnes ihm bei. »Aber du weißt itzo, dass wir in allem belogen worden sind. Diese Eier, obzwar kleiner als die im Reservat, schmecken gleichwohl genauso gut. Ich nehme den alten immer ein paar Eier von denen weg, die sie legen. Die anderen belasse ich bei ihnen, damit die Kleinen darin wachsen können.«

Es entstand eine kleine Pause. »Wenn bei uns ein Huhn ersterbet, müssen wir ihm die Krallen und den Schnabel abschneiden«, nahm Günter das Gespräch wieder auf. »Ein paar der Unsrigen zermahlen das Ganze dann zu Pulver. Das nehmen die Götter im Anschluss mit und beliefern uns mit einem neuen Huhn. Man saget uns, die Hühner wären giftig, weshalb man sie mitnichten aufschneiden und schon gar nicht essen dürfe.«

»Das ist bei uns genauso«, ergänzte Agnes. »Wir müssen sie in der Erde begraben. Mich aber dünket, wir dürfen sie nur deshalb nicht aufschneiden, weil wir dann lernen würden, was da herinnen ist. Ich bin überzeuget, man kann sie essen – wie die Großvögel hier auch.« Günter dachte nach und schwieg.

Die Sonne hatte den Zenit bereits überschritten. Agnes führte Günter in ein Feld mit Himbeeren. Dort pflückten und aßen sie, bis ihnen der Bauch fast platzte. Günter schöpfte Wasser aus dem klaren Rinnsal. Dann sammelten sie Zweige und Gras für die Tiere, das Agnes bei ihrer Rückkehr ins Gehege warf. Die Langohren stürzten sich darauf. Für die Vögel hatte Agnes einige Beeren, die sie begierig aufpickten.

Dann beobachtete Günter begeistert, wie Agnes in wenigen Minuten ein Feuer entfachte. Sie füllte Wasser in eine Schale und holte aus dem hinteren Teil der Ruine vier kleine Eier. Die legte sie hinein und ließ sie eine Weile darin legen, bis es kochte. Nebenher holte sie einige Fleischstücke, steckte sie auf einen Spieß und hielt diesen über das Feuer. Als ihr das Fleisch gar schien, bot sie es Günter an. Und der war begeistert von dem guten Geschmack. Dieses rauchige Aroma hatte eine ganz besondere Würze. Auch die Eier schmeckten vorzüglich, auch wenn sie winzig klein waren.

Nach dem Essen ging Agnes nochmals zum Gehege. Durch ein Türchen gelangte sie hinein und kam mit einem Langohr auf dem Arm herausgekrochen. Das Tier schien nicht sonderlich scheu, sondern vertraut damit, so getragen zu werden. Agnes streichelte es, und das Langohr schien es zu genießen. Dann reichte sie es an Günter weiter. Das Tier ruderte zwar etwas mit den Pfoten durch die Luft, geriet aber nicht in Panik.

Günter nahm es etwas unsicher entgegen. Bald stellte sich bei ihm das vertraute Gefühl ein, etwas Lebendiges im Arm zu halten, wie er es von den Säuglingen her kannte. Er drückte das Tier an sich, wiegte es und streichelte ihm über das weiche Fell. Wunderbar! Günter wollte es am liebsten gar nicht mehr hergeben. Er wühlte mit seiner Nase durch den Pelz und merkte, wie gut das roch.

»Das sei ein Geschenk von mir«, eröffnete ihm Agnes. Günter war verdutzt. »Und was soll ich damitten thuen?«

»Er bleibet natürlich hier. Aber er gehöret itzt dir. Du tragest für ihn die Verantwortung.« Ein starkes Glücksgefühl durchströmte Günter. Was war das für ein toller ... eine tolle Frau!

»Sei bedanket!«, sagte er nur.

»Wir müssen uns überlegen, was wir thun«, erwiderte Agnes. »Bislang waren wir jeder auf sich allein gestellet. Ich weiß, ich bin in der Lage, in der Wildnis zu überleben. Dennoch habe ich die Gestimmtheit, wir könnten uns das zusammen aufs Höchste erleichtern.«

»So denke auch ich«, meinte Günter bestätigend. »Ich gewahre ja jetzt schon, wie viel ich von dir lernen kann.«

»Und du hast beachtliches Werkzeug«, gab Agnes zurück. »Damit ein Gehege zu bauen, wird viel einfacher gehen. Denn diese Biester zernagen das Holz und scharren Löcher in die Erde. Allezeit muss ich es ausbessern. Und sie graben tiefe Gänge, durch die sie auch fliehen können.« Agnes lachte. »So ähnlich wie du durch deinen Gang!«

Da musste auch Günter lachen. O ihr Götter, so gut hatte er sich schon lange nicht mehr gefühlt.

Es begann bereits zu dämmern, und der Rückweg war für Günter kaum noch zu schaffen. Vorsichtshalber hatte er die Decken in den Rucksack eingepackt.

***

Erstes Meeting bei den Strebern. Inga war gespannt. Sie hatte sich gut vorbereitet. Mit Julio, ihrem Werber, hatte sie sich einige Male getroffen und ihm gegenüber zunehmendes Interesse geheuchelt. Er nahm an dem Treffen ebenfalls teil. Sie hörte sich die Prinzipien an, nach denen die Gruppe handelte, stellte Fragen, tat skeptisch, aber interessiert, und verabschiedete sich schließlich. Ihr war ein Mann namens Clemens aufgefallen. Der schien es ganz besonders darauf anzulegen, sie für die Streber zu gewinnen. Den würde sie erst noch etwas zappeln lassen. Doch musste sie zugeben, dass er ihr nicht unsympathisch war.

Die Besuche bei den Strebern entwickelten sich zu ihrer Zufriedenheit. Sie erfuhr nach und nach, was sie wissen wollte. Der Haken an dem Ganzen war dieser Clemens, der kein solch verbohrter Prediger war wie die anderen. Er war ein ziemlich kluger Kopf, und Inga fragte sich, wie er diesem Laden auf den Leim hatte gehen können.

Ihre Zuneigung zu ihm wuchs. Längst hatte sie bemerkt, dass Clemens von Anbeginn an total in sie verschossen war. Sie wusste, sie musste Privates und Berufliches streng getrennt halten, doch das gelang ihr nicht.

Es dauerte nicht lange, da stand sie genauso in Flammen für Clemens wie er für sie. Sie erfuhr von ihm bedeutend mehr über die Organisation, als es ihrer Stufe entsprochen hätte. Sie kam sich hinterhältig vor, weil sie seine Verliebtheit ausnutzte. Doch ihr selbst gestellter Auftrag bei den Strebern war ohnehin bald beendet, da sie genügend Material beieinander hatte.

So hatte Inga in Erfahrung gebracht, dass die Streber ihre Mitglieder per Gehirnwäsche entmündigten, ausbeuteten und terrorisierten. Als sie einen handfesten Beweis dafür hatte, dass Abtrünnige getötet wurden, wollte sie ihre Recherche dem Amt übergeben. Sie hatte sich nicht getraut, Clemens nach dem Verbleib Katarinas zu fragen. Doch mit seiner Hilfe gelangte sie an geheime Dateien.

Die wichtigsten zog sie auf einen USB-Stick, den sie einem befreundeten Computernerd zeigte. Die Daten waren zwar verschlüsselt, doch ihrem Bekannten gelang es schlussendlich, sie zu knacken.

Er zeigte ihr Listen mit Namen, Daten und diversen Eintragungen. Katarina Blumberg fand sich darunter. In der Spalte *Stufe* war eine fünf eingetragen. In der letzten Spalte, *Funktion*, stand *erloschen*.

Clemens wäre genauso entsetzt, da war Inga sich sicher, wenn ihm klar wurde, dass die Streber vor Mord nicht zurückschreckten. Sie war überzeugt, er würde ihr wegen ihrer Liebe verzeihen, dass er ihr gutgläubig viele Informationen hatte zukommen lassen. Sie ihrerseits würde ihn von den Strebern loseisen, als Kronzeugen gewinnen und ihn notfalls mit einem Zeugenschutzprogramm vor Nachstellungen schützen.

Inga wollte mit Clemens ihre Zukunft gestalten. Sie sehnte sich danach, ihm reinen Wein einzuschenken, auch wenn ihn das zunächst bestimmt verstörte. Doch sie hatten seit mehreren Monaten schon eine glückliche Zeit miteinander – eine solide Basis für das kommende Gespräch. Am nächsten Tag sollte es soweit sein.

***

»Wir schlafen beisammen«, entschied Agnes. Sie führte Günter zu ihrem Lager. Ähnlich wie beim Tiergehege hatte sie einige Pflöcke so in den Boden gerammt, dass sie ein Viereck bildeten. Darin lagen Heu, Stroh, Blätter und kleine Zweige. Ein paar zusammen genähte Felle dienten als Kissen.

»Nach und nach, wenn ich genügend Felle habe, will ich das Lager insgesamt damit überziehen«, erklärte sie. »Doch das kann noch dauern. Du siehst ja, weit fortgeschritten bin ich damitten noch nicht. Wichtiger war vorerst die Zudecke.« Sie wies auf ein deutlich größeres Fellstück am Rand ihres Lagers, das dort zum Auslüften über zwei in den Boden gerammten Stöcken hing.

Günter holte aus seinem Rucksack die mitgebrachten Decken. Die eine breitete er über das Lager, die zweite legte er daneben.

»Ich zeig dir itzo noch etwas«, schlug Agnes vor. Sie zog Günter an der Hand aus der Ruine, warf noch etwas Holz in die Glut und ging mit ihm den Hügel hinauf. Diesen Weg musste sie zuvor schon oft gegangen sein, denn Günter erkannte einen richtigen Trampelpfad. Eine knappe halbe Stunde stiegen sie bergan. Beide keuchten ordentlich. Im Wald war es bereits duster.

Oben angekommen, trat Agnes zwischen ein paar Bäumen hervor auf einen freien Platz. Dort war es hell. Sie hatten einen wunderbaren Blick in die weite Ebene und auf den

Abendhimmel. Die Sonne ging gerade unter, die Wolken verwandelten sich in ein rot-goldenes Farbenmeer.

Staunend und schweigend sahen die beiden dem Schauspiel zu. In wenigen Minuten sank der Feuerball immer tiefer, die Farben wandelten sich beständig, sie wurden weniger und dunkler, nachdem der letzte Streifen der Sonnenoberfläche hinter den Horizont getaucht war.

Agnes stand neben Günter. Der hatte den Wunsch nach Nähe. Ein Kind hätte er jetzt einfach an sich gedrückt. Einen anderen Mann jedoch zu berühren, außer zu beruflichen Zwecken, war verboten. Doch inwieweit galten hier überhaupt noch die Verbote? Die waren doch null und nichtig, oder?

»Die Verbote sind null und nichtig«, murmelte Günter vor sich hin.

»Was sagest du da?«, fragte Agnes irritiert.

»Ich dachte gerade daran, dass es verboten ist, dass ein Mann einen anderen berühret. Aber das ist null und nichtig. Das hast du mich heute gelehret.«

»Ja«, bestätigte Agnes verschmitzt. »Und noch etwas habe ich dir beigebracht.«

»So, was denn?«

»Dass ich kein Mann sey!«

Damit warf sie sich Günter an die Brust und verschränkte die Arme hinter seinem Rücken.

»Ich habe dich eingefangen, und ich lasse dich nie wieder frey.«

Günter war einerseits verblüfft, aber er fühlte sich auch sehr wohl. Nun schlang auch er seine Arme um ihren Leib. Wie weich die Frau war, nur das Fell störte etwas. Und da er ihr so nah war, schnupperte er an ihrem Haar und merkte, wie gut sie roch. Endlich wieder ein menschliches Wesen im Arm. Kein Kind. Das war ungewohnt, aber so war es noch viel besser.

Und obwohl Günter überwältigt war von seinen Gefühlen, musste er plötzlich lachen.

»Was habest du?«, fragte Agnes irritiert.

»Du habest mich gefangen, und eines Tages issest du mich auf!«

Agnes versteifte kurz am ganzen Körper, aber dann lachte auch sie herzhaft los. Günter stimmte ein, und beide lachten und lachten in den Abend hinein, bis sie die Bauchmuskeln schmerzten.

Allmählich beruhigten sie sich wieder. Es herrschte fast vollkommene Dunkelheit. Sterne glitzerten, ein paar Wolken verdeckten stellenweise den Himmel. Der Mond war noch nicht aufgegangen.

Agnes packte Günters Arm und streckte ihn in verschiedene Richtungen. »Kannst du das sehen, dorten, dorten, dorten und dorten? Die hellen Flecken?« Günter sah tatsächlich einen matten Schein von genau vier solcher Flecken.

»Das sind die Reservate«, erklärte Agnes. Sie nahm nochmals seine Hand und deutete in eine Richtung. »Aus diesem dorten komme ich«, erläuterte sie. »Und wo ist deines?«

Günter wusste es nicht genau. Doch nachdem er den ungefähren Verlauf seines Fluchtwegs rekonstruiert hatte, meinte er, dass es das ganz rechts sein müsste.

»Komm, wir gehen retour«, schlug Agnes jetzt vor. Günter war es nicht ganz geheuer, in der Finsternis den Berg hinabzusteigen. Doch die Frau führte ihn sicher, da sie den Weg offenbar wie im Schlaf kannte. Immer wieder tastete sie sich an den Bäumen entlang und fand so den Weg zur Ruine. Das Feuer davor glomm noch. Agnes steckte einen Ast hinein, pustete etwas, und bald flammte er auf. Mit dem brennenden Zweig ging Agnes in die Ruine, steckte ihn in den Boden, sodass sie Licht wie von einer Fackel hatten.

Agnes schlüpfte so, wie sie war, unter die Decke. Sie hielt sie hoch und befahl: »Na komm er endlich her, Günter!« Sie hatte ihn beim Namen genannt – wunderbar. Auch er schlüpfte so, wie er war, unter die Decke. Und das war ganz und gar ungewohnt. Einen Mensch so nahe bei sich, einen erwachsenen Menschen. Das kannte Günter nicht. Und dann noch eine *Frau*. Am Morgen hatte er noch nicht gewusst, dass es solche Wesen überhaupt gab. Sie hatte sein ganzes Weltbild innerhalb von Stunden umgekrempelt.

***

Clemens war schon in Stufe drei, da tauchte sie eines Tages im Meeting erstmals auf: Inga. Er war wie vom Donnerschlag gerührt und kam mit seinen Gefühlswallungen nicht zurecht. Das kannte er so noch nicht von sich. Ein Blick auf dieses Geschöpf, und er schmolz dahin. Er konnte nicht genau sagen, was ihn dermaßen faszinierte: die leuchtenden, hellwachen graugrünen Augen, ihre grazilen, aber kraftvollen Bewegungen, ihr weiches, aber dennoch entschlossenes Gesicht, umrahmt von blondem, welligem, mittellangem Haar? Ihre Figur war nicht unbedingt sein Fall, da liebte er eher etwas drallere Formen. Doch das schien ihm bei dieser Frau kein Manko.

Plötzlich schien es Clemens, als habe er die Neue schon stundenlang angestarrt. Das war ihm peinlich, und er bemühte sich, seinen Blick von ihr abzuwenden. Es wollte ihm aber nicht so recht gelingen.

Keine Frage, der Liebesblitz war in Clemens eingeschlagen. Hatte er auch sie getroffen? Hatte ihr Animus Witterung aufgenommen? Oder machte er keinen Eindruck auf sie? Clemens versuchte, seine Wirkung zu erahnen, doch er war sich nicht sicher.

Wie das so ist mit den Neuen: Sie stellen Fragen und werden ausgefragt. Sie bekommen Erklärungen, wie die Gruppe der Streber funktioniert. Inga äußerte Zweifel, brachte sie klug vor. Clemens legte sich gewaltig ins Zeug, die Organisation ins beste Licht zu rücken. Diese Frau wollte er überzeugen, sie musste wiederkommen. Er verließ sich nicht nur auf die guten Argumente, die er in den Schulungen beigebracht bekommen hatte, sondern versprühte auch Charme in Höchstdosis.

Nach zweieinhalb Stunden verabschiedete sich Inga. Sie ließ nicht in ihr Inneres schauen, machte keine Andeutung, ob Clemens ihr die Prinzipien der Streber nahe gebracht hatte oder nicht. Doch beim Abschied blickte sie Clemens fest in die Augen. Ihr Händedruck schien ihm etwas länger und kräftiger, als er hätte sein müssen – womöglich ein gutes Zeichen?

Die Tage bis zum nächsten Meeting zogen sich hin. Clemens konnte es kaum erwarten, dass die Zeit vorüberging. Dann war wieder Donnerstag – und sie erschien nicht.

Clemens war frustriert. Zu dieser Frau hatte er sich hingezogen gefühlt wie zu keiner anderen. In den nächsten Tagen versuchte er, über seine Kanäle herauszubekommen, wer sie war und wie er zu ihr Kontakt aufnehmen könnte. Als

Erstes fragte er Julio, der sie beworben hatte. Clemens kam es so vor, als sei diesem sein Interesse an Inga nicht recht. War der etwa auch verschossen in Inga? War das eine Frau, die Männern den Kopf verdrehte?

Wieder Donnerstag, wieder ein Meeting. Ein wenig Hoffnung war da, und diesmal kam sie. Sie entschuldigte sich für Ihr Fehlen in der letzten Woche. Etwas sei ihr dazwischengekommen. Clemens hörte gar nicht genau hin. Die Erklärung schien ihm unwichtig, ihre Stimme elektrisierte ihn: tief, weich und klar, und etwas Erotisches schwang mit.

Ingas Fragen hatten bei diesem Treffen ein anderes Format. Kaum noch Zweifel, eher Fragen zu Einzelheiten. Clemens schöpfte Hoffnung. Inga kam regelmäßig wieder und nahm mehr und mehr an Aktivitäten teil, belegte Kurse.

Lange wartete Clemens nicht, sondern er rückte ihr mit einem Maximum an Verführungskraft auf die Pelle. Klug und mit Witz versuchte er, sie um den Finger zu wickeln. Und das gelang. Nach ein paar Wochen gestand Inga Clemens, dass auch er ihr sofort ins Auge gefallen war.

Die beiden besuchten sich, verbrachten Tage miteinander und bald auch die Nächte. Clemens wurde zu ihrem Mentor, was die Streber betraf, und Inga sog das Wissen begierig auf. Sie liebte Sport, besonders Tennis. Das passte wie die Faust aufs Auge. Clemens aktivierte seine früheren Fähigkeiten. Anfangs spielte sie ihn an die Wand, doch schon bald wurde er besser, ihr fast ebenbürtig. Dafür musste sie sich beim Joggen sputen, um mit ihm mitzuhalten. Und Samba war für sie eine Leidenschaft. Das war Neuland für Clemens, doch er fand bald Gefallen daran.

Ihre berufliche Tätigkeit verschleierte Inga. Sie hatte Jura und Politologie studiert und arbeitete für die Regierung in einer innenpolitischen Abteilung, die zur Verschwiegenheit verpflichtet war. Mehr bekam Clemens nicht aus ihr heraus, trotz wiederholter Charmeoffensiven. Inga meinte, womit sie beruflich zu tun hätten, sei für ihre Beziehung doch unwichtig.

Ein halbes Jahr währte der Glückstaumel. Dann bestellte Manfred Rindt Clemens zum Gespräch ein. Das war einer der Gruppenleiter aus der neunten Ebene. Ein Gremium von zwölf Personen saß im Halbkreis, Clemens bekam einen Stuhl in der Mitte zugewiesen.

***

Günter spürte Agnes' Atem an seinem Hals. Eigentlich durfte sie gar nicht mehr atmen, da der Strang dem ein für alle Male ein Ende hätte bereiten sollen. Doch diesem Schicksalsschlag war Agnes mit Mut und Klugheit entgangen. Ein Wunder. Und dieses Wunder hielt er in seinen Armen.

Agnes griff nach Günters Hand. Sie drückte sie und jeden einzelnen Finger. Günter genoss es. Auch er spielte mit ihrer Hand. Agnes strich ihm über den Arm, was überaus angenehm war. Für ihn wie auch für sie. Günter wurde es warm. Normalerweise war die Decke genau richtig für ihn, selten nur musste er sich aufdecken. Doch hier spürte er Agnes' Körperwärme. Und auch von innen durchflutete ihn etwas, das er so noch nicht kannte. Wärme? Eher so etwas wie Hitze.

Günter schob die Decke beiseite, richtete sich auf und zog die Oberbekleidung aus. Agnes schien es ähnlich zu gehen, auch sie legte ihre Felljacke ab. Im letzten Glimmen der kleinen Fackel konnte Günter nochmals ihre wunderbaren

Beulen sehen. *Brüste*, verbesserte er sich insgeheim. Eines dieser besonderen Worte, die er heute gelernt hatte. Ihm wurde ganz anders, und er spürte die Hitze nun mehr in seiner Schamgegend. Doch was er damit machen sollte, wusste er nicht.

Agnes kuschelte sich wieder an diesen *Mann*, zu dem sie sich hingezogen fühlte. Dieses Gefühl war schon am Morgen aufgekommen, als er von seinen Schützlingen erzählte. Sie spürte, dass er ein guter Erzieher war. Für sie waren diese kleinen Schreihälse von jeher nervtötend gewesen. Doch Günter konnte offenbar in seiner Neigung und in seinem Beruf richtig aufgehen. Wie Günter sich bewegte, gefiel Agnes gut. Sein Gang und die Art, wie er zupackte, waren anders als bei Mädchen und Frauen. Worin der Unterschied im Einzelnen lag, hätte Agnes nicht sagen können, doch er war unverkennbar.

Das Umarmen im Abendrot hatte sie richtig genossen. Sie hatte seine starken Muskeln gespürt, sich geborgen gefühlt, als Günter sie umschlang.

Agnes streichelte ihm über Arme, Rücken und Bauch. Sie mochte seinen Geruch. In dieser Nacht hatte sie das Gefühl, ihr Leben würde wieder lebenswert. Sie wurde ruhig, ganz ruhig und fühlte sich glücklich. Sie spürte noch Günters Hände über ihren Rücken kreisen, aber seine Bewegungen wurden immer langsamer.

Auch sie wurde träge, und eine Müdigkeit überfiel sie derart, dass sie ihr kaum noch standhalten konnte. Das Letzte, was sie spürte, war, dass Günters Hand über die Seite zu ihrer Brust glitt. Seine Hand umschloss den einen Busen und blieb dort liegen. Dann schlief sie friedlich ein.

Dämmerlicht drang in die Ruine. Günter kam wie aus einem Tiefschlaf zu sich. Nein, es war ein unruhiger Schlaf, zumindest am Schluss. Er brauchte noch eine Weile, um den Traum abzuschütteln. Noch sah er sich durch einen finsteren Wald eilen mit Beulen am ganzen Körper. Zunächst waren es nur zwei an seiner Brust. Doch dann gewahrte er, dass der ganze Bauch voll davon war, und auch an Armen und Beinen hatte er welche. Und zwischen den Beinen war nichts mehr. Unglaublich, aber sein Glied war weg.

Die Blase drückte. Noch etwas taumelig stand er auf und ging weiter, als er es sich in seiner eigenen Höhle angewöhnt hatte. Er suchte sich einen Baum aus, knöpfte seine Hose auf und war froh, dass sein gutes Stück noch vorhanden war.

Als er zurückkam, blinzelte Agnes unter der Decke hervor. Sie strahlte Günter an, rappelte sich auf und kam ihm entgegen. Sie drückte ihre nackte Brust an seine, er umschlang sie, die Frau, und drückte sie an sich. Dann traten sie Arm in Arm vor die Ruine. Viel redeten sie nicht miteinander. Günter schnappte sich den Krug, ging zum Wasserlauf und füllte ihn. Agnes holte inzwischen einige Früchte und Nüsse von den Vorräten, legte sie auf einen flachen Stein, fast wie ein Tisch. Große Steine dienten als Sitz.

***

Doch es kam anders. Die Streber waren schneller, sie hatten Inga entlarvt. Clemens war vor einer halben Stunde gegangen. Inga überspielte all ihre Streber-Dateien auf einen Stick und sortierte ihre Papiere noch einmal durch. Heute Abend

Clemens, morgen ihren Amtsleiter unterrichten – so einfach stellte sie es sich vor.

Inga hatte nichts gehört. Konzentriert schaute sie auf den Bildschirm, der Kopiervorgang näherte sich dem Ende. »Weniger als 10 Sekunden«, las sie. Plötzlich packten sie kräftige Männerhände an den Ellbogen und zogen sie nach hinten. Beinahe gleichzeitig verklebte ihr ein anderer Einbrecher den Mund mit Gaffer Tape.

Der Erste zerrte sie zu einem Stuhl, hinter dessen Lehne er ihre Arme mit Handschellen fixierte. Sie musste mit ansehen, wie die Kerle den Stick aus dem Computer zogen, das Ganze in eine Kiste packten und ihre gesammelten Werke dazulegten. Dann forschten sie weiter, ob noch andere Schriften wichtig für sie waren, und warfen alles aus den Regalen und Schubladen auf den Boden.

›Das sieht ja aus wie nach einem Einbruch‹, dachte Inga und wunderte sich ein bisschen, wie cool sie die ganze Angelegenheit ließ. Ihr war klar, was die Männer suchten. Schade um die viele Arbeit, aber das meiste würde sie bestimmt aus dem Gedächtnis rekapitulieren können. Nur die kopierten und gescannten Beweise waren futsch.

Dass die Männer sie mitnahmen, damit hatte Inga nicht gerechnet. Sie hatte angenommen, die würden mit ihrer Beute abziehen, ihr vielleicht noch ein paar Hiebe oder Tritte verpassen und einige Warnungen aussprechen. Wie sie mit Clemens verfuhren, konnte sie sich allerdings nicht ausmalen. Sie war sich auch nicht sicher, ihn heute Abend zu treffen.

Die Männer sagten kein Wort zu ihr. Sie machten ihre Arme vom Stuhl los und fesselten sie wieder auf dem Rücken. Dann drückten sie ihr eine mit Äther getränkte Kompresse unter die Nase. Beißender Geruch, den Inga nicht lange ertragen musste. Sie sank in Ohnmacht und dachte als Letztes: ›Die Lage scheint ziemlich ernst zu sein.‹

Als Inga wieder zu sich kam, war ihr schlecht, und sie hatte Kopfschmerzen. Aber sie lebte. Es stand zu befürchten, dass man kurzen Prozess mit ihr machte. Sie lag in einem hell erleuchteten Raum auf einer Pritsche. Die Arme waren frei, die Handgelenke schmerzten. Ihr Mund war nicht mehr verklebt. Sie richtete sich auf. In diesem Moment wurde ihr schwindelig, und die Übelkeit nahm schlagartig zu. Ehe sie gegensteuern konnte, erbrach sie sich.

Die Würgegeräusche waren für die Häscher das Signal. Drei Männer kamen in den Raum, zerrten sie von der Liege und fixierten sie wieder an einem Stuhl. Dann setzten sie sich vor sie. Das Verhör begann. Inga stellte sich stur. Die Quittung waren wiederholte Schläge.

Die Männer wollten wissen, für wen genau sie arbeitete. Das wussten die doch längst und schienen stolz darauf zu sein. Aber sie wollten die Namen von Mitarbeitern im Amt. Zum Glück hatte sie ihren Bericht an niemanden direkt adressiert, da sie ihn persönlich überreichen und zusätzliche Erklärungen mündlich abgeben wollte.

Inga kassierte noch einige Schläge ins Gesicht, in den Bauch und in die Nierengegend. Einer der Folterer zündete sich eine Zigarette an und blies ihr den Rauch genüsslich ins Gesicht. Als er halb aufgeraucht hatte, drückte er die Kippe auf ihrem Oberschenkel aus – durch ihre Nylonstrümpfe hindurch.

Anscheinend war er dabei ihrem besudelten Kleid etwas zu nahe gekommen, denn er sagte zu seinen Kumpels: »Mein

Gott, die stinkt ja zum Nichtaushalten. Otto, geh doch mal raus mit ihr. Sie soll sich ein wenig sauber machen.«

Der Angesprochene löste die Handschellen und führte sie nach draußen. »Aber dass du sie auch wiederbringst«, rief ihm der Erste hinterher.« Schallendes Gelächter.

Otto führte seine Gefangene einen Gang entlang und schubste sie in eine Toilette. »So, du Schlampe«, schrie er ihr hinterher, »sieh zu, dass du picobello sauber wieder raus kommst. Und vor allem nicht mehr stinkst!«

Inga stolperte in den angewiesenen Raum hinein. Toilette, Waschbecken, Spiegel, Dusche, ein kleines Regal mit ein paar Waschlappen und Handtüchern, Rasierzeug. Sie sah sich genauer um. Die Silhouette des Aufpassers zeichnete sich im Milchglas der Eingangstür unscharf ab. Breitbeinig stand er davor. Ein winziges Fenster über der Toilette war die Möglichkeit zur Flucht. Winzig, doch sie war dünn und wendig, sie konnte es schaffen.

Inga drehte den Wasserhahn in der Dusche auf, plätscherte etwas damit herum. Dann fing sie an zu würgen. »Auch das noch«, hörte sie Otto von draußen stöhnen. Sie würgte weiter. Dabei stieg sie auf die Klobrille. Das Fensterchen ließ sich ganz aufklappen. Inga griff nach dem Rahmen und zog sich hoch. Der Kopf passte durch, eine Schulter konnte sie nachschieben. Die zweite klemmte fest. Inga stemmte sich wieder zurück und hängte das Fenster aus. Leise stellte sie es ab und unternahm einen zweiten Versuch. Sie hatte vier oder fünf Zentimeter gewonnen. Beide Schultern bekam sie jetzt durch. Den Brustkorb konnte sie hinterher schieben. Dabei drückte sich ihr Busen platt, sodass die Brustwarzen heftig schmerzten, als sie am Fensterrahmen entlangschrappten.

Danach ging es leichter weiter. Immerhin konnte Inga sich mit beiden Armen von der Wand abdrücken. Ihr Bauch rutschte problemlos durch das schmale Fenster. Große Probleme bereitete ihr das Becken. Weil das Fenster so schmal war, musste sie sich quer drehen. Trotzdem steckte sie fest. Sie wusste, sie hatte nicht mehr viel Zeit, und kippelte mit den Hüften hin und her, nach oben und unten. Nichts ging weiter. Sie arbeitete sich ein Stück zurück und öffnete den Rock. Bei den nächsten Versuchen streifte sie den nach und nach ab, aber sie kam voran. Trotzdem musste Otto allmählich ungeduldig werden. Sie hoffte, er hörte noch das Wasser rauschen.

Mit letzter Kraft zerrte Inga ihr Becken durch den Rahmen und schabte sich dabei vorn die Haut ab. Es kam ihr unendlich langsam vor, aber irgendwann rutschte ihr Po aus dem Fenster. Mit den Oberschenkeln arbeitete sie sich weiter voran, Kopf vornüber.

Zum Glück hatten die Verbrecher eine Wohnung im Erdgeschoss. Mit den vorgestreckten Armen war Inga noch einen Meter vom Erdboden entfernt, doch der Rest war für sie kein Problem mehr. Sie ließ sich herunterfallen und federte sich mit den Händen ab. In Freiheit! Aber Inga zog sich nochmals mit einem Klimmzug am Fenster hoch, machte Würgegeräusche, so laut sie konnte, ließ sich wieder ab und rannte davon.

***

Es war ein richtiges Frühstück, das die beiden zum ersten Mal nach langer Zeit wieder in Gesellschaft zu sich nahmen. Besonders Agnes konnte sich nicht daran erinnern, wie es war, zusammen mit anderen zu speisen.

Dann besprachen sie, wie es weitergehen sollte. »Ich ziehe zu dir«, sagte Günter. »Es ist bestimmt das Beste, wenn wir zusammenbleiben. Das Gemach hier in der Ruine ist geräumiger als mein Keller. Und hier hast du dein Thiergehege. Das macht nur viele Umständ, das alles abzubauen.«

Agnes hatte nichts dagegen. Sie fütterte die Tiere, dann wollten sie Günters Sachen holen gehen. Bald machten sie sich auf den Weg. Unterwegs sammelten sie Brombeeren. Günter kannte eine Stelle, wo sie besonders üppig wuchsen.

Im Keller füllte Günter seinen Rucksack. Agnes faltete das Netz zusammen, mit dem sie ihn gefangen hatte. Günter musste lachen, als er das sah. »Das war schon gut erdacht, wie du das gemachet hast«, sagte er. »Besser allemal, als mir den Schädel zu zertrümmeren. Du hättest derweilen denken können, ich wäre hinter dir her.«

»Das habe ich mit bedacht«, bestätigte Agnes. »Deshalb habe ich dich einen ganzen Tag lang genau beobachtet. Ich war mir sicher, dass du keine *Göttin* bist – wer immer sich dafür ausgibet. Aber ob du nicht doch voller Harm wärest, konnte ich nicht ausschließen.«

Günter setzte den Rucksack auf, und Agnes packte einiges vom Werkzeug in ihr Netz. Aber es war zu viel, um alles auf einmal zu ihr zu schaffen. Gegen Mittag waren sie bei ihrem gemeinsamen Zuhause. Zusammen aßen sie etwas, dann zog Günter noch einmal allein los. Er beeilte sich, denn er merkte in dieser kurzen Zeit, dass er Agnes vermisste. Und auch Agnes war froh, als sie ihn wieder bei sich hatte.

Nochmals holten sie Vorräte, fütterten die Tiere und streichelten die Langohren. Am Abend verfolgten sie den Sonnenuntergang, liebkosten sich angesichts des beeindruckenden Farbenspiels und gingen zurück zu ihrem gemeinsamen Zuhause. Beide freuten sich schon darauf, bald wieder aneinander kuscheln zu können.

Dieses Mal zogen sie gleich ihre Oberbekleidung aus. Agnes ging noch weiter und schälte sich auch aus ihrem Fellrock. Günter starrte wie gebannt auf das Dreieck an ihrem Unterleib. Auch er hatte dort Haare, aber nicht so dicht. Bei ihm zogen sich die hoch bis zum Bauchnabel.

Agnes kroch unter die Decke und sagte: »Komm zu mir her.« Günter musste sich aus seinen Gedanken losreißen, da ihm sein Traum nochmals eingefallen war.

Ganz dicht drückten sie sich aneinander und streichelten sich. Günter mochte es, wenn Agnes über seinen Rücken kraulte und ihre Hand auf den Po drückte. Fasziniert war er von ihrem Busen. Immer und immer wieder glitt seine Hand darüber. So etwas Weiches, das gab es einfach nicht an seinem Körper. Konnte Agnes das denn gut finden?

»Ist das fürwahr gut mit so einem Busen?«

»Wie meinest du das?«

»Ist der nicht hinderlich bei den Bewegungen wie dem Gehen?«

»Allermeist spüre ich ihn mitnichten, nur wenn ich daran denke. Und alle Frauen haben ihn ja wohl. Wenn deine Hand darauf ruhet, dann ist es einfach ein gutes Empfinden.«

Auch Günter genoss es, wenn ihre Hand über seine Brust strich. Ein wohlig-schauriges Gefühl erfüllte ihn. Vielleicht war das bei ihr viel stärker, weil einfach mehr Masse da war. Wieder schnupperte er an Agnes. Ihr Hals roch besonders gut. Er streichelte ihn mit den Lippen. Schön fühlte sich das an. Wie das wohl schmeckte? Er wagte es, fuhr mit seiner Zunge über die Grube zwischen Unterkiefer und Ohr. Leicht salzig, würzig. Sein Mund verharrte dort. Er begann, die Haut anzusaugen, und er fühlte sich immer besser.

Gleichzeitig gewahrte er, dass auch Agnes ihn mit dem Mund liebkoste. Sie begann an seiner Schulter, näherte sich seinem Hals und dem Ohr. Agnes war außer sich. Das war viel schöner, als die Langohren zu knuddeln. Sie spürte etwas wie Hunger, Hunger nach diesem Mann.

»Günter«, sagte sie, »ich glaube, du machest mich verrückt. Ich mag nicht mehr aufhören und weiß doch nicht, wohin das alles führet.«

»Meine Liebe, das ist für mich kaum anders.« *Meine Liebe* hatte Günter gesagt. Wie war er darauf nur gekommen? Es gab liebe und weniger liebe Kinder. Ein Erwachsener hatte einen anderen Erwachsenen jedoch nicht als *Lieber* zu bezeichnen oder ihn lieb zu finden, geschweige denn, dass er ihn liebte. Liebe stand nur den Göttern zu. Aber was war das hier denn anderes als Liebe?

»Mein Lieber«, sagte Agnes einfach, »auch du bist für mich mein Lieber.« Dann drückte sie ihren Mund auf den seinen, nahm seinen Hinterkopf in die Hand und drückte ihn an sich. Günter tat das gleiche. Er drückte ihren Kopf an seinen, ihren Mund auf seinen und fühlte ihre weiche Brust an seinem harten Brustkorb. Was für ein angenehmes Polster, dachte er.

So blieben die beiden noch ein Weilchen liegen. Bewegten sich nur wenig, genossen es, den andern zu spüren.

***

Manfred war der Wortführer. Er klärte Clemens darüber auf, dass Inga eine Spionin war. Clemens wollte das nicht glauben. Doch die Beweise waren eindeutig. Inga war beschattet, die Wohnung abgehört, ihre Kontaktpersonen waren fotografiert worden. Sie arbeitete als Sektenbeauftragte für die Regierung. Offenbar hatte diese Wind von den Strebern bekommen und sie mangels besserer Kenntnisse den Sekten zugeordnet. Nach ihrem eigenen Verständnis hatten sie jedoch absolut nichts mit Sekten zu tun.

Manfred lagen Kopien aller Unterlagen vor, die Inga gesammelt hatte. Darunter auch Materialien aus den Schulungen, die nach eigener Verpflichtung nie an die Öffentlichkeit hätten gelangen dürfen. Inga hatte bereits Hunderte von angeblichen Beweisstücken systematisch sortiert und aufbereitet sowie einen umfassenden Bericht erstellt. Auf dessen Grundlage sollten die Streber zerschlagen und verboten werden. In wenigen Tagen wollte sie ihren Abteilungsleiter informieren.

Das hatten die Streber verhindern können. Das Gremium bedrängte Clemens, bis ins Detail anzugeben, was er Inga erzählt hatte. Jede Einzelheit wollten sie von ihm wissen. Sie nahmen ihn ins Kreuzverhör, und er kam sich wie ein Angeklagter vor.

Clemens war von Inga maßlos enttäuscht. Dazu kam der Druck der Streber. Sie ließen keinen Zweifel daran, dass er völlig versagt hatte, naiv einer Feindin auf den Leim gegangen war und ihr Material geliefert hatte, dessen Veröffentlichung ihnen allen schaden konnte. Julio war mit im Gremium. Auch wenn er sich Mühe gab, seine Schadenfreude über Clemens' Schicksal zu unterdrücken, konnte Clemens sie dennoch spüren.

Das Verhör dauerte vier Stunden. Danach schlich Clemens nach Hause, warf sich bäuchlings aufs Bett und zog sich die Decke über den Kopf. Seine Gefühlswelt war völlig durcheinander. Enttäuschte Liebe, die Schmach, dass er sich hinters Licht hatte führen lassen, und die Scham gegenüber den Strebern, sie in Gefahr gebracht zu haben, beschäftigten ihn in seinem Innersten.

Clemens sah Inga nie wieder. Er bemühte sich noch nicht einmal, einen Kontakt zu ihr herzustellen, um sie zur Rede zu stellen. Dass sie nicht mehr in ihrer Wohnung war, wusste er von Julio. Doch es interessierte ihn auch nicht. Die Möglichkeit, dass sie vom Strebergericht verurteilt und sogar das schlimmste Urteil gegen sie bereits vollstreckt worden war, ließ ihn völlig kalt. Alles, was die Streber mit ihr gemacht haben könnten, war in seinen Augen absolut gerecht.

***

Es dauerte noch ein paar Tage bis zum ersten Zungenkuss. Niemand hatte Agnes und Günter erklärt, dass es so etwas gab und wie man es machte. Aber sie fanden es heraus und genossen all die Zwischenstufen bis dahin.

Hätten sie den Begriff gekannt, hätten gewusst, dass sie ineinander verliebt waren.

Tagsüber versorgten sie sich und die Tiere und legten Vorräte an. Zusätzlich begannen sie, Möbel zu bauen. Mit der Säge konnten sie Äste auf die richtige Länge bringen. Die Nägel waren bald verbraucht. Das Paar hatte nun einen Tisch, der groß genug für sie beide war. Für die Stühle mussten sie das Holz zusammenbinden. Die Schnüre, die Günter mitgebracht hatte, waren ebenfalls bald verknotet.

»Günter, wissest du was«, meinte da Agnes, »so geh doch

einfach in dein Reservat und hole neue! Der Tunnel wird ja wohl noch da seyn.«

Ihrem Mann fiel vor Schreck die Säge fast aus der Hand. Ja, sie nannte ihn in letzter Zeit oft *mein Mann*. Umgekehrt gefiel es ihm, sie als *meine Frau* anzusprechen.

Als sie seinen verstörten Blick sah, fing sie an zu lachen. »Du glaubest doch nicht im Ernst, ich würde dich dorthin jemals noch einmal gehen lassen? Wer weiß, ob ich abermals so einen Mann wie dich bekomme.«

Günter war erleichtert. Noch hatte er sich nicht an diese Art Humor gewöhnt. Aber Agnes' Fröhlichkeit steckte ihn an.

Alles, was Agnes ihm zeigte, tat sie mit Freude. Sie erklärte ihm, wo die Langohren oft waren und wie er sich an sie anschleichen musste. Wie sie dann blitzschnell einen Stein auf sie warf – und meist traf. Das gelang Günter zunächst überhaupt nicht. Doch er sammelte Steine, und wann immer er anderes nicht zu tun hatte, suchte er sich ein Ziel, meist einen Baumstamm, und feuerte seine Geschosse darauf.

Er wurde besser und platzte beinahe vor Stolz, als er mit dem ersten erlegten Tier nach Hause kam. Außerdem lernte Günter, den Tieren das Fell abzuziehen, sie auszunehmen und zu räuchern. Auch schaffte er es bald, ein Feuer zu entfachen. Er war ein gelehriger Schüler, das merkte Agnes schnell.

Das Fell trocknen zu lassen, es im nahen Wasserlauf immer wieder einzuweichen, es durchzuwalken und wieder zu trocknen, bis es einigermaßen weich war, diese Tätigkeit konnte Agnes inzwischen abgeben. Stattdessen begeisterte sie sich an Nadel, Schere und Messer. Sie konnte mittlerweile beinahe richtig schneidern. Nur diese dicken Pflanzenfäden waren unhandlich. Aber bessere fand sie keine.

***

Clemens wurde auf Stufe drei degradiert. Zum Glück nicht auf null, tröstete er sich selbst. Trotzdem musste er sich von Neuem bewähren. Innerhalb eines halben Jahres war er rehabilitiert. Seine Fähigkeiten waren innerhalb der Sekte einzigartig. Nach und nach wurden ihm auch wieder höhere Aufgaben übertragen, darunter das Aufspüren von Abtrünnigen ab Stufe vier und höher.

Das war nicht immer einfach. Doch mit seinen Verbindungen in die Unterwelt wie auch in die Politik und die Verwaltung schaffte er es. Den Rest erledigte der Sicherheitsdienst. Kein Wunder, dass Clemens' Ansehen stieg.

Die Streber hatten eine eigene Polizei, eigene Gefängnisse und eine eigene Justiz. Manchmal wohnte Clemens den Verhören bei. Mit Prügel und Folter wurde nicht gespart, ebenso wenig mit Hohn, Erniedrigungen und allen Arten von Psychoterror. Die meisten zerbrachen daran, gaben auf, blieben bei den Strebern – und mussten bei null wieder anfangen, niedriger als ein Neuankömmling. Die wenigsten von ihnen kamen noch einmal über Stufe Drei hinaus.

Die Tortur erinnerte Clemens an seine Erfahrungen im Heim. Aber das hier war etwas anderes, das musste sein. Jeder hatte sich selbst zuzuschreiben, was mit ihm geschah.

***

Eine weitere Sorte Tiere kannte Agnes, die in fließendem Wasser schwamm. Blaugraue, längliche Leiber mit seitlichen Auswüchsen ähnlich den Vögeln. Nur dass sie nicht flogen, sondern durchs Wasser zischten. An manchen Stellen hatten sie bunt schillernde Flecken. Sie schwammen auf und ab und sprangen manchmal aus dem Wasser heraus, um sich ein Insekt zu schnappen.

Agnes hatte einen Plan, wie sie sie fangen könnte. Dazu band sie eine kleine Feder mit einer vertrockneten Blume zusammen. Das sah beinahe aus wie ein Insekt. An einen Stock mit einer Schnur band sie dieses Gebilde ans untere Ende. Damit setzte sie sich an den Rand des Wasserlaufs, blieb reglos sitzen. Mit der linken Hand hielt sie den Stock und ließ das Knäuel übers Wasser tänzeln. Tatsächlich, schon schnappte ein Wassertier danach.

Es klappte nicht beim ersten Mal, denn Agnes musste unglaublich schnell sein. Doch es gelang ihr. Das Tier schoss hoch, und genauso schnell zuckte Agnes' Arm nach vorn. Sie packte es hinterm Kopf. Glitschig war das Tier, und es zappelte wie wild. Es entglitt Agnes' Fingern.

Beim nächsten Mal packte sie noch fester zu – und dann gelang es. Am Abend hatte Agnes einen Fang von fünf Stück gemacht. Jetzt brauchte es Erfahrung, wie damit umzugehen war. In diesen Tieren gab es zum Beispiel Innereien, die nicht gut schmeckten. Agnes schnitt den Bauch mit dem Messer auf. Das Innere ließ sich gut herausnehmen. Aber es gab zwei Probleme. Das waren die Nadeln im Fleisch, die beim Verzehr im Hals ganz schön piekten. Agnes musste beim Essen vorsichtig sein und diese Nadeln immer wieder aus dem Mund ziehen.

Und irgendetwas schmeckte bitter. Es dauerte längere

Zeit, bis sie herausgefunden hatte, was es war. Es war ein brauner Strich am Rücken, der auch dann blieb, wenn der Bauch entleert war. Hatte sie diesen Strich herausgekratzt, schmeckte das Fleisch richtig gut. An manchen Tagen waren viele dieser Tiere im Wasserlauf, und Agnes machte reiche Beute. Auch hier fand sie heraus, dass sie das Fleisch im Rauch länger haltbar machen konnte.

Sie zeigte Günter ihren Trick. Doch der erwischte kein einziges Mal ein Wassertier. Dafür war er mit Langohren und Großvögeln bald so gut wie seine Frau.

Weiter kümmerten sich Agnes und Günter um die Einrichtung ihrer Bleibe und vervollständigten sie immer mehr. Bei den zusammengebundenen Regalen waren dickere Äste die Stützen und Geflechte aus dünnen Zweigen die Böden. Darin konnten sie ihre Vorräte lagern. Das würde der bequemste Winter werden, den Agnes hier draußen bislang erlebt hatte.

Dann begann Günter, so etwas wie eine Tür zu bauen, die man abends vor den Eingang schieben konnte, um für sich zu sein. Ein solches Gebilde würde auch Regen und Kälte abhalten. Dazu brauchte er einige längere und möglichst gerade Äste. In der näheren Umgebung fand er keine. Also machte er sich auf in seltener besuchte Gefilde. Ziemlich hoch kletterte er auf einen entfernten Hügel. Er kam nicht nur mit geeigneten Stangen zurück, sondern auch mit einer Beobachtung. Dort oben gab es große Tiere, die behänd herumsprangen. Weiß waren sie, hatten eine lange Schnauze mit einem freundlich grinsenden Mund, weit abstehende Ohren und seltsame Hörner auf der Stirn. Eines von denen würde ihnen wochenlang Nahrung geben.

»Du meinest die Hügeltiere«, sagte Agnes. »Ich habe sie früher ein paarmal gesehen.«

Agnes war begeistert. Sie ließ sich die Stelle zeigen, wo Günter sie entdeckt hatte, und fand ihre Vermutung bestätigt. Sie hatte bald einen Plan. Die Hügeltiere wie die Langohren zu bewerfen, war zu unsicher. Man bräuchte einen großen Stein, doch damit konnte man nicht gut zielen. Eher wollte sie das Tier mit dem Netz einfangen, so wie Günter.

Am nächsten Tag ging sie auf die Jagd. Spätabends, kurz vor Sonnenuntergang, kam sie ohne Beute zurück. Doch Günter hatte genügend Leckereien gesammelt, sodass Agnes nicht hungrig ins Bett gehen musste.

Noch dreimal stieg Agnes hinauf, immer ohne Erfolg. Am vierten Abend hörte Günter jedoch ein lautes Schreien, das keiner menschlichen Stimme glich, sondern eher ein ängstliches Blöken war. Günter eilte dem Krach entgegen, wobei er vorsichtshalber einen Knüppel mitnahm. Bald näherte er sich dem Ursprung des Brüllens, und schließlich entdeckte er seine Agnes. Sie trug das große Netz auf dem Rücken. Darin zappelte ein Hügeltier, den Kopf weit durch eine Masche gestreckt. Ängstlich schaute es in alle Richtungen und schrie sich die Lunge aus dem Leib.

Günter rannte auf Agnes und ihr Opfer zu und rief: »Bleibst stehn, ich hau es todt!«

»Tu's nicht!«, gab Agnes zurück. »Ich weiß Besseres.« Günter war sich nicht sicher, ob seine Frau wusste, was sie wollte. Als er bei ihr war, sah er, dass das ein sehr großes und breites Tier im Netz war. Er packte es trotz Zappelns an den Beinen und entlastete damit Agnes. Trotzdem stöhnten und ächzten beide, bis sie es zur Ruine geschleppt hatten.

Sie legten das Tier im Netz auf den Boden. Agnes band

ihm die Vorder- und Hinterbeine zusammen. Dann musste Günter ihm den Kopf festhalten, und Agnes pellte es aus dem Netz. Sie band ihm noch ein Seil um den Hals, so wie man es im Reservat mit den Hunden machte. Das andere Ende befestigte sie an einem nahen Baum. Dann begann sie, das Tier zu streicheln, und Günter dachte, das könne nicht schaden. Beide redeten beruhigend auf es ein, und mit der Zeit wurde das Tier tatsächlich stiller. Günter ließ den Kopf los, und das Tier schaffte es, sich auf seine Beine zu stellen. Es merkte aber bald, dass es nicht fliehen konnte.

Derweil hatte Agnes Gras, Laub und einige Wurzeln geholt und vor das Tier gelegt. Bald fing es an zu fressen. Auch eine Schüssel mit Wasser stellte Agnes hin. Als sie merkte, dass das Tier sich beruhigt hatte, machte sie sich nochmals an den Fessel zu schaffen und lockerte sie ein wenig, sodass das Tier in kleinen Schritten umherlaufen konnte. Die Schlinge um den Hals musste fest sitzen, damit es die nicht über den Kopf streifen konnte. Doch der Hals sollte ihm andererseits auch nicht zugeschnürt werden.

»Und warum sollte ich das nicht todtschlagen?«, wollte Günter endlich wissen.

»Das bekommt Junge«, meinte Agnes erklärend.

»Woher wissest du das?«

»Siehst du nicht den dicken Bauch? Der ist viel dicker als bei den anderen. Und träger ist es auch. Vielleicht habe ich es nur deshalb gefangen, weil es so säumig ist.«

»Und was machen wir itzt damit?«

»Das gleiche wie mit den Langohren. Wir warten ab, bis die Kleinen da sind. Dann können wir sie wachsen lassen. Und haben allzeit etwas zu essen, wenn wir mal nichts fangen.«

Das war überzeugend. Das Hügeltier gewöhnte sich erstaunlich schnell an seine Halter. Es schien davon angetan zu sein, dass es Fressen und Saufen gebracht bekam. Schon nach wenigen Tagen zeigte es keine Furcht mehr, wenn die Menschen sich ihm näherten. Im Gegenteil, es kam bald freudig auf sie zu, sobald sie in der Nähe waren. Agnes und Günter gaben ihm den Namen Sonni.

***

Am Abend, nachdem Clemens einen abtrünnigen *Achter* ans Messer geliefert hatte, wurde er zu Manfred Rindt eingeladen, dem Neuner. Eine hohe Ehre. Im Zivilleben war er Vorstandsvorsitzender bei der BASF. Sein Groll auf ihn wegen des leichtsinnigen Umgangs mit Inga schien vergessen.

Clemens warf sich in Schale. Gut sah er aus, das musste er zugeben, als er in den Spiegel schaute. Der Anzug saß perfekt, war edel und doch lässig. Dreitagebart, trotzdem sein bestes Aftershave, dezent aufgetragen. Gut gelaunt ging er zu dem Treffen. Es gab ja sympathische Streberinnen, richtig scharfe Bräute. Bisher hatte Clemens sich immer zurückgehalten. Bindungen waren zwar erwünscht, aber waren sie erst einmal eingegangen, waren sie fester als Stahl. Doch heute stand Clemens durchaus der Sinn nach einem Abenteuer.

Seine kurze, aber heftige Liaison mit Inga war einige Monate her. In der Folgezeit hatte Clemens kein Bedürfnis nach weiblichen Kontakten. Doch allmählich keimten gewisse Gelüste wieder in ihm auf.

An diesem Abend bahnte sich ein Abenteuer an, doch aus ganz anderer Richtung, als erwartet. Es war ein illustrer

Kreis, knapp dreißig Leute insgesamt, auch ein paar Damen darunter, die Clemens gefielen. Aufreizende Kleidung war nicht verboten, aber so verpönt, dass es einem Verbot gleichkam. Doch einige Frauen hatten ihre Oberweite derart eng in eine Bluse gezwängt, dass es alles andere als angemessen aussah.

Clemens ließ seine Blicke schweifen. Bald schon gewahrte er, dass die Damen alle einen festen Partner hatten. Also nix da mit einem erotischen Geplänkel. Der Abend zog sich hin. Es lief gute, belebende Musik, nicht aufreizend und aufdringlich, aber anregend. Mal Dixi, mal Klezmer, dann Weltmusik, mal Soul, Blues oder Oldies. Alkohol floss mäßig, aber stetig. Die Gäste gingen nach und nach. Am Schluss saßen neben Manfred nur noch zwei Herren am Tisch. Manfred stellte sie vor: Karl-Heinz Weidlich, Sektenbeauftragter der Regierung, und Rudolph, Oberst der Bundeswehr.

»Was guckst du so?«, wollte Manfred wissen.

»Sektenbeauftragter? Wie die Braun?« Clemens war irritiert.

»Mit einem kleinen Unterschied«, erklärte Manfred. »Die wollte uns hochgehen lassen, aber Karl-Heinz hält schützend seine Hand über uns, könnte man sagen.«

Vielleicht hatte der etwas mit Ingas Enttarnung zu tun, dachte Clemens. Ihm sollte es recht sein.

Das Gespräch drehte sich bald um Frauen. Die Witze wurden schlüpfriger, die Stimmung zunehmend erotisch aufgeladen. So ganz bei klarem Verstand war eigentlich niemand mehr. Da sagte Manfred:

»Na los, Rudolph, nun mach den Clemens mal glücklich. Der hat's verdient!«

»Eh, ihr zwei«, wehrte Clemens entrüstet ab. »Macht ruhig, was ihr wollt, aber ich bin doch nicht schwul.«

»Von schwul kann überhaupt keine Rede sein. Ich meine 'ne willige Jungfrau.«

»Wie, Jungfrau? Sternzeichen oder was?«

»Hast du noch nie mit 'ner Jungfrau? Du kannst heute eine entjungfern.«

»Will die das denn auch?«

»Und ob. Die brennt geradezu drauf. Grad von einem Stier wie dir.«

Clemens dachte an seine Bordellerfahrungen. Dort wurden für teuer Geld immer wieder angebliche Jungfrauen für den ersten Sex angeboten. Einigen von ihnen wurde das Hymen ein Dutzend Mal wieder zusammengenäht.

Das war ihm heute bei diesem verlockenden Angebot egal. Der Trieb war aufgestachelt, die Sinne waren benebelt.

»Und was ist mit euch?«, fragte er in die Runde.

»Wir kommen schon nicht zu kurz. Für uns ist auch noch was da«, erklärte Manfred. Er telefonierte, gab ein paar Anweisungen.

Wenig später standen die vier auf, und Manfred führte sie durch einige Gänge. Im letzten gingen ein paar Türen zu kleinen Zimmern ab wie in einem Hotel. Vor einer blieben sie stehen. »Da drin ist deine«, sagte Manfred, öffnete die Tür und schob Clemens hinein.

***

Es kam das Aufregendste, was Agnes und Günter bisher erlebt hatten. Nach zwei Wochen blökte das Hügeltier morgens, als hätte es Angst, so wie bei der Gefangennahme.

Aber es hatte Schmerzen. Eine Blase hing ihm aus dem Gesäß, in der es zappelte. Das Tier strengte sich an und schien zu pressen wie beim Stuhlgang. Immer weiter trat die Blase heraus. Mit einem Mal war sie vollständig draußen und plumpste auf den Boden. In der Blase regte sich ein kleines Hügeltier. Das war das Kind.

Das alte Tier drehte sich zu ihm um, leckte ihm zuerst den Kopf und dann den ganzen Körper frei. Es war verschmiert mit Blut und Schleim. Es hing noch eine Schnur vom Bauch des Kindes bis hoch ans Gesäß der Alten. Die bemerkte das offenbar nun und kaute darauf herum, bis sie durchtrennt war. Das eine Ende baumelte weiter am Bauch des Kindes, das sich daran aber nicht zu stören zu schien, auch die Alte nicht. Ein Weilchen tropfte Blut heraus, doch hörte das bald auf.

Das Junge stakste auf seinen dünnen Beinchen umher, sah sich um, schnupperte und ging dann der Alten an die Zitzen, die hinten vom Bauch herabhingen. Es schnappte sich eine davon und begann daran zu saugen und stieß immer wieder ruckhaft mit der Schnauze in diesen Beutel. So, als wolle es sagen, los, gib noch mehr.

Dann blökte die Alte wieder. Eine zweite Blase erschien, wieder wurde ein schleimig-blutiges Etwas herausgepresst. Die Prozedur wiederholte sich: Kopf frei lecken, Körper ablecken, die Schnur durchbeißen. Und dann stakste auch dieses Tierkind umher, erschnupperte bald die Zitzen und begann, stürmisch zu trinken.

Zuletzt kam, wie bei den Großmäusen auch, ein Klumpen zum Vorschein, mit dem die Enden der beiden Schnüre verwachsen waren.

Günter hatte seine Tür ein paar Tage zuvor fertig gebaut. Sie bestand aus einem Rahmen mit mehreren Lagen Zweigen- und Strohgeflecht. Agnes hatte noch die Idee, die Tür mit Lehm zu beschmieren. Den gab es in einer Kuhle des Wasserlaufs. Der Lehm trocknete, und die Tür schützte richtig gut vor Wind. Peitschte jedoch Regen dagegen, würde der Lehm ausgewaschen werden. Aber man konnte ja neuen holen.

Günter war sich nicht ganz sicher, ob die jungen Hügeltiere nicht geschützt werden mussten. So kleine Wesen konnten empfindlich sein, und deshalb schlug er Agnes vor, sie mit ins Zimmer zu nehmen. Die hatte nichts dagegen. Günter rammte einen extra stabilen Pfahl in den Boden, an dem er das Muttertier festband. Die Kleinen musste man nicht anbinden, da sie sich von der Alten nicht sonderlich weit entfernten.

Das Paar gewöhnte sich schnell an die neuen Mitbewohner. Gut, jetzt roch es in der Höhle ein wenig nach Urin. Aber der versickerte im Boden. Und die Köttel musste man von Zeit zu Zeit hinaus bugsieren. Das ging ganz gut mit einem Reisigbesen, wie sie ihn aus den Reservaten kannten.

Agnes beobachtete genau, wie die Kleinen an den Zitzen suckelten. Sie wurden zusehends größer und fraßen bald auch Gras und Blattwerk. Dann saugten sie nicht mehr so oft an den Zitzen. Agnes probierte es aus. Sie zog an einer Zitze und hielt die Hand darunter. Das Hügeltier hatte sich bereits so an die Menschen gewöhnt, dass es das ohne Weiteres zuließ.

Tatsächlich spritzte etwas Milch auf Agnes' Hand. Sie leckte sie ab und dachte: köstlich! Vielleicht konnte sie mehr davon bekommen. Sie holte eine Schüssel und stellte sie unter die Zitzen. Sie zog immer wieder daran, und dünne Milchstrahlen schossen in das Gefäß. Ab und zu boxte sie in den Beutel, so, wie sie es von den Kleinen abgeguckt hatte. Außerdem probierte sie verschiedene Fingerstellungen aus. Den größten Erfolg hatte sie, wenn sie die Zitze mit Daumen und Zeigefinger oben zudrückte und Finger für Finger von oben nach unten zu einer Faust schloss. Dann kam die Milch in einem Schuss herausgespritzt.

Bald war die Zitze leer. Agnes probierte es an der nächsten, und auch hier kam viel Milch. Nachdem sie alle vier Zitzen leergepumpt hatte, war die Schüssel gut gefüllt. Agnes nahm einen großen Schluck davon, und wirklich, das war ein köstliches Getränk. Die Milch schmeckte zwar etwas anders als die der *Götter*, aber schlecht war sie nicht.

Den Rest hob sie für Günter auf, der ebenfalls begeistert war. Er wusste, wie nahrhaft Milch ist. Eine echte Bereicherung. Wie lange würde das mit diesem Beutel und den Zitzen gehen?, überlegte er bei sich.

Jeden Abend quetschte Agnes das aus den Zitzen, was die Jungen tagsüber nicht getrunken hatten. Die brauchten immer weniger, und die Ausbeute für sie wurde immer größer. Irgendwann tranken sie überhaupt nichts mehr, und der Beutel war schon morgens prall voll. Die Alte blökte, damit Agnes sie endlich vom Druck befreite. Und abends nochmals. Das Paar hatte jetzt ein Milchtier. Manchmal schafften sie es nicht, alles aufzutrinken. Am nächsten oder übernächsten Tag war die Milch sauer, sie wurde dick und verklumpte.

Agnes schüttete sie nicht weg, denn die säuerliche Milch schmeckte nicht schlecht und bekam ihr gut. Sie ließ oft etwas übrig, um Sauermilch zu machen. Auch die trank sie nicht immer auf. Das klumpige Zeug trocknete ein und roch auch da nicht schlecht. Man konnte es essen. Es war wie der Käse, den die Göttinnen manchmal als besondere Belohnung mitgebracht hatten.

Die Jungen, genannt Grassi und Blatti, rannten in der Umgebung umher, ihre Unternehmungen führten immer weiter weg. Günter hatte beobachtet, dass das eine mehr an Gräsern herumknabberte, das andere an Blättern. Daher ihre Namen. Da sie die Muttermilch nicht mehr brauchten, fürchtete Agnes, sie könnten irgendwann abhauen. Das sah Günter genauso, und so baute er ein großes Gehege, ähnlich dem für die Langohren und die Großvögel, nur höher. Die aufrechten Stangen reichten ihm bis ans Kinn.

Tagelang dauerten die Arbeiten daran, doch das Ergebnis war gut und sehr stabil. Agnes kümmerte sich zwei Mal am Tag ums Melken. Käse für den Winter wäre auch nicht schlecht. Doch war sie sich nicht sicher, ob er monatelang hielt. Und ob das Hügeltier immer weiter Milch gab, wusste sie auch nicht. Also formte sie aus den Käseklumpen Kugeln, drückte eine Schnur hinein und hängte sie zum Räuchern übers Feuer. Schaden konnte das nicht. Der Käse schmeckte sogar noch besser, da er diese rauchige Note hatte, die sie so liebte.

Die Hügeltiere waren schon eigenartig. Obwohl die Menschen sie ihrer Freiheit beraubt hatten, blieben sie zutraulich. Sie verhielten sich friedlich in ihrem neuen Gehege und schienen es zu genießen, bei schlechtem Wetter mit in die Höhle zu dürfen. Für gutes Wetter hatte Günter ihnen eine Hütte mit einem Dach auf ein paar Pfosten gebaut.

***

Rudolph hatte von seinem Vater eine gehörige Abfuhr erwartet. Friedrich Thedel von Wallmoden war telefonisch informiert worden, sein Sohn sei eine Woche zwangsbeurlaubt worden. Näheres hatte man ihm nicht mitgeteilt.

Nun war der Schüler also wieder in Schloss Bredebeck. Das Schreiben Klöberts hatte er gleich bei der Ankunft seinem Vater ausgehändigt. Der zog sich damit in sein Arbeitszimmer zurück. Rudolph setzte sich zu seiner Mutter in den Salon, die in einem Ohrensessel saß und – zum wievielten Mal eigentlich? – den *Prinzen von Homburg* las. Was denn los sei, wollte sie wissen. »Hab halt Mist gebaut, glaube ich«, gestand ihr Sohn. Mehr wollte sie nicht wissen. »Wird schon nicht so schlimm sein«, meinte sie abwesend. Dann setzte sie den Small Talk mit ihrem Sohn fort.

Nach einer halben Stunde kam Heribert, der Hausdiener, und bat Rudolph ins Arbeitszimmer seines Vaters.

Der gebot seinem Sprössling mit einer Handbewegung, Platz zu nehmen. Das wunderte Rudolph sehr, denn gewöhnlich hatte er Standpauken im Stehen über sich ergehen zu lassen.

»Ich will gar nicht wissen, was genau da vorgefallen ist. Sicher hast du den Lehrer nicht umsonst gepiesackt. Dein Angriff war heftig, das muss ich sagen, und taktisch unklug.«

Sein Vater sah alles militärisch. Er eröffnete seinem Sohn, er habe sich viel zu schnell aus der Deckung begeben bzw. keine ausreichende Deckung aufgebaut. Auf die Verschwiegenheit von Untergebenen dürfe ein Offizier sich nicht verlassen. Denn der Feind sei fast immer in der Lage, Wissen aus Gefangenen herauszupressen. Der Angriff in aller Öffentlichkeit war somit der Kardinalfehler.

Dann ließ der Vater sich noch darüber aus, dass es überall dieses *Kroppzeug* gebe. Damit müsse man immer rechnen.

Kroppzeug, das war ein Begriff, den Rudolph von seinem Vater schon von klein auf hörte. Auch wenn er die Herkunft dieses Begriffs nicht kannte, so wusste er doch ganz genau, was damit gemeint war. Ein verächtliches Wort für alles unterhalb der Adelsschicht, vom Zigeuner über Juden und Landstreicher bis hin zum Arbeitslosen. Etwas mehr Achtung genossen Lohn- und Gehaltsempfänger, aber auch sie mit konnten bei bestimmten Gelegenheiten damit abgekanzelt werden. Neben Menschen mit Adelsprädikat zählten in den Augen von Rudolphs Vater nur Militärs, Industrielle und Wissenschaftler – aber nur die hohen Dienstgrade, die Erfolgreichsten und die Koryphäen.

In einer stillen Stunde hatte der Senior seinen Sohn darüber unterrichtet, das Wort *Herrenmensch* in der Öffentlichkeit nicht zu verwenden. Trotzdem bestehe die Gesellschaft nun mal aus seiner Schicht und den *Untermenschen*. Das sei ein naturgegebenes Unterscheidungsmerkmal.

Seltsam, dass er keine Vorhaltungen gemacht bekam. Was war denn mit dem ganzen Strafregister? Es ging ja nicht nur um das Apomorphin.

»So, mein Junge«, fuhr der gestrenge Herr Papa fort, »ich entnehme dem Schreiben, dass du ein rechter Wildfang bist. Ich war auch einmal jung, glaub mir, und wir haben auch so manchen Blödsinn gemacht.«

War er deshalb so versöhnlich? Das konnte nicht alles sein. Der Vater eröffnete seinem Sohn, er habe es mit der versuchten Vergiftung des Lehrers tatsächlich auf die Spitze getrieben hatte und stehe nun an einem Scheideweg, der die weitere Richtung seines Lebens bestimmen werde.

»Wie wir in Sachen Salem weiter verfahren, vertagen wir für ein paar Tage. Heute ist Montag. Am Donnerstag wirst du etwas erleben, das dich zum Nachdenken bringen wird. Und nicht nur das.«

Rudolph wollte mehr wissen, doch sein Vater entgegnete nur: »Geh jetzt, du bist entlassen. Ich habe etwas in die Wege zu leiten. Versuch derweil, dich zu entspannen. Du bist doch immer gern geritten, oder nicht? Wir haben eine neue Stute im Stall. Tilly, ein englisches Vollblut aus dem Gestüt Schlenderhan. Sie wird dir gefallen, probier sie doch einfach mal aus.«

Vater von Wallmoden schien keineswegs übermäßig ungehalten zu sein. War er in seiner Jugend wirklich derart ungestüm gewesen, dass er seinem Sohn die Sperenzien nicht krummnahm? So kannte ihn Rudolph überhaupt nicht. Sein Vater schien sonst immer so beherrscht und überlegt zu sein. Wie dem auch sei, Rudolph war auf den kommenden Donnerstag sehr gespannt.

***

Agnes stellte ziemlich früh fest, dass beide Jungtiere Hügeltiermädchen waren. Wenn sie also nochmals Nachwuchs wollte, musste sie unbedingt ein männliches Tier einfangen. Bei der Jagd war ihr schon aufgefallen, woran man die Männchen erkannte: größere Hörner auf dem Kopf und kein Beutel mit vier Zitzen zwischen den Beinen, sondern ein dralles Säckchen mit zwei kräftigen Grumbeeren darin.

Wieder ging Agnes jagen und legte ihre Fallen aus. Dieses Mal dauerte es nicht lange, bis sie ein neues Hügeltier im Netz hatte. Das mochte zappeln, wie es wollte, aber Agnes schaute zwischen seine Beine – wieder eine Frau. Eine zweite brauchten sie nicht. Also zertrümmerte Agnes ihr mit der Keule den Kopf. Tot ließ es sich viel besser zur Wohnung schleppen als die seinerzeit zappelnde und schwangere Sonni. Sie hatten Nahrung für gut zwei Wochen.

Beim nächsten Mal klappte es. Agnes erwischte einen Hügelmann. Auch er wurde zutraulich und bekam einen Namen: Franz.

Er kümmerte sich eifrig um die drei Damen, und bald gab es dreifachen Nachwuchs. Eine richtige Herde hatte unser Paar jetzt. Keine Sorge mehr um Milch oder Fleisch.

Wenig später kam eine weitere Herde hinzu. Günter hatte eine Gruppe Tiere entdeckt, die den Hügeltieren zwar ähnlich waren, aber runder und dicker aussahen. Agnes erinnerte sich, dass die Hundetiere eines von dieser Sorte gerissen hatten. Sie schienen harmlos, fraßen nur Gras und Blätter. Ein paar Tage beobachteten sie die kleine Gruppe, und waren sich einig, dass eines der Tiere in der Gruppe das Sagen hatte.

Günter wollte dieses Tier fangen. Wenn er Glück hatte und es lebend nach Hause führte, konnte er darauf hoffen, dass die anderen folgten. Das wollte er gern allein probieren. Er ließ sich von Agnes in der Technik der Netzfalle einweisen. Deren Wirkung hatte er am eigenen Leib erfahren.

Ein paar Tage später legte er sich auf die Lauer. Das Netz lag auf der Fährte dieser Tiere, das Seil war über einen Ast gelegt. Der Wind stand günstig, sodass sie ihn nicht witterten.

Das Leittier trat aufs Netz. Günter zog am Seil, die Enden des Netzes schwangen nach oben, und das Tier war gefangen. Verwirrt stieß es seltsame Laute aus. Die anderen stoben davon.

»Nun denn, das macht ohnedem nichts, dann habe ich wenigstens dich allein«, sagte Günter zu seinem Opfer. Er band einen Strick um dessen Hals, redete beruhigend auf es ein und zog es nach Hause. Und siehe da, in gewissem Sicherheitsabstand folgten die sieben anderen Tiere, darunter zwei Junge.

Die Versorgung klappte bald reibungslos, die Tiere waren gutmütig und wurden schnell zutraulich. Zwei Muttertiere gaben Milch. Die schmeckte anders, der Käse ebenso. Dadurch war die Nahrungsauswahl noch vielfältiger.

Und noch einen Vorteil hatten diese Tiere: Man konnte ihr langes Fell abschneiden. Günter war fest davon überzeugt, dass die Wolle, die die *Götter* zum Spinnen brachten, nichts anderes war. Wieder hatten Agnes und er eines der vermeintlichen Wunder enträtselt.

Es war mühevoll, die Wolle mit den kleinen Scheren abzubekommen, doch Agnes und Günter hatten Zeit. Günter experimentierte lange herum und bekam schließlich heraus, wie er aus den Wollbüscheln auch ohne Spinnrad Fäden zwirbeln konnte. Stolz schenkte er einige Wochen später seiner Agnes eine Weste, die allerdings sehr grob gestrickt war. Angespitzte Äste hatten ihm als Nadeln gedient. Diese Handarbeit hatte er heimlich in den Wartezeiten auf der Jagd durchgeführt.

Vom ersten Zungenkuss waren Agnes und Günter wie betäubt. Immer und immer wieder fielen sie übereinander her, konnten nicht genug davon bekommen. Aber es war noch mehr zu entdecken. Agnes wusste, dass es dieses Röhrchen gab, das *Glied* oder auch *Penis*, wie der Mann es bisweilen nannte. Agnes wunderte sich, dass es für ein und dasselbe Ding zwei verschiedene Namen gab. Eigentlich waren es sogar drei. Günter hatte ihr einmal verraten, die Jungs untereinander würden es meist *Schwanz* nennen. Doch das war ein verbotenes Wort, das die Erzieher nicht hören durften.

Das Paar lag nach getaner Arbeit zusammen. Das war lange vor den Wolltieren. Sie kosten und küssten sich. Kam es Günter an diesem Abend nur so vor, oder war Agnes besonders stürmisch mit ihren Liebkosungen? Agnes spürte Wärme in ihrer Scham, und sie platzte innerlich vor Neugier. Sie wagte es, fuhr mit der Hand über Günters Brust, dann über den Bauch und gelangte schließlich an dieses Ding, das Glied. Es kam ihr größer vor, als sie es vom Anschauen her in Erinnerung hatte.

Günter wusste nicht, wie ihm geschah. Auf eine solche Berührung hatte er gewartet, regelrecht herbeigesehnt hatte er sie. Und doch hatte er ein Stück weit Angst. *Das Glied gehört den* Göttern. *Es zu berühren ist verboten. Das zählt zu den schlimmsten Sünden, die man begehen kann.* Diese Gedanken gingen ihm durch den Kopf. Aber das, was er da spürte, wischte sie bald hinweg. Außerdem wusste er inzwischen, dass die *Götter* die größten Lügner waren.

Er entspannte sich und ließ Agnes gewähren. Das Blut schoss ihm ins Glied, und er spürte es wachsen. Unendlich groß kam es ihm vor. Und Agnes blieb es nicht verborgen, dass dieses Stück größer und fester wurde. Kein Röhrchen mehr, sondern mittlerweile ein ordentliches Rohr. Wie weit wollte es noch wachsen?

***

Kaum Licht im Zimmer, eher rötliches Glimmen. Clemens' Augen mussten sich daran gewöhnen, bis er etwas erkennen konnte. Ein Bett tauchte aus der Dunkelheit auf, auf dem eine junge Frau im Negligé lag. Jung, aber bei Weitem nicht mehr jugendlich. Clemens fand seine Theorie von der vorgegebenen Jungfernschaft bestätigt. Doch darauf war es ihm ohnehin nicht angekommen.

»Hallo, Clemens«, hörte er eine Stimme vom Kopfende her. Dort saß eine zweite Frau. Clemens war irritiert. »Was …?«, setzte er an.

»Na, nicht so schüchtern. Ich bin Schwester Irene«, munterte die Stimme ihn auf. »Mach dich schon über sie her. So bequem hast du's nicht immer.«

»Zu zweit, was soll denn das?«

»Nix zu zweit. An mich kommst du nicht ran. Ich bin die Krankenschwester.«

»Das ist ja mehr als komisch hier«, wunderte sich Clemens und setzte sich auf die Bettkante. Schön sah die Frau aus, wie sie da so auf dem Bett lag, rot angeschienen – und schlief. Clemens strich ihr über den Arm. Was soll's, die Schwester würde er im richtigen Moment schon rausschicken. Keine Regung. Clemens tätschelte der Schlafenden das Gesicht. Immer noch nichts.

»Nicht wundern, geh einfach ran. Soll ich sie für dich ausziehen?«

»Die rührt sich ja gar nicht.«

»'türlich nicht, die ist in Narkose. Deshalb bin ich auch hier.« Jetzt erst sah Clemens eine Kanüle im linken Arm und einen Infusionsschlauch, der dorthin führte.

»Was soll das denn?«, begehrte Clemens auf. »Ich schlafe doch nicht mit einer Bewusstlosen.«

»Mein Gott, Muschi ist Muschi. Bist du ein Mann oder eine Memme?«

»Und das von einer Frau. Mir reicht's. Mir ist das hier zu blöd.«

»Mein Gott, wie empfindlich. Aber es wird keiner zu seinem Glück gezwungen. Dann müssen das halt die andern machen.«

Fluchtartig verließ Clemens das Zimmer. Er war zwar benebelt, fand aber dennoch den Weg zurück in den Salon. Er pflanzte sich in einen Ledersessel und dachte über das gerade Erlebte nach. Dabei trieselte er allmählich in einen oberflächlichen Schlaf hinüber.

***

Agnes streichelte immer und immer wieder über das Glied. Sie hörte Günter sanft stöhnen, aber nicht vor Schmerz. Sie selbst war so vertieft in ihre Forschungen, dass sie zunächst nicht merkte, dass auch Günters Hände auf Entdeckungsreise gingen. Plötzlich gewahrte sie sie an ihrer Scham. Sacht drückte er dagegen, glitt mit seinen Finger zwischen ihre Beine. Fast kam es ihr so vor, als wolle er sich überzeugen, dass da kein Glied war.

Und diese Berührung tat wahnsinnig gut! Agnes musste jetzt auch stöhnen, und sie rieb fester an Günters Stange.

Stärkeres Stöhnen war die Folge – und auch, dass er fester bei ihr drückte und rieb.

»Das thut so gut«, sagte sie schließlich. »Mache noch fester. Und tiefer.«

»Du thust mir auch gut. Hör nicht auf. Und wenn die Todesstrafe käme, das wäre mir itzo ohne Bedeutung.« Günter war mit seinen Gedanken immer noch bei den Priesterlehren. Aber sie waren ihm in dieser Situation nicht nur gleichgültig, sondern kamen ihm geradezu lächerlich vor.

»Sag so was nicht. Wir haben nichts zu befürchten. Komm, wir genießen das, was uns unsere Körper hier schenken.«

Das taten sie. Weil Agnes merkte, wie gut ihr Reiben bei Günter ankam, verstärkte sie es. Sie merkte, wie das Glied sich regelrecht aufbäumte und wie Günter auch bei ihr mehr und mehr drückte. Plötzlich begann das Glied in ihrer Hand zu zucken, und Günter stöhnte nicht mehr nur verhalten vor sich hin, sondern schrie beinahe. Agnes hatte das Gefühl, sie dürfte jetzt nicht aufhören, und riss sein Glied hin und her, vor und zurück.

Dann merkte sie, wie die Spitze feucht wurde und klebriger Saft ihr über die Hand floss. Nun zuckte Günters ganzer Körper vor Ekstase. So hatte sie ihn noch nie erlebt. Niemanden hatte sie bisher so erlebt. Sie rieb kräftig weiter, doch Günter drückte ihre Hand weg und sagte: »Das thut itzt weh.«

Anschließend legte er sich auf den Rücken, atmete schwer und sagte schnaufend: »Was war denn dieses? Was habest du nur mit mir gemachet? Das war ja so überwältigend.« Dann zog er sie auf sich, sodass ihr Busen schwer auf seiner Brust lag. Er drückte und küsste sie. »Und was hast du gespüret?«

»Es war angenehm und großartig«, antwortete Agnes. »Dennoch glaube ich, ganz das Gleiche wie du habe ich nicht erlebet.« Doch auch sie war erschöpft. Das war ja beinahe so etwas wie körperliche Anstrengung, was sie da geleistet hatte. Sie küsste ihren Mann noch einmal. Dann legte sie sich zur Seite, behielt aber seine Hand in ihrer.

Am nächsten Morgen war Günter früh wach. Er blickte dieses Wunderwesen neben sich an, ihr schönes Gesicht. Er spürte, wie sein Glied sich regte, wie es erneut wuchs. Vorsichtig begann er, es zu streicheln.

Agnes blinzelte, schaute ihn irritiert an, warf die Decke von sich und rannte hinaus. Wenig später kehrte sie zurück und sagte: »Ich musste Urin lassen gehen.«

Günter bat sie, doch wieder ins Bett zu kommen. Doch Agnes sagte: »Nein, das ist mir zu viel auf einmal. Lass uns ein bisschen warten.«

Günter konnte seine Freundin nicht so richtig verstehen, zu groß war seine Begierde. Doch er legte sich Zurückhaltung auf. Wer weiß, was passierte, wenn sie das Erlebte zu oft wiederholten.

Der Tag verlief wie immer. Etwas frühstücken, die Tiere versorgen, die Hügeltiere melken, etwas sammeln und jagen. Am Abend ging das Paar den Berg hinauf und betrachtete die untergehende Sonne. Ein Anblick, der nie langweilig wurde, so oft sie ihn auch schon genossen hatten. Und sie sahen einen großen Vogel der *Götter,* der aus einem der Reservate kam. Er flog in Richtung untergehende Sonne, bog dann ab nach Süden und verschwand bald hinter dem Horizont.

»Ich wollte, ich wüsste forthin einmal, was dorten ist«, sagte Agnes.

»Das möchte ich auch«, pflichtete Günter ihr bei. »Vielleicht könnte man dorten erfahren, was mit uns geschiehet.«

Oft hatten sie diese Fragen miteinander besprochen. Die *Götter* belogen die Menschen, hielten sie in Reservaten gefangen und redeten ihnen ein, ein Leben außerhalb sei unmöglich. Dort lauerten so viele Gefahren, dass man nicht lange überleben würde. Das behaupteten sie zumindest. Doch Agnes und Günter bewiesen sich mit jedem Tag aufs Neue, dass man sehr wohl hier draußen leben konnte.

***

Wohlbehalten erreichte Inga ihre Freundin Waltraud. Sie war eilig durch die Straßen gehastet. Es war schon verwunderlich, wie wenig Notiz die Passanten von einer Frau nahmen, die, nur mit einem Unterrock bekleidet, durch die Gegend rannte und offensichtlich Blutflecken auf Höhe des Beckens hatte. Mochte man sie auch für verhuscht halten, ihr war es gleich. Sie wollte erst einmal in Sicherheit sein.

Zum Glück war Waltraud zu Hause. Die Freundin war entsetzt, als sie die Geschundene vor sich stehen sah. Doch Agnes hatte keine Zeit für Erklärungen, sondern sagte nur: »Ich brauche etwas zum Anziehen, muss mich kurz frisch machen, und dann bin ich auch schon wieder weg von hier. Ich bin in Lebensgefahr. Telefonieren müsste ich noch. Kannst du mich bei jemandem Fremden unterbringen?«

Waltraud war verunsichert, sagte aber Hilfe zu. Inga nahm eine Dusche. Die Hautabschürfungen an der Hüfte brannten, doch sie fühlte sich besser. Die Freundin hatte derweil einige Kleidungsstücke herausgelegt. Sie waren etwas zu groß, aber das ließ sich richten. Auch hatte sie mit einem entfernten Bekannten telefoniert, der bereit war, Inga für ein paar Tage bei sich aufzunehmen, obwohl er nicht wusste, um was es ging.

Inga klebte Pflaster auf die Abschürfungen, schlüpfte in die frische Kleidung und passte sie mit Sicherheitsnadeln an. Dann rief sie ihre Bank an und sperrte ihre EC- und Visa-Karte. Anschließend bat sie Waltraud, sie zu ihrem Bekannten zu bringen. Auf der Fahrt erzählte sie der Freundin, was sich ereignet hatte. Sie war sich sicher, auf der Todesliste der Streber zu stehen. Bei Waltraud konnte sie nicht bleiben, da sie fürchtete, sie würden sie dort suchen.

»Warum gehst du nicht zu deinem neuen Freund?«

»Das geht nicht, der ist auch Streber.«

»Was, du hast dich mit dem nur eingelassen, um an Informationen zu kommen?«

»Nein, ich habe mich in ihn verknallt. Ich war fertig mit meinem Bericht. Heute wollte ich Clemens informieren und morgen zum Amt gehen. Er wäre ausgestiegen, hätte er all die Schweinereien erfahren, da bin ich mir sicher. Weißt du, ich kann belegen, dass die eine Frau liquidiert hat, die von mir Hilfe wollte. Durch sie bin ich erst auf die Streber gestoßen.«

»Ja, aber du kannst doch trotzdem zu deinem …«

»Das ist mir zu riskant. Die werden Clemens sofort in die Mangel nehmen. Und glaub mir, die kennen sich aus mit Gehirnwäsche.«

»Und warum gehst du nicht zur Polizei?«

»Kann sein, dass das jetzt paranoid klingt, aber ich habe Hinweise, dass die Polizei von denen teilweise infiltriert ist. Ich muss verdammt vorsichtig sein. Ich bin denen heute nur durch Zufall entkommen. Das werden die nicht nochmals zulassen. Und, weißt du was?«, fuhr Inga fort. »Die hätten mich gekillt, wenn sie alle Informationen von mir gehabt hätten. Die wollten wissen, mit wem ich zusammenarbeite und so weiter.«

Waltraud bekam eine Gänsehaut. »Na, wenn das so ist, dann bin ich ja auch in Gefahr. Und Ferdinand nicht minder.«

»Du bist nicht in Gefahr. Die rennen nicht rum und stechen jeden ab. Sie werden aber deine Wohnung beobachten und schauen, ob ich bei dir bin. Und weil sie keine Verbindung zu diesem Ferdinand haben, werden sie auf den auch nicht kommen. Deshalb dürfen es keine gemeinsamen Bekannten sein, bei denen ich Unterschlupf suche. Ich denke, die haben mein Adressbuch und die E-Mail-Listen längst gecheckt. Meinen Computer haben sie jedenfalls geklaut.«

Dann bat Inga Waltraud noch, am Telefon nicht mehr über sie zu sprechen und sie sicherheitshalber auch in E-Mails nicht mehr zu erwähnen.

Ferdinand war Biologielehrer, wohnte allein, war aber mit einem Mann zusammen. Das war gut für Inga. So musste sie erst gar nicht auf die Idee kommen, ihre Dankbarkeit durch Sex auszudrücken.

Der Lehrer war ein entfernter Bekannter von Waltraud. Doch er war offen und hilfsbereit. Er fand Ingas Bericht spannend und gratulierte ihr zur Flucht. Seine Wohnung war nicht groß, doch für ein paar Tage konnte er Inga beherbergen. Mehr erbat sie sich auch nicht.

Ferdinand bereitete ein kleines Abendessen für sie alle vor. Dabei besprachen sie das weitere Vorgehen.

Inga musste am nächsten Morgen als Erstes ihren Vorgesetzten persönlich informieren. Dann musste sie zur Bank, neue Karten beantragen und Bargeld abheben. Ein neues Handy benötigte sie auch. Und dann wollte sie verschwinden, wirklich untertauchen. Sie kam auf die Idee, mit Zug und Bus nach Bayern zu reisen und in einer kleinen Pension erst einmal unterzukommen.

Ferdinand bot einen schweren Chianti an. Inga lehnte ihn zunächst ab, doch dann entschied sie sich anders. Sie merkte, er bekam ihr gut. Nahm ein wenig die Spannung aus ihr, sowohl körperlich als auch vom Kopf her. Plötzlich fühlte sie sich todmüde und zog sich auf das aufklappbare Gästebett zurück.

Wie anders der Tag doch verlaufen war als ursprünglich geplant! Mit diesem Gedanken versank sie in einen tiefen Schlaf.

***

Am bedrohlichsten schien der Krach, der immer wieder zu hören war. Dieses Knallen, Knattern, Heulen, Zischen. Agnes hatte sich dem Ursprung des Geräuschs genähert, war aber im Verborgenen geblieben. Sie hatte kleine und große Fahrzeuge erspäht, die alle brummten. Manche hatten ein langes Rohr oben drauf. Diese Dinger konnten knallen, und es zischte Feuer daraus hervor. Ein Rauchstreifen flog in die Ferne und krachte gegen ein Hindernis. Dort gab es nochmals einen Knall.

Agnes war sich sicher, das war eine große Gefahr. Man durfte sich nicht in die Nähe der Rauchstreifen begeben, die den Körper mit Sicherheit in Stücke reißen konnten. Selbst aus der Ferne hatte sie gesehen, dass Mauern, gegen die der

Rauch prallte, in Stücke zerbarsten. Anscheinend fand dieses Geknalle immer nur an den gleichen Stellen statt. Wenn man die mied, passierte einem wohl nichts. Agnes und Günter hatten ein riesiges Areal erforscht. Auf allen Seiten gab es dieses Getöse, weshalb sie gehörigen Abstand davon hielten.

Auch von den Figuren erzählte Agnes Günter. Immer wieder liefen Leute dort herum. Sie kamen mit den Fahrzeugen oder auch zu Fuß und hatten lange Rohre bei sich. Die konnten ebenfalls knallen, sodass Feuer und Rauch aus ihnen hervortrat. Mit ihnen zielten diese Menschen ebenfalls auf Scheiben, die dann kleine Löcher hatten. Oder sie zielten auf Gegenstände, die umfielen oder zerplatzten.

Agnes hatte überlegt, ob sie vielleicht mal zu den Leuten gehen sollte. Doch diesen Gedanken verwarf sie schnell wieder. Das waren wahrscheinlich die *Götter*, denn Leute aus den Reservaten konnten so etwas nicht. Oder sie machten irgendwie gemeinsame Sache mit den Leuten, die sich *Götter* nannten. Jedenfalls waren diese Leute eindeutig keine außerirdischen Wesen.

Es würde noch der Tag kommen, an dem Agnes ihnen auf die Schliche käme.

***

Aus nebelartigem Halbschlaf heraus hörte Clemens nach einer Weile die anderen Männer. Manfred, Karl-Heinz und Rudolph waren bester Laune, sie fläzten sich in Sesseln herum, flachsten, kicherten und gickelten wie kleine Jungs. Nach einer Weile hörte das Lachen auf. Derweil kam Clemens wieder zu sich und richtete sich auf.

»Na, was war denn mit dir los?«, wollte Manfred wissen. »Schwester Irene sagte, dir wär plötzlich die Lust vergangen.«

»Ich penne doch nicht mit einer Bewusstlosen. Ihr habt das wohl gemacht?«

»Na klar, das ist doch das Beste. Kein Rumgezicke!«

»Wie pervers muss man denn für so was sein! Oder wie armselig.«

»Nun werd mal nicht komisch. Und hüte ein wenig deine Zunge, wem du was sagst. Ich kann dich gut leiden«, ergänzte Manfred. »Das heißt aber nicht, dass du dir alles rausnehmen kannst. Im Übrigen«, fuhr er fort, »haben wir die Jungfrauen früher nicht in Narkose gelegt, sondern besoffen gemacht und mit lustigen Masken besucht. Wenn dir das lieber ist ... Wir haben aber festgestellt, dass es mit der Betäubung einfacher geht.«

»Das ist doch genauso widerwärtig«, lehnte Clemens ab.

Doch Manfred erinnerte ihn daran, was er, Clemens, seinen Erzählungen zufolge mit Nutten alles schon angestellt hätte.

»Es gibt zwei Arten von Prostituierten«, klärte Clemens ihn auf. »Die einen machen's freiwillig, und die andern werden dazu gezwungen. Das sind Sexsklavinnen. So was ist mir zuwider. Mit denen habe ich nie was gemacht. Und die Frau, die ihr mir da hingelegt habt, die hat das garantiert nicht freiwillig gemacht.«

Wieder reagierte Manfred überlegen, indem er Clemens vorhielt, er könne doch gar nicht wissen, welche Frau es freiwillig mache. Der belehrte ihn allerdings eines Besseren. Die Freiwilligen seien selbstbewusst, die Gezwungenen ängstlich. Natürlich würden die Sklaventreiber verbieten, etwas zu sagen oder Angst zu zeigen. Bei den Ängstlichen finde er fast immer mit Schminke abgedeckte Blutergüsse.

Clemens war der Ansicht, wenn man nicht vollkommen verroht sei, spüre man sehr wohl die Angst der Frauen. Oft bliebe er eine Zeit lang einfach bei ihnen sitzen und zahle den regulären Preis, damit sie keinen Ärger bekämen. Oft genug konnte er sich vor der Dankbarkeit der Frauen kaum retten.

»Bei unseren Frauen ist das völlig anders«, behauptete Manfred. »Das kann man mit Prostitution überhaupt nicht vergleichen. Erzähl du doch mal, Rudolph.«

Der fing nun im Brustton der Überzeugung an zu referieren, dass man der Frau etwas unglaublich Gutes tue. Die müsse in den nächsten Tagen geschwängert werden, weil die Schwangerschaft dort, woher sie komme, ein Statussymbol sei und den Rest ihres ganzen Lebens verändern werde.

»Und woher kommt sie?«, wollte Clemens wissen. »Habt ihr da ein armes Mädchen aus Sibirien angeschleppt?«

***

Die *Götter* hatten die Menschen in den Reservaten nach Frauen und Männern getrennt. Das machten sich Agnes und Günter immer wieder klar. Und niemand durfte wissen, dass es die andere Sorte Mensch gab. Auch bei den Tieren sollte das niemand sehen. Deshalb brachten sie zum Beispiel auch nur Rüden bzw. Hündinnen, die zum Geschlecht der jeweiligen Reservatsbewohner passten. Bei den wilden Tieren hofften sie, die Bewohner würden die Unterschiede der Geschlechtsorgane nicht entdecken. Deshalb war es todeswürdig, dass Agnes es gewagt hatte, Tiere zu züchten.

Weitere Märchen hatten die *Götter* und Priester ihnen aufgetischt: Die *Götter* brächten die Kinder zur Welt! Sie hätten Güter, die die Menschen nicht haben. Agnes und Günter wussten genau, woher sie stammten, zumindest bei Milch, Käse und Wolle.

Die Arbeit, die die Menschen leisten mussten, war die reinste Fron. Fast ihr ganzes Leben bestand aus Arbeit, es gab kaum freie Zeit. Die Früchte ihrer Arbeit, im übertragenen wie im wahren Sinn des Wortes, mussten sie zum großen Teil abliefern. Auch die Erzeugnisse aus den Werkstätten.

Einige Frauen mussten Bilder auf Holzbretter malen Und dazu düstere Farben verwenden. Sie zeigten merkwürdige Menschen mit einem Ring um den Kopf. Oder sie stellten Schmuck aus Glas und Keramik her sowie Fingerringe, Armreifen und Ketten. Keine der Insassinnen durfte den Schmuck je selbst tragen. Den geschlachteten Hühnern wurden die Krallen und die Schnäbel abgezwackt und fein pulverisiert. Was um alles in der Welt machten die damit?

Noch etwas hatte Günter ganz besonders interessiert. Immer wieder brachten die *Götter* säckeweise Wolle mit, die feine, flauschige Fasern hatte und so ähnlich wie Haare war. Von Menschen oder von Hunden stammten die allerdings nicht. *Götter*gaben waren das, so hieß es.

Günter konnte damals noch nicht wissen, dass sie von Tieren stammte. Die Wolle wurde in Spinnereien zu langen Fäden gesponnen. Dazu hatte jeder der Männer ein Spinnrad vor sich. Über einen Mechanismus drehte sich die Spindel, und aus dem Wollknäuel zogen sie die langen Fäden. Die Arbeit der Spinner war angenehm und körperlich nicht schwer. Es saßen immer vier oder fünf von ihnen zusammen. Sie konnten sich bei der Arbeit unterhalten oder singen.

Mit den größeren Kindern besuchte Günter im Unterricht immer wieder auch die Spinnereien. Öfter ließen die Männer die Kinder und auch ihn selbst spinnen. In der gleichen Werkstatt wie die Spinner saßen auch die Stricker, die aus den Wollfäden Kleidung fertigten. Darunter vor allem Babyjäckchen und Kinderpullover, aber auch Kleidungsstücke für Erwachsene. Diese Tätigkeit fand Günter nicht so interessant. Trotzdem hatte er sich zeigen lassen, wie es geht, und ein Jäckchen für Richard hergestellt.

Getreide zu malen und damit zu backen war ziemlich anstrengend. Hier ließen die *Götter* den Bewohnern der Reservate wenigstens den Lohn ihrer Arbeit. Die Bauern pflanzten Roggen, Weizen und Hafer an. Nach der Ernte mussten die Körner mithilfe von hölzernen Dreschflegeln ausgedroschen werden. Dazu wurde das Korn auf den Boden geschüttet, und vier oder fünf Arbeiter droschen darauf ein, bis sich die Spreu vom Weizen trennte. Eine unglaublich mühselige Arbeit. Die Flegel nutzten sich dabei ab. Waren sie zu dünn, taugten sie nicht mehr fürs Dreschen, und die Tischler mussten neue fertigen.

Das anschließende Mahlen war mindestens ebenso kräftezehrend. Ein Bewohner musste eine Handvoll Körner auf eine Steinplatte streuen und mit einem anderen Stein so lange darauf herum reiben, bis es fein zu Mehl gerieben war. Diese Arbeitsgänge waren, das fanden Agnes und Günter schnell heraus, bei Frauen und Männern die gleichen. Auch das anschließende Brotbacken. Das war wenigstens nicht ganz so zermürbend.

Die Gottesdienste und andauernden Rituale waren auch der reinste Humbug, ohne den es sich auch gut ließ, wie das Paar nun jeden Tag aufs Neue erfuhr. Zu allem Übel gab es dann noch diese grausamen Strafen! Bei der Erinnerung daran stieg Wut in Agnes hoch.

»Wissest du was?«, fragte sie Günter und wartete nicht auf seine Antwort. »Eines Tages fürderhin möchte ich mir diese *Götter* schnappen, sie fesseln, auspeitschen und allesamt erhängen.«

»Wollen würde ich das gleichfalls«, sagte Günter. »Doch wird das nicht gehen, denn die seynd doch allmächtig.«

»Allmächtig, ei der Daus!«, widersprach Agnes. »Mächtig meinethalben, aber nicht allmächtig. Das glaube ich nicht mehr. Die sind Menschen wie wir aus Fleisch und Blut. Die werden genauso verletzlich sein wie wir. Auch die kann man quälen und umbringen.«

»Aber diese Vögel, mit denen sie kommen? Und die Bomben, die sie manchmal auf uns werfen, wie sollen sie das bewerkstelligen, wenn sie nicht allmächtig wären?«

»Keine Frage, sie haben uns vieles voraus«, gab Agnes zu. »Aber sie halten uns aus gutem Grund für dumm. Sie wollen nicht, dass wir wissen, was sie wissen. Sonst wären wir wahrscheinlich genauso stark wie sie. Ich glaube schon lange nicht mehr, dass sie ihre Maschinen durch Zauberei erzeugen. So wenig wie das Werkzeug, das sie uns bringen aus Eisen und Plastik.«

Sie sprachen eine Weile weiter. Günter musste zugeben, dass Agnes mit ihren Vermutungen wohl recht hatte. Doch wie sollten sie je dahinterkommen?

Die Nacht wurde wieder wunderbar. Agnes führte Günters Finger dorthin, wo sie ihr am meisten Lust bereiteten. Und ihr Freund war verwundert, was er da ertastete. Die Scham war gar nicht geschlossen, sondern es gab da einen Spalt. Und darin war es warm und feucht. Weiter unten eine tiefe Höhle. Weil es Agnes guttat, führte sie seine Finger dort hinein und sie stöhnte leise. Günter kam nicht bis zum Ende dieser Höhle. Wie tief mochte sie sein? Nach einer Weile schob Agnes seine Hand wieder nach oben. Seine Fingerspitzen spürten ein kleines Knubbelchen.

»Ja, hier ist es am besten. Reibe nach Herzenslust. Ja, ruhig fester, noch fester.« Dabei stöhnte sie und half mit der Hand nach, drückte Günters Finger so fest, dass er spürte, welchen Druck sie haben wollte.

Agnes stöhnte lauter. »Ja, ja, ja«, rief sie dabei. Günter war über Agnes' Reaktion so aufgeregt, dass er gar nicht mehr an sich dachte. Er arbeitete weiter an ihrer Scham, und bald bäumte sie sich auf und schrie vor Wollust. Dann nahm sie Günters Hand, fiel ermattet zurück, küsste die Hand und sagte: »Mein lieber Mann. Itzt habe ich, glaube ich, dasselbige erlebet wie du gestern. Das ist ja unbeschreiblich.«

Sie gönnte sich eine kleine Pause. Dann erforschte sie nochmals Günters Glied, probierte verschiedene Bewegungen aus und brachte ihn wieder zum Höhepunkt.

Danach nahmen sie sich in die Arme und schliefen friedlich ein.

***

Kaffeeduft weckte Inga. Sie reckte sich und spürte ihre Schmerzen. Bilder vom Vortag huschten im Halbschlaf an ihr vorüber, und sie hätte sich gewünscht, es wären Albträume gewesen. Beim Frühstück eröffnete ihr Ferdinand, sein Unterricht falle aus, weil die Bioklasse Wandertag habe. Er habe sich zwar für Büroarbeit in der Schule eingetragen, doch die könne er getrost verschieben. Er habe sich bei der Sekretärin schon abgemeldet und wollte sie begleiten.

Dankbar nahm Agnes das Angebot an, und wieder war es für sie beruhigend zu wissen, dass er schwul war.

Als sie sich dem Amtsgebäude in Hannovers Leinestraße näherten, wurde Agnes misstrauisch. In der Nähe stand ein Auto, das ihr bekannt vorkam. Hatte sie es nicht schon einmal bei den Strebern gesehen? Sie konnte sich täuschen, doch sie wollte nichts riskieren. Sie bat Ferdinand, an dem Haus in normaler Geschwindigkeit vorbeizufahren, und ging in Deckung. Gleichzeitig schielte sie zu dem Fahrzeug hinüber.

Sie erkannte Otto, der demonstrativ desinteressiert in der Gegend herum guckte. Er hatte den Auftrag verpatzt, sie gesäubert zum Verhör zurückzubringen, und deshalb mit Sicherheit eine Menge Ärger bekommen. Zur Wiedergutmachung sollte er sie jetzt bestimmt wieder einfangen. Nicht übel, die Idee, sie hier abzupassen.

Sie klärte Ferdinand auf und ließ sich von ihm zur Bankfiliale bringen. Gut, dass sie die Sachbearbeiterin persönlich kannte, denn sie konnte sich nicht ausweisen. Einen neuen Ausweis würde sie vorläufig nicht beantragen, da das zu lange dauerte.

Sie unterschrieb die Anträge für die neue Kreditkarte und wollte sich fünftausend Euro auszahlen lassen. »So viel auf einmal?«, fragte die Bankangestellte verwundert nach.

»Geben Sie mir zehntausend«, erhöhte Inga, »ich habe

keine Ahnung, wann ich das nächste Mal an einen Bankautomaten komme.« Die Frau sah sie fragend an. »Ja, ich muss eine Weile ausspannen«, erklärte sie ihr. »Und mit den Karten dauert es ja ein bisschen.«

Dann ging Inga einkaufen. Ferdinand begleitete sie geduldig, half ihr, die Pakete zu schleppen, die immer zahlreicher wurden. Inga hatte nichts mehr. Sie kleidete sich neu ein, kaufte einen Koffer, ein Handy, eine Prepaid-Karte und einen Laptop.

»Das reicht dann mal«, sagte sie und konnte schon wieder lachen.

Ferdinand fuhr sie noch zu einem Reisebüro. Sie buchte eine Pension in Innernzell im Bayrischen Wald, unweit der tschechischen und österreichischen Grenze, samt Zug- und Busfahrten bis dorthin.

»Siehst du, morgen bist du mich schon wieder los«, eröffnete sie ihrem Helfer.

»Eigentlich schon schade«, meinte der.

»Danke dir, danke für alles.«

»Ist doch klar. Wir haben ja noch ein wenig Zeit.«

»Leider muss ich noch einiges erledigen.«

Als Erstes telefonierte Inga mit ihrem Chef, berichtete, dass ihre monatelange Recherche schiefgelaufen war und sie Angst um ihr Leben habe. Der wollte das zunächst nicht glauben, war am Ende aber doch überzeugt und sah ein, dass es besser war, wenn sie untertauchte. Er versprach, die Angelegenheit mit der vorgesetzten Dienststelle zu besprechen und eine Freistellung für Inga zu erwirken, damit ihr keine Nachteile entstünden.

Einige Freunde und Bekannte informierte sie noch kurz und bündig. Ihren Eltern berichtete sie etwas eingehender von den Ereignissen und versetzte sie damit in Furcht und Schrecken. Doch sie beschwichtigte sie und meinte, sie sei in Sicherheit. Allerdings gab sie ihren genauen Aufenthaltsort nicht an. Es könne sein, dass merkwürdige Gestalten bei ihnen auftauchten und sich nach ihr erkundigten. Sie sollten allgemein antworten, sich aber nicht zu sehr auf die Pelle rücken lassen und schnell mit der Polizei drohen; notfalls diese auch wirklich holen. Dann verabschiedete sie sich und bemerkte noch, dass ihre Mutter vor dem Auflegen losschluchzte. Die Arme tat ihr leid, doch das konnte sie nicht ändern.

Dann rief Inga bei der Polizei an. Sie gab ihren Namen und ihre Adresse durch und sagte, sie sei gestern in ihrer Wohnung überfallen und verschleppt worden. Mit Mühe sei sie den Entführern entkommen und wolle das Verbrechen nun melden. Der Beamte entgegnete, sie müsse zur Anzeigenerstattung persönlich erscheinen – oder ihren Aufenthaltsort nennen. Dann würde er eine Streife zu ihr schicken.

»Ich bin doch nicht lebensmüde«, sagte sie und legte auf. Sollten die sich doch selbst überlegen, was sie mit ihrem Anruf machten.

Inga hoffte, nichts vergessen zu haben. Abends führte sie Ferdinand zum Essen aus, um sich so bei ihm zu bedanken, bat ihn aber, mit ihr vorsichtshalber in einen Nachbarort zu fahren.

***

Am nächsten Morgen überkam Günter erneut die Lust. Und wieder war es Agnes, der das zu viel wurde. Bald pendelte es sich so ein, dass das Liebeshandwerk zum abendlichen

Tagesablauf gehörte. Und lange dauerte es nicht mehr, bis Günter entdeckte, dass sein Glied wunderbar in Agnes' Höhle hineinpasste und die Lust am größten wurde, wenn er es darin hin und her bewegte. Für ihn wie für sie. Eines Abends sagte Agnes: »Es gehet heute nicht.«

»Wieso?«, wollte Günter wissen und war irritiert.

»Ich habe meine Blutungen.«

»Du blutest, mein Gott«, erschrak sich Günter.

»Das ist nichts Beängstigendes, sondern normal. Jedes Mädchen bekommt es, wenn es größer wird. Ungefähr zur gleichen Zeit wachsen auch die Brüste. Und dann ist sie eine Frau.«

Günter musste schon wieder staunen. Er wusste einiges nicht, was für seine Freundin selbstverständlich war! Aber woher sollte er es auch wissen?

Geduldig klärte Agnes ihn auf. Jede Frau bekam ungefähr alle vier Wochen einmal diese Blutungen. Die Priesterinnen hatten gesagt, dass sei das Zeichen für die Sünde und das Böse in den Mädchen. Aber Agnes glaubte dieses Ammenmärchen schon lange nicht mehr. Welche Bedeutung die Blutungen tatsächlich hatten, war ihr aber auch nicht bekannt. Bei den Tieren hatte sie so etwas nie beobachtet.

Auf jeden Fall wollte sie nicht, dass sich Günter seine Finger oder sein Glied an ihr blutig machte.

»Thut das denn weh?«, fragte er besorgt.

»Nein, weh thut es im Grunde nicht. Es drückt ein wenig im Bauch, und mir ist auch ein Gran blümerant. Aber das ist alles zu ertragen.« Da war Günter beruhigt.

Obwohl er heute nicht zum Höhepunkt kommen sollte, liebkoste er seine Agnes, und sie ihn. Und dann kam er doch zum Orgasmus. Sie machte es ihm mit ihren Händen. Und nicht nur das, heute küsste sie zum ersten Mal sein Glied.

Tage, Wochen und Monate vergingen. Es kam der Winter. Vorräte hatte das Paar reichlich angelegt. Wurde es sehr kalt oder stürmte es, durften die Tiere mit in das zerfallene Haus. Die Hügel- und Wolltiere wurden angebunden, damit sie nicht überall herumliefen. Sie knabberten nämlich sehr gern an der Polsterung des Bettes. Für die Langohren und Vögel hatte Günter ein kleines Innengehege gebaut.

In der Mitte ihrer Behausung hatten sie eine Feuerstelle. Holz gab es genug in der Umgebung, sodass sie den ganzen Winter über einheizen konnten.

Die körperlichen Wonnen gönnten sie sich auch weiterhin jeden Abend. Günter konnte die Pause während der Blutungen gut akzeptieren. Er wusste ungefähr, wann es wieder soweit war. Doch kam es ihm so vor, als sei die Zeitspanne längst überschritten. Er fragte Agnes danach.

»Du bist ein trefflicher Beobachter«, antwortete sie. »Ich hätte es dir in den nächsten Tagen sagen wollen. Weißt du was, mein lieber Mann? Ich bin mir sicher, ich werde Kinder bekommen.«

Günter haute es beinahe um. »Woher wissest du das?«

»Nun, die Blutung kommet nicht mehr. Das ist das Zeichen, dass die Sünde eine Weile weg ist. So haben das die Runkunkel von Priesterinnen erklärt. Das kam aber nur dann vor, wenn eine Frau vorher von den *Göttinnen* zur Belohnung abgeholet worden war. Dann wuchs acht oder neun Monate lang der Leib. In dieser Zeit kam die Blutung nicht. Wenn der Leib sehr, sehr dick war, wurden sie abermals abgeholet und kamen eine oder zwei Wochen später ohne Bauch zurück. Auch die Blutungen waren dann wieder da.«

»Aber ein Kind haben sie nicht herbeigebracht?«, wandte Günter ein.

»Doch, ich bin überzeuget, sie haben es bekommen. Aber nicht im Reservat, sondern bei den *Göttinnen*. Das alles läuft genauso ab wie bei den Tieren. Wir haben doch ein paarmal erlebet, wie das geht, wenn Nachwuchs kommet.«

»Und was machen die mit den Kindern?«

»Die Frauen wissen eher nichts davon. Irgendwie müssen sie sie betäuben. Und sie warten auch mitnichten, bis das Kind allein kommt, sondern schneiden es heraus. Denn alle zurückgekehrten Frauen haben eine Narbe am Leib.«

Wieder einmal sinnierte Günter darüber nach, um zu verstehen, was er gerade gehört hatte. Konsequent spann er den Faden weiter: »Und die *Götter* bringen diese Kleinen in die Reservate und thun so, als würden die alleinig ihrer Großmuth und Gönnerschaft entspringen.«

»Ich denke, so ist das«, nickte Agnes zustimmend.

Günter fiel Agnes um den Hals.

»Auf jeden Fall ist das ganz, ganz großartig«, schrie er fast vor Freude, »wenn du Kinder bekommst. Darauf freue ich mich weidlich, du wirst nicht glauben, wie sehr.«

***

»Quatsch, das ist eine Deutsche. Aber sie lebt im Reservat«, begann Rudolph seine Erklärung.

»Reservat, dass ich nicht lache. Wo soll das denn sein? Wir sind doch nicht bei den Amis. Die haben Indianerreservate.«

Trotz des Alkohols wirkte Rudolph plötzlich sehr sachlich. Clemens musste ihm schwören, absolutes Stillschweigen zu wahren, wenn er mehr wissen wollte. Der dachte, er könne sich ja mal anhören, was der Spinner da zu erzählen hatte, und schwor halbherzig. Rudolph blieb misstrauisch. So musste Clemens den Schwur vor Manfred und Karl-Heinz separat jeweils im gleichen Wortlaut wiederholen. Dann erst erzählte Rudolph eine Geschichte, die Clemens aus der Fassung brachte.

Angeblich würden in vier Reservaten mitten in Deutschland Frauen und Männer, nach Geschlechtern getrennt, verwahrt. Sie wüssten nicht einmal, dass es das andere Geschlecht gibt. Auch sonst würden sie auf niedrigstem Bildungsniveau gehalten und bekämen nur beigebracht, was sie fürs tägliche Leben unbedingt brauchten.

»Und das lassen die sich bieten?«

»Die kennen es nicht anders.«

»Die haben doch ihren Sexualtrieb und müssen verrückt werden, wenn sie den nicht ausleben. Dann treiben sie's eben homosexuell.«

»Mönche und Nonnen werden ja auch nicht verrückt«, widersprach Manfred.

Wieder hob eine minutenlange Diskussion an, wer was wie freiwillig macht. Das Denken fiel Clemens zunehmend schwerer, denn Alkohol und Müdigkeit zeigten ihre Wirkung. Er hatte Fragen über Fragen, wollte Rudolph damit in die Enge treiben, sodass er zugeben musste, ihm reinen Unsinn zu erzählen. Doch er schaffte es nicht. Rudolph hatte immer eine plausible Antwort parat. Den Insassen war eine bestimmte Religion beigebracht worden, die ihren Alltag und auch ihre Gefühlswelt regelte. Es gab Strafen und Belobigungen. Zu den Belobigungen zählte eine Schwangerschaft. Die hätte er dieser Frau heute Nacht verweigert.

»Soll ich mich jetzt vielleicht auch noch schämen?«

Manfred erwies sich als großzügig: »Schon vergeben!«

»Und an welche Götter glauben die?«

»An uns.« Nun war Clemens komplett sprachlos, und die Kinnlade fiel ihm herunter. Er verzog das Gesicht und schüttelte sich.

»Ja, wir kommen als Götter zu ihren Gottesdiensten. Mit Hubschraubern. Die halten sie für Götterfahrzeuge. Bei dieser Gelegenheit bringen wir ihnen das, was sie selbst nicht herstellen können. Und wir bringen ihnen Materialien, aus denen sie verschiedene Kunstgegenstände herstellen. Die holen wir dann ab. Dieser Tinnef lässt sich auf dem asiatischen Markt zu horrenden Preisen verkaufen.«

»Ach deshalb deine sonntäglichen Heli-Touren, verstehe«, dämmerte es Clemens.

»Nicht nur sonntags, auch während der Woche machen wir öfters Versorgungstouren bzw. holen unsere Produkte ab.«

Noch besser ließen sich pulverisierte Hühnerkrallen und -schnäbel als Nashornpulver auf den Markt werfen. Das nähmen die Chinesen als Potenzmittel.

»Dass ich nicht lache«, entrüstete sich Clemens. »So blöd sind die Chinesen doch nicht. Die können das Pulver doch auf Echtheit testen, oder nicht?«

»Richtig, die Chinesen sind schlau«, gab Rudolph zu. »Aber wir sind schlauer.«

Dann fuhr Rudolph fort, die Asiaten untersuchten das Pulver per Gentest. Deshalb mischten seine Leute ein Promille echtes Nashornpulver darunter. Das reiche, damit die Tests positiv ausfielen.

Clemens hatte endlich genug. Sein Kopf begann sich wegen des Alkohols und wegen der gehörten Ungeheuerlichkeiten zu drehen. Träumte er, oder hatte er gerade von unglaublichen Verbrechen erfahren?

»Mir reicht's jetzt«, verkündete er und schaute auf die Uhr. Es war halb sieben morgens. Er raffte sich auf und schwankte ein wenig, als er sich dem Ausgang näherte. Fast einstimmig erinnerten ihn die drei Freunde – wirklich seine Freunde? – an seinen Schwur.

***

Agnes hatte wieder einmal recht. Der Winter ging vorbei, da konnte man schon sehen, dass ihr Bauch sich leicht wölbte. Der Sommer kam, und der Bauch wurde richtig dick und rund. Und als der Sommer sich seinem Ende zuneigte, bekam Agnes Schmerzen im Bauch und Krämpfe. Die dauerten ein paar Minuten. Sie stöhnte.

»Was habest du?«, wollte Günter wissen.

»Bauchschmerzen«, antwortete sie. »Aber es gehet schon wieder.«

Doch nach ein paar Minuten kamen die nächsten Krämpfe und vergingen wieder. Die Intervalle wurden jedoch immer kürzer. Agnes spürte den Druck im Unterleib. Ihr hatte es schon vor einer Weile gedämmert, doch jetzt war sie sich sicher.

»Es ist soweit«, sagte sie zu Günter. »Wir bekommen die Kinder.«

Die Krämpfe kamen öfter. Die Schmerzen wurden stärker. Der Druck wurde größer. Mit gespreizten Beinen hockte Agnes sich hin und hielt sich an der Mauer fest. So war es am leichtesten zu ertragen. Sie forderte ihren Mann auf, den Boden ein wenig abzupolstern. Es konnte sein, dass die Kinder aus ihr wie beim Hügeltier herausfielen. Dann sollten sie wenigsten weich landen.

Günter tat, wie geheißen, häufte Heu an und legte ein Langohrfell darüber. Er hielt es fast nicht aus, wie seine Agnes jammerte. Dabei war sie doch so tapfer.

»Günter«, sagte sie und rang nach Luft, »Günter, hörst du. Ich weiß nicht, ob das so ist wie bei den Hügelthieren. Eines musst du machen. Wenn ich es nicht mehr aushalte, dann schneidest du mir den Leib auf und holest die Kinder heraus. Womöglich gehet das nicht anders.«

Ihr Mann war entsetzt ob dieser Vorstellung. Es tat ihm schon weh, wenn er eines der Langohren abstechen musste. Aber die hielten sie ja, um sie zu essen. Doch seine Agnes konnte er beim besten Willen nicht zerstückeln.

Agnes bemerkte sein Zögern. »Du musst es thuen, Günter. Die *Göttinnen* machen es doch auch. Keine Sorge, die Frauen leben weiter. Du nähest den Leib wieder zu, wenn die Kinder herausen sind. Aber warte noch. Ich sage dir, wenn ich es nicht mehr aushalte.«

Günter atmete tief durch. Vielleicht musste er die Kinder so wie die *Göttinnen* herausholen? War er dann selbst ein *Gott*? Hoffentlich hatte Agnes recht, dass sie anschließend weiterlebte.

»Gut Agnes, ich werde es thun«, versprach er ihr. Sie war sichtlich erleichtert. Bald darauf begann sie wieder zu wimmern. Günter betrachtete sie. Wie sie da hockte, sich vor Schmerzen wand. Ihre Felljacke hatte sie an, doch Po und Beine waren nackt. Jetzt betrachtete er ihre Scham, die ihm so viel Freude bereitet hatte.

Er schaute genauer hin. Da ragte etwas Rundes, Dunkles draus hervor.

»Agnes«, schrie er aufgeregt, »ich glaube, sie kommen.« Er küsste sie auf die Wange. »Du, ich muss dich nicht aufschneiden, das erste kommt. Es ist wie beim Hügelthier.« Beim nächsten Blick zwischen ihre Beine sah er, dass die schwarze Rundung ein wenig weiter ausgetreten war.

»Das sind die Haare«, rief er seiner Frau zu. »Es kommet mit dem Kopf zuerst.«

»Ja, ich spüre, dass da etwas hinaus will«, quetschte Agnes zwischen den Lippen hervor. »Ich drücke, so gut ich kann, damit es schneller gehet.«

Und wirklich, bald hing der ganze Kopf aus ihrer Scheide. Die eine Schulter kam zum Vorschein, bald die andere. Sollte er, oder sollte er nicht? Günter überlegte nicht lange sondern packte den kleinen Brustkorb.

»Ich presse nochmals«, keuchte Agnes.

Dabei zog Günter an dem Kind, und plötzlich ging es ganz schnell. Das Kleine fiel ihm fast in die Arme. Die Ärmchen und Beinchen ruderten durch die Luft. Es verzog sein winziges Gesicht zu einer schmerzverzerrten Fratze, riss den Mund auf und fing herzzerreißend an zu schreien.

»Es lebet, Agnes, es lebet!«, rief Günter. Seine Aufregung ging schnell über in einen Schauer von Glück. Agnes ließ sich erschöpft zur Seite gleiten.

»Beiße itzt die Schnur durch!«, drängte sie Günter.

Günter erschrak ein wenig. Klar, das Hügeltier und die Langohren hatten das so gemacht. Doch er hatte eine bessere Idee. Er drückte Agnes das Kleine in die Arme. Sie nahm es und kuschelte es an sich. Es schrie noch immer, doch dieses Schreien war wie Musik in ihren Ohren.

Günter ging zum Regal, holte eine Schere und schnitt die Schnur entzwei, die sich noch zwischen Kind und Agnes' Scham spannte. Blut lief aus beiden Enden. Er nahm sie in die Hände und drückte sie fest zu.

Nach einer Weile ließ er locker, und siehe da, beide Enden bluteten nicht mehr. Es war wie bei einer Wunde, deren Blutung nach einer Weile gestillt ist. Trotzdem kam es ihm seltsam vor, dass da jetzt ein kleiner Schlauch am Nabel des Kindes hing. So etwas hatte er als Erzieher nie gesehen, selbst wenn die *Götter* ganz kleine Jungen gebracht hatten.

»Sag, was thuen wir damitten?«, fragte er Agnes und deutete auf das rote Anhängsel.

»Wir werden abwarten. Bei allen Jungthieren ist die Schnur nach ein paar Tagen abgefallen.«

Günter betrachtete das neue, wunderbare Wesen. Agnes konnte es jetzt zu ihrer Brust hoch nehmen und lagerte das Köpfchen auf ihrem weichen Busen unter der Jacke. Das Kind hörte auf zu schreien. Sein Mund fuhr suchend herum. Die Brustwarze schien es magisch anzuziehen. Das Kleine nahm sie zwischen die Lippen und begann daran zu saugen. Friede kehrte bei ihm ein, das spürten Agnes und Günter deutlich.

Für Agnes war der Frieden jedoch schon wieder zu Ende. »Es geht wieder los«, sagte sie ihrem Mann, »das nächste Kind kommt.« Sie spürte das gleiche Ziehen, die gleichen Krämpfe wie zuvor. Agnes nahm den Säugling von ihrer Brust und drückte ihn Günter in die Arme. Der wunderte sich, wie vertraut es ihm war, so ein Würmchen zu halten.

Bei Agnes ging es diesmal schneller, und es tat auch nicht so weh wie zuvor. Doch statt eines Kindes kam ein blutiger Klumpen. »Das war es«, sagte sie zu ihrem Mann. »Es kommet nichts mehr. Das ist das Ende. Nur ein einziges Kind.«

Sie klang enttäuscht. Bei den Langohren waren es vier oder fünf Geburten, manchmal sogar sechs, und beim Hügeltier waren es zwei gewesen.

»Das ist doch egal«, versuchte Günter zu trösten. Er platzte fast vor Glück, und das schwang in seiner Stimme mit. Agnes spürte es genau, und jetzt erfüllte auch sie eine Welle der Glückseligkeit. Sie schleppte sich zum Bett, legte sich darauf und streckte Mann und Kind die Arme entgegen.

Günter gab ihr den Säugling. Sie legte ihn, blutig und schmierig wie er war, wieder auf ihren Bauch. Er krauchte ein wenig herum, und bald hatte er ihre Brustwarze wieder gefunden. Er saugte und sah dabei so friedlich und niedlich aus. Ein Köpfchen voll mit schwarzen Haaren.

Jetzt erst überkam Günter die Neugierde. Er spreizte die Beine des Kindes ein wenig und sah seine Hoden sowie das kleine Glied auf Agnes' Bauch liegen.

»Es ist ein Junge«, sagte er zu ihr. Die lächelte selig. »Ich verstehe das nicht. Du bist doch eine Frau. Wie kannst du dann einen Jungen zur Welt bringen?«

»Wolltest du das lieber selbst thuen?« Günter musste lachen. Seine Frau war so überaus klug. Wo um alles in der Welt sollte bei ihm ein Junge aus dem Bauch herauskommen? Aus dem Glied vielleicht? Oder aus dem Po? So eine Höhle, wie sie wohl alle Frauen hatten, auch seine Agnes, hatte er als Mann nicht.

Auch Agnes konnte schon wieder lachen. »Bei den Langohren haben wir doch gesehen, dass die Frauchen auch kleine Mädchen- oder Jungenkinder kriegen. Aber jetzt müssen wir unseren Jungen noch dringend sauber lecken.« Keine

Idee, von der Günter uneingeschränkt begeistert gewesen wäre.

»Halte du ihn bei dir und lass ihn thrinken. Ich weiß bedeutend Besseres.«

Er fachte das Feuer an, von dem noch etwas Glut übrig war. Dann holte er die größte Schüssel und füllte sie mit Wasser. Die setzte er aufs Feuer und fühlte immer wieder, ob das Wasser warm genug war. Er wusste aus eigener, langer Praxis, wie warm Waschwasser sein musste.

Es gab ein paar abgelegte Kleidungsstücke, die er kaum noch trug, da er, wie Agnes, fast nur noch Felle trug. Er riss also einen Lappen heraus, tauchte ihn ins Wasser, als es die richtige Temperatur hatte, und rieb damit sorgsam und liebevoll ihr gemeinsames Kind ab. Wieder dieser Strom eines Glücksgefühls.

Noch einmal schaute Günter zu den beiden hinüber. Sie waren inzwischen eingeschlafen und lagen friedlich auf dem Bett. Günter wusste, was zu tun war. Er bereitete weitere Stoffstücke vor. Denn sie mussten den kleinen Körper des Kindes wärmen und vor der Kälte schützen. Die knitterigen Felle waren zwar warm, würden auf der zarten Haut aber kratzen. Und Windeln brauchten sie auch.

Alles war gut. Günter setzte sich auf seinen Schemel und konnte den Blick von Frau und Kind nicht losreißen. Nochmals schauderte ihn bei dem Gedanken, er hätte seine Agnes vielleicht aufschneiden müssen. Einen Namen brauchte der Kleine. Darüber hatten sie sich noch keine Gedanken gemacht. Agnes hatte zwar immer gute Ideen, vielleicht sollte aber er als Mann diesem kleinen Kerlchen einen Jungennamen geben. Günter dachte an ›Richard‹, seinen gestorbenen

Liebling. Nein, vielleicht doch nicht. Eher ›Klaus‹. Ja, Klaus, wie sein alter Lieblingspfleger.

Agnes begann sich zu regen. Vorsichtig legte sie das Baby neben sich aufs Bett.

»Du, wir nennen ihn Klaus«, schlug Günter vor, »wenn du es willst.« Agnes wusste, wer Klaus war. Günter hatte oft von ihm erzählt. Sie hatte nichts dagegen.

»Ich gehe mich itzt waschen. Ich bin noch ganz blutig. Die schlimmsten Schmerzen sind vorbei. Aber meine Scheide brennet noch.« Sie wandte sich zum Gehen. »Und du bleibest hier und lässt unseren kleinen Klaus nicht aus den Augen.«

Als sie vom Fließwasser zurückkehrte, hörte sie das Kind schon schreien. Günter hielt es in den Armen, ging mit ihm auf und ab, wiegte es und sang ihm etwas vor. Wie schön! Agnes hatte ihren Mann noch nie singen gehört. Sie fühlte sich frisch und sauber und nahm Klaus zu sich. Sie setzte sich auf den Hocker, legte ihn auf ihren Schoß und reichte ihm die Brust. Die war prall gefüllt. Und auch Günter betrachtete den Busen mit Wohlgefallen. Dem Jungen würde es gut gehen, und er würde nicht verhungern.

Darum hatte sich Günter auch nie irgendwelche Sorgen gemacht. Er wusste, wie man Säuglinge aufpäppelte. Klar, sie hatten kein Milchpulver hier. Aber sie hatten die Milch des Hügeltiers. Die hätte er mit etwas Wasser verdünnt und etwas Getreideschleim untergerührt. Dann wäre sie ungefähr so dick wie angerührte Trockenmilch und würde ähnlich schmecken. Fläschchen und Schnuller hatten sie ebenfalls nicht, aber irgendwie hätte er es schon geschafft, dem Kind die Nahrung einzuflößen. Zur Not ließen sich aus großen, festen Blättern Trichter formen.

Aber diese Versuche brauchte er gar nicht zu machen. Seine Agnes mit ihrer wundervollen Brust konnte das Baby ganz allein ernähren.

***

Der Donnerstag kam. Vater von Wallmoden bestellte seinen Sohn zu sich. Der war gespannt, was ihn erwartete.

»So, mein Lieber«, eröffnete er seine Rede, »mit deinen siebzehn Jahren bist du kein Kind mehr, sondern ein Mann. Ein Mann in bestem Saft und Kraft. Und der Saft muss dahin, wo er hingehört. Mit einem Wort, du brauchst eine Frau.«

Rudolph meinte fast, seinen Ohren nicht zu trauen. Ihm fiel die Kinnlade herunter.

»Nun guck nicht so dämlich. Meinst du, ich wüsste nicht, wovon ich rede? Mir ging es in deinem Alter doch genauso. Man war fast verrückt vor Verlangen, es endlich mal mit einer Frau zu treiben. Das ist die Natur. Mein Gott, was haben wir voreinander angegeben, wie viele Nummern wir schon geschoben hätten. Dabei waren wir alle noch grün hinter den Ohren, was aber keiner zugeben wollte.«

Das war beeindruckend. Rudolph hätte nicht gedacht, dass sein Vater in diesem Lebensabschnitt das Gleiche durchgemacht hatte wie er. Waren sie sich vielleicht gar nicht so fremd?

Der Vater machte eine Pause, schien aber nicht unbedingt auf eine Frage seines Sohnes zu warten.

»Heute nun, Rudolph, heute wirst du wirklich zum Mann«, stellte er in Aussicht. »Du wirst mit einer Frau zusammenkommen und dabei ein wichtiges Geheimnis unserer Familie erfahren – zumindest der männlichen Linie.«

Wieder sagte Rudolph nichts, sondern schüttelte nur leicht irritiert den Kopf.

Von Wallmoden bat ihn mitzukommen. Er ging durch einen langen Flur, der in die Bibliothek mündete. Da hinein dirigierte er seinen Sohn, nahm ein verstaubtes Buch aus dem Regal und langte nach einem Schalter, der sich dahinter befand. Die Schrankwand glitt geräuschlos zur Seite, und ein weiterer Raum tat sich auf.

»Das ist ja wie im Gruselfilm«, konnte sich Rudolph nicht verkneifen zu sagen.

»Noch viel besser«, versprach der Vater. »So etwas denkt sich nicht einmal Stephen King aus.«

»Den kennst du?«, fragte Rudolph verblüfft.

»Bin ein Fan von ihm, könnte man sagen.« Rudolph merkte, dass er von seinem Vater nicht viel wusste.

Sie schritten durch ein gefliestes Zimmer. Darin stand so etwas wie ein Bett, ein Mittelding zwischen Bett und Trage oder ein Pflegebett. Ein paar Schränke und ein Schreibtisch ergänzten die Einrichtung; es sah beinahe aus wie in einem Krankenhauszimmer.

Der Senior öffnete einen Schrank und nahm zwei bunt geschminkte Gummimasken heraus, die den oberen Teil des Kopfes bis zur Nase bedeckten, wobei Mund und Nase frei blieben. Der Vater gebot Rudolph, eine Maske nun aufzuziehen, und tat das gleiche mit dem anderen Exemplar.

Dann schloss von Wallmoden eine weitere Tür auf, die sorgfältig gepolstert war. Die Herren traten ein und säuselnde Musik kam ihnen entgegen. Spärliche, rötliche Beleuchtung. Mitten im Raum ein riesiges, flaches Bett, auf dem eine junge, nackte Frau lag.

»Das ist sie«, erklärte von Wallmoden senior. »Vergnüge

dich mit ihr, solange du willst. Wundere dich nicht, dass sie alles mitmacht, sie hat einen kleinen Schwips. Das macht es dir und ihr einfacher. Sie heißt übrigens Monika. Im Kühlschrank«, er deutete in eine Ecke, »ist noch mehr: Sekt, Wein, ein paar Schnäpschen, auch Fruchtsaft zum Mixen und Eis. Bedien dich. Und gib Monika auch so viel, wie sie will.«

Von Wallmoden blickte nochmals in die Runde, fand alles in bester Ordnung und wollte sich zurückziehen. »Noch eines: Wenn du fertig bist, kommst du einfach zu mir. Das Zimmer hier schließ bitte ab, denn die Dame soll nicht durch unsere Gemächer stromern. Ich bringe sie anschließend zurück. Hinter der Tür dort befindet sich übrigens ein Bad.«

Dann raunte er seinem Sohn noch zu: »Auf jeden Fall die Maske aufbehalten. Das ist so vereinbart. Die braucht keinen von uns zu erkennen. Glaube mir, Monika wird ausreichend entschädigt.«

***

So komfortabel wie im Kinderheim war es hier nicht. Doch Günter wusste sich zu behelfen. Den ganzen Sommer über hatte er besonders weiches Gras gesammelt. Das steckte er zwischen zwei Lagen Stoff und schlang diese wie eine Windel zwischen die Beine des Kleinen. Nur war sie sehr oft voll, und sie mussten oft zum Waschen gehen. Schien keine Sonne oder regnete es gar, trockneten sie sie am Feuer. Dazu hängten sie sie über eine Leine, die zwischen zwei Stöcken gespannt war.

Damit wurde es ganz schön eng im Raum. Besonders wenn sie die Tiere noch hereinholten. Sie hatten eine richtig kleine Herde, bestehend aus Hügel- und Wolltieren. Obwohl sie sich an dieser Stelle wohl und wie zu Hause fühlten, beschloss das Paar, sich nach etwas Größerem umzusehen. Der Umzug würde bestimmt mühevoll werden. Denn sie müssten all die Möbel mit sich schleppen, die Tiergehege abbauen und am neuen Ort wieder errichten. Doch das schreckte sie nicht, sondern schien für Agnes und Günter ein lohnendes Unterfangen. Einen ähnlichen oder besseren Unterschlupf mochte es allenthalben geben.

Im folgenden Frühjahr erweiterten sie ihre Streifzüge und hielten Ausschau nach einer größeren Höhle oder Ruine. Klaus war gewachsen, er konnte sitzen und zog sich immer wieder in die Höhe. Er wollte auf seinen eigenen zwei Beinchen stehen. Er wurde noch gestillt, fing aber schon an, Kleinigkeiten zu essen.

Agnes zog es nach Süden, dorthin, woher die Vögel der *Götter* kamen und wohin sie wieder zurückflogen. Sie wollte immer noch herausfinden, warum die die Menschen in den Reservaten so drangsalierten. Das Elternpaar wechselte sich bei der Arbeit ab. Hatte Agnes Hausdienst, kümmerte sie sich ums Kind, um die Tiere und hielt sich nahe der Ruine auf. Günter ging dann sammeln, jagen und erkunden. Am nächsten Tag wechselten sie die Rollen.

Günter hatte eine Zeit lang seinen Haustag genutzt und sich den Bart abgeschabt. Die Klinge wurde aber immer stumpfer, sodass sie die Barthaare mehr herausriss, als sie abzuschneiden. Irgendwann gab er auf. Was sollte das Bartverbot noch für ihn? Priester und *Götter* hatten bei ihnen nichts mehr zu sagen. Agnes gefiel der Bart, und sie mochte es, darin zu kraulen.

An einem ihrer Jagdtage hatte sich Agnes besonders weit weg gewagt. Als sie beschloss, wieder umzukehren, um noch im Hellen nach Hause zu kommen, entdeckte sie eine auffällige Stelle an einem etwas höheren Hügel, etwa einen Kilometer von ihr aus entfernt. Dorthin wollte sie noch gehen, das würde sie schon schaffen.

Je näher sie kam, desto deutlicher erkannte sie, dass ein paar Mauern direkt vor dem Hügel angebracht waren, um das Erdreich abzustützen. An einer Stelle gab es eine Spalte zwischen den Wänden. Agnes trat hinein und war enttäuscht, weil der Raum auf den ersten Blick ihren Vorstellungen nicht entsprach. Doch einmal neugierig geworden, wollte sie wenigstens bis zum Ende gehen.

Dort, wo es schon ziemlich dunkel war, traten die Mauern plötzlich auseinander. Nachdem sich ihre Augen ans Dämmerlicht gewöhnt hatten, war Agnes erstaunt über die Ausmaße. Das war's, hierhin mussten sie umziehen. Alles in allem war das mindestens fünf Mal so groß wie die Ruine.

Freudestrahlend kehrte Agnes zurück. Doch ihre Miene veränderte sich, als sie Mann und Kind erblickte. Günters Gesicht war zerfurcht von Sorgen, der kleine Klaus war knallrot und apathisch.

»Was hat er denn?«, wollte Agnes bestürzt wissen.

»Er hat hohes Fieber. Eine Wundrose. Ich glaube, er wird in ein paar Tagen sterben.« Das klang ziemlich nüchtern.

Agnes schrie empört auf. »Was? Das kann nicht sein. Der Kleine darf nicht sterben! Kann man denn gar nichts thuen?«

»Er muss auf jeden Fall soviel wie möglich trinken. Und wir müssen ihn kühlen. Damit schafft er es ein paar Tage länger. Leider haben wir kein Erythromycin.«

***

Sechs Stunden später kam Clemens in seinem eigenen Bett wieder zu sich. Er versuchte, den gestrigen Tag zu rekonstruieren. Bei hellem Sonnenschein, nach einer Wechseldusche, drei Tassen schwarzen Kaffees und einer Runde Joggen durch den Park war er sich sicher: Die drei hatten ihn verkohlt. Er erinnerte sich an die narkotisierte Frau. Das war mit Sicherheit eine Prostituierte, die das nur mitmachte, weil ihre Kunden das so wollten. Bekamen auf die normale Art wohl keinen mehr hoch. Und die kesse Schwester im Hintergrund sollte die Begierde wahrscheinlich steigern.

Soweit konnte sich Clemens erinnern, auch an die abstrusen Erklärungsversuche – nicht jedoch, wie er nach Hause gekommen war. Verblüfft war er über Rudolphs Fantasie. Die hätte er ihm nicht zugetraut. Er brauchte es wohl für sein Ego, als einer zu gelten, der den biederern Ehemann mimt, aber ein exotisches Doppelleben führt.

Das Schweigegelübde einzuhalten würde Clemens leichtfallen. Wem sollte er solchen Schwachsinn auch erzählen? Höchstens einem Drehbuchautor für einen Actionfilm. Wahrscheinlich hatten die drei nur Angst, er könnte ihnen die Filmrechte für diese Idiotie klauen.

Ein paar Monate später hatte Clemens den Abend beinahe vergessen. Ein Körnchen davon blieb an der Oberfläche seines Gedächtnisses haften. Doch er machte sich nicht die Mühe, weiter darüber nachzudenken. Hinzu kam, dass er keinen der drei Herren je wiedergesehen hatte. Und die Wahrscheinlichkeit war groß, dass sich daran nichts änderte. Selbst wenn er in der Hierarchie der Streber aufstieg, waren sie ihm immer ein gutes Stück voraus.

***

»Wir haben was nicht?«, fragte Agnes entgeistert.

»Erythromycin«, erklärte Günter. »Das haben wir den Jungen bei dieser Krankheit immer gegeben.«

»Und woher kriegt man solches?«

»Das bringen die *Götter.* Im Heim hatten wir immer einen Vorrath davon.«

»Du meinst, dort ist itzo auch welches?« Bevor Günter antwortete, war er in Gedanken schon einen Schritt weiter.

»Agnes, ich gehe es noch heute Abend, nein gleich holen.«

Günters Frau wollte wissen, wie es zu der Krankheit gekommen war. Er zeigte ihr eine Stelle an der Leiste, die geschwollen und hochrot war. In der Mitte war etwas Eiter.

»Das ist die Ursache«, erklärte Günter. »Hier war eine kleine Entzündung, vielleicht begann sie mit einem Kratzer oder einem Stich. Von dort aus breitete sie sich aus. Das nennet sich die Wundrose.«

Dann gab Günter Agnes nochmals genaue Anweisungen, wie sie Wadenwickel machen und das arme Würmchen mit Flüssigkeit versorgen sollte. Wasser hatte er schon geholt. Wenn er ihr zu warm vorkam, sollte sie ihn mit dem kühlen Wasser ruhig ganz abwaschen. Aber nicht zum fließenden Wasser bringen und ihn hineintauchen, da das zu kalt war. Zum Glück trank Klaus schon vom Löffel. Deshalb sollte sie ihm möglichst oft etwas einflößen und auch immer wieder die Brust geben.

Dann zog Günter los. Seinen Rucksack und eine dicke Keule hatte er dabei. Er wusste ja nicht, was auf ihn zukam. Der Weg bis zu seinem Keller war ihm noch vertraut, weil seine Beutezüge ihn regelmäßig dorthin geführt hatten. Es dämmerte bereits, doch Günter erkannte den Baum, unter dem

Agnes ihn einst gefangen hatte. Hier hatte alles begonnen, und es sollte wirklich noch nicht enden.

Günter erhielt neuen Auftrieb. Ein wolkenloser Sternenhimmel und das kräftige Licht des fast vollen Mondes kamen ihm zugute. Obwohl er sich geschworen hatte, sich dem verruchten Reservat nicht mehr zu nähern, war er ein paar Mal ans Ende des Ganges zurückgekehrt. So musste er nicht lange suchen, sondern fand den Busch mit dem Steinhaufen im allerersten Morgengrauen.

Die Steine hatte Günter schnell zur Seite geräumt. Er schichtete sie erst gar nicht auf, da er nicht lange bleiben wollte. Er musste sich beeilen, denn der Frühdienst würde in spätestens zwei Stunden seinen Dienst antreten.

Günter tastete sich durch den Gang vor. Er schien länger zu sein als in seiner Erinnerung, und erleichtert atmete er auf, als der Gang sich zum ersten Kellerraum weitete. Den Grundriss des Gewölbes hatte er noch präzise im Kopf, so, als hätte er erst gestern hier Verstecken gespielt. Er fand die Treppe hinauf zur Scheune und deren Ausgang, aus dem Günter vorsichtig seinen Kopf hinausstreckte. Er schaute die leere Gasse auf und ab – niemand war zu sehen. Er huschte auf dem vertrauten Weg zum Kinderheim, drückte die Tür auf. Außer dem Gefängnis wurde hier nichts abgeschlossen.

Im Schlafsaal schliefen die Kinder noch. Am Ende, etwas abgelegen hinter einer Glaswand, saß der Pfleger, der ebenfalls noch schlief. Sein Kopf ruhte auf verschränkten Armen auf dem Tisch. Wie oft hatte Günter an dieser Stelle gesessen – und in den langen Nächten geschlummert. Geräuschlos glitt er an dem Wächter vorbei. Günter konnte nicht erkennen, wer es war. In der Küche war der Medizinschrank.

Fünf Fläschchen Erythromycin-Pulver standen darin. Zwei davon packte Günter in die Seitentaschen seines Rucksacks. Auch andere Medikamente stopfte er hinein, vor allem eine Packung Fieberzäpfchen.

Dann ging er in den Vorratsraum, wo er Windeln, Bettwäsche, Kinderkleidung fand. Auch Mehl, Kartoffeln, Reis und einen Laib Brot nahm er im Rucksack mit. Dazu noch eine neue Schere, einen Schleifstein, ein paar Nadeln und etliche Rollen Garn sowie ein paar Kerzen. Mehr bekam Günter wirklich nicht unter. Der Rucksack war fast so schwer wie bei seiner Flucht. Nur wegen der fehlenden Metallteile war er dieses Mal etwas leichter.

Günter trat mit seiner Last leise den Rückweg an. Er kam an dem Kabuff vorbei, in dem der Wärter saß, und stellte erleichtert fest, dass dieser immer noch schlief. Im Weggehen hörte er auf einmal eine Stimme hinter sich:

»Günter, bist du das?« Der packte die Keule, die er an einer Schlaufe seiner Jacke hängen hatte, und drehte sich um.

***

Nachdem die Tür ins Schloss gefallen war, schaute Rudolph die Frau vor sich an. Sie grinste ihn dümmlich-selig an. Das lag daran, dass Monika nicht nur einen kleinen Schwips hatte, sondern sternhagelvoll war. Das steigerte Rudolphs Mut. Monika, das kapierte er schnell, würde wirklich alles mit sich machen lassen. Er musste also nichts überstürzen.

Zunächst betrachtete er Monika von Kopf bis Fuß. Besonders ausgiebig, selbstverständlich, blieben seine Augen an ihrer Brust und an ihrer Scham hängen. Sie ließ sich anstandslos betrachten, und Rudolph war froh, die Maske auf zu haben. So konnte sie nicht erkennen, dass ihm die Augen vor Gier fast aus den Höhlen fielen. Rudolph zog sich aus und robbte zu Monika aufs Bett. Als er neben ihr lag, ergriff er mit beiden Händen ihre Brüste und knetete sie durch. Wie gut sich das anfühlte. Sein Glied richtete sich steil auf. Monika blieb fast teilnahmslos liegen.

Als Nächstes untersuchte er ihre Scham, spreizte die Lippen und besah sich das ihm unbekannte Innere. Das mussten die kleinen Schamlippen sein, dazwischen der Kitzler. Rudolph strich sacht darüber, und Monika stöhnte etwas auf.

Weiter erforschte er die Öffnung, die in die Tiefe führte. Ein Finger glitt leicht hinein, auch zwei hatten darin Platz. Rudolph rieb mit ihnen hin und her. Hier sollte sein Glied bald Platz finden. Monika bibberte etwas vor aufkommender Wollust.

Nun spreizte Rudolph Monikas Beine, robbte zu ihr hoch und brachte seinen Stängel in Position. Er stieß zu – und rutschte weg. Monika schien das nicht zu stören. Also noch mal angesetzt, aber wieder nicht drin, sondern nach unten weggerutscht. Mist. Nach dem dritten Versuch bemerkte Rudolph, dass sein prächtiges Stück an Standfestigkeit verloren hatte. Das war ja beschämend.

Gut, dass es außer Monika niemand sah, aber der schien's egal zu sein. Daraufhin ging Rudolph zum Kühlschrank, nahm eine Flasche Sekt heraus, schenkte sich ein und trank das Glas in einem Zug aus.

In diesem Moment kamen Nachrichten aus dem Lautsprecher. Das war ja nicht gerade das, was die Erotik anheizte. Rudolph suchte den Radioapparat, drehte an den Knöpfen herum und fand einen Sender, der Rock 'n' Roll spielte. Das passte schon besser.

Ganz schön unhöflich von ihm, wie er sich eingestehen musste. »Willst du auch ein Glas, Monika?«, fragte er schließlich.

»Ja«, war die schlichte Antwort.

Rudolph setzte sich mit zwei Gläsern ans Bett. Monika richtete sich auf und nahm ein Glas. Der junge Mann wollte mit ihr anstoßen. Doch Monika schien irritiert, so, als kenne sie diesen Brauch gar nicht.

»Komm, lass die Gläser klingen«, munterte Rudolph seine Gespielin auf, hielt ihre Hand fest und stieß sein Glas gegen das ihre. Das schien ihr zu gefallen. »Auf dass es doch noch klappt«, scherzte Rudolph. Er hatte seinen Humor wiedergefunden.

Die beiden tranken immer wieder mal ein Schlückchen und stießen dabei jedes Mal an. Begeistert gewahrte Rudolph, wie Monikas Busen dabei leichte wippte. Das erregte ihn wieder. Die Gläser waren leer, und Rudolph stellte sie zur Seite. Dann ergriff er diese weibliche Pracht, und sein gutes Stück richtete sich wieder auf.

Er schob Monikas Oberkörper auf das Kopfkissen, spreizte ihre Beine und drang in sie ein, so, als hätte er das schon Hunderte von Malen gemacht. Und nun bewegte er sich in ihr, hin und her. Ja, das war gut, Onanieren war nichts dagegen.

Rudolph probierte sich aus, langsam und genussvoll, dann wieder schnell und hektisch. Alles war gut, so gut. Er drückte sich ab vom Bett und bäumte den Oberkörper auf, dann ließ er sich wieder sinken, legte seinen Kopf auf Monikas Brust und saugte an ihren Warzen.

Irgendwann konnte Rudolph nicht mehr langsam hin und her gleiten. Es war, als übernehme der Körper selbst die

Regie. Er wurde schneller und schneller, die Erregung im Glied wuchs – und dann kam der Orgasmus. Der erste mit einer Frau. Ein paar Stöße noch, dann war alles vorbei. Erschöpft ließ Rudolph sich hinabsinken. Er lag auf Monika, und sein Kopf ruhte eine Weile auf ihrem Busen.

Glückselig wälzte er sich zur Seite, um die arme Frau nicht zu erdrücken. Wie von selbst glitt sein Glied aus der Scheide.

Nach ein paar Minuten fragte sich Rudolph, ob er gehen sollte. Aber warum eigentlich? Onanieren konnte er relativ kurz hintereinander bis zu vier Mal. Also konnte er es mit Monika doch nochmals treiben.

Erst einmal stand er auf und füllte die Sektgläser erneut auf. Wieder trank er mit Monika und stieß mit ihr an. Sie redet nicht viel, dachte Rudolph. Vielleicht auch besser so.

Dann inspizierte er das Bad. Eine riesige Wanne lud zum Planschen ein. Rudolph ließ Wasser ein und regulierte es auf eine angenehme Temperatur. Als Rudolph Monika zum Bad führte, musste er sie mächtig stützen, weil sie stark torkelte. Kein Wunder, dass sie keinen Ton von sich gab. Hatte wohl Angst zu lallen.

In der Wanne kehrte Rudolphs Erregung zurück. Er seifte Monikas Körper ein, gab sich besonders große Mühe bei ihren Rundungen und der geheimnisvollen Scham. Nach kurzer Zeit stand sein Gemächt wieder wie aus Stein gemeißelt. Mit einigen Verrenkungen klappte es sogar in der Wanne.

Das Wasser kühlte allmählich ab. Rudolph stieg aus der Wanne und setzte Monika auf den Rand. Er hatte ein wenig Angst, sie könne herunterfallen. Dass sie sich selbst abtrocknete, ging gar nicht. Das übernahm Rudolph wie ein Gentleman für sie. Dabei achtete er darauf, dass er ihren Busen und den Schritt besonders trocken bekam.

Noch einmal klappte es wenig später im Bett; ein viertes Mal schaffte Rudolph aber nicht mehr. Er wurde müde, kuschelte sich an seine Gespielin und schlief ein. Bevor er ganz weg war, gewahrte er noch, dass auch Monika am Einschlafen war.

***

»Klaus!« Jetzt sahen sich beide so an, als trauten sie ihren Augen nicht. Günter fasste sich als Erster.

»Was thuest du hier? Ich denke, du bist außer Dienst.«

»Andreas ist krank geworden. Niemand sonst konnte für ihn einspringen. Aber wo kommest du her? Wieso warest du so lange verschwunden?«

Bei der Erwähnung von Andreas drehte sich Günter fast der Magen um. Trotzdem antwortete er. »Ich bin geflohen, denn ich wollte nicht gehänget werden nach Richards Todt.«

»Wieso nach selbigem Todt? Der lebet doch. Ein vorzüglicher Junge!«

Wieder war Günter beinahe sprachlos. Er spürte noch deutlich den leblosen Körper des Kleinen in seinen Armen. Doch er riss sich zusammen. Er musste weg von hier. Es ging um das Leben seines Kindes.

»Klaus, ich muss von hinnen. Wir haben selbst einen Jungen, meine Frau und ich. Den haben wir nach dir *Klaus* genennet. Der hat gerade eine Wundrose und sterbet, wenn ich ihm kein Erythromycin gebe.«

Klaus sagte nichts. Auf das, was er gerade gehört hatte, konnte sich keinen Reim machen. Er spürte nur, Günter war in Not, aus welchem Grund auch immer. Sollte er Alarm schlagen? Nein, das ließ er lieber bleiben. Er musste ja nichts gesehen und gehört haben. Trotzdem fragte er: »Was heißet das, *eigenes Kind*? Und was meinest du mit *Frau*?«

Günter hatte keine Zeit für Erklärungen, doch wollte er Klaus nicht einfach so sitzen lassen.

»Kann ich dir vertrauen?« Klaus nickte nur. Und Günter wusste, dass er das konnte und eigentlich nicht hätte fragen brauchen.

»Erinnerest du dich an den Fluchtgang, von dem wir weiland gesprochen haben?« Wieder nickte Klaus nur. »Gut, du wirst ihn bestimmt finden. In zwei Wochen, am Abend, da kommest du ans Ende des Ganges. Dort werde ich seyn. Da wird unser Klaus hoffentlich wieder gesund seyn. Oder er ist todt. Dann fürwahr werde ich dir alles erzählen.«

Wieder nickte Klaus nur, und Günter wandte sich zum Gehen. »Mache es gut, Günter«, hörte er hinter sich. Er drehte sich noch einmal kurz um und winkte seinem alten Erzieher zu.

Günter hastete zurück. Den Gang schaffte er spielend. Wie bei seiner Flucht musste er den vollen Rucksack zuerst durch die Öffnung schieben, bevor er selbst herauskrabbeln konnte. Die Steine draußen schob er nur notdürftig übereinander und eilte davon.

Nach ein paar Kilometern war er völlig außer Atem. Er stellte den Rucksack ab und streckte sich auf dem Boden aus. So machte das keinen Sinn. Nachdem Günter ein paar Minuten verschnauft hatte, zog er ein Erythromycin-Fläschchen und die Fieberzäpfchen aus der Seitentasche des Rucksacks heraus. Anschließend verbarg er das Gepäckstück unter ein paar Zweigen und lief weiter. Immer wieder ermahnte er sich, dass er schneller vorankam, wenn er in flottem Tempo gleichmäßig lief, aber nicht so überhastet, dass er in Atemnot kam und ausruhen musste.

Gegen Mittag erreichte er schon die Höhle. Draußen rief er bereits: »Agnes, ich bin wieder da!«

Sie trat mit Kläuschen auf dem Arm aus der Behausung. Gott sei Dank, er lebte! Günter rannte auf die beiden zu und umarmte sie fest. Immer noch schien das Kind zu glühen. Günter breitete die gefaltete Decke auf dem Tisch aus und bat seine Frau, Klaus darauf zu legen. Dann hob er die Beine hoch und schob ihm ein Zäpfchen in den Po. Aus einem Krug füllte er bis zum Eichstrich Wasser in das Erythromycin-Fläschchen. Er schüttelte es gut, goss den Dosierlöffel voll und hielt ihn an den Mund seines Sohnes.

Günter wusste aus Erfahrung, dass die Kinder den rosa Saft immer gern getrunken hatten. So auch Klaus. Es war, als kostete er erst einmal, was ihm da angeboten wurde. Dann suckelte er alles vom Löffel herunter. Als er leer war, fing er an zu schreien. Agnes gab ihm die Brust, und schon bald kehrte wieder Ruhe ein.

Viermal am Tag bekam Klaus den Saft. Sorgfältig achteten Agnes und Günter auf die Fristen. Eine Uhr wie im Reservat hatten sie nicht. Stattdessen richteten sie sich nach dem Stand der Sonne. Abends merkten sie sich, wo der Mond aufgegangen war, und konnten so den Zeitpunkt für die nächste Gabe abschätzen.

In der Zwischenzeit hatte Günter seiner Frau kurz berichtet, dass er seinen alten Erzieher Klaus getroffen und sogar mit ihm geredet hatte. Der hätte gesagt, dass Richard gar nicht gestorben sei.

Agnes wollte mehr wissen. Doch Günter spürte plötzlich eine bleierne Müdigkeit. Er hatte die Nacht über nicht geschlafen und sich total verausgabt. »Thut mir leid, ich bin vollkommen ausgelauget«, sagte er. »Ich lege mich für ein Weilchen hin. Danach erzähle ich dir alles.« Im Schlafgemach zog er eine Felldecke über sich und schlief sofort ein.

Als er wieder wach wurde, ging die Sonne gerade unter. Es war dringend Zeit für die nächste Medizin. »Die hat er von mir schon bekommen«, sagte Agnes. Friedlich lag der kleine Klaus in Agnes' Armen. Günter fühlte ihm mit dem Handrücken die Stirn und stellte fest, dass sie nicht mehr ganz so heiß war.

Agnes legte Klaus ins große Bett. Derweil aßen Günter und Agnes etwas und tranken einen Pfefferminztee. In aller Ruhe berichtete Günter jetzt von seinen Erlebnissen. Im Mittelpunkt stand dabei das Treffen, das ihr Mann dem alten Klaus versprochen hatte. Agnes kannte ihn zwar nicht, aber die Verhältnisse in den Reservaten waren ihr geläufig. Selbst wenn Richard noch lebte, hatte Günter sich schuldig gemacht, da er das Reservat unerlaubt verlassen hatte. Außerdem war er ein Dieb. Das Schlimmste aber war, er wusste zu viel. Gesetzt den Fall, Klaus informierte die Priesterinnen, dann konnte er dafür Lob und Ehre einheimsen. Dann konnten die Häscher im Gebüsch am Ausgang des Grabens Günter auflauern und ihn gefangen nehmen.

»*Priester* sind das, keine *Priesterinnen.* Die haben alle so ein Glied wie ich«, erinnerte Günter seine Frau. »Ich nehme es jedenfalls an. Denn nackig habe ich von denen noch keinen gesehen.« Günter überlegte kurz, ob Klaus vielleicht so reagieren könnte. Doch er schätzte ihn anders ein. Er hatte ihm etwas gesagt, wovon Günter wusste, dass es ihn beschäftigte. Dass er nämlich ein eigenes Kind hatte. Würde er ihn gefangen nehmen lassen, würde er nie erfahren, was es damit auf sich hatte. Deshalb war Günter überzeugt, dass Klaus allein kam. Er würde ihn über die Lügen der Priester und *Götter* aufklären. Und er war sich sicher, in Klaus einen Verbündeten im Reservat zu gewinnen.

Das Paar diskutierte diese Angelegenheit ein paar Stunden lang. Der Mond zeigte, dass es Zeit war für die nächste Medizin. Behutsam nahm Agnes den Kleinen hoch. Günter prüfte die Stirn. Wieder heißer. Er gab ihm den Saft. Der Kleine schluckte ihn dankbar und fing dann an zu schluchzen. Agnes drückte ihn an ihre warme Brust. Während er nuckelte, führte Günter ein weiteres Zäpfchen ein.

Agnes legte sich mit Klaus im Arm ins Bett. Günter war noch nicht müde und ging hinaus in die milde Nacht. Heute war Vollmond. Er betrachtete ihn und dachte nach. War es ein Fehler gewesen, Klaus ein Treffen zu versprechen? Wie auch immer, er musste vorsichtig sein. Zur Sicherheit würde er zwei Tage vorher hingehen und die Lage auskundschaften. Er konnte sich die Lage der Steine am Ausgang gut einprägen und merken, ob jemand sie verschoben hatte.

Oder sollte er nicht hingehen? Die Enttäuschung bei Klaus wäre bestimmt groß. Aus Ärger könnte er dann auf die Idee kommen, die Priester zu informieren. Die wären gewarnt, und er könnte sich in einem vergleichbaren Notfall wie jetzt nicht noch einmal so leicht ins Reservat einschleichen. Günter kam trotz allen Grübelns zu keinem endgültigen Schluss. Müde legte er sich zu Frau und Kind ins Bett.

Am nächsten Morgen gab Günter dem kleinen Klaus als Erstes die Medizin. Ohne Zweifel war die Stirn kühler und die Haut längst nicht mehr so rot. Bald wurde auch Agnes wach. Sie frühstückten etwas, und dann zog Günter los, um den Rucksack zu holen. Auch wenn er sich nicht zu hetzen brauchte, trödelte er nicht herum. Am Nachmittag kehrte er zurück. Der kleine Klaus hatte bereits die Mittagsarznei bekommen, und es ging ihm wieder besser.

»Er wird es schon schaffen«, sagte Günter zu Agnes. Sie fiel ihm vor Freude um den Hals. Dann packte er seine Schätze aus. Als Erstes füllten sie die Babyflasche mit Wasser und berührten mit dem Schnuller Klaus' Lippen. Der schaute etwas irritiert, merkte aber bald, dass man an dem unbekannten Ding saugen konnte, und sofort trank er die halbe Flasche leer.

Nach einer Woche war Klaus gänzlich über den Berg. Das Fieber war weg, er glühte nicht mehr, und die Rötung um die kleine Wunde in der Leiste war beinahe komplett abgeklungen.

Günter wollte den Gang zum Reservat nochmals inspizieren. Er nahm den Rucksack und verabschiedete sich von Agnes. Er würde erst am nächsten Tag zurückkommen, weil er unterwegs Früchte ernten wollte.

Als Günter am späten Nachmittag beim Steinhaufen anlangte, war er ziemlich aufgeregt. Langsam schlich er sich an und hielt dabei Ausschau nach Auffälligem. Doch er konnte nichts entdecken. Vorsichtig näherte er sich den Steinen im Gebüsch. Sie lagen immer noch so, wie er es in Erinnerung hatte. Doch er hatte sich ihre Position nicht ganz genau gemerkt. Deshalb prägte er sie sich diesmal genau ein. Außerdem klemmte er zur Kontrolle ein paar Blätter an bestimmten Stellen in die Ritzen, um Veränderungen registrieren zu können.

Danach trat Günter aus dem Waldrand hervor. In der Ferne sah er die Mauer zum Reservat. Nichts deutete von hier aus darauf hin, dass dahinter Zwänge, Gewalt und Willkürherrschaft der *Götter* gang und gäbe waren.

Günter trat den Rückweg an. Am frühen Nachmittag ging er zu einer Brombeerhecke und erntete die reifen Früchte ab, die grünen ließ er hängen. Bei einem wilden Apfelbaum machte er das gleiche. Inzwischen dämmerte es, und Günter wurde müde. Er suchte sich ein weiches, trockenes Stück Erde in geschützter Lage und legte sich hin.

Schnell schlummerte er ein und wurde mit dem ersten Lichtstrahl wieder wach. Er erntete den restlichen Baum ab, sein Rucksack füllte sich zu einem Drittel. Auch die unreifen Früchte nahm Günter mit, da die nachreiften. Auf dem Rückweg erntete er weitere Früchte und fand einen Platz mit Scheibengewächsen. An dieser Stelle hatte er Glück, hier wuchsen die guten, und Günter war zufrieden mit seiner Ausbeute.

Ein paar Tage ging das Alltagsleben so weiter. Günter musste für sich noch klären, ob er zum Fluchtgang des Reservats gehen sollte oder nicht.

Er entschied sich dafür, und Agnes unterstützte ihn darin. Doch sie bestand darauf mitzukommen. Am zwölften Tag zogen sie los. Die Tiere versorgten sie mit reichlich Futter. Unterwegs trugen sie abwechselnd den kleinen Klaus.

Abends waren sie in der Nähe ihres Ziels. Günter zeigte Agnes die weiche Stelle in der Nähe des Apfelbaums, unter dem sie übernachteten. Am nächsten Morgen ging Günter vorsichtig voraus. Agnes blieb hinter ihm und observierte die Gegend. Sie ging so weit hinter ihrem Mann her, dass sie ihn zwischen den Bäumen gerade noch sehen konnte. Sollte sie etwas Auffälliges entdecken, wollte sie einen Vogelschrei von sich geben. Gleiches galt für Günter. Wenn Günter dreimal kurz hintereinander schrie, sollte Agnes die Flucht ergreifen.

Doch es kam kein Schrei. Agnes sah Günter in einem Busch verschwinden. Nach einer Weile winkte er ihr zu, ihm unters Laub zu folgen. Günter zeigte ihr den Steinhügel und erklärte ihr, welche Stelle er mit Blättern markiert hatte. Alles war unverändert. Also hatte in der Zwischenzeit niemand die Steine bewegt.

Dieser Busch eignete sich gut als Schutz und um dort zu nächtigen. Das Paar blieb mit seinem Kind einfach da. Günter beobachtete mit dem schweren Knüppel in der Hand den Ausstieg des Fluchtwegs. Agnes suchte derweil die Umgebung nach Essbarem ab und kam mit einem Beutel voller Früchte zurück.

Auch am nächsten Tag ereignete sich nichts. Am Tag darauf, dem vierzehnten, sollte der große Klaus kommen. Würde er es tun? Auch für ihn war eine solche Begegnung mit Risiken verbunden. Konnte er sich vorstellen, welche Entwicklung Günter in der Zeit seit seiner Flucht durchlaufen hatte?

Und Günter fragte sich, ob Klaus allein käme oder mit einer Schar von Häschern? Oder die Häscher vielleicht sogar allein?

Agnes ging zurück in den Wald, und Günter entfernte sich so weit von dem Steinhaufen, dass er ihn gerade noch im Blick hatte. So war er sicher, nicht entdeckt zu werden. Bei einem Vogelschrei sollte Agnes kommen, bei zwei einfach aufpassen und abwarten und bei drei so schnell wie möglich zur Höhle zurückkehren. Das waren die verabredeten Signale.

***

Statt mit den Mitgliedern höherer Stufen hatte Clemens jetzt wieder mehr mit Julio zu tun. Es wurden Waffen gebraucht und er sollte eine Pistole mit Schalldämpfer organisieren. Er beschaffte eine Mosquito SD. Das war zwar ein kleines Modell, schien aber für die Zwecke der Streber zu reichen.

Julio nahm die Waffe an sich und forderte Clemens auf, ihn zur Besprechung zu begleiten.

Es ging um Mario, einen Abtrünnigen der Stufe Fünf. Er hatte laut einem Abhörprotokoll vor, zur Polizei zu gehen und dem Staatsanwalt umfangreiches Beweismaterial zu liefern. Er wollte den Nachweis antreten, dass die Streber ihre Mitglieder einer Gehirnwäsche unterzogen und die Menschen dort versklavt und ausgebeutet wurden. Was fiel diesem Schwein bloß ein? Über ihn, der einer der ihren gewesen war, hatte das Strebergericht das Todesurteil gefällt. Das war nur gerecht. Auf dieser Stufe wusste jeder genau, was ihm blühte, wenn er einen solchen Verrat beging. Das Urteil musste unbedingt vollstreckt werden, bevor der Kerl weiteren Schaden anrichtete. Heute Abend wollte er einem Freund Einzelheiten erzählen und die nächsten, konkreten Schritte planen. Julio war der Vollstrecker.

Er nahm Clemens zum Schmierestehen mit. Julio schloss mit einem Nachschlüssel die Eingangstür auf und verschwand in der Wohnung des Verräters. Nach zwei Minuten schaute er aus der Tür und winkte Clemens zu sich herein. Er zeigte ihm den erschossenen Mario und dessen toten Freund. Julio grinste Clemens dabei an, und auch der konnte nicht anders, als zu strahlen. Das Schwein war erfolgreich erledigt. Dass der Freund daran hatte glauben müssen, hatte Mario zu verantworten. Was musste er auch Fremde mit hineinziehen?

Julio telefonierte kurz. Nach zehn Minuten kamen Bodenverleger. Sie schleppten zwei Rollen Teppichboden in die Wohnung und nach einer Weile wieder hinaus. In jede Rolle passte eine Leiche hinein. Das waren mit Teppichboden verkleidete Röhren, die Enden mit Streifen spiralförmig verklebt. Die perfekte Tarnung. Clemens wusste nicht, wo genau die Leichen entsorgt wurden. Doch er war sich sicher, der Ablageort war so ausgeklügelt wie die Transportkisten für die Leichen.

Julio und Clemens beseitigten anschließend alle Spuren und vermieden es, selbst welche zu hinterlassen. Es würde eine ganze Weile dauern, bis die Getöteten vermisst wurden. Mithilfe der E-Mail-Adressbücher der beiden verschickten die Streber Mails an Freunde und Verwandte, in denen sie den Empfängern mitteilten, sie würden sich einen längeren Spontanurlaub gönnen.

Es störte Clemens nicht im Geringsten, dass er in den folgenden Wochen im Keller des Hauptquartiers in Hannover Schießübungen absolvieren musste. Er identifizierte sich voll und ganz mit den Strebern und würde seinen Mann stehen, wenn wieder irgendwelche Schweine die Regeln brachen.

***

Die Zeit verstrich, ohne dass etwas geschah. Erst gegen Mittag wurden von innen mehrere Steine nach außen gedrückt, sodass eine Öffnung entstand. Hände kamen zum Vorschein, die noch ein paar weitere Brocken zur Seite schoben. Günter hielt die Luft an. Nun kam ein grauer Schopf zum Vorschein, der schon bald ganz zu sehen war. Es war Klaus.

Günter atmete erleichtert aus. Er sah, wie der alte Mann einen Halt suchte, um sich ganz herauszuziehen. Günter war versucht, zu ihm zu rennen und ihm zu helfen. Doch die Vernunft gebot ihm abzuwarten, ob nicht doch noch Häscher hinterher kämen. Er umklammerte seinen Knüppel fester. Endlich hatte Klaus es geschafft, sich ganz aus dem Loch herauszustemmen. Er schaute sich um, gewahrte das Blätterdach über sich, sah Günter aber nicht. Erschöpft setzte er sich nieder. Günter wartete ein paar Minuten ab. Dann rief er:

»Servus, Klaus, ich bin hier. Bleibe du einfach sitzen, wo du bist. Ich komme itzt.«

Damit schob er die Zweige zur Seite und trat vorsichtig auf Klaus zu. Der erhob sich und ging auf ihn zu. Die Männer blieben wenige Schritte voreinander stehen, sahen sich an. Beide waren misstrauisch. Jeder versuchte, hinter die Stirn des anderen zu schauen. Günter behielt den Steinhaufen im Auge.

»Bist du allein gekommen?«, fragte er schließlich.

»Was denkest du denn? So ohne Zutrauen?«

»Wundert dich dieses?«

»Ja und nein. Du hättest mir also einen Verrat zugetrauet?« Die Frage klang sachlich, nicht vorwurfsvoll.

»Dir schlechterdings nicht. Aber ich misstraue den Priestern und *Göttern*. Ich wollte nur vorsichtig sein.«

»Dann lege er doch seinen Knüppel hin, Günter, und komme einfach zu mir.« Das war der alte Erzieher Klaus. So hatte er immer geklungen, wenn er einen trösten wollte.

Günter ließ den Stock fallen und ging auf Klaus zu. Der schloss ihn in die Arme, und auch Günter drückte ihn an sich. Eine Weile blieben sie so stehen, und ein Wohlgefühl durchströmte Günter. Dennoch schielte er zur Öffnung im Steinhaufen. Als sich dort nichts rührte, drückte er Klaus nochmals ganz fest an sich, dann lösten sie sich aus der Umarmung. Beide hatten soeben etwas Verbotenes getan. Günter wusste, dass er keine Konsequenzen zu fürchten hatte. Doch wusste das auch Klaus?

»Ich glaube, du hast mir vieles zu erzählen«, begann Klaus. »Das waren ja nur ein paar Worte gewesen in der Nacht vor zwei Wochen. Du betreuest ein Kind? Und was ist das, eine Fau?«

»Ja, ich habe ein eigenes Kind. Und das ist keine *Fau*, sondern eine *Frau*. Sie hat das Kind auf die Welt gebracht.«

»Dann ist das ein Gott«, folgerte Klaus.

»Nein, das ist kein Gott. Das ist ein Mensch wie du und ich. Nur etwas anders. Die Frauen bringen die Kinder auf die Welt, nicht die *Götter*. Die haben uns unser Leben lang belogen.«

Günter sah die Skepsis im Gesicht von Klaus. Er stieß einen Vogelschrei aus und setzte sich auf den Steinhaufen, immer noch etwas misstrauisch. Sollte jemand kommen, würde er das sofort merken. Klaus kam ebenfalls zu den Steinen und setzte sich nieder. Kaum hatte er Platz genommen, näherte sich Agnes. Klaus starrte sie neugierig an, und sie musterte ihn ihrerseits erwartungsvoll. Das war also der Mann, von dem Günter so viel berichtet hatte.

»Das ist meine Frau Agnes.« Diesen Namen hatte Klaus noch nie gehört. »Und auf dem Arm hält sie unser Kind Klaus. Dir zu Ehren haben wir es so genennet.«

Agnes kam auf die Männer zu und streckte Klaus die Hand entgegen. Der erwiderte ergriffen den Gruß und richtete sich dabei auf. Noch bewegter war er, als er dieses kleine Kerlchen in ihren Armen sah, das ihn aus wachen blauen Augen musterte.

»Du hast dieses kleine Kind auf die Welt gebracht? Wie gehet denn dieses?«

»Es ist in meinem Bauch gewachsen, und als es groß genug war, kam es heraus.«

»Hast du es herausgewürget? Das passet doch nicht durch deinen Hals. Oder war es da noch viel kleiner?«

»Nein, es kam *unten* heraus.« Agnes wusste nicht, wie sie das anders ausdrücken sollte.

»Dann meinest du das Glied. In dem Fall muss es aber noch viel kleiner sein, wenn es erscheinet. Oder kam es mit dem Stuhlgang?«

Für Klaus war das, was er hörte, ein Rätsel, und er grübelte nach einer Lösung.

»Nein«, schaltete sich Günter jetzt ein. »Die Frauen haben unten noch eine Öffnung, die wir Männer nicht haben. Die wird so groß, dass das Kleine durchpasset.«

»Aber wie groß ist es geweset, als es kam?«, fragte Klaus ungläubig.

»Es war genauso groß wie die Babys, die uns die *Götter* brachten – oder immer noch bringen.«

Klaus kam aus dem Staunen nicht heraus. Wie konnte so etwas Unmögliches sein? Doch er sah den kleinen Jungen leibhaftig vor sich. »Aber was habet ihr ihm zu trinken gegeben? Du hattest bestimmt kein Milchpulver«, stellte Klaus fest.

»Die Milch gebet gleichfalls die Frau«, sagte Günter und wusste, dass diese Erklärung nicht reichte. »Auch dafür hat sie ganz besondere Organe. Agnes, zeig Klaus doch mal deine Brüste.« Agnes öffnete ihre Jacke und streckte Klaus stolz ihren Busen entgegen. Ihm blieb vor Verwunderung der Mund offen stehen. Agnes packte die eine Seite der Brust und drückte sie fest zusammen, sodass winzig kleine Milchspritzer aus der Warze schossen. Klaus' Mund klappte wieder zu. Seine Knie wurden weich, und er setzte sich wieder auf den Stein.

Auch Agnes setzte sich. Sie und ihr Mann warteten geduldig ab. Sie wussten, dass all diese Neuigkeiten für den alten Klaus nicht so einfach zu verstehen und zu verkraften waren.

»So«, sagte er schließlich und richtete den Oberkörper auf, »itzt will ich alles wissen.«

Bis zum Abend wusste Klaus alles. Günter erinnerte sich, wie es für ihn gewesen war, als Agnes ihm all das erzählte, was sie schon wusste. Das war überwältigend gewesen. So ähnlich musste es Klaus jetzt auch gehen. Doch er machte auf Agnes keinen so verwirrten Eindruck wie seinerzeit Günter. Vielleicht lag das am Alter, der Lebenserfahrung, seiner Klugheit? Für Klaus war schnell klar, dass sein ganzes Leben im Reservat auf Lug und Trug aufgebaut war.

Zwischenzeitlich holte Agnes von den mitgebrachten Vorräten, von denen sie sich stärkten. Fasziniert beobachtete der große Klaus, wie Agnes dem kleinen Klaus die Brust reichte.

»Wird man dich im Reservat nicht vermissen?«, fragte Günter plötzlich besorgt.

»Nein«, erklärte Klaus, »ich habe gesaget, mir sey nicht gut. Mich sollte heute niemand behelligen, damit ich mich allein zu Hause auskurieren könne.«

Dann berichtete er noch, dass es ihm gelungen war, Günters Diebstahl zu verheimlichen. Er hatte im Arzneischrank alles so arrangiert, dass die Lücken nicht auffielen. Günter bedankte sich herzlich für diese Tat eines aufrechten Freundes. Sein Misstrauen war nicht nötig gewesen. Doch das hatte er nach drei Jahren der Abwesenheit nicht erwarten können.

Dann kam der Abend, und Klaus wollte wissen, wo sie übernachteten. Agnes sagte, in der Nähe sei eine geschützte, weiche Stelle. Klaus fragte, ob da auch Platz für ihn sei. Er wollte die Nacht gern mit den drei verbringen. Es würde reichen, wenn er in der Frühe ins Reservat zurückkehrte.

Günter freute sich über diesen Vorschlag, und Agnes hatte nichts dagegen. Sie suchten das Lager auf und redeten noch eine Weile. Dabei hatte Klaus die Idee, das ganze Reservat über die Wahrheit zu informieren, um den Priestern und *Göttern* endlich das Handwerk zu legen.

Doch Agnes hatte Bedenken. Man würde ihm nicht glauben, ihn bestenfalls für verrückt erklären. Schlimmstenfalls würde man ihn als Ungläubigen zum Tod verurteilen.

»Dann werde ich mir eben die Röhre im Hals für die Luft aufschlitzen und meinen Arm abbinden«, sagte Klaus verschmitzt. »Es soll ja schon jemand auf diese Art seinen Henkern entronnen sein.«

Obwohl er es flapsig sagte, schwang doch gehöriger Respekt vor Agnes' Klugheit und ihrem Mut in dieser Aussage mit.

»Wir sollten nichts überstürzen. Ich schlage vor, uns in genau einer Woche hier wieder zu treffen. Dann sehen wir weiter.« Aus diesen Worten sprach der alte Erzieher. Agnes und Günter waren mit diesem Vorschlag einverstanden. Bevor sie sich schlafen legten, wollte Günter aber noch wissen, was mit Richard sei.

***

Mit der Pension Edelweiß hatte Inga einen Glücksgriff getan. Die Inhaber, ein liebenswürdiges älteres Paar jenseits der Pensionsgrenze, kümmerten sich rührend um sie. Das Verhältnis war bald familiär, und Inga erzählte offen von ihrem beruflichen und privaten Stress. Ihr Freund habe sich gerade von ihr getrennt. Sie müsse einfach raus, brauche Erholung.

Die fand sie auf langen Wanderungen und bei Tagesausflügen nach Passau, Landshut, Regensburg und auch mal nach München, ebenso bei Abstechern in die Nachbarländer Österreich und Tschechien. Traudl und Joseph, die Pensionseltern, gaben ihr nützliche Tipps.

Inga war keine von den Frauen, die streng auf ihre Tage achteten. Die Periode kam und ging, sie war davon kaum beeinträchtigt. Als ihr auffiel, dass die letzte schon recht lange zurücklag, hatte sie sofort die Gewissheit, schwanger zu sein. Sie wollte das Kind unbedingt austragen, etwas anderes kam für sie nicht infrage. Es machte ihr Leben mit Sicherheit nicht leichter, doch es würde schon irgendwie gehen.

***

»Mit Richard ist nichts Besonderes«, begann Klaus seine Erzählung. »Er wächset und gedeihet, ist itzt fünf Jahre alt. Nur eines ist bei ihm nicht in Ordnung: Er hat Epilepsie. Die Götter bringen Arzney für ihn mit. Trotzdem bekommt er immer wieder Anfälle.«

Günter kannte Epilepsie. Diese Krankheit kam ziemlich selten vor. Aber Richard hatte sie nicht gehabt, so dachte er. Doch Klaus erklärte ihm, dass Richard nach jedem Anfall eine Weile brauche, bis er wieder zu sich kam. Er hatte beobachtet, dass er heftig schnaufe, sobald die Krämpfe aufhörten. Danach blieb er leblos liegen und atmete fast überhaupt nicht mehr. Er reagiere auch nicht auf Rufen, Schütteln oder Kneifen.

»Wahrscheinlich habest du ihn in der Nacht gefunden, als er seinen ersten Anfall hatte«, überlegte Klaus.

»So wird es wohl gewesen seyn«, meinte Günter bestätigend. »Und ich dachte, er sei todt. Ich habe noch mein Ohr auf seinen Brustkorb geleget, doch das Herz hat nicht mehr geschlagen.«

»Das kann nicht seyn«, widersprach Klaus. »Vielleicht hast du vor Aufregung nichts gehöret.«

»Ja, das ist möglich«, räumte Günter ein. »Ich hätte also nur noch einmal nach ihm sehen müssen, bevor ich mich davonmachte. Vermutlich hat er da schon wieder geatmet.«

»Ich denke, so war es«, pflichtete Klaus ihm bei. »Du hättest nicht fliehen müssen.«

»Ich wäre dann aber alleyn geblieben«, schaltete Agnes sich ins Gespräch ein.

»Das stimmet«, pflichtete Günter ihr bei. »Also war es viel, viel besser so.«

Agnes schlang ihre Arme um seinen Hals und gab ihm einen herzhaften Kuss auf den Mund. Gerührt beobachtete Klaus diese Liebkosung. Eine Sehnsucht keimte in ihm auf. Bevor er einschlief, wünschte er sich, Agnes würde das auch mit ihm machen. Ein wohliges Gefühl breitete sich in ihm bei diesem Gedanken aus.

Am nächsten Morgen verabschiedete sich Klaus. Agnes und Günter halfen ihm, in den Tunnel einzusteigen, und schichteten anschließend die Steine wieder auf. Danach traten sie den Heimweg an.

Nach einer Woche kam Günter allein zum nächsten Treffen. Klaus war ein wenig enttäuscht, doch er konnte verstehen, dass es zu umständlich war, wenn sich die ganze Familie auf den Weg machte. Als kleine Entschädigung hatte ihm Günter gebratenes Kaninchenfleisch mitgebracht. Klaus staunte über den köstlichen Geschmack.

Er hatte mit niemandem über sein neues Wissen gesprochen. Wem hätte Klaus trauen können? Andererseits wusste er auch noch nicht, was er mit seiner Kenntnis anfangen sollte. Auf jeden Fall war er unendlich neugierig, Agnes' und Günters Ruine und die Tiere zu sehen. Dem Priester hatte Klaus erzählt, dass er sich drei Tage zurückziehen und fasten wolle, um so den Göttern für seine Genesung zu danken. Der Priester gab ihm dazu seinen Segen und versprach, dafür zu sorgen, dass Klaus in dieser Zeit ungestört blieb.

Also nahm Günter seinen alten Erzieher mit zu sich nach Hause. Unterwegs erzählte dieser, dass er dem ganzen Reservat am liebsten alles erzählen würde. Danach müsse man ins Frauenreservat eindringen und die Insassinnen ebenfalls aufklären. Sie müssten sich zusammentun, die *Götter* und Priester in die Flucht schlagen, ihr eigenes Leben leben und eigene Kinder bekommen.

Doch Klaus war Realist genug, um zu wissen, dass solche Aktionen hochgefährlich waren.

Agnes wunderte sich nicht schlecht, als die beiden Männer bei ihr ankamen. Ihr Erstaunen schlug aber schnell in Freude um, da sie den alten Herrn sehr mochte. Stolz führte sie ihm die Hügel- und Wolltiere, die Langohren und Großvögel vor. Klaus' Anerkennung tat ihr gut. Als sie ihm vorführte, wie sie das Hügeltier molk, gab es kein Halten mehr vor Begeisterung. Noch mehr gefiel ihr, wie sorgsam, warm und respektvoll er mit dem kleinen Klaus umging. Sie konnte gut verstehen, dass er Günters Lieblingserzieher war.

Sie aßen zusammen, und die Geselligkeit tat Agnes und Günter gut. Am Abend gingen sie gemeinsam zum Plateau hinauf und bewunderten den Sonnenuntergang. Agnes zeigte Klaus die vier Reservate. Aus einem erhob sich einer der großen *Götter*vögel und flog dorthin, wo die Sonne unterging.

»Da möchte ich auch mal hin«, sagte Agnes. »Ich möchte wissen, was da ist und wie es da aussieht.« Die Männer stimmten ihr zu.

»Wir werden umziehen«, berichtete Agnes weiter. »Es gebet ein paar Stunden von hier eine größere Ruine, ein schöneres Losament. Dort gehet es uns besser. Der Platz hier wird uns zu eng.«

Klaus sah das ein. Doch kam ihm gleich der Gedanke, dass seine Besuche dann schwieriger würden. Aber er sagte nichts.

Den nächsten Tag verbrachten sie zusammen. Agnes schlachtete einen Großvogel und fing ein paar Wassertiere. Die briet sie über dem Feuer. Es ging ihnen ausgemacht gut.

Am nächsten Morgen begleitete Günter Klaus zum Reservatstunnel. In zwei Wochen wollten sie sich wieder treffen. Beim Abschied hatte Agnes Klaus gedrückt und ihm einen Kuss auf die Wange gegeben. Klaus hatte ihren weichen Busen auf seiner Brust gespürt und war wie benommen vor Wonne.

Vierzehn Tage später kam Klaus erneut aus dem Gang gekrochen. Günter wartete schon auf ihn und half ihm heraus.

»Erschrecket nicht, es kommet noch jemand.« Bei diesen Worten erschien ein weiterer Kopf in der Öffnung. Es war Hans, der alte Zimmermann. Er begleitete die beiden Männer auf ihrem Weg zu Günters Höhle. Die beiden Reservatsbewohner hatten große, schwere Rucksäcke bei sich. Günter schleppte eine Weile Klaus' Gepäck, dann übernahm er das von Hans.

Auf dem Weg erzählte Klaus, dass er innerlich zu der Überzeugung gelangt war, in Hans einen Verbündeten gewinnen zu können. Er machte ein paar vorsichtige Andeutungen, tastete sich an das Thema heran und war sich schließlich sicher, dass Hans ihn nicht verriet. Er erzählte ihm alles, was er wusste. Und richtig, Hans glaubte ihm und entwickelte schnell einen abgrundtiefen Hass auf die Priester und die *Götter.* Denen musste man eins auswischen, wenn man sie schon nicht bekämpfen konnte.

Agnes war erstaunt, dass ein weiterer Mann mit zu ihnen gekommen war. Doch auch zu ihm fasste sie schnell Vertrauen. In den Rucksäcken hatten sie verschiedene Werkzeuge mitgebracht. Klaus und Hans schlugen Agnes und Günter vor, in dieser Höhle zu bleiben. Um den Platz zu vergrößern, wollte Hans vor dem Höhleneingang einen Vorbau errichten.

»Warum wollet ihr nicht, dass wir wegziehen?«, fragte Agnes neugierig.

»Weil der Weg zu euch dann viel weiter wird«, erklärte Klaus. »Ich weiß nicht, was noch kommen wird, aber wir sollten zusammenhalten und beieinander bleiben.«

Gut, wenn das mit dem Vorbau so ginge, dann wäre sie einverstanden, meinte Agnes. Daraufhin inspizierte Hans sogleich die Umgebung und fällte ein paar geeignete Bäume. Die Äste hackte er ab, und bis zum Abend hatte er einige brauchbare Balken hergestellt. Am Tag darauf setzte er sie zusammen und begann, ein Blockhaus zu bauen.

Am nächsten Nachmittag gingen die neuen Freunde zurück. Günter brauchte sie nicht zu begleiten, da Klaus den Weg bereits kannte. Er hatte mit seinem Priester ausgemacht, in Zukunft jede Woche zusammen mit Hans drei Tage Klausur zu halten. Der Gottesmann lobte die beiden für ihr Vorhaben. Damit würden sie sich einen guten Platz in der Welt nach dem Tod sichern.

So erschienen die beiden Männer jeden Donnerstag und gingen samstagnachmittags wieder zurück. Sonntags nahmen sie, geläutert durch die Klausur, an den Gottesdiensten im Reservat teil.

***

In Innernzell fühlte sich Inga bald wie zu Hause. Sie hatte den Eindruck, fast alle Einwohner des Ortes persönlich zu kennen. Als ihr runder Bauch nicht mehr zu übersehen war, sprach Traudl sie darauf an. Mit der Pensionsmutter war sie bereits per du. Die freute sich riesig, dass Inga das Kind wollte, sie hatte aber Bedenken, wie das ohne den Vater gehen konnte. Ob sich da nicht doch noch etwas machen ließ? Das schloss Inga kategorisch aus, obwohl sie es im Inneren bedauerte. Traudl versprach ihr, sie in allem so gut wie möglich zu unterstützen.

Langweilig wurde es Inga in dem kleinen Ort nicht. Sie wanderte viel, auch wenn es allmählich beschwerlicher wurde. Einen großen Teil ihrer Zeit verbrachte sie mit dem

Studium aller Informationen über Schwangerschaft, Geburt und Kindererziehung.

Traudl versorgte sie mit Tipps von Frau zu Frau, von Mutter zu werdender Mutter. Sie selbst hatte drei erwachsene Kinder, die bereits aus dem Haus waren. Stolz berichtete sie von den beiden Enkelkinder, die sie viel zu selten sah.

Mit neuer E-Mail-Adresse und neuer Handy-Nummer traute Inga sich, ihren Chef anzurufen. Er konnte ihr Erfreuliches berichten. Die Polizei hatte ihre Wohnung tatsächlich aufgebrochen, obwohl sie sich am Telefon ihr gegenüber ablehnend geäußert hatte. Offenbar hatte ihr Anruf doch gewirkt, wenn auch etwas später. Die Beamten fanden Ingas Aussage bestätigt, dass bei ihr eingebrochen worden war und hatten den Chef nach möglichen Feinden oder Tätern befragt.

Die nächst höhere Dienstebene konnte daraufhin nachvollziehen, dass Inga in Gefahr schwebte, und hatte das Okay für Ingas Freistellung gegeben, sodass ihre Besoldung als Beamtin weiterlief. Das war allerdings nur eine Zwischenlösung.

Die Kreditkarten kamen mit der Post. Inga hatte ihre neue Adresse unter der strikten Auflage mitgeteilt, sie an niemanden sonst weiterzugeben.

Inga schaffte es mit Waltrauds Hilfe, ihre Wohnung zu kündigen, da sie dorthin bestimmt nie wieder zurückziehen würde. Sie ließ die Möbel von einer Spedition abholen und einlagern. Außerdem organisierte sie mit Waltrauds Unterstützung die Neuausstellung eines Personalausweises und des Führerscheins.

Freiheit

Ein paar Jahre waren ins Land gezogen. Die Gruppe der Exilanten bestand inzwischen aus vier Erwachsenen und einer Kinderschar. Der kleine Klaus war nicht mehr klein, sondern ein vollwertiges Mitglied der kleinen Gesellschaft. Agnes' Kunstfertigkeit, Feuer anzureiben und Wassertiere zu fangen, stellte er bereits in den Schatten. Trotzdem wurde er noch Klausi genannt. Das war praktisch, weil man so die beiden Kläuse leichter auseinanderhalten konnte. Der große Klaus war mittlerweile zu den Aussiedlern gezogen. Das Leben hier war viel interessanter als im Reservat, und es gab besseres Essen.

Hans und er hatten sich einen tollen Trick ausgedacht, um das Reservat verlassen zu können. An einem Samstagabend ging Hans zum Priester und sagte ihm, Klaus sei bereits am Donnerstag, zu Beginn ihrer Klausur, friedlich eingeschlafen. Er habe zwei Tage für ihn gebetet. Der Heiler kam, fühlte den Puls und bestätigte den Tod.

Klar hatte Hans seinem Freund zuvor den Arm abgebunden. Klaus konnte jetzt einschätzen, wie es Agnes dabei ergangen war. Denn ihr Arm war viel länger ohne Durchblutung gewesen als seiner. Kein Wunder, dass sie ein Fingerglied verloren hatte.

Hans baute einen Sarg, füllte ihn mit so viel Erde, dass sie Klaus' Gewicht entsprach, und die wurde dann bestattet. Seither lebte Klaus mit Agnes und Günter zusammen. Die waren vorher von ihm eingeweiht worden und hatten ihre Zustimmung gegeben.

Hans kam treu und brav jede Woche und brachte das mit, was den Eremiten fehlte: Werkzeuge, Nägel, Schrauben, gelegentlich auch Medikamente. Nach und nach versorgte er Agnes und Günter mit abgelegter Kleidung, die noch brauchbar und allemal viel besser war, als die Felljacken, -röcke und -hosen.

Bei Schuhen war es schwieriger. Die wurden in den Reservaten meist so lange getragen, bis sie auseinanderfielen. Doch trugen sich die selbst hergestellten Pantoffel gar nicht mal so schlecht.

Zur Entschädigung wurde Hans mit frischem Käse, Fisch und Fleisch verköstigt. Immer absurder kam ihm vor, was sich da in seinem Reservat abspielte. Hier, bei Agnes, Günter und Klaus, war das wahre Leben. Doch einen weiteren Mitbewohner ins Vertrauen zu ziehen traute er sich nicht. Klaus war er unendlich dankbar, dass der ihm den Zugang zu diesen Leuten und ihrem Leben ermöglicht hatte.

Und diese Agnes war ein Schatz. Wäre er jünger gewesen, wie hätte er Günter um sie beneidet. In Wirklichkeit tat er das auch. Doch betrachtete er sich nicht als Konkurrenten oder Nebenbuhler.

Fünf Kinder sprangen herum zwischen den Erwachsenen, zwei Mädchen und drei Buben. Der Jüngste lernte gerade laufen. In Agnes flammte die alte Idee neu auf. Noch immer sahen sie die Göttervögel zwischen dem Horizont und den

Reservaten hin und her fliegen. Wolfgang, den Kleinsten, stillte Agnes nur noch selten. Somit war sie abkömmlich. Sie beratschlagte sich mit ihren Männern, da sie herausbekommen wollte, was dort war, wohin die großen Vögel zogen.

Die Männer waren für den Plan. Sie meinten aber, Agnes solle nicht allein losziehen. Einer von ihnen könnte sie begleiten, die beiden anderen sollten sich um die Kinder und das Vieh kümmern. Doch wer sollte was machen?

Hans musste immer wieder zurück ins Reservat. Er überlegte, ob er sich nicht auch für tot erklären lassen sollte. Er könnte eine schlimme Krankheit vortäuschen, über Schmerzen im Bauch klagen, jammern und schreien – und müsste sich den Arm abbinden. Wenn der Heiler keinen Puls mehr fühlte, würde der ihn für tot erklären. Dann konnte er den Knoten unauffällig wieder lösen, des Nachts aus dem aufgebahrten Sarg klettern und ihn mit ein paar Eimern Sand befüllen. Anschließend könnte er das Reservat für immer verlassen.

Doch er ließ die Idee wieder fallen, nachdem er sie mit den anderen eingehender besprochen hatte. Beim gegenwärtigen Stand der Dinge war der Kontakt zum Reservat für sie notwendig, da er ihnen das Leben ungemein erleichterte.

Alle fünf Kinder hatten großes Vertrauen in die beiden Männer. Agnes und Günter hatten keine Bedenken, dass Klaus sie mit allem versorgen konnte, was sie brauchten. Hans konnte Arznei stehlen, wenn eines von ihnen krank würde.

***

Es wurde also beschlossen, dass das Paar loszog. Doch in spätestens sechs Wochen sollte es wieder zurück sein. Agnes stillte Wolfgang ab, was ohne größere Probleme ging.

Der Morgen des Abschieds nahte, Agnes und Günter drückten die Kinder der Reihe nach an sich. Klausi wollte mitkommen, doch sie redeten es ihm aus. Dann waren die Männer an die Reihe. Agnes sah, dass beiden Tränen in den Augen standen. Und auch sie wurde wehmütig. Angst um ihre Kinder hatte Agnes keine, sie wusste sie bei Klaus und Hans in guten Händen.

»Sollten wir es ohne euch nicht aushalten, kehren wir früher zurück.« Sie lachte, als sie das sagte, doch ihre Stimme war verräterisch unsicher. Dann gab sie sich einen Ruck und zupfte Günter an der Schulter. Sie luden sich die Rucksäcke auf, in die sie ein paar Utensilien gepackt hatten.

Am ersten Tag kamen sie an der Höhle vorbei, die Agnes an dem Tag entdeckt hatte, als Klausi krank wurde. Günter staunte nicht schlecht. Ja, hier würde es sich leben lassen. Bis zum Abend kamen sie in ein Gebiet, in dem sie links und rechts von sich Donnern, Knallen, Krachen und Rattern hörten. Genau in der Mitte verlief ein Waldstück, durch das sie weiter gingen, begleitet von dem Krachen auf beiden Seiten. Gegen Abend hörte es auf. Das Paar suchte sich eine geschützte Stelle, wo es nächtigte. Agnes und Günter hatten sich den Weg genau eingeprägt, den sie genommen hatten.

Agnes war am nächsten Morgen als Erste wach. Behutsam weckte sie ihren Mann. Bald waren beide abmarschbereit, und sie bewegten sich im Schutz der Bäume weiter nach Süden. Nach einer Weile erreichten sie den Waldrand, von wo aus sie einen freien Blick nach Osten hatten. Sie beobachteten viele Fahrzeuge, die mit Gebrumm auf die freie Fläche zogen.

Agnes und Günter blieben stehen und sahen, was sie zuvor immer wieder einmal beobachtet hatten: Grünlich gekleidete Menschen stiegen aus den Fahrzeugen und liefen herum. Nach einer Weile stiegen sie wieder ein. Aus den langen Rohren der dicksten Fahrzeuge schossen Blitze, gefolgt von einem Knall, der in einer Art Donnern ausklang.

Die Blitze zuckten immer nur über das freie Feld, nicht zum Wald hin. Agnes und Günter hatten das Gefühl, zwischen den Bäumen einigermaßen sicher zu sein.

Nachdem sie genug gesehen hatten, gingen sie weiter und kamen in ein Gebiet mit vielen Bäumen, an denen dünne Bretter hingen, die weiß mit rotem Rand markiert waren. Schwarze Zeichen waren darauf, in drei Reihen untereinander. Was mochte das bedeuten? Hier war die Knallerei nur noch leise aus Norden zu hören, aber nicht mehr aus den anderen Richtungen.

***

»Na mein Sohn, hat alles geklappt?«, fragte Vater von Wallmoden am nächsten Morgen seinen Sohn. Der Eifer, mit dem er bejahte, war unverkennbar, und er gefiel dem Senior.

»Wie oft?«

»Drei Mal!«

Anerkennend pfiff von Wallmoden durch die Zähne. »Du wirst Fragen haben, vermute ich.«

»Das stimmt.«

»Dann schieß los.«

Rudolph hatte etwas nachgedacht. Das Erlebnis war grandios. Doch sein Vater hatte nichts von Verhütung gesagt.

»Nimmt die Frau denn die Pille?«, fragte er als Erstes. Er ging davon aus, dass das jede Prostituierte tat. Doch war Monika eine?

»Nein, nimmt sie nicht«, war die überraschende Antwort.

»Und wenn sie schwanger wird?«

»Hoffentlich wird sie das.«

Rudolph war verwirrt. »Dann bin ich Vater. Und was wird aus dem Kind?«

»Das Kind kommt in ein Reservat.«

Jetzt verstand Rudolph überhaupt nichts mehr. Geduldig klärte der Vater ihn auf und stellte ihm in Aussicht, ein solch amouröses Rendezvous jederzeit wiederholen zu können. Er verwies auf angestammte Geheimprivilegien, die ihn zum Herrn über mehrere Reservate machten. Diese Rechte könnten ohne Weiteres auf Rudolph übergehen. Voraussetzung sei allerdings, dass er die Schule abschließe und eine Offizierslaufbahn einschlage.

»Deshalb habe ich gestern von Scheideweg gesprochen«, erklärte von Wallmoden senior.

Rudolph musste nicht lange überlegen. Die Möglichkeiten, die sein Vater ihm da eröffnete, waren zu verlockend. Er hatte noch jede Menge Fragen, die allerdings unbeantwortet blieben. Er erfuhr lediglich, dass es auch Männerreservate gab und dass die Insassen aller Schutzzonen wesentlich zum Reichtum der von Wallmodens beitrugen.

»Und woher kommen diese Insassen?«, drängelte Rudolph.

»Kroppzeug, über Generationen weitergezüchtetes Kroppzeug, glaub mir. Eigentlich der Abschaum der Menschheit. Die können froh sein, dass wir sie so gut behandeln, wie wir das tun. Das muss dir für heute erst mal reichen.«

»Wer weiß denn alles davon?« Rudolph blieb neugierig.

»Nur ganz, ganz wenige. Ein paar Militärs und die Streber.«

»Streber? Was für Streber?«

Auch in diesem Punkt blieb der Vater verschlossen. »Ein Geheimbund«, sagte er, mehr nicht.

»Das wird ja immer bizarrer. Mach es doch nicht so spannend. In was für einer Welt lebst du eigentlich?«

»Du musst dich bewähren, mein Sohn!«, forderte Rudolphs Vater. »Ich will sehen, dass ich Salem geraderücke. Andernfalls gehst du auf eine andere Schule. Nach dem Abitur wirst du alles über die Reservate erfahren, alles. Auch über die Streber. Nur eines musst du mir hoch und heilig versprechen: Niemand, wirklich niemand, noch nicht einmal dein bester Freund, darf davon erfahren.«

»Ich gelobe es«, schwor Rudolph feierlich. Dann grinste er seinen Vater an. »Darf ich heute nochmals mit Monika?«

»Du bist mir ja der Richtige. Sooft du kannst«, gestand ihm sein Vater zu, kumpelhaft lächelnd.

»Weiß Mutter von den Reservaten und dem Liebesnest?«

»Um Gottes willen, das ist Männersache.«

***

Agnes und Günter gingen weiter. Sie waren gerade aus dem Wald getreten, da sahen sie ein brummendes Ding in der Ferne. Es bewegte sich auf sie zu, kam näher und wurde größer. Die beiden versteckten sich hinter Baumstämmen und beobachteten den näher kommenden Apparat. Ein Gestell mit zwei Rädern. Darauf ein Mann in grüner Kleidung mit etlichen Zeichen daran. Außerdem trug er eine seltsame, runde Kopfbedeckung, grün mit weißem Streifen, die ebenfalls sonderbare Zeichen aufwies.

Das Gefährt fuhr an ihnen vorbei. Sein Brummen erinnerte Günter an das Geräusch der *Götter*vögel. Es war aber nicht so laut. War das trotzdem auch ein *Gott*?

An diesem Tag sahen Agnes und Günter etliche schöne Häuser, deren Außenmauern aus Stein und Holz bestanden. Sie waren durch keine Mauer eingefasst, also auch kein Reservat. Das Paar näherte sich ihnen. Die Gebäude standen in Gruppen zusammen und waren mit Straßen verbunden, die eine glatte, graue Oberfläche hatten – statt nur aus Erde oder allenfalls ein paar Steinen zur Befestigung zu bestehen. Manchmal stand neben der Straße eine Stange mit einem langen, waagerechten, blauen Schild mit ähnlichen Zeichen darauf wie am Waldrand. Nur waren die Zeichen hier weiß.

Agnes und Günter hielten einen gehörigen Sicherheitsabstand zu den Häusern ein, da sie sich erst einmal ein Bild davon machen wollten, was es zu sehen gab. Immer wieder beobachteten sie Kästen mit Gebrumm über die Wege gleiten. Auch Menschen entdeckten sie, aber auch denen wollten sie nicht zu nahe kommen.

Waldstücke und Felder wechselten sich ab, riesige Felder mit Kartoffeln, sehr dicken Rüben und anderem Gemüse. Das Paar umrundete die Ansiedlung weiträumig und fand abseits eines Weges eine schöne Holzhütte mit Tischen und Bänken. Davor war ein Brett angebracht mit verschiedenen Zeichen, darunter auch kleine, farbige Bildchen wie ein Blatt, ein Asttier, ein Baum, ein Käfer und einiges andere.

»Hier können wir uns niederlassen und übernachten«, schlug Günter vor. Die Idee war gut, denn selbst bei Regen waren sie geschützt. Sie verstauten ihr Gepäck in der Nähe und tarnten es mit ein paar Zweigen. Dann erforschten sie den Wald weiter. An dessen Rand sahen sie eine riesengroße Ansammlung von Häusern, die zum Teil sehr hoch waren, höher als mancher Baum. Agnes und Günter kamen aus dem Staunen nicht heraus.

Nach einer Weile gingen sie zurück zu ihrem Proviant. Nachdem sie sich gestärkt hatten, begann die Sonne bereits zu sinken. Agnes und Günter machten sich noch einmal zu den Häusern auf, die sie anfangs gesehen hatten.

In denen gingen Lichter drinnen an und schimmerten durch die Fenster. Das Paar schlich sich heran und spähte vorsichtig hinein. Das Licht stammte nicht von einer Kerze oder einem brennenden Span, sondern kam aus einer Kugel an der Decke und war sehr hell. Unter dem Licht stand ein Tisch. Leute gingen hin und her. Sie trugen ordentliche Kleidung. Es waren eine Frau, ein Mann und zwei Kinder.

In diesem Haus lebten also die beiden Menschenarten zusammen, und die Kinder waren mit bei ihnen. Bald saßen alle um den Tisch herum. Aus großen Töpfen schöpfte die Frau Essen auf die Teller, und alle begannen mit der Mahlzeit. Die Kinder hatten Gläser mit gelber Flüssigkeit vor sich. Der Mann hebelte den Deckel von einer braunen Flasche und goss seiner Frau und sich davon etwas in die Gläser. Auch dieses Getränk war goldgelb, und beim Einschenken fing es an zu schäumen. Die Mienen verrieten Agnes, dass es schmecken musste, als sie es tranken.

***

Er würde seinen Mann stehen, wenn irgendwelche Schweine wieder die Regeln brachen. Das hatte Clemens sich vorgenommen. Nach gut einem halben Jahr war es soweit. Die Lehmanns waren ausgestiegen, eine Familie, von der das niemand erwartet hätte. Die mussten weg. Clemens' Auftrag war es, alles zu töten, was sich an Lebewesen in der Wohnung aufhielt – ob Hund oder Katze, ganz egal, was auch immer. Aber auch weitere Personen, falls sie zufällig anwesend sein sollten. Den Kern seines Auftrags verstand Clemens erst, nachdem er dem Paar das Hirn aus dem Schädel gepustet hatte. Plötzlich hörte er hinter sich ein Mädchen wimmern. Acht Jahre alt, vielleicht. Die also auch.

***

Nach einer Weile trug die Frau Geschirr und Töpfe aus dem Raum. Der Mann und die Kinder gingen in ein anderes Zimmer. Agnes und Günter wechselten die Fenster. Im neuen Zimmer stand ein großer Kasten, an dem der Mann herumdrückte. Plötzlich geschah etwas Faszinierendes: Der Kasten wurde vorn hell, und es erschien ein Bild. Dieses bewegte sich ständig und wechselte sich mit neuen Bildern ab. Das Bild konnte auch sprechen und sogar Musik machen. Das hörten die beiden selbst durch die geschlossenen Fenster.

Bald darauf verließen die Kinder das Zimmer. Wahrscheinlich gingen sie schlafen. Dafür gesellte sich die Frau zu ihrem Mann auf eine stattliche Sitzbank, die anscheinend sehr, sehr weich war. Agnes und Günter schauten jedoch wie gebannt auf den flimmernden Kasten. Ein Wunder. Vielleicht waren diese Leute doch Götter?

Das Paar löste sich erst wieder vom Fenster, als der Mann

im Zimmer abermals auf einen Knopf drückte. Doch diesmal nicht am Kasten, sondern auf einem kleinen Brett, das er in der Hand hielt. Daraufhin wurde der Kasten schwarz. Die Leute standen auf und verließen das Zimmer. Der Mann drückte auf einen Knopf neben der Tür, und das Licht ging aus. So einfach war das.

Dafür ging hinter einem anderen Fenster Licht an. Dessen Glas war aber matt, sodass man nicht hindurchsehen konnte. Zum Glück stand es ein wenig auf, und Günter erkannte, dass es das Bad war. Es gab hier eine blütenweiße Waschschüssel, die einfach an der Wand angebracht war! Wasser lief aus einem Rohr, an dem der Mann nur zu drehen brauchte.

Auch eine riesige Badewanne stand in dem Raum, ebenfalls blütenweiß, genau wie die Toilette. Und alles hochglänzend. Der Mann wusch sich und putzte sich die Zähne. Seine Zahnbürste hatte einen größeren Griff und fing an zu brummen. Erstaunlich langsam fuhr der Mann sich damit über die Zähne.

Er ging, und bei der Frau wiederholte sich die gesamte Prozedur. Endlich erlosch auch dieses Licht, im Haus war es friedlich und still.

Agnes und Günter wagten nicht zu sprechen. Doch sie hatten zuvor schon ein kleineres Haus nebenan gesehen.

Dort schlichen sie jetzt hin. Die große Tür, durch die man das Haus betrat, war nicht verschlossen. Leise öffneten sie sie. Agnes' Augen, die sich schnell an die Dunkelheit gewöhnt hatten, erkannten einen Knopf neben dem Eingang. Sie drückte darauf, es gab ein leises Klicken, und mit anfänglich leichtem Geflacker leuchtete danach ein heller Stab von der Decke. Erschrocken betätigte sie erneut den

Knopf. Unter ihren Fingern bewegte er sich in die andere Richtung, und das Licht ging aus.

***

In der Schwangerschaft wurde Inga von einer Frauenärztin in Passau betreut, für die Niederkunft wählte sie jedoch Graz. In der Privatklinik Ragnitz wollte sie ihr Kind zur Welt bringen. Immer noch war sie sich nicht sicher, ob die Streber sie nicht nach wie vor verfolgten.

Die Schwangerschaft verlief komplikationslos, von kleinen Unregelmäßigkeiten abgesehen. So sank der rote Blutfarbstoff mehr als üblich ab; er erholte sich aber mithilfe von Eisentabletten und viel Gemüse wieder. Stolz zeigte Inga Traudl die Ultraschallbilder und war schon ganz verliebt in das kleine Wesen in ihrem Bauch.

»Was wird es denn?«, wollte Traudl wissen. Doch davon wollte sich Inga überraschen lassen. Ihr Chef war über den voraussichtlichen Geburtstermin informiert und wusste nun, dass mit einer baldigen Rückkehr seiner Mitarbeiterin nicht zu rechnen war. Schriftlich wünschte er ihr in jeder Hinsicht viel Glück.

Zwei Wochen vor dem Geburtstermin siedelte Inga um in ein Hotel in Graz. Traudl liefen beim Abschied die Tränen über die Wangen. Über eine so lange Zeit hatte sie noch nie einen Gast gehabt – und kaum einen so sympathischen und unkomplizierten. Inga war ihr ans Herz gewachsen, denn eine solche Frau hätte man gern als Schwiegertochter gehabt. Ihr Freund wusste gar nicht, was ihm da entging. Inga versprach Traudl, sie mit dem Neugeborenen so bald wie möglich zu besuchen. Daraus wurde allerdings nichts.

Die Klinik war vorzüglich, das Zimmer komfortabel, Ärzte, Hebammen und Schwestern machten den besten Eindruck. Insgesamt entsprach sie mehr einem Hotel als einem Krankenhaus.

An einem Freitag setzten die Wehen ein. Am Nachmittag lag Inga im Kreißsaal. Es schien ihr, als hätte sie alles vergessen, was sie in der Vorbereitung gelernt hatte. Die Hebamme redete beruhigend auf sie ein und fand einen Weg zu ihr. Obwohl die Schmerzen zunahmen, wurde Inga ruhiger. Die Hebamme war zufrieden.

Der Muttermund dehnte sich langsam, aber stetig. Haare erschienen, die Stirn lugte hervor, ein zerknautschtes Gesicht kam zum Vorschein, alles wie in Zeitlupe. Eine Schulter zeigte sich, die Hebamme half etwas nach. Dann die zweite. Die Hebamme griff die kleinen Ärmchen, und dann ging es plötzlich ganz schnell. Der Brustkorb rutschte heraus, Bauch und Beine folgten binnen Sekunden.

Das Neugeborene schrie, und alle Anwesenden strahlten. Die Hebamme legte das schmierige, blutige Bündel auf Ingas Bauch. Diese drückte es an sich. Mit unsicheren Bewegungen ruderte das Neugeborene mit Armen und Beinen herum. Schmerzen und Anstrengung waren vergessen, Glücksgefühle machten sich bei Inga breit.

Nach einer Weile wurde das Kind gebadet. Es war ein Mädchen, und Inga war das recht. Sie hatte keine Vorliebe. Apgar zehn, meinten die Ärzte. Das bedeutete, medizinisch war alles in Ordnung. Nur das zählte.

Während das Baby im warmen Wasser plantschte, machte Inga bereits einige Schritte von der Liege weg und zurück. Bald wurde sie in ihr Zimmer geleitet. Die Kleine hatte ein Bettchen neben ihrem, sodass sie sie jederzeit zu sich nehmen konnte. Es dauerte nicht lange, da lag es an ihrer Brust und nuckelte friedlich.

Es war schon ein Unterschied, eine Puppe oder das eigene Kind zu wickeln. Eine Schwester kontrollierte beim ersten Mal diesen Vorgang am lebenden Objekt und gab Inga die Note *vorzüglich*.

Beim nächsten Stillen schlief die Kleine ein, sah zufrieden und entspannt aus. Inga legte sie vorsichtig in ihr Bettchen und deckte sie zu. Dann ging sie aus dem Zimmer und ließ die Tür einen Spalt offen, damit sie hörte, wenn sie schrie. Sie setzte sich in eine Nische im Flur, nur ein paar Meter entfernt. Von dort hatte man einen wundervollen Blick auf die nahen Berge.

Inga hörte nichts, doch irgendetwas kam ihr seltsam vor. Sie ging zurück ins Zimmer und traf dort auf ein fremdes Paar. Die Frau hielt ihre Kleine in den Armen. Der Mann packte Inga, setzte ihr ein Messer an die Kehle und wollte ihr den Mund zuhalten. Sie biss zu, er schrie »Scheiße« und ließ sie los. Sie rannte auf den Flur und schrie um Hilfe, so laut sie konnte.

Sonst wimmelte es hier immer von Menschen, jetzt war niemand zu sehen. Agnes stürzte zum Schwesternzimmer und brüllte hinein: »Die haben mein Baby!« Einige Schwestern und Pfleger sprangen auf und rannten zu ihrem Zimmer. Doch das war leer.

***

Verunsichert huschten Agnes und Günter aus der Tür. Doch im Haus rührte sich nichts. Mutig gingen die beiden wieder hinein, und Agnes schaltete das Licht erneut an. Sie sahen sich um. Mitten drin stand ein großes Gebilde aus stabilem Blech. Es hatte vier Gummiräder, und der obere Teil bestand fast vollständig aus Glas – wie eine Art Kuppel. Die Gefährte im Wald hatten Agnes und Günter nur aus der Ferne gesehen. Sie kamen ihnen ähnlich vor, hatten jedoch eine deutlich andere Form. Und dieses hier war hellblau. Im Wald die waren alle grünlich oder bräunlich, einige auch gefleckt.

Gummi und Glas waren auch solche Dinge, die nur die *Götter* brachten. Waren das hier eventuell auch welche? Der Kopf sagte zwar ›Nein‹, doch der Bauch zweifelte, antwortete eher mit ›hoffentlich nicht‹.

Eindeutig waren da Türen auf beiden Seiten und Sitze innen drin. Wie ein Wagen. Aber wer sollte den ziehen? Im Reservat gab es nur Handkarren. Dieses Gefährt hatte aber nicht mal eine Deichsel oder irgendeine Vorrichtung, an der man eine hätte anbringen können.

Agnes wagte es. Sie ging zur Tür, an der eine Art Metallschlaufe angebracht war. Sie zog daran, und mit einem Klicken ging die Tür auf. Agnes setzte sich hinein. Meine Güte, fuhr es ihr durch den Kopf, waren das weiche Sitze! So ähnlich musste sich die Bank anfühlen, auf der die Leute vor dem Kasten mit den flimmernden Bildern gesessen hatten.

Auf ihrer Seite hatte sie ein komisches Rad vor sich, an dem sie drehen konnte. Es gab verschiedene Instrumente und Knöpfe vor ihr zu bedienen, deren Funktion sie nicht verstand. Sie drehte an dem Rad. Es gab etwas nach, aber es passierte nichts. Günter, der Agnes beobachtet hatte, sagte, die Räder vorn hätten sich etwas bewegt.

Agnes stieg wieder aus. Neben diesem Gefährt befand sich ein Fahrrad. Natürlich lernte Agnes diesen Begriff erst später. Sie begutachtete die Konstruktion, erschloss sich, dass es wohl zum Fahren gedacht war – konnte sich aber nicht vorstellen, wieso man nicht damit umkippte. Denn es hatte ja nur zwei Räder

Günter bestaunte derweil ein Regal mit Werkzeug. Einige Dinge kannte er: Hammer, Nägel, Sägen, Zangen. Auf vieles konnte er sich überhaupt keinen Reim machen. Größere und kleinere Gerätschaften, meist mit einer Schnur dran, die sich am Ende verbreiterten. Aus einer Art eingekerbter Platte ragten zwei Stifte heraus. An der Wand sah er Löcher, in die diese Platten genau hineinzupassen schienen. Aber er traute sich nicht, es auszuprobieren.

Dann fand er einen Stab mit einen Glas vorn, einem Glastrichter dahinter und einem Glaskügelchen darin. Außen war so etwas wie ein längs angeheftetes Stäbchen. Günter drückte daran herum, schaute dabei in das Glas. Plötzlich war er geblendet. Der Stab warf ihm einen grellen Lichtstrahl genau in die Augen. Vor Schreck ließ Günter ihn fallen. Agnes sah verstört zu ihm herüber, erkannte den leuchtenden Stab auf dem Boden. Das Glas war nicht zerbrochen. Begeistert hob sie ihn auf und fragte: »Was ist das?«

Günter zuckte nur die Schultern. »Das Licht war jäh vorhanden, als ich an dem Stäbchen geschoben habe.« Agnes schob auch daran herum, und als sie es in die richtige Richtung bewegte, ging das Licht wieder aus.

Sie hatten alles gesehen. Agnes winkte Günter nach draußen. Den Stab nahm sie mit. Sie verschlossen die Tür. »Ob das eine gute Idee ist, den *Götter* etwas fortzuschaffen?«, fragte Günter.

Agnes lachte, und Günter stimmte ein. Sie wussten beide, dass es die *Götter* nicht gab. Doch steckten die Lehren, denen sie mehr als ein halbes Leben lang hatten folgen müssen, in den Tiefen ihres Bewusstseins fest.

Das nächste Haus war nicht weit entfernt. Auch zu diesem gingen sie. Die Fenster waren alle dunkel. Aus einem der Zimmer drang gleichmäßiges Schnarchen. Das ermutigte Agnes und Günter, auch hier die Garage zu untersuchen, und nicht nur hier, sie untersuchten sieben oder acht davon. Nur eine davon war abgeschlossen. Auch den Begriff *Garage* erlernten sie erst später. In den Reservaten hatte es nur Schuppen gegeben. Sie entdeckten neben Autos auch ein Motorrad, Werkzeug und viele Geräte, die es im Reservat nicht gegeben hatte.

Im letzten Schuppen stand in einer Ecke eine Kiste mit Dingen aus Karton und Papier darin. Anders als im Reservat, wo das Papier nur zum Verpacken benutzt wurde, war das hier an einer Seite zusammengeklebt, sodass man es Blatt für Blatt umblättern konnte. Es war auch nicht grau oder hellbraun, sondern fast weiß. Außerdem zeigte es Bilder, zwischen denen sich merkwürdige Zeichen befanden, die in Reihen angeordnet waren.

Agnes betrachtete das alles fasziniert. Der Karton um die Blätter war fest, glatt und viel dicker, so, als solle er die Blätter beschützen, die darin eingeklebt waren. Bei einer dieser Blattsammlungen blieb sie hängen. Auf der ersten Seite war ein Apfel zu sehen, daneben ein großes Zeichen: Zwei Striche, die oben aneinanderstießen und in der Mitte mit einem Strich verbunden waren. Daneben noch ein Zeichen, kleiner, ein Kreis fast. An seiner rechten Seite war ein glatter Strich.

Unter der Abbildung des Apfels waren fünf verschiedene

Zeichen, alle viel kleiner. Das erste davon war das gleiche wie das große neben dem Apfel.

Agnes blätterte um und ahnte schon, dass sie den Schlüssel für die Zeichen in den Händen hielt. Die nächste Seite bestätigte ihre Vermutung. Statt des Apfels war ein Baum zu sehen, daneben zwei Zeichen, beide gleich groß. Das erste war ein Strich mit zwei halben Kreisen übereinander. Das zweite hatte nur den unteren Kreis.

Darunter vier Zeichen nebeneinander. Das erste wiederholte das große neben dem Baum. Das zweite sah genauso aus wie das kleinere von der ersten Seite.

Die anderen zusammengeklebten Papierbündel hatten außen lustige Bilder drauf. Auf einem war ein Gefährt abgebildet, wie sie es in diesen Häuschen gefunden hatten.

»Das alles nehmen wir mit«, entschied Agnes und fing an, das Papier in ihren Rucksack zu stapeln.

»Wieso denn dieses?«, wollte Günter wissen. Er hätte sich lieber einiges von dem Werkzeug geschnappt, um es in Ruhe zu untersuchen.

»Ich glaube, wir sind hier auf etwas Wichtiges gestoßen«, antwortete sie. Nachdem sie alles im Rucksack verstaut hatte, wollte sie ihn sich aufziehen, bekam ihn aber fast nicht hoch. »Günter, du musst die Hälfte mir abnehmen.« Widerwillig machte der das, sah seine Chancen auf Zauberwerkzeug jedoch schwinden. Doch ein scharfes Messer, eine Säge und eine kräftige Zange ließ er mitgehen.

Die beiden mussten sich nicht absprechen. Sie sahen sich in die Augen und machten sich auf den Weg zu ihrer Hütte im Wald. Dabei half ihnen der leuchtende Stab ungemein. Sie mummelten sich in ihre Decken ein und fielen schnell in tiefen Schlaf.

Die Nacht war jedoch kurz, denn das Gesehene wühlte in ihnen und verkürzte die Ruhezeit. Fast gleichzeitig wurden sie wach, schauten sich an und begannen zu reden.

»Das Licht – von der Decke oder aus so einem Stab. Einen Knopf gedrückt, und schon da ist es. Das ist doch unbegreiflich«, sinnierte Agnes.

»Nein, zu begreifen ist das nicht«, gestand Günter. »Aber die Bilder in dem Kasten doch auch nicht. Vielleicht sind das tatsächlich Götter – oder Untergötter?«

»Hör du auf mit deinen *Göttern* immer!« Agnes klang fast ärgerlich. »Die Leute sahen ganz herkömmlich aus. Das waren keine *Götter.* Ich glaube nur, die wissen und können mehr als wir. Uns haben die *Götter* mit Absicht dumm gehalten. Was haben wir beide inzwischen nicht schon alles herausgefunden, was wir nie hätten wissen dürfen.«

»Das ist wohl so«, betätigte Günter. Und wie zur Bestätigung entdeckten sie jetzt etwas weiter weg eines von diesen Vierrad-Teilen. Es brummte wie die Göttervögel und das Ding gestern mit den zwei Rädern. Obwohl es ziemlich weit weg war, konnten die beiden einen Kopf durch das vordere Seitenfenster erkennen.

***

Clemens stand im Schlafzimmer des Paares im ersten Stock. Zum Glück lagen die erschossenen Eltern neben den Betten, die Kleine hatte sie noch nicht sehen können.

»Komm schnell weg«, sagte er zu ihr. »Hier ist etwas Schreckliches passiert. Wir müssen weg, sonst geht es uns auch schlecht.«

Die Kleine fing an zu jammern. Clemens legte ihr seine

Finger auf den Mund und sagte: »Schschsch ... ganz ruhig, sonst hören sie uns.« Er nahm das Kind auf den Arm und rannte in den Keller. Es musste extrem schnell gehen. Der Aufpasser würde sonst unruhig werden, wenn er nicht bald erschien.

Diese Einfamilienhäuser hatten doch meist einen separaten Kellereingang. So war es auch hier. Clemens musste nicht lange suchen. Als er um die Ecke schaute, sah er den Aufpasser auf dem Bürgersteig Wache schieben. Dann schaute er auf die Uhr und ging zum Hauseingang. Diesen Moment nutzte Clemens. Er rannte mit dem Mädchen zum Gartenzaun, kletterte auf das Grundstück des Nachbarn und hob das Kind zu sich herüber.

»Wie heißt du denn?«, fragte er.

»Miriam.« Clemens wunderte sich, wie leicht er sie dazu gebracht hatte, ohne Widerstand mit ihm zu fliehen. Vielleicht spürte sie, dass das ihre einzige Chance war, am Leben zu bleiben.

Fünf oder sechs Zäune überquerten die beiden auf diese Weise. Dann stießen sie auf eine Seitenstraße. Clemens ging durchs Gartentor hinaus auf den Bürgersteig. Schnellen Schritts hastete er weiter, sodass Miriam ihm kaum folgen konnte. Clemens nahm sie auf den Arm. Schon bald merkte er, wie schwer ein Kind von acht Jahren sein kann.

Zum Glück kam bald eine Taxe. Clemens winkte sie heran und setzte Miriam auf die Rückbank. Er stieg zum Fahrer nach vorn und sagte: »Zur Polizeiwache.«

Gehorsam fuhr der Fahrer sie zur Wache, die in einem großen Verwaltungsgebäude untergebracht war. Clemens öffnete die Tür und rief dem Fahrer beim Aussteigen zu: »Bin gleich zurück, mit einem Polizisten.« Dann hetzte er die Treppe hinauf, verschwand im Gebäude – und ward nie mehr gesehen.

***

»Hier im Rucksack«, meinte Agnes, »haben wir den Schlüssel zu mehr Wissen.« Sie packte ein Papierpäckchen aus. Das mit dem Apfel und dem Baum hatte sie sich zuoberst gelegt. Sie zeigte Günter das erste Bild.

»Das hier ist ein Apfel, siehst du diesen?«

»Sehe ich wohl«, antwortete Günter, fast beleidigt ob einer so simplen Frage.

»Daneben stehen zwei Zeichen.«

»Sehe ich ebenso.«

»Spreche Apfel einmal ganz langsam aus.«

Günter tat wie ihm geheißen und fing an. »Ap …«

»Halt, zu schnell – noch langsamer.«

»Aaaa …«, begann Günter. Ihm fing das Spiel an zu gefallen.

»Das ist es«, sagte Agnes. »Apfel fängt mit ***A*** an. Und dieses Zeichen hier ist das *A*. Das gibt es anscheinend in zwei Formen, daneben nochmals in klein. Und da unten steht das ganze Wort *Apfel*.«

»Meinest du das wirklich?«

»Ich bin mir sicher.« Agnes blätterte um.

»Sieh hier, der Baum. Sage mir, was kommt als Erstes, wenn man Baum spricht?«

»Baauu – nein, nur B«, erkannte Günter ganz richtig.

»Ja, siehst du, das hier ist das ***B***, auch wieder in zwei Formen. Und unten steht *Baum*. Das Wort fängt an mit dem B. Und was kommt dann?«

»Aaauuu«, begann Günter.

»Halt«, unterbrach ihn Agnes, »nur ein ***a***, dann erst das ***u***, und am Schluss noch ein ***m***.« Sie blätterte zurück und zeigte auf das kleine **a**. »Sieh her, genau dieses Zeichen.«

Günter war begeistert. Das konnte stimmen und gut so sein, wie Agnes sagte. Er blättere weiter. Als Nächstes kam ein einfacher Bogen, einmal groß und einmal klein. Daneben ein komisches, bunt schillerndes Tier. Das hatte er noch nie gesehen, Agnes auch nicht. Also konnten sie es nicht entziffern. Es folgte ein Topf, allerdings sehr blass abgebildet. Der Deckel aber war überdeutlich klar dargestellt.

»Deckel«, sagte Agnes, »ein *D*. Das große und das kleine Zeichen sehen sich aber nicht sonderlich ähnlich. Einen Bogen haben sie beide, aber beim großen geht er nach rechts, beim kleinen nach links und ist auch nur halb so groß.«

Es folgte ein Tier mit einem Schnabel, einem Huhn nicht unähnlich, aber ihnen unbekannt – ein Längsstrich mit drei Querstrichen. Die kleine Variante glich fast einer Kugel mit einem Strich in der Mitte. Dann ein brennender Holzhaufen. »Feuer, *F*«, beschloss Günter. Wieder ein unbekanntes Tier, ein Vogel mit langem Hals. Jetzt ein Haus, und Agnes legte sich auf *H* fest.

So ging es weiter. Viele Bilder kannten die beiden, einige aber auch nicht. Nach dem Haus kam eine Kugel mit Stacheln und einer netten Schnauze vorn dran. Leichter waren *Krug, Mond, Nuss, Ofen, Rad, Sonne, Tisch, Wolke, Vogel* und *Zange.*

Vogel und Feuer verwirrten Agnes anfangs, fingen sie doch beide mit **F** an. Dafür gab es zwei Zeichen. Wieso? In *Feuer* gab es noch etwas Seltsames. Zweimal kam das Zeichen für das Schnabeltier darin vor, einmal hätte es ein **O** sein müssen für FOJÄR, einmal aber auch dieses **Ä**. Das Schnabeltier-Zeichen, die offene Kugel mit dem Querstrich, konnte sowohl für das **O** wie auch für das **Ä** stehen. Schon jetzt war Agnes klar, dass die Systematik sie nicht sonderlich überzeugte. Sie würde die Zeichen eindeutiger zuordnen müssen.

Günter verlor nach einer Weile das Interesse an dieser Beschäftigung. Ein weiteres Brummgefährt ratterte vorbei. Lieber wollte er sich umsehen, was es mit diesen Geräten auf sich hatte.

»Ich schlage dir itzt einmal vor, dass ich allein losgehe«, sagte er zu Agnes. »Du bist ja zur Gänze vertiefet in diese Zeichen.«

Sie überlegte kurz. Begab sich Günter in Gefahr? Vielleicht. Doch würde sie ihm helfen können, wenn irgendetwas Unvorhergesehenes passierte? Sicher nicht, trotzdem war ihr nicht wohl bei dem Gedanken. Sie verstaute ihr Zettelbündel im Rucksack und machte einen Gegenvorschlag.

»Ich komme mit dir mit, um festzustellen, ob wir allein in Gefahr sind. Aber die Rucksäcke lassen wir hier.«

Damit war Günter einverstanden. Sie versteckten ihr Gepäck wieder und zogen los. Sie gingen zu der Straße, von der aus sie die vielen Häuser gesehen hatten, und folgten ihr. Als sie dem ersten Haus nicht mehr fern war, stand am Straßenrand ein gelbes Schild mit verschiedenen Zeichen. Agnes versuchte, sie zu deuten.

Viele erkannte sie tatsächlich, hatte aber nur noch von einigen den Klang im Ohr. Die erste Zeichengruppe begann mit *W* wie bei *Wolke*. Es folgte eine zweite Gruppe, die mit einem runden Bogen begann und mit einem solchen endete, nur eben anders herum. Das erste Zeichen nach dem

Bogen war das *A* wie bei *Apfel.* Darunter waren weitere Zeichen.

Das Paar wanderte die Straße entlang. Hinten tauchten weitere Häuser auf die immer dichter standen. Es gab viel mehr Straßen mit Menschen. Manche musterten sie etwas verwundert, nahmen aber keine große Notiz von ihnen.

Die Sonne stieg höher. Die Zahl der Menschen nahm zu. Brummende Fuhrwerke, meist mit vier, manchmal auch mit zwei Rädern, waren überall zu sehen. Die Menschen gingen nur am Rand der Straße, wo es auf jeder Seite extra einen Streifen für sie gab. Wollten die Menschen die Straße überqueren, schauten sie sich um und gingen erst dann los, wenn keines dieser Brummdinger sich näherte.

Manchmal hielten diese aber auch an, um die Leute hinüber zu lassen. Das war meist dann, wenn weiße Streifen auf die Straße gemalt waren. Immer wieder kam ein Mensch auf einem dieser dünnen Gestelle angefahren und trat dabei in die Fußpedale.

Agnes wunderte sich, wie spielend einfach das aussah. Es schien keine Mühe zu machen, nicht umzukippen. Und dann gab es große und lange Brummkästen. Sie kamen angefahren, hielten an einer bestimmten Stelle, und die Türen öffneten sich zischend. Leute stiegen aus, andere stiegen ein. Dann fuhr das Ungetüm weiter.

Agnes und Günter beobachteten, was die Leute taten. Sie gingen mitunter in Häuser hinein, die nach vorn riesige Fenster hatten. Dahinter lagen die verschiedensten Dinge zum Ansehen bereit. Immer wieder verließen Leute diese Häuser mit einem Beutel oder einer Tasche in der Hand.

Und die Leute beobachteten ihrerseits das Paar. Wir sehen anders aus, dachte Günter. Wie zur Bestätigung sagte eine fremde Person: »Na, ihr beiden, ist das die neueste Mode aus Hannover?«

Agnes und Günter hörten das Gesagte, verstanden es aber nicht. Der Mann sprach zwar in einem anderen Tonfall, als sie es gewohnt waren, doch das war es nicht. Mit den Begriffen *Mode* und *Hannover* konnten sie nichts anfangen. Der Fremde schien keine Antwort zu erwarten, sondern ging grinsend weiter.

Gut, ein bisschen fielen sie schon auf, das war auch Agnes schnell klar. Nur wenige Männer trugen einen Bart, ihre Kleidung sah anders aus, und man hatte einen anderen Klang in der Stimme. Der Fremde war wohl davon ausgegangen, sie kämen von irgendwo her, das man als *Hannover* bezeichnete.

Das Paar ging mutig weiter und kam zu einer freien Fläche, die sie an den Dorfplatz im Reservat erinnerte. Hier standen die Häuser besonders dicht, die Fenster waren besonders groß, und viele Leute liefen hier herum. Das Gedränge war hier so groß, dass die beiden kaum noch auffielen.

***

Am Sonntag musste Rudolph wieder zurück nach Salem. Die beiden Tage zuvor verbrachte er fast vollständig im Bett mit Monika. Sie schien die ganze Zeit überhaupt nicht nüchtern zu werden. Rudolph tobte sich sexuell aus und konnte die nächste Ferienzeit kaum erwarten.

Doch erst einmal musste Salem gerettet werden.

Zwei Stunden vor der Abreise gab der Alte von Wallmoden seinem Sohn die notwendigen Instruktionen. Er hatte einen

Brief verfasst, in dem er sich für das Fehlverhalten seines Sohnes entschuldigte, vieles auf jugendlichen Übermut und die schwierige Pubertät schob und auch eigenes Versagen zugestand, indem er als Vater die rechte Sorgfaltspflicht habe vermissen lassen.

In mehreren ausführlichen Vater-Sohn-Gesprächen habe er aber den Ansatz eines beginnenden Reifungsprozesses erkennen können und bitte deshalb ausdrücklich um eine letzte Chance für seinen Sohn. Er könnte einen Schulverweis infolge diverser Vorfälle und des lebensbedrohlichen Anschlags auf einen Lehrer durchaus nachvollziehen, hoffe aber, dass die Schulleitung aufgrund ihres herausragenden pädagogischen Ansatzes großzügigerweise darauf verzichte.

Von Wallmoden versprach, bei geringsten weiteren Vorkommnissen selbst die Konsequenz zu ziehen und seinen Sohn abzumelden.

Von seinem Sprössling verlangte er erstens eine aufrichtige Entschuldigung bei Dr. Franke, zweitens, dass er Klassenbester in Chemie werde, und drittens, dass er dergleichen Unfug in Zukunft unterlasse.

Rudolph versprach, alle drei Punkte in die Tat umzusetzen, da er die glasklar strukturierte Strategie im Vorgehen seines Vaters akzeptierte.

***

Agnes und Günter folgten dem Strom von Menschen in eines der großen Häuser und waren beeindruckt von den riesigen Ausmaßen des Saales. Der war voll gestellt mit Regalen, in denen die verschiedensten Dingen auslagen. Viele kannten die beiden, aber längst nicht alle.

Am Eingang standen Kästen mit Obst und Gemüse wie Äpfeln, Birnen, Kartoffeln, Erbsen, Bohnen und vielem anderen. Dann entdeckten sie durchsichtige Päckchen mit allen möglichen Scheiben drin. Einiges erkannte Agnes als Fleisch, ähnlich wie das von ihren Langohren oder Großvögeln. Dann gab es einen Stand mit Wassertieren, an dem aber nicht nur die Sorte angeboten wurde, die sie im Fließwasser hatten, sondern viel größere, zum Teil in Scheiben geschnitten, zum Teil aber auch ganz kleine.

Brot war Agnes und Günter vertraut, aber derart viele Sorten hatten sie noch nie gesehen. Überall und auf jeder Packung waren diese Schilder mit den Zeichen darauf angebracht. Agnes wollte wissen, was sie bedeuteten, musste sie beherrschen. Sie fieberte nach ihren Papierbündeln. Doch erst einmal wollte sie diese Wunder hier bestaunen.

Man durfte die Dinge durchaus anfassen und Sachen aus den Regalen nehmen, um sie anzuschauen. Die Leute schauten offenbar auf diese Zeichen, die in Linien auf jedem einzelnen Gegenstand angebracht waren.

Das tat sie jetzt ebenfalls, doch mit den Zeichen konnte herzlich wenig anfangen. Günter entdeckte ein Regal, in dem es Scheren, Nadeln, Zwirn und anderes Gerät gab. Das interessierte ihn. Alles war neu und fein, die Nadeln waren so zierlich, wie er es nicht kannte.

Derweil ging Agnes weiter. In einer Reihe standen nur Truhen, keine Regale. Manche der Leute schoben die durchsichtigen Deckel zur Seite und nahmen etwas heraus. Meist behielten sie es, manchmal legten sie es aber auch wieder zurück. Neugierig machte Agnes das auch. Durch den Deckel sah sie, dass dort Kartons lagen, auf denen Erbsen abgebildet waren. Sie schob den Deckel also zurück, griff nach einer der Schachteln und ließ sie erschrocken sogleich wieder fallen. Die war ja eisig kalt. Wie war denn so etwas möglich, mitten in diesem warmen Raum?

Doch Agnes fasste sich ein Herz. Jetzt war sie vorbereitet. Sie nahm eine Packung heraus. Wirklich, eiskalt. Die ganze Schachtel war mit feinen Eiskristallen überzogen. In der Tat, die Abbildung zeigte Erbsen. Sie schüttelte die Schachtel ein wenig. Es rasselte in der Packung, was sich eher nach kleinen Steinchen anhörte als nach Erbsen.

Nach dieser Entdeckung ging Agnes zu Günter. Sie berichtete ihm von der wundersamen Kälte, und Günter ging mit ihr zu den Truhen. Gemeinsam nahmen sie nun Packungen heraus, betrachteten sie, unterhielten sich darüber und legten sie wieder zurück.

***

Inga sank in Ohnmacht, nicht nur vom Schock. Eine Schwester schrie auf: »Die blutet ja am Hals!«

Als Inga wieder zu sich kam, lag sie auf der Intensivstation der Uniklinik, den Hals verbunden. Mühsam erinnerte sie sich an die Vorfälle.

»Wo ist mein Kind?«, fragte sie die Schwester, die als Nächste das Zimmer betrat. »Gott sei Dank, Sie sind wach«, sagte diese und fuhr erst dann fort: »Um ihr Kind kümmert sich die Polizei.«

Die junge Mutter erfuhr, dass der Eindringling ihr in die Halsschlagader geschnitten hatte. Zum Glück nur sehr oberflächlich. In dem ganzen Stress hatte Inga das nicht bemerkt. Sie wurde vor Ort notfallmäßig versorgt, dann aber mit einem Hubschrauber in die Gefäßchirurgie der Uniklinik gebracht. Die Ärzte verschlossen den Gefäßdefekt, der zu enormem Blutverlust und zu einem tiefen Kreislaufschock geführt hatte. Die Anästhesisten stabilisierten sie mit Transfusionen, doch war es schwierig, Ingas Nieren wieder zum Arbeiten zu bekommen.

Doch dann war alles überstanden.

Nicht überstanden und in keinster Weise aufgeklärt war hingegen die Entführung des Babys, auch vier Wochen später noch nicht, nachdem Inga Graz verlassen hatte. Ihr war klar, dass die Streber dahintersteckten. Doch sie vermied es, die österreichische und später die deutsche Polizei über ihren Verdacht zu informieren, so sehr sie auch bohrten. Zu tief war ihr Misstrauen.

In Hannover konnte Inga wieder bei Ferdinand unterkommen. Er bot ihr an, länger zu bleiben. Doch sie war sich nicht sicher, ob sie das Angebot annehmen sollte. Die Sorge um ihre Tochter trieb sei um. Offiziell hatte sie ja noch nicht mal einen Namen für sie. Inga hätte sich für Maja entschieden.

So schnell wie möglich traf sich Inga mit ihrem Chef. Dem konnte sie anvertrauen, dass sie herausfinden wollte, was mit Maja passiert war. Sie musste an die Streber herankommen, ohne selbst jedoch viel unternehmen zu können. Sie dachte an eine kosmetische Operation, um ihr Äußeres zu verändern. Aber das würde dauern. Der Chef versprach, drei seiner Mitarbeiter auf die Streber anzusetzen, konnte allerdings keinen Erfolg zusagen.

Auf dem Weg zurück zu Ferdinand half Inga wieder einmal der Zufall. An sein Grundstück grenzte ein verkommener Obstgarten an, der schon seit Jahren nicht mehr gepflegt wurde. Die verwilderten Bäume und buschigen Brombeerhecken machten den Eindruck von einem Urwald mitten in der Stadt. Der Zaun war an etlichen Stellen niedergetreten. Inga hatte herausgefunden, dass sie von der Bushaltestelle aus das letzte Stück des Wegs durch diese Wildnis gehen konnte.

Auch hier ließ ihre Wachsamkeit nicht nach. Sie gewahrte einen Mann hinter einem Baum und trat einen Schritt zurück. Erleichterte er sich dort? Nein, dafür verharrte er viel zu lange bewegungslos an ein und derselben Stelle. Ganz klar, der Mann inspizierte die Straße. Bei genauerem Hinsehen erkannte sie den Beobachter im Halbprofil: Es war Otto. Die Streber waren ihr also wieder auf den Fersen.

Sie musste handeln, keine Frage. Es war ein langer Prozess, der in Ingas Kopf ablief, doch sie zog augenblicklich die Konsequenzen. Dabei musste sie von zwei Voraussetzungen ausgehen. Zum einen, ihre kleine Maja lebte nicht mehr. Angesichts der Skrupellosigkeit der Streber war sie sich dessen sicher. Einen Erpressungsversuch oder eine Lösegeldforderung hatte es nicht gegeben. Was sollten sie mit einem so kleinen Wurm anfangen? Zum anderen würden die Streber sie weiter suchen und eines Tages auch erwischen. Sie konnte sich nicht dauerhaft auf ihr Glück verlassen.

***

Die Leute fuhren mit Wagen herum, die sie sich am Eingang geholt hatten, wo eine ganze Schlange solcher Wagen stand. Die luden sie entweder mit Sachen aus den Regalen voll oder ließen sich etwas von den Menschen hinter den Theken geben. Agnes und Günter beobachteten, dass einige Leute ohne Wagen sich einen oder zwei Gegenstände aus den Regalen nahmen und sich zum Ausgang des Saals begaben. Nur wenige, wie sie, hatten nichts in den Händen.

Dort war eine Sperre mit Wächtern, die nebeneinander saßen und den Ausgang blockierten. Zwischen ihnen waren schmale Gänge, daneben rollte jeweils ein Gummiband. Auf diese packten die Leute ihre Sachen aus dem Wagen. Die bewegten sich immer ein Stück weiter vorwärts. Der Wächter oder die Wächterin nahm jedes Stück einzeln in die Hand und hielt es gegen ein rot glitzerndes Licht. Irgendetwas piepte, dann griffen sie nach dem nächsten Stück auf dem Band.

Wenn alles durch die Kontrolle war, sagte der Wächter oder die Wächterin eine Zahl. Die Menschen öffneten ein kleines Täschchen, dem sie bunte Papierscheine oder Metallscheiben entnahmen. Die gaben sie der Wächterin, die auf eine Taste drückte und den Leuten manchmal andere Papiere und Scheiben gab. Zum Schluss drückte sie ihnen noch einen langen weißen Streifen in die Hand, den aber nicht alle wollten.

Andere gaben keine Scheine und bekamen auch keine zurück, sondern steckten ein Kärtchen in einen kleinen Schlitz und tippten etwas darauf herum. Nur der weiße Streifen wurde auch ihnen angeboten. Dann durften sie den Saal verlassen und nach draußen gehen.

Das Paar verfolgte diese Vorgänge eine Weile lang. Dann bemerkte es, dass man es in Augenschein nahm. Wurde man misstrauisch? Keiner stand hier einfach nur so herum. Anscheinend wusste jeder hier, was er zu tun hatte. Zu allem Überfluss sagte noch jemand: »Na ihr zwei, seid wohl aus dem Urwald geflohen?« Er lachte dabei und ging weiter.

Das Paar blickte sich kurz verunsichert an, dann äußerte Günter, dass sie gehen sollten. Er hatte beobachtet, wie jemand ohne etwas in der Hand einfach an der Wächterin vorbeiging. Er hob kurz die Hände und sagte so etwas wie »Hab mein Geld vergessen«. Dann durfte er ungehindert aus dem Saal gehen.

Günter wusste weder, was *Geld* ist, noch ob er es richtig würde aussprechen können. Er packte Agnes an der Hand, zog sie an einer anderen Wächterin vorbei und nuschelte etwas wie: »Hb mn Gld vrgessen«. Die Wächterin blickte kurz hoch, nickte gelangweilt und ließ sie ziehen.

Draußen machte wieder jemand eine Bemerkung über sie: »Wo seid ihr denn ausgebrochen?« Dabei lachte der Betreffende, wartete aber nicht auf eine Antwort.

»Lass uns zu unserem Gepäck gehen«, schlug Agnes vor. »Ich glaube, für heute habe ich genug gesehen.« Günter stimmte ihr zu, und sie verließen den Ort. Die Leute wurden wieder weniger, doch hatten beide das Gefühl, jeder Vorübergehende musterte sie von oben bis unten.

Unterwegs berieten sie sich. Es war klar, dass man in dem Saal alle möglichen Dinge bekam, für die man aber Papier oder Scheiben abgeben oder ein Kärtchen in einen Schlitz stecken musste. Was war das für Papier, und woher bekam man ein solches Kärtchen?

Ein paar Mal fuhr ein brummendes Gefährt an ihnen vorbei. Das wunderte sie schon gar nicht mehr. Eines hielt sogar. Der Mann streckte seinen Kopf aus dem Fenster und fragte: »Wollt ihr ein Stück mit?«

Nach kurzer Schockstarre antwortete Agnes: »Nein danke, wir wollen lieber laufen.« Der Mann winkte ihnen aus dem Fenster mit der Hand zu und brauste mit dem Gefährt unter noch lauterem Brummen davon. Agnes kam sich richtig schüchtern vor, doch sie winkte zurück.

»Hier gibt es anscheinend auch liebenswürdige Leute.« Günter nickte zustimmend. Zurück an der Hütte legte Günter sich auf eine Bank und schlummerte sofort ein. Agnes ließ das Erlebte nicht los. Sie nahm sich die Papierblätter und grübelte über die Zeichen nach.

***

Wie es mit Miriam weiterging, darüber machte sich Clemens später noch Gedanken. Was hatte er der Kleinen bloß angetan! Ihre Eltern abgeknallt. Und sie sollte er ebenfalls ins Jenseits befördern. Wie alle anderen Lebewesen in diesem Haus. Ahnten Julio, Manfred und wer auch immer nicht, dass das eine Grenze war, die er nie überschreiten würde? Ein Kind umbringen? Oder war es der ultimative Test vor Stufe sieben, ihn zum Mörder zu machen? Damit war er ein Gejagter. Gejagt von der Polizei und den Strebern. Die Streber fürchtete er mehr.

Der Taxifahrer wird mit Miriam zur Polizei gegangen sein, nachdem ihm die Warterei zu lang geworden war. Er würde nach dem Mann fragen, der hier hineingelaufen war – und nur Kopfschütteln ernten. Niemand würde sich an Clemens erinnern. Keinem war aufgefallen, dass da jemand bei diesem Publikumsverkehr durch Gänge marschierte, in die er nicht gehörte. Auch dass er den Gebäudetrakt durch einen Nebenausgang wieder verlassen hatte, konnte niemanden interessieren.

Die Beamten würden Miriam nach ihrer Adresse fragen. Mit acht Jahren wusste sie die natürlich. Sie würden mit ihr dorthin fahren und die toten Eltern entdecken. Oder auch nicht. Je nachdem, wie viel sie sich Zeit gelassen und wie schnell die Streber die Leichen abtransportiert hatten. Jedenfalls würde Miriam in die Obhut des Jugendamtes kommen.

Wenn sie Glück hatte, gab es nahe Verwandte, die sie über die schlimme Zeit brachten und aufzogen. Oder eine nette Pflegefamilie kümmerte sich um sie. Wenn es ganz übel lief, käme sie in ein Heim, so wie es ihm ergangen war – aber aus einem ganz anderen Grund. Was hätte er darum gegeben, sein Verbrechen wieder gutzumachen. Aber war so etwas überhaupt möglich? Wichtig war jetzt vor allem, die eigene Haut zu retten.

***

Mit dem Apfel fing sie wieder an. Da war das Dreieck am Anfang. Als Nächstes kam ein langer Strich mit einem Halbkreis. Sie suchte in den folgenden Blättern nach diesem Zeichen und fand es neben einem schwarzen Tier, das einem Hund entfernt ähnelte. Wenn ihre Vermutung zutraf, musste das Zeichen sich als ***p*** aussprechen. Dann folgte das Zeichen, das bei Feuer stand. Ein ***f***, das stimmte. Dann kam das Zeichen für das Tier mit dem Schnabel. In Feuer kam es zwei Mal vor; einmal stand es, das hatten sie am Morgen schon herausgefunden, für ***o*** oder für ***ä***. Bei *Apfel* war es also ein ***ä***. Und zum Schluss das ***l***. Das musste sich wie ›L‹ aussprechen. Das Bild dazu war ein bunter Kasten mit schwarzem Fleck drum herum und heller Umgebung. Strahlen schienen aus dem Kasten herauszutreten. *Laterne*, was denn sonst, mit ›L‹ am Anfang.

Agnes ging Bild für Bild durch und prägte sich die Laute ein, die zu den Zeichen passten. Sie verglich und kombinierte. Doch so richtig logisch war das alles nicht. Einige Zeichen sahen gleich aus, obwohl sie bei unterschiedlichen Bildern standen. So war das große Zeichen bei dem Stacheltier das gleiche wie das kleine bei der Laterne. Einige Zeichen wurden offenbar unterschiedlich ausgesprochen, wie das beim Schnabeltier.

Manche großen und kleinen Zeichen waren gleich oder sehr ähnlich, so die Kurven bei der Sonne oder das Zeichen bei dem schwarzen Tier. Auch bei Tisch war es ziemlich ähnlich, nur dass der Querstrich beim großen ganz oben war, beim kleinen im oberen Drittel.

Nachdem Günter sich wach gerekelt hatte, schaute er sich nach Agnes um, doch die war nicht da. Gut, vielleicht musste sie seichen. Er kramte im Rucksack nach etwas Essbarem und wartete weiter. Dann rief er, so laut er konnte: »Agnes, wo bist du?«

»Ich komme«, rief sie von gar nicht weit weg. Bald konnte er sie zwischen den Bäumen hindurch auf sich zueilen sehen. Sie war nicht nur außer Puste, sondern recht aufgeregt.

»Du weißt doch, als wir kamen, haben wir die Bretter an den Bäumen gesehen. Die ersten mit den seltsamen Zeichen darauf. Drei Reihen waren es. Es hat ein Weilchen gedauret. Jetzt kann ich sie verstehen.«

***

Ihr Chef war erst nicht leicht zu überzeugen, doch dann unterstützte er Inga mit all seinen Möglichkeiten. Er verwies sie an einen Michael Buße vom Zeugenschutzprogramm, verschaffte ihr eine neue Identität, erledigte sämtliche Formalitäten und besorgte ihr neue Papiere. *Astrid Kaufmann* sollte sie sich fortan nennen, sie entschied sich dann aber für *Oppermann*. Ihr neues Geburtsdatum war der 13. Oktober 1954. Damit war sie zwei Jahre jünger als ursprünglich.

Inga alias Astrid entschied sich schweren Herzens dazu, Deutschland zu verlassen. Sie wählte Kanada als neue Heimat und ließ sich in Vancouver nieder. Zunächst hatte sie mit den USA geliebäugelt, sich dann aber dagegen entschieden. Kanada schien ihr ursprünglicher. Diese Stadt ganz im Westen mit dem vielen Wasser und den Bergen in der Nähe hatte es ihr angetan.

Eine Weile zehrte die Neu-Kanadierin von den Mitteln, die die Bundesrepublik Deutschland ihr zur Verfügung gestellt hatte. Die würden ihr aber nicht ein Leben lang reichen. Die Frau musste nichts überstürzen und entschied sich für ein Studium. Deutsch- und Spanisch-Lehrerin wollte sie werden. Sie lernte eifrig und überflügelte viele der jungen Mitstudenten, weil sie genau wusste, was sie vom Leben wollte. Ihr Studium schloss sie in Minimalzeit und mit dem besten Ergebnis ihres Kurses ab.

***

»Die Zeichen bedeuten«, sagte Agnes zu Günter:

»SPERRGEBIET BETRETEN VERBOTEN GEFAHR FÜR LEIB UND LEBEN.«

Günter musste schlucken. *Sperrgebiet*, was hieß das denn? Und welche Gefahr gab es dort? Sie hatten nichts bemerkt. Hatten die Priester nicht pausenlos behauptet, außerhalb der Reservate sei alles gefährlich? Oder war damit das Geratter, Knallen und der Donner gemeint? Aber davon hatten sie gehörigen Abstand gehalten.

Plötzlich dämmerte Günter, was Agnes da geleistet hatte. Sie konnte die Zeichen entziffern! In den paar Stunden, in denen er sich ausgeruht hatte, hatte sie das Alphabet gelernt, hatte die Zeichenkombinationen vor sich hin gesprochen, so wie sie meinte, dass sie klingen müssten, und dann mit den Worten verglichen, die sie bereits kannte. Und hatte außerdem Besonderheiten herausgefunden, dass zum Beispiel ***ie*** in Gebiet nur wie ein langes ›i‹ gesprochen wird und nicht wie zwei Zeichen hintereinander.

Die beiden setzten sich zusammen auf die Bank und aßen etwas von ihren Vorräten. Agnes machte ein kurzes Nickerchen. Bei Anbruch der Dämmerung sollte Günter sie wecken. Sie wollten nochmals einen Streifzug in der Dunkelheit unternehmen.

Als es soweit war, musste Günter seine Agnes fest rütteln. Sie erwachte wie aus einem Tiefschlaf. Doch nachdem sie sich ein paarmal gestreckt und herzhaft gegähnt hatte, zogen sie los.

Sie kamen wieder in die Straße, in der sie gestern schon gewesen waren. Agnes leuchtete mit ihrem Stab auf das Brett an der Stange und starrte ein Weilchen darauf. Dann las sie Günter laut vor: »Kleine Waldstraße«. Er nickte anerkennend. Gemächlich gingen sie an den Häusern vorbei. Nur an einem Fenster, in dem es bläulich flimmerte, konnten sie sich nicht verkneifen, stehen zu bleiben. Sie lugten hinein und sahen wieder diese beweglichen, sprechenden und singenden Bilder. Faszinierend. Sie konnten sich kaum losreißen.

Bald kamen sie an ein Haus, in dem kein Licht mehr brannte. Auch hier gab es seitlich ein kleines Häuschen, das aber anders aussah als die gestrigen. Es war eine Bretterbude, kein Steinhaus. Die kleine Tür war nicht verschlossen. Da es keinen Knopf für das Licht gab, leuchtete Agnes mit ihrem Stab die Ecken ab. Zusammen mit Günter betrachtete sie die Gegenstände.

Einige waren ihnen vertraut, wie eine Schaufel, ein Spaten, Harken, Rechen und anderes kleines Gartengerät. Auf einer Schachtel stand »R-o-s-e-n-d-ü-n-g-er«, wie Agnes buchstabierte. Doch auch hier gab es Dinge, die beiden unbekannt waren. So einen Kasten mit Rollen an den Seiten und einem Griff zum Schieben. »R-a-s-e-n-B-l-i-t-z«, entzifferte die Frau. »Was soll denn ein Blitz auf dem Rasen?«, wunderte sich Günter.

Noch ein paar kleine Buden und Häuschen erkundeten Agnes und Günter an diesem Abend. Die meisten von ihnen hatten Lichtschalter, und sie entdeckten bekannte und unbekannte Gegenstände. Agnes versuchte alle Zeichen zu entschlüsseln, die ihr auffielen. Vieles gelang ihr. Es gab aber auch Zeichen, die in ihrer Papiersammlung nicht vorgekommen waren.

Das letzte Häuschen, das sie aufsuchten, war mit allen möglichen Dingen kreuz und quer vollgestopft, darunter auch viele verrostete Metallteile. In einer Ecke lehnten drei blaue Säcke aus dünnem, glattem Material. Agnes drückte mit dem Finger dagegen. Sie gaben nach. Neugierig öffnete sie einen der Säcke. Es war Kleidung darin. Sie zog ein Hemd heraus, das Günter passen konnte. Sie warf es ihm zu und meinte: »Probier das doch gleich einmal an.«

Gesagt, getan, es passte wirklich. Agnes forschte weiter und fand Kleidungsstücke, wie sie sie bei anderen Frauen gesehen hatte. Auch ihr passte einiges, zum Teil wie angegossen, anderes war zu klein oder zu groß. Das könnte etwas für Klaus oder Hans sein, dachte sie. Der zweite Sack war voll Kinderkleidung, der dritte wieder gemischt.

»Lass uns das alles mitnehmen«, war Günters Vorschlag. »Neue Kleidung können wir gut gebrauchen. Was soll schon sein, vielleicht vermissen sie die hier gar nicht? Sie haben bestimmt noch andere im Haus.«

Agnes hatte nichts dagegen einzuwenden. Günter schnappte sich zwei Säcke, Agnes den dritten, und sie leuchtete mit ihrem Stab voraus.

Beide fielen sofort in tiefen Schlaf, als sie wieder bei ihrem Lager waren.

Am nächsten Morgen, als Günter vorsichtig die Augen öffnete, sah er Agnes schon über eine Papiersammlung gebeugt.

»Hallo, meine Liebe«, rief er ihr zu, »bist du schon fleißig?«

»Du, diese Dinger sind erstaunenswert. Das sind Bücher für Kinder. Darin wird ihnen die Welt erkläret. Und auch uns werden sie die Welt erklären. Diese Welt hier, jedenfalls.«

»Wie nennest du diese Papiere?«, fragte Günter.

»Bücher«, wiederholte Agnes. »Und eines davon ist ein *Buch.* Sieh hier, da stehet: *Was ist was? Die Buchreihe, die den Kindern die Welt erklärt. Bücher für Leser von drei bis dreizehn.* Und das hier«, Agnes hielt es hoch, »heißt: *Womit wir fahren*«.

Sie zeigte Günter die Bilder und las vor, was sie bedeuteten. »Die kleineren Brummdinger mit den vier Gummirädern sind *Autos*, die großen *Omnibusse*. Man kann auch nur *Bus* sagen. Sie halten an einer *Bushaltestelle*, siehst du das hier?«

Günter nickte. Innerhalb eines Tages hatte Agnes das Zeichensystem entschlüsselt und konnte damit etwas anfangen. Weiter verriet sie Günter die Begriffe für *Fahrrad*, *Motorrad*, *Lastkraftwagen* oder *Lkw* sowie für *Zug* mit einer *Lokomotive*. Aber die hatten sie auf den Straßen noch nicht gesehen.

Agnes musste sich von ihrem Buch richtig losreißen. Der Himmel bewölkte sich. Da sie sich beide mit dem Wetter auskannten, würde es heute vielleicht noch nicht regnen, aber in den nächsten Tagen schon. Sie hatten viel gesehen und beschlossen zurückzugehen. Doch heute wollten sie sich noch einmal auf dem großen Platz umsehen. Zum Glück hatten sie so etwas wie ein Dach über dem Kopf.

Bevor sie aufbrachen, durchsuchten sie die Kleidersäcke und fanden beide etwas, das ihnen gut passte. Günter steckte die Hände probeweise in die Jackentaschen und fand dort ein Stück Papier. Das sah genauso aus wie jene Scheine, die die Leute in dem Saal der Wärterin gegeben hatten. Agnes und Günter besahen ihn sich eingehend. Immer wieder tauchte das gleiche Wort darauf auf: *Euro*. Davor war ein Zeichen, das Agnes nicht kannte. Ein senkrechter Strich mit einem Häkchen dran. Dahinter kam ein *O*. Und einige weitere Zeichen entdeckte Agnes, die sie in der Fibel nicht gefunden hatte.

Gut, das Papierstück nahmen sie jedenfalls mit. Sie versteckten ihre Rucksäcke und die Kleidung unter dichtem Laubwerk. Das würde den ersten Regenguss abhalten. Zusätzlich deckten sie das Ganze noch mit einer Schicht abgerissener Zweige ab. In der Hütte wollten sie ihre Sachen lieber nicht lassen.

***

Im Untertauchen war Clemens kreativ. Erst einmal weit weg vom Hauptquartier! Klar, die Streber hatten fast überall schon kleine Niederlassungen. Und ihre Spione und Sicherheitskräfte schnüffelten überall herum.

Er wählte Winsen an der Aller. Dort gab es eine starke Fraktion der Streber. Gerade deshalb würden sie ihn hier am wenigsten vermuten. Doch bis er sich in Winsen niederließ, vergingen fast drei Jahre, in denen Clemens sich in der Weltgeschichte herumtrieb.

Wiederholt hatte er sich selbst gefragt, was damals in ihn gefahren war. Er hatte doch voll und ganz hinter dem Mordauftrag gestanden. Was die Streber nicht bedacht hatten, war seine Liebe zu Kindern. Vielleicht war es seine eigene Heimerfahrung, die ihm gezeigt hatte, wie Kinder leiden konnten. Das waren doch Wesen, die man beschützen musste, statt sie zu drangsalieren. Wie gerne hatte er Kindermädchen gespielt, wenn eine Streber-Familie einmal einen Babysitter brauchte. Er freute sich an der Unbefangenheit, Fröhlichkeit und Kreativität der Kleinen. Gelegentlich wurde er sentimental, wenn er darüber nachdachte, was ihm alles entgangen war.

Wie in *Schindlers Liste*, dachte er einmal. Vor langer Zeit hatte er diesen Film gesehen, der ihn tief beeindruckt hatte. Er erinnerte sich daran, wie Schindler mit einem Schlag von Unterstützer zum Gegner der Nazis geworden war, weil er den Anblick eines toten Mädchens auf einem Berg von Leichen nicht ertragen konnte.

Vom Saulus zum Paulus, auch dieser Satz kam Clemens in den Sinn. Religion hatte ihn ja nie sonderlich interessiert in der Schule. Doch die Möglichkeit, wie sich ein Mensch wandeln kann, die hatte ihn beeindruckt.

Wahrscheinlich war Clemens in seinem Kern nie der harte Hund, für den er sich selbst gerne ausgegeben hatte. Er war richtig froh, dass er die weiche Seite in sich entdeckt hatte und bedauerte nur, dass das über eine derart grausame Handlung geschehen war. Eine Zeitlang dachte er sogar darüber nach, ob er sich nicht der Polizei stellen sollte, um mit sich ins Reine zu kommen. Doch dadurch würde er Miriam ihre Eltern nicht zurückgeben.

Außerdem hatte er vor, wenn sich nur eine Gelegenheit ergeben würde, den Strebern eine Lektion zu erteilen. Am liebsten malte er sich aus, diese Sekte ganz zu zerschlagen.

In seiner Zeit im Ausland nahm Clemens zehn Kilo zu, was sein Gesicht rundlicher machte. Eine andere Frisur, gefärbte Haare und ein Bart konnten die Streber nicht täuschen. Darüber war sich Clemens im Klaren. Stattdessen gönnte er sich eine Nasenkorrektur und ließ sich die Falten straffen. Dann siedelte er nach Winsen um. Die Streber würden ihm bestimmt zutrauen, sein Versteck weiter im halb kriminellen Milieu zu suchen. In der Kartoffelhändler-Szene würden sie ihn garantiert nicht vermuten.

Die Rechnung ging auf. Clemens wurde nicht behelligt – weder von der Polizei noch von den Strebern.

***

Diesmal drehte sich niemand nach ihnen um, als sie durch die Straßen liefen. Bei dem Haus mit dem *RasenBlitz* entdeckten sie, was es damit auf sich hatte. Eine Frau schob das brummende Gerät über den Rasen im Vorgarten. Dass hier alles einen solchen Krach machen musste! Das Gras war nicht sehr hoch. Aber dort, wo die Frau den Rasenblitz entlang schob, stand es anschließend nur noch daumenbreit über den Boden.

Das Paar wanderte weiter, wählte nochmals die lange Straße. An dem gelben Schild blieb es stehen, und Agnes entzifferte: »W-I-N-S-E-N, Bogen, A-L-L-E-R, Bogen.«

»Was sollen die Bögen? Und was diese Wörter?«, fragte Günter konsterniert. Agnes wusste darauf keine Antwort. Das Wort *Winsen* kannte sie nicht, eher *winseln. Aller* gab es. Aber wieso stand da *Aller* auf einem Schild?

»Sollen hier *alle winseln*?«, fragte sich Agnes. Die beiden konnten sich die Aufschrift nicht erklären. Zumindest schien es keine Warnung für *Leib und Leben* zu sein.

Auf dem Platz entzifferte Agnes das Brett. MARKTPLATZ stand da. Der sah heute ganz anders aus als gestern und war angefüllt mit Ständen, die neue, kleine Gassen bildeten. Durch die schoben sich viele Leute. Auf den Ständen lagen tolle Sachen: verschiedene Gemüsesorten, Obst, Brot, Wassertiere, tote Großvögel und vieles mehr.

Ein Stand hatte so etwas wie seinen eigenen Käse, den man aus der Milch der Hügel- und Wolltiere hergestellt hatte. Es gab unglaublich viele Sorten. *Edamer* entzifferte Agnes auf einem Schildchen. Sie war in einiger Entfernung stehen geblieben, konnte die Zeichen aber gut erkennen. Kleine Käsestücke lagen um das Schild herum.

Agnes beobachtete eine Frau, die darauf deutete und

sagte: »Geben Sie mir bitte ein Stück vom Edamer.« Agnes freute sich, dass sie das Wort schon vorher richtig erkannt hatte. Die Frau hinter dem Tisch hob eines der Stücke hoch und fragte: »Ist das recht so?« Die erste nickte und bekam das Stück gereicht. Dann gab sie ihrem Gegenüber genau so einen Schein, wie Günter ihn in seiner Jacke gefunden hatte. Sie bekam ein paar Scheiben zurück.

Aufgeregt sah Agnes sich nach Günter um. Der stand interessiert an einem Tisch mit Messern und Scheren. Gerade als Agnes sich ihm näherte, fragte ihn ein Mann in blauer Hose und Jacke: »Na, mein Herr, brauchen Sie etwas?« Günter zuckte ein wenig zurück, sagte dann aber schnell: »Nein ich brauche derweilen nichts. Ich will mir nur ansehen, was es hier alles gebet.«

Der Mann stutzte und sagte nach kurzem Zögern: »Aber bitte sehr. Wenn Sie Hilfe brauchen, fragen Sie mich einfach.« Das klang sehr freundlich.

Agnes stupste ihren Mann an. »Gib mir schnell einmal das Papier«, forderte sie ihn auf. Verständnislos sah er sie an, doch sie zog ihn einfach mit sich, als sie den Schein in der Hand hielt.

»Ich hätte gern ein Stück Edamer«, sagte sie zu der Frau hinter dem Tisch. Wie selbstverständlich hob sie eines hoch. »Ist das recht so?« Agnes nickte, wie sie es bei der anderen Frau gesehen hatte, und reichte ihr den Schein.

Die Verkäuferin wollte ihr das Wechselgeld zurückgeben. Agnes hatte beobachtet, dass andere Frauen sich Scheiben von anderen, großen Laiben abschneiden ließen, und fragte deshalb:

»Kannst du mir für die Metallscheiben noch von diesem da geben?« Sie deutete auf einen Käselaib.

»Haben wir zusammen im Sandkasten gespielt?«, fragte die Frau schnippisch.

»Wie?«, hakte Agnes verwirrt nach und konnte mit der Frage nichts anfangen

»Na, kennen wir uns?«

»Nein.« Natürlich kannte sie sie nicht.

»Und warum dann das Du?«

»Ich verstehe nicht, ich weiß doch nicht, wie du heißt. Sonst hätte ich dich mit deinem Namen angeredet.«

»Ach, lass gut sein. Du kommst wohl nicht von hier?« Diese Frage schien der Verkäuferin gleichzeitig Erklärung genug. Und sie selbst verfiel ins Du.

»Also, Leerdamer. Sehr gern.« Sie schnitt fünf Scheiben davon ab, legte etwas durchsichtig Dünnes auf einen Apparat mit einem flachen Brett und dann die Käsescheiben darauf. Ein Schildchen leuchtete auf und zeigte Symbole, die Agnes nicht kannte. Dann sagte sie: »Für eine Scheibe reicht es noch.« Dann lachte sie. »*Metallscheiben*, das hat auch noch niemand für Wechselgeld gesagt. Aus welchem Land kommen Sie denn, gute Frau? Sie haben einen Akzent, den ich noch nie gehört habe.« Nun war sie doch wieder beim Sie.

»Wir kommen aus dem Sperrgebiet«, sagte Agnes mit Überzeugung. Die Frau schaute zunächst erschrocken. Dann lachte sie laut: »Na, Sie haben ja einen tollen Humor!«

Agnes kapierte nur, dass es mit dem Sperrgebiet offenbar etwas Besonderes auf sich hatte. Aus der Antwort schloss sie, dass es für die Hiesigen undenkbar war, dort hinzugehen.

Doch sie und Günter mussten dorthin zurück. Zumindest wollte sie sehr vorsichtig sein. Sie packte Günter am Ärmel und zog ihn fort.

Der Händler vom Nebenstand pries ihr lautstark seine Kartoffeln an, als sie sich gerade umdrehen wollte. Sie sah ihn an und sagte, dass sie heute keine bräuchte. Es war ein älterer Mann, dessen Gesicht von der Arbeit an der frischen Luft gebräunt war. Tiefe Furchen in Stirn und Wangen zeigten, dass er schon einiges erlebt hatte.

***

Kanada brachte ihr Glück. Im Studium lernte Inga alias Astrid Richard Wilding kennen, sie verliebte sich in ihn, zog mit ihm in ein großzügiges Haus am Pitt Lake, die beiden heirateten und hatten zwei Töchter. Bei der ersten war sie versucht, sie Maja zu nennen. Sie entschied sich dagegen und kam auch von Monica ab. Richard hatte Berenice vorgeschlagen. Dem Vorschlag stimmte sie zu. Das zweite Mädchen, vier Jahre später, hieß Angela.

Nach ein paar Jahren als Lehrerin beantragte sie die kanadische Staatsbürgerschaft, die ihr problemlos gewährt wurde. Beim Nachnamen Oppermann strich sie das zweite »n«. Die Töchter gediehen prächtig, das Leben lief rund. Endlich. Zumindest für ein paar Jahre.

***

Edamer und Leerdamer waren gegessen und fast schon vergessen. Agnes und Günter hatten ihn schon unterwegs zu ihrem Versteck ausprobiert. Doch nur winzige Stücke, denn Klaus, Hans und die Kinder sollten diese Köstlichkeit auch probieren. Und alle waren sich einig gewesen, dass das das Beste war, was sie je geschmeckt hatten.

Doch das lag schon zwei Wochen zurück. In dieser Zeit hatte Agnes die erbeuteten Bücher alle durchgelesen. Sie beschäftigte sich mit fast nichts anderem mehr und war bemüht, den Männern das Lesen beizubringen. Die kapierten das nach und nach, doch längst nicht so schnell wie sie. Klausi war noch ihr gelehrigster Schüler.

Den Kindern nannte sie viele Namen, die sie noch nicht kannten: Großmäuse waren *Ratten*, Langohren *Kaninchen*. Eine noch größere Sorte nannte man *Hasen*. Die Hügeltiere waren *Ziegen*, die Wolltiere *Schafe*, die Wassertiere *Forellen*. Sie gehörten zu den *Fischen*, und das Fließwasser war der *Bach*. Agnes fand heraus, dass ihre Schafe zu den *Heidschnucken* zählten und sie damals eine verwilderte *Herde* eingefangen hatten.

Die Pflanze, die sie zu Fasern verarbeitete, die mit den gezackten, schmalen Blättern, war *Hanf*, die mit den blauen oder weißen Blüten hieß *Lein*, und die Stängel am Bach hießen *Binsen*. Die Gewächse mit Stil und Scheibe waren *Pilze*.

Fast ungläubig hatten ihre Lieben Agnes und Günter zugehört, als diese von ihren Erlebnissen jenseits des Sperrgebiets berichteten. Das, was ihnen dort fremd vorkam, konnten sie bald alles benennen. So, dass die Brummdinger *Motorräder* waren mit einem *Motor*. Die dünnen Gestelle ohne Motor waren *Fahrräder*, die Wagen mit den vier Rädern *Autos* und so weiter.

Der Saal mit den vielen Sachen war der *Supermarkt*, die Sperre waren die *Kassen*, die Wächterinnen die *Kassiererinnen*, die Scheine und Scheiben waren das *Geld*, aufgeteilt in *Papiergeld* und in *Münzen*. Damit *bezahlte* man. Bekam man die Dinge, die *Waren*, hatte man sie *gekauft*.

Die Männer interessierten sich mehr für die beschriebenen Werkzeuge; besonders die Geräte mit den Schnüren – *Kabeln* – daran faszinierten sie. An deren Ende waren die *Stecker*, die in eine *Steckdose* gesteckt wurden. Mit einem *Schalter* konnten diese *Elektrogeräte eingeschaltet* werden. Mit *Strom* ließen sich auch Maschinenmotoren betreiben, die fast alles ganz allein machten: Löcher bohren mit der *Bohrmaschine*, sägen mit einer *Stichel-*, *Band-* oder *Kreissäge*, Metall durchtrennen mit einer *Flex*, Holz abschleifen mit einer *Schleifmaschine*.

All das war in dem Buch *Welches Werkzeug brauche ich für was?* genau beschrieben. Keiner konnte sich so richtig vorstellen, wie das funktionierte. Günter ärgerte sich im Nachhinein, dass er ein solches Gerät nicht einfach ausprobiert hatte.

In dem Band *Womit reisen wir?* waren alle Fahrzeuge beschrieben. Es gab nicht nur zwei- und vierrädrige Gefährte, sondern eben auch die *Bahn* mit schweren *Lokomotiven*, die eine lange Reihe von *Waggons* auf *Schienen* oder *Gleisen* zogen. Damit konnten mehrere hundert Leute gleichzeitig transportiert werden.

Es gab auch *Schiffe*, kleine und riesige, die mit Motorkraft weite Strecken durch das Wasser zurücklegten. Kleinere ohne Motor mussten mit Muskelkraft betrieben werden. Dazu dienten *Paddel* oder *Ruder*. Andere wiederum hatten *Segel* und wurden durch den Wind vorwärts getrieben.

Große Bäche nannte man *Flüsse*. Waren diese sehr breit, hießen sie *Seen*. Alle Flüsse flossen ins *Meer*. Agnes lernte ferner, dass die Erde riesengroß und rund wie ein Ball war und es doppelt so viele Meere wie Land gab.

Am faszinierendsten waren aber die Fluggeräte, von denen es zwei unterschiedliche Sorten gab. Das waren zum einen die Geräte, mit denen die *Götter* in die Reservate kamen. Die nannte man *Hubschrauber* oder *Helikopter.* Sie konnten in der Luft auf der Stelle stehen und sich vertikal heben oder senken.

Die andere Sorte hatte entweder *Propeller* oder *Düsenantriebe.* Sie konnten nur vorwärts fliegen und nicht in der Luft stehen. Dafür waren sie viel schneller. Sie mussten auf langen *Startbahnen* starten bzw. auf genauso langen *Landebahnen* landen.

Fast unglaublich war ein Buch über *Raketen.* Darin wurde behauptet, mit solchen Raketen seien Menschen bis zum Mond und wieder zurück geflogen. Viele Abende diskutierte unsere kleine Schar, ob das sein konnte oder nicht. Die Berichte waren aber so verfasst, dass sie ernst gemeint waren und folglich stimmten.

Wenn das wirklich möglich war, dämmerte es Agnes, waren diese Menschen zu noch weiteren Dingen in der Lage.

In den Kinderbüchern wurde vieles mehr erklärt. Dass die Kinder in eine *Schule* gingen und dort über mehrere Jahre *Lesen, Schreiben, Rechnen* lernten und andere Fähigkeiten erwarben. Dass es *Ärzte, Krankenschwestern* und *Krankenhäuser* gab, die sich um kranke Menschen kümmerten. Dass es Aufgabe der *Feuerwehr* war, Brände schnell zu löschen. Und dass die *Polizei* aufpasste, dass sich jeder an die Regeln und Gesetze hielt. Ja, die kannten sie auch aus den Reservaten.

Doch je mehr die kleine Gruppe erfuhr, umso mehr Fragen tauchten auf. Vor allem hatten sie keinen Hinweis auf sich selbst gefunden, also auf Leute, die in Reservaten lebten. Auch über das Sperrgebiet, das zwischen ihnen und dem Dorf lag, fanden sie nichts. Immerhin wussten sie, dass eine Ansammlung von Häusern *Dorf* genannt wurde. Das war es, was sie erforscht hatten. Große Ansammlungen von mehrgeschossigen Häusern waren *Städte*.

Hatten sie ein Dorf besucht, oder war das bereits eine Stadt gewesen? Wo genau lag der Unterschied zwischen beiden? Jedenfalls war ihnen klar, dass die Dörfer und Städte Namen trugen. Die Häuseransammlung, die sie zuerst besucht hatten, hieß *Meißendorf*, der größere Ort *Winsen*. Der Fluss, an dem Winsen lag, war die *Aller*.

Wichtiger wäre aber noch zu wissen gewesen, welche *Gefahr für Leib und Leben* angeblich im Sperrgebiet lauerte. Gab es wirklich eine Gefahr, oder war das eine leere Drohung? Agnes schloss nicht aus, dass auch Schilder lügen konnten. Oder hatten sie einfach nur Glück gehabt, bei ihrer Forschungsreise unversehrt hin und zurück gekommen zu sein?

Alle waren sich einig, dass sie mehr herausbekommen mussten. Agnes wollte mehr Bücher. Sie wusste von *Buchhandlungen*, doch konnte sie sich nicht erinnern, im Dorf eine gesehen zu haben. Allerdings hatten sie nicht alle Straßen danach abgesucht. Bestimmt gab es in der Stadt einen *Buchladen*.

Doch dazu benötigten sie Geld. Wie aber sollte die kleine Schar zu Geld kommen?

Die Idee kam von Hans: »Ihr habet doch erzählet, die Leute verkaufen Sachen auf dem Markt. Wir können sehr wohl ebenso etwas verkaufen.«

»Gute Idee«, stimmte Günter zu. »Nur was? Die haben dorten schon alles, was wir hier auch haben.«

»Habet ihr nicht gesagt, die haben Obst, Gemüse und

Fleisch. Das haben wir doch auch. Wir müssen halt mehr sammeln, als wir brauchen. Wir könnten auch ein paar Ziegen schlachten oder Forellen angeln.«

Der Vorschlag stieß auf Zustimmung. Natürlich war das Dezimalsystem kein Geheimnis mehr. Agnes hatte es auf ähnliche Weise entschlüsselt wie die Buchstaben. Problematisch war der Weg. Manches Obst hielt sich etwas länger. Aber Fleisch würde vielleicht schon unterwegs verderben. Am besten waren noch Nüsse.

»Trockenobst und Trockenpilze«, fielen Agnes ein. Ja, das war es. Den ganzen nächsten Sommer über sollte möglichst viel gesammelt und zur anderen Höhle gebracht werden, die näher am Sperrgebiet lag. Auch wollte man nach und nach alle Haustiere dorthin umsiedeln.

Allerdings benötigten sie Tüten oder Beutel, in die die Trockenfrüchte abgefüllt werden konnten. Und sie mussten wissen, was sie dafür verlangen konnten. Das hieß, ein Erkundungstrupp musste sich nochmals ins Dorf oder in die Stadt aufmachen.

Und wie wollte man den möglichen Gefahren entgehen, falls es solche gab? Alle waren sich einig, man musste genau den gleichen Weg wählen wie beim letzten Mal. Dabei bestand die beste Aussicht, dass nichts passierte. Also mussten sich Agnes und Günter noch einmal auf den Weg machen. Sie nahmen Hans zur Verstärkung mit, damit auch er die Außenwelt und den Weg kennenlernte. Klaus sollte die Kinder allein versorgen. Allerdings würde die Dreiergruppe nicht lange wegbleiben.

***

Clemens baute seinen Stand wie jeden Mittwoch neben Käse-Käthe auf. Neben ihm war sonst immer eine Ecke frei. Doch dieses Mal kam frühmorgens ein Paar mit einigen Utensilien in den Armen und mit einem riesigen, grob geflochtenen Korb. Er erkannte sie sofort. Das war das auffällige Paar – sie seine Weltraum-Prinzessin. Diese kam auf Clemens zu und fragte ihn ganz höflich: »Dürfen wir uns hier bei dir hinstellen?«

Normalerweise hätte Clemens sie verscheucht. Doch nun fühlte er sich beinahe schon geschmeichelt durch diese Frage. Jetzt würden die beiden ihm nicht mehr davonlaufen. Es war ganz klar, dass sie etwas verkaufen wollten.

»Gern«, sagte er, »wenn ihr nicht zu viel Platz braucht.«

»Ich glaube, dass das geht«, sagte die Frau. »Übrigens, ich bin Agnes. Und das ist Günter.« Welchen Wohlklang sie in ihrer Stimme hatte.

»Sehr angenehm«, antwortete er ehrlich. »Und ich bin der Clemens. Was verkauft ihr denn?«

»Pilze«, entgegnete Agnes, »Trockenpilze.«

Sie und ihr Mann bauten geschickt einen Tisch auf. Merkwürdige Konstruktion, dachte Clemens, wie der zusammengesteckt wurde. Nichts aus dem Bauhaus, sondern echte Handarbeit. Sie holten ein Dutzend Tüten aus ihrem Weidenkorb und ordneten sie in zwei Reihen auf dem Tisch an. Dazu stellten sie ein Schild auf:

GETROCKNETE STEINPILZE
EIGENE ERNTE
TÜTE, ca. 100 g
5,00 Euro

»Fairer Preis«, stellte Clemens fest. »Wo habt ihr die denn her? Doch nicht etwa aus dem Sperrgebiet?«

Clemens entging nicht, dass beide von dieser Frage überrascht waren. Doch Agnes entgegnete schnell: »Es gibt ja auch noch andere Wälder.« Das war, genau genommen, kein *Nein.*

Clemens freute sich richtig über diesen Kontakt. Mehrfach hatte er in letzter Zeit an das Paar gedacht. Einmal hatte er im Vorbeifahren gesehen, dass die beiden vor Aldi bettelten. Er hatte schlucken müssen, denn Betteln passte nicht zu ihnen, so merkwürdig sie sich auch benahmen. Mag sein, dass sie das Geld für die Aufkleber und die Tüten benötigten, die jetzt mit Pilzen gefüllt waren.

Agnes und Günter machten ein gutes Geschäft, die Tüten gingen weg wie warme Semmeln. Fast beneidete Clemens sie um ihren Umsatz. Immer wieder mussten die beiden den Vorrat auf dem Tisch aus dem Korb auffüllen.

Dann kam Hanno von der Marktaufsicht. »Neu hier?«, sprach er Günter an. »Dann zeig mal deine Standerlaubnis!« Günter blickte fragend zu Agnes. Und als hätte er so etwas erwartet, mischte sich Clemens ein.

»Die beiden gehören zu mir«, behauptete er.

»Du machst doch in Kartoffeln. Haste denn deinen Sortimentsschein erweitert?«

»Reich ich nach, versprochen«, meinte Clemens. »Und hier, nimm die mal deiner Frau mit. Restbestand Linda. Habe ich extra für sie aufgetrieben.« Die beiden grinsten sich an. Hanno zahlte und ging weiter zu Käse-Käthe.

»Danke. Ganz vielen Dank!« Das war Agnes. Sie hatte schnell erfasst, dass Clemens ihnen soeben aus der Patsche geholfen hatte.

»Ist schon in Ordnung«, entgegnete der. »Aber ich würde mich gern mal mit euch beiden unterhalten. Sehr gern sogar.«

»Können wir machen«, stimmte Agnes zu. Sie schien das Heft in der Hand zu halten. »Vielleicht nach dem Markt?« Clemens kam es so vor, als hätte sie nicht mehr diesen auffälligen Dialekt beim Sprechen.

»Abgemacht«, sagte er. »Gehn wir anschließend in die Marktklause.«

Agnes und Günter hatten nur noch drei Tüten auf dem Tisch stehen und bereits an die fünfzig verkauft.

»Was kostet denn der da?«, fragte ein Mann und zeigte unter den Tisch.

***

Noch einen schweren Schlag hatte Astrid Wilding-Opperman zu verkraften. Richard begann sehr komisch zu werden. Dabei war er aggressiv und vergesslich, irgendwie hatte sich sein Wesen verändert. Ein epileptischer Anfall war der Anlass für einen Besuch in der Klinik. Vorher hatte Richard jeden Arztbesuch abgelehnt, da er sich doch gesund fühlte.

Schnell stellte sich der Grund für den Anfall heraus: ein riesiger Hirntumor, inoperabel. Astrid war sich nicht sicher, ob Bestrahlung und Chemotherapie den Krankheitsverlauf wirklich verbessert hatten. Richard wurde zusehends schwächer, verfiel körperlich, hatte Schmerzen, die zum Glück im Zaum gehalten werden konnten. Astrid lernte, Morphium zu spritzen.

Es war wie eine Erlösung für Richard, als er zuhause im Beisein seiner drei Frauen friedlich einschlief.

Das Leben ging weiter. Astrid alias Inga schaffte auch diese Veränderung, gewöhnte sich an den neuen Status als Witwe. Nach einiger Zeit konnte sie ihr Leben wieder genießen.

***

»Was meinen Sie?«, fragte Günter den Kunden.

»Na, den Korb da. Der sieht aus wie früher. So was gibt's ja kaum noch.«

»Damit tragen wir unsere Pilze«, erklärte Günter. »Den verkaufen wir nicht.«

»Schade!«, sagte der Mann bedauernd. »Hätte ich glatt zwanzig Euro für gezahlt.«

»Da musst du schon fünfzig hinlegen, mindestens«, schaltete Clemens sich ein. »Das ist noch echte, gute Handarbeit. Nix aus der Maschine.«

»Also gut, für vierzig nehm ich ihn.« Clemens nickte Günter aufmunternd zu. Der schaute zu Agnes, die zuckte mit den Schultern.

»Du kaufst dir nachher für fünf Euro 'nen Plastikkorb, da könnt ihr eure nächste Pilzladung allemal drin verstauen«, raunte Clemens Günter ins Ohr.

»Abgemacht«, sagt er zu dem Kunden. Der strahlte und meinte noch: »Und wisst ihr was, auch euer Tisch könnte mir gefallen. Habt ihr davon noch mehr?«

»Was wäre Ihnen der denn wert?«, schaltete Agnes sich ein. Die Unsicherheit mit dem *Du* und dem *Sie* war anscheinend Vergangenheit.

»Na, so wie ich den da stehen sehe, Handarbeit, da sitzt man schon eine Weile dran. Will euch ja nicht übers Ohr hauen. Zweihundertfünfzig. Aber ohne Handeln.«

»Tze-tze-tze«, ließ sich Clemens vernehmen. »Ohne Handeln, das ist gut gesagt. Wisst ihr was, ihr zwei«, wandte er sich an Agnes und Günter, »der hat mir gleich gefallen, seit ihr ihn da hin gestellt habe. Ich gebe euch vierhundert.«

Das Paar wusste gar nicht, wie ihm geschah. »Vierhundertfünfzig, mein letztes Wort.« Lauernd beobachtete der Kunde Clemens. Der schwieg.

»Den wollen wir doch gar nicht verkaufen«, sagte Günter zu Agnes. Man merkte ihm an, dass es ihm ernst war.

»Fünfhundert, mein allerletztes Wort«, pokerte der Mann. Das Paar wechselte einen Blick.

»Na, gut«, willigte Günter schließlich ein. Der Mann strahlte. »Sie können ihn nach dem Markt abholen.«

»Einverstanden, dann nehme ich auch den Korb mit«, sagte der Mann und wollte sich abwenden.

»Hallo, eine Anzahlung, bitte«, intervenierte Clemens.

»Ja, sag mal«, kam es ein wenig entrüstet. »Kannst du dich nicht mal um deine Kartoffeln kümmern? Die beiden sind doch keine Kinder mehr.« Trotzdem legte er einen Hunderteuroschein auf den Tisch, der ihm bald gehören sollte.

Bald war es zwei Uhr mittags und der Markt vorbei. Die Händler begannen, ihre Stände abzubauen. Agnes und Günter hatten alle Pilztüten verkauft. Der Kunde kam und zahlte die restlichen vierhundertvierzig Euro. Günter zeigte ihm, wie der Tisch auseinandergenommen und aufgebaut wurde. Begeistert zog der Kunde mit Korb und Tisch von dannen.

Wenig später saßen Agnes und Günter mit Clemens in der Marktklause. Clemens brauchte seinen Kaffee und fragte die beiden, ob sie auch einen wollten. Die sahen sich unsicher an, fast so, als würden sie dieses Getränk nicht kennen.

»Warum nicht?«, stimmte Günter schließlich zu, und Clemens bestellte drei Pötte.

»So, ihr zwei«, begann er das Gespräch. »Ihr seid wohl blutige Anfänger.« Günter wunderte sich zwar über das blutige, aber Anfänger waren sie. Deshalb bejahte er.

»Was ihr das nächste Mal braucht«, verkündete der Kartoffel-Fachverkäufer, »ist die Erlaubnis für einen Standplatz auf dem Wochenmarkt. Die habt ihr ja offensichtlich nicht.« Das Paar nickte.

»Dann müsst ihr einen Antrag stellen.«

Die beiden wussten natürlich nicht, wie das ging. Clemens sagte, sie bekämen im Rathaus einen Antrag und müssten ihn ausfüllen.

»Was ein Antrag ist, wisst ihr aber schon?« Seine Gesprächspartner schwiegen und schienen zu überlegen, ob sie zugeben sollten, dass sie nichts wussten, oder einfach so tun sollten, als wüssten sie Bescheid.

Clemens wartete ihre Entscheidung nicht ab. »Also, das ist ein Stück Papier mit verschiedenen Fragen. Das füllt ihr aus. Schreiben könnt ihr doch?« Da war sich Clemens plötzlich auch nicht mehr so sicher. Trotzdem war das eine eher rhetorische Frage, denn die Pilzbeutel waren ja auch beschriftet. »Dann braucht ihr einen Gewerbeschein und eine Haftpflichtversicherung für den Stand.«

Das Paar reagierte mit Unverständnis und fragenden Blicken. Das war alles Neuland für die beiden, gewahrte Clemens. Aus welcher Welt kamen die?

Der Kaffee kam, schwarz. Clemens schlürfte gierig seinen ersten Schluck. Dabei beobachtete er Agnes. Sie packte die Tasse, zog die Finger aber sofort wieder zurück. Dann nahm sie den Henkel in die Hand und führte den Pott zum Mund.

Nachdem ihre Lippen den Rand berührt hatten, stellte sie den Becher irritiert wieder hin.

»Der ist ja vermaledeit heiß.«

»Klar ist der heiß. Kaffee ist immer heiß. Oder sollte es zumindest sein«, erwiderte Clemens und wunderte sich über dieses seltene Schimpfwort, das Agnes verwendet hatte.

»Wisst ihr, Kaffee ist ein Getränk aus gerösteten Kaffeebohnen, das belebt. Kaffee kennt ihr also auch nicht. Aus welcher Welt kommt ihr eigentlich?«, fragte Clemens ganz direkt.

Betretenes Schweigen.

»Nun macht nicht solche Gesichter. Weiß auch nicht warum, aber irgendwie seid ihr mir sympathisch. Ich will euch gern helfen. Aber dazu muss ich ein wenig mehr von euch wissen.«

Dann forderte er sie auf, den Kaffee zu probieren, der inzwischen abgekühlt sein müsste. Vorsichtig nippten beide daran.

»Ist ja bitter«, entfuhr es Günter. Nun kam eine Erklärung von Clemens zu Zucker und Milch im Kaffee. Agnes und Günter probierten beides aus. Günter nahm sogar eine zweite Portion Zucker, dann ein dritte. Dann sagte er begeistert: »Toll, so schmeckt er richtig gut«, und trank ihn aus. Auch Agnes kam mit Zucker und Milch besser zurecht.

Clemens bestellte für alle drei noch einen. Günter goss sich ordentlich Milch hinzu, rührte drei Portionen Zucker hinein, trank ihn aus und wollte noch einen bestellen.

»Nun mach mal langsam!« Clemens kam sich vor wie im Kindergarten. »Wenn du Kaffee nicht kennst, dann musst du doch erst einmal probieren, wie er dir bekommt. Warte einfach mal ab. Ich will euch gar nicht erst nach Alkohol fragen.«

»Alkohol ist in berauschenden Getränken. Zum Beispiel in Bier, Wein und Schnaps«, verriet Agnes ihre Kenntnisse.

»Uff, das klingt ja wie aus dem Lexikon«, meinte Clemens und war schon beinahe geschafft von so viel Naivität. »Also, alles in allem kennt ihr weder Kaffee noch Alkohol. Schomma geraucht? 'türlich nicht!«, beantwortete er seine Frage.

»Nun will ich aber wirklich wissen, woher ihr seid ihr. Ihr kommt doch nicht wirklich aus dem Sperrgebiet?«

Agnes war baff. Was wusste der Mann über sie? Konnte sie ihm trauen? Und warum war er so interessiert an ihrem Schicksal? Freund oder Feind? Gefühlsmäßig spürte sie eher Sympathie. Aber hatte es unter den Erzieherinnen und Priesterinnen nicht auch sympathische Personen gegeben? Und trotzdem gehörten sie zu den Lügnern. Fragend blickte sie zu Günter. Der wirkte genauso unsicher wie sie.

»Wie kommen Sie denn darauf, wir seien aus dem Sperrgebiet?«, wich Günter erst einmal aus.

»Wir machen das jetzt mal folgendermaßen«, setzte Clemens an. »Ich merke, ihr braucht dringend Hilfe. Ich habe euch heute ja schon am Stand geholfen. Das habt ihr bestimmt gemerkt. Ich kann euch auch weiter helfen. Wenn ihr Sachen verkaufen wollt, das mit den Papieren aber nicht so schnell klappt, dann nehme ich euch weiter bei mir am Stand auf. Kein Problem. Körbe und Möbel dürft ihr auf dem Markt eigentlich gar nicht verkaufen. Wenn die Aufsicht das mitkriegt, können die Marktverbot erteilen. Es sind nur landwirtschaftliche Produkte erlaubt. So was muss man eben wissen.«

Wieder sahen sich Agnes und Günter betreten an.

»Und das mit dem Sperrgebiet weiß ich von dir, Agnes.

Vor gut einem Jahr wart ihr beiden schon einmal auf dem Markt und habt bei der Käse-Käthe etwas gekauft. Du hast sie geduzt und Wechselgeld *Metallscheiben* genannt. Das war schon auffällig. Als Käthe fragte, woher du kommen würdest, hast du behauptet, aus dem Sperrgebiet.

Käthe hielt das für einen Witz. Ich aber bin überzeugt, dass ihr genau von dort kommt. Kann mir zwar nicht erklären, wie das sein kann, aber ihr werdet's wohl wissen. Und wenn ich euch unterstützen soll, müsst ihr mir das sagen. Übrigens hatte ich euch einen Tag davor schon bei Aldi gesehen. Ihr wart vollkommen unsicher und saht wirklich etwas komisch aus. Einige Leute haben sogar blöde Bemerkungen gemacht.«

Agnes und Günter erinnerten sich an ihre erste Erkundung im Supermarkt, der für sie erst einmal eine große Halle war.

»Langer Rede, kurzer Sinn«, unterbrach sich Clemens jetzt, »ich gehe jetzt mal pinkeln. Halte auch noch einen Schnack mit ein paar Kollegen. In der Zeit überlegt ihr euch, was ihr wollt. Will euch nicht unter Druck setzen.«

Clemens stand auf und ging hinaus. »Der geht jetzt auf die Toilette«, wusste Agnes. »Er muss zur Tür mit dem ***H*** drauf gehen. Wenn du auf die Toilette musst, nimmst du auch diese Tür. Ich muss in die mit dem ***D***.«

Dann schwiegen beide wieder für einen Moment.

»Agnes«, begann Günter, »ich glaube, auf Clemens können wir uns verlassen. Der hat uns wirklich geholfen und wirkt einfach sympathisch.«

»So sehe ich das auch. Er ist mir sogar weidlich sympathisch. Und trotzdem kennen wir ihn nicht. Was, wenn er uns anlügt?«

Die beiden sprachen verschiedene Möglichkeiten durch. Sie wussten längst, dass es die *Götter* nicht gab, doch Leute, die sich als solche ausgaben. Die mussten ja irgendwo sein. Es bestand die Gefahr, dass Clemens einer von denen war oder mit ihnen in Verbindung stand. Nicht vorstellbar, was er unternahm, wenn sie ihm von ihrer Flucht berichteten. Andererseits brauchten sie Hilfe von jemandem aus der ihnen neuen Welt. Bis sie sich alle Kenntnisse erworben hatten, die man hier wissen und können musste, konnte es ewig dauern.

Da kam Clemens auch schon zurück und strahlte sie an. »Na, wie habt ihr euch entschieden?«, wollte er wissen.

»Wir brauchen mehr Zeit zum Nachdenken«, beschied ihn Günter. Clemens war enttäuscht. Sollte er den Kontakt lieber abbrechen? Diese Abfuhr war schon fast eine Beleidigung.

»Was habt ihr denn zu verlieren?«, fragte er nach. Er konnte sich keinen Reim auf Günters Zögern machen.

»Ganz schön viel«, ließ sich Agnes vernehmen.

»Nun, wenn du das auch so siehst!« Von dieser Frau konnte er die Zurückhaltung eher akzeptieren. »Ihr seid doch nicht aus dem Gefängnis ausgebrochen oder sonst irgendwie untergetaucht?«

Clemens hielt inne. Es konnte gut sein, dass er die beiden überforderte. »Habt ihr noch mehr Pilze?«, fragte er schließlich. Günter nickte.

»Gut, dann kommt ihr die nächsten Wochen auch wieder her. Ich nehme euch an meinem Stand auf, ein paar Mal wird das schon noch gehen. Nach Marktende gehen wir wieder in die Klause. Dann erzähle ich euch nach und nach meine Geschichte. Die ist auch nicht ohne. Ihr könnt euch derweil überlegen, ob ihr mir vertraut und mir eure auch erzählen wollt. Geschichte gegen Geschichte.«

Agnes und Günter stimmten zu.

»Okay«, sagte Clemens, »so können wir das wirklich machen. Also, Geschichte gegen Geschichte. Ich werde anfangen. Damit sich das alles nicht ewig hinziehen, geb ich euch eine Frist von vier Wochen. Bis dahin kennen wir uns gut genug. In der Zwischenzeit werde ich versuchen, die notwendigen Papiere für euch zu bekommen«, ergänzte Clemens. »Wird nicht ganz einfach und nicht ganz billig sein.«

»Wir können dich doch bezahlen«, wandte Agnes ein und wunderte sich über Clemens' Lachen.

»Dazu braucht ihr mindestens das Dreifache von dem, was ihr heute eingenommen habt. Ich mach das erst mal so: Zuerst braucht ihr Personalausweise. Damit kann man den Gewerbeschein beantragen und die Versicherung abschließen. Ein Bankkonto wäre dafür auch nicht schlecht, wenn euer Geschäft viel abwirft. Können wir aber später noch drüber reden.«

Bankkonto, was war das schon wieder? Das würden sie noch herausfinden. Agnes hatte einen Plan, wie sie sich Wissen aneignen konnte. Beide bestätigten sie Clemens erst einmal, dass sie mit seinem Vorschlag einverstanden waren.

»Habt ihr denn noch mehr Körbe?«, wollte Clemens wissen.

»Ja, aber ich dachte, die dürfen wir auf dem Markt nicht verkaufen«, wandte Günter ein.

»Nicht auf dem Wochenmarkt. Auf dem Flohmarkt in Celle würde das schon gehen.«

»Wir können auch Figürchen schnitzen. Vielleicht lassen sich die dort auch verkaufen.«

Clemens fragte nach der Art der Figuren. Günter beschrieb sie, so gut er konnte. Kleine Frauen in langen Kleidern mit Flügeln auf dem Rücken.

»Engel? Macht ihr Weihnachtsschmuck?« Ihre Gesichter verrieten Clemens, dass die beiden nicht wussten, wovon er sprach.

»Egal, bringt nächstes Mal einfach ein paar mit. Dann sag ich euch, ob das Sinn macht.«

»Und warum tust du das? Du hast ja recht, du kennst uns gar nicht.«

»Ich bin halt neugierig. Ihr seid das interessanteste Pärchen, das ich seit Langem kennengelernt habe. Und du, Agnes, erinnerst mich an eine alte Freundin. Kann sein, dass es auch daran liegt.«

***

So war es – nach der Begegnung am Käsestand. Tatsächlich hatte Clemens nochmals von den beiden geträumt. Beim Wachwerden entschwanden die Bilder. Doch das Gesicht Ingas tauchte auf. Ja, Agnes hatte einige Züge jener Frau, mit der ihn für kurze Zeit eine stürmische Liebe verbunden hatte. Seine Anima spürte er auch bei Agnes. Inga, vermutete er inzwischen, war von den Strebern damals wahrscheinlich liquidiert worden.

Bevor sie auseinandergingen, gab Clemens den beiden noch einen Tipp zum Sperrgebiet. Er ging davon aus, dass sie dort tatsächlich lebten. Sie hatten es zwar nicht zugegeben, aber auch nicht bestritten. Irgendwie hatten sie dort bisher überlebt. Doch wusste er nicht, wie lange sie sich dort schon versteckt hielten und ob sie die Gefahren in den Randbezirken kannten. Sie müssten Soldaten und Fahrzeuge meiden Und sich vor allem aus dem Staub machen, wenn Schießübungen stattfanden. Die Schießplätze waren fast alle zum Rand hin gelegen, im Zentrum passierte selten etwas. Doch Minen oder dergleichen gäbe es zum Glück nicht.

»Was sind Minen?«, wollte Günter wissen. Clemens war über diese Frage schon nicht mehr überrascht und klärte sein Gegenüber auf.

»Und die gibt es dort nicht?«

»Nein.«

Die Erleichterung war beiden deutlich anzumerken.

***

Clemens hatte viel gesehen von der Welt. Doch was er hier hörte, verschlug ihm die Sprache. Die Schilderung seines eigenen Werdegangs hatte das Misstrauen bei Agnes und Günter hinweg gewischt. Und Clemens konnte ihre ursprünglichen Vorbehalte im Nachhinein gut nachvollziehen.

Wieder saßen sie in der Marktklause. Günter rührte seine drei Stück Zucker in den Kaffee. Clemens hatte Klaus kennengelernt, einen sympathischen Senior. Dreimal war er zum Markt mitgekommen, sodass die Sperrgebietler noch mehr Ware anbieten konnten. Dieses Mal kamen Agnes und Günter allein, denn es war der vereinbarte Tag der Aussprache.

Im Schnelldurchgang erzählte das Paar vom Leben in den Reservaten. Von der Arbeit, den Priestern, den *Göttern* und vor allem von dieser unseligen Trennung der Geschlechter. Den Oberen war sehr daran gelegen, das Geheimnis zu wahren. Deshalb auch nur Hunde oder Hündinnen als Haustiere, Hühner zum Eierlegen, aber nicht das männliche Gegenstück, den Hahn. Dadurch hätten Fragen aufgeworfen werden können.

Clemens wurde schnell klar, dass Rudolph im Zusammenhang mit der betäubten Frau damals die volle Wahrheit gesagt hatte. Gleichzeitig ärgerte er sich, das als Hirngespinst abgetan zu haben. Zweifelsohne war Rudolph einer der *Götter*. Und diese Informationen hätte er jetzt gut gebrauchen können.

Kurz beschrieb Agnes die Arbeit, die zu verrichten war, und Günter bestätigte das aus seiner, der männlichen Sicht. Die Gottesdienste kamen zur Sprache, die Erziehung zu einem gottgefälligen Leben und auch die Strafen – bis hin zur Todesstrafe, deren Vollzug alle Bewohner, auch die Kinder, zur Abschreckung beiwohnen mussten.

Günter erzählte von einem Bombenabwurf, mit dem das ganze Reservat kollektiv bestraft werden sollte. Das kam selten vor, doch aus jeder Generation wurde von zwei oder drei solcher Strafaktionen berichtet. Agnes fehlten entsprechende Erfahrungen. Sie war noch Jugendliche, als sie floh.

Damit war das Paar beim Thema Flucht. Gebannt lauschte Clemens beider Erlebnisse. Staunend betrachtete er Agnes, die sich mit unvorstellbarem Erfindungsreichtum und nicht zu überbietendem Mut der Todesschlinge entziehen konnte. Bewundernd strich er mit dem Finger über die Narbe am Hals, das fehlende Endglied an der rechten Hand erzeugte Hochachtung.

Günters Flucht war nicht ganz so verwegen gewesen, doch auch er hatte sich ohne langes Zögern in Unbekanntes gestürzt.

Die folgende Schilderung vom Leben in der Wildnis erinnerte Clemens sehr an eines seiner Lieblingsbücher in der Jugend: *Robinson Crusoe*. Selbst die Parallele mit Freitag stimmte, nur dass Agnes einen Günter eingefangen hatte. Doch sie musste anfangs mit viel weniger Hilfsmitteln auskommen als Robinson, der aus dem Schiffswrack einiges an Material hatte bergen können.

Völlig unerfahren und ohne jede Aufklärung das Liebesspiel zu wagen und in der Wildnis fünf Kinder zu gebären, auch das beeindruckte Clemens zutiefst. Das hätte ohne eine große Portion Glück auch schiefgehen können. Wahrscheinlich half ferner, dass Agnes sich ihre Tierbeobachtungen zunutze gemacht hatte.

Fast stockte Clemens der Atem, als Günter von der ernsten Krankheit des kleinen Klaus berichtete. Doch auch hier meisterte er mit viel Mut die Bedrohung, in deren Gefolge Klaus und Hans zu ihnen stießen. Gemeinsam erleichterten sie sich das Zusammenleben.

Bald kam Clemens selbst ins Spiel. Agnes und Günter schilderten, wie sie das Reservat verließen und Meißendorf und Winsen erforschten. Es war ein schöner Zufall, dass er sie bei ihren ersten Schritten beobachtet hatte. Und wieder war Clemens beeindruckt, wie aufnahmefähig die beiden waren, wie schnell sie die unbekannte Welt erforschten und meist die richtigen Schlüsse zogen.

Dass Agnes innerhalb von vierundzwanzig Stunden das Alphabet entschlüsselt und lesen gelernt hatte, grenzte an ein Wunder. Keine Frage, hier saß eine Hochbegabte vor Clemens.

»Wir sind dir, Clemens, wirklich dankbar, dass du dich um uns gekümmert hast«, schloss Günter seinen Bericht ab. Der Angesprochene hob abwehrend die Hände.

»Doch, doch«, stimmte Agnes ihm bei. »Ohne dich hätten wir eine Menge Schwierigkeiten bekommen. Da hätte uns der Marktaufseher gleich wieder weggeschickt oder sogar die Polizei gerufen.«

Das stimmte. Doch Clemens meinte, er müsse für die beiden noch viel, viel mehr tun.

Agnes und Günter sahen ihn fragend an.

»Da muss jetzt unbedingt was geschehen. Das kann so nicht weitergehen, sondern der Schwindel mit den Reservaten muss auffliegen. Ihr werdet dort wie verblödete Sklaven gehalten. Das hab ich noch nie gehört, dass Sklavenhaltergesellschaften ihre Gefangenen sexuell derart unterdrücken. Und erotisch ausgebeutet werdet ihr als Frauen wie Männer auch noch. Anscheinend darf sich da so manche reiche Tusse über eine männliche Jungfrau hermachen. Das ist ja nicht zu fassen.«

Clemens konnte sich kaum einkriegen vor Wut, die in ihm hochstieg. Er redete sich so in Rage, dass die Leute an den Nebentischen aufmerksam wurden. Daraufhin bremste sich Clemens ein wenig und fuhr mit gemäßigter Lautstärke fort:

»Wisst ihr was? Ich bin mir sicher, eines von den Schweinen zu kennen, die sich bei euch als *Götter* aufspielen.« Er berichtete von Rudolph und besagter Herrenrunde.

»Was machen wir jetzt?«, fragte Günter. »Wir müssen zu unserer Ruine zurück.«

»Das hat doch ein wenig Zeit«, gab Clemens zu bedenken. »Ob ihr heute geht oder morgen, ist doch egal. Heute kommt ihr erst einmal mit zu mir. Ich habe da auch schon eine Idee.«

Widerworte ließ Clemens nicht zu, und das Paar hatte kaum etwas gegen diesen Vorschlag einzuwenden. Clemens verstaute den abgebauten Stand und die Kartoffeln, die er nicht verkauft hatte, auf der Ladefläche eines kleinen, orangefarbenen Transporters. Dann stiegen die drei ein. Zum ersten Mal saßen Agnes und Günter in solch einem Brummding. Bus waren sie schon gefahren, aber ein privates Auto war Neuland für sie.

Clemens fuhr ein Stück, kam in den kleinen Ort Thören, den er durchquerte, holperte über einen Waldweg und hielt schließlich vor einem großen Gehöft.

»Das ist der Hof von Bauer Hambach«, erklärte er dem Paar. »Von dem bezieh ich einen Teil meiner Ware. Ein Kumpel, mit dem ich mich richtig dick angefreundet habe. Denke, der kann was für uns tun.«

»Wieso für uns?«, fragte Agnes.

»Weil eure Angelegenheit jetzt auch meine ist. Diesen Verbrechern müssen wir gemeinsam das Handwerk legen. Wie ich Fritz kenne, macht der mit, ohne mit der Wimper zu zucken.«

So war es auch. Fritz, ein bodenständiger Bauer, offenherzig und hilfsbereit, wollte nicht viel wissen. Clemens sagte ihm nur, dies wären neue Leute, die ganz schnell eine Unterkunft bräuchten. Das wäre das Wichtigste.

Fritz hatte ausreichend Platz in einer Scheune. Die Erwachsenen machten nicht den Eindruck, Spinner oder Aussteigertypen zu sein. Und wenn sie mit Clemens befreundet waren, dann war das für ihn in Ordnung. Noch zwei alte Männer sollten kommen und eine Kinderschar. Alle von dieser Frau. Wo gab es denn heute noch eine richtige Großfamilie? Ihm sollte es recht sein. Käme wieder etwas Leben in die Bude, seit seine drei ausgezogen waren. Von denen hatte keiner den Hof übernehmen wollen.

»Damit ihr mich nicht falsch versteht«, fragte Fritz im Beisein von Agnes und Günter seinen Freund, »sind das Illegale? Mir ist's ja vollkommen schnuppe. Will nur wissen, wie vorsichtig wir sein müssen.«

»Hast du schon mal Illegale mit Ziegen und Schafen gesehen? Rebhühner und Kaninchen kommen auch noch dazu.«

»Nee, das hab ich nicht. Also ihr wollt hier mit einem ganzen Bauernhof einziehen?«, wandte er sich an das Paar.

»Wenn wir denn dürfen?«

»Meinetwegen«, stimmte Fritz zu. »Und wo habt ihr eure Viecher?«

»Im Sperrgebiet.«

Nun blieb Fritz der Mund offen stehen, und Clemens begann laut zu lachen. Er meinte, das wäre eine lange Geschichte, und schlug vor, man sollte erst einmal reingehen, um bei einem Kaffee das Weitere zu besprechen.

Damit war Fritz einverstanden. Zuvor zeigte er den dreien noch die Ecke in der Scheune, in der sie unterkommen konnten.

»Worauf wollt ihr denn schlafen? Betten habe ich hier nicht gerade herumstehen.«

»Mach dir keine Sorgen, Fritz«, erklärte Clemens. »Denen reichen ein paar Bündel Stroh. Das ist noch bequemer als das, worauf sie jetzt schlafen.«

Gegenüber gab es ein leer stehendes Gehege, in dem früher Schafe waren. »Mache nur noch in Gemüse«, meinte Fritz. »Tierhaltung ist mir nix mehr. Drüben ist auch noch ein Hühnerstall. Da können die Fasanen und auch die Karnickel rein. Wie viele habt ihr davon?«

Bevor die beiden auch nur zu einer Antwort ansetzen

konnten, schaltete sich Clemens ein: »Das besprechen wir aber wirklich drinnen. Gefällt es euch denn hier? Das soll nur für den Übergang sein. Werde mir was einfallen lassen.«

Agnes ließ den Blick durch die riesige Scheune streichen. So komfortabel hatte sie seit ihrer Flucht nicht mehr gewohnt.

»Cool!«, sagte sie.

»O Gott«, schimpfte Clemens, »nun fang nicht auch noch mit den Amiwörtern an, wo du grad mal richtig Deutsch kannst.«

Fritz horchte auf. »Wie, jetzt grad erst Deutsch gelernt?«

»Später, später. Alles später. Also abgemacht, ihr schlupft hier erst einmal unter.«

Dann gingen alle in die gemütliche Bauernküche. Es dauerte eine Weile, bis Fritz auch nur halbwegs informiert war. Es dämmerte schon, bis sich ein konkreter Plan herauskristallisierte.

In dieser Nacht sollten Agnes und Günter bei Clemens schlafen, bevor sie am Morgen zu ihrer Ruine zurückkehrten. Von dort aus sollten sie sich mit den Ihren auf den Weg machen und so viele Tiere wie möglich mitnehmen. Die Ziegen und Schafe, an einer langen Leine angebunden, konnten die großen Kinder hinter sich herziehen.

Die Fasanen ließen sich alle in einem Korb verstauen, ein paar Kaninchen in einem anderen. Die Körbe konnten die Erwachsenen tragen. Die restlichen Tiere würde man nachholen oder freilassen. Das konnte man sich immer noch überlegen. Der kleine Wolfgang, der noch nicht laufen konnte, musste von Agnes oder Günter getragen werden, und Erich sicher zeitweise auch. Der würde den weiten Weg allein noch nicht schaffen.

So wurde es gemacht. Clemens nahm Agnes und Günter mit zu sich in die Wohnung. Das war eine richtige Junggesellenbude und für Besuch nicht hergerichtet. Doch Clemens baute den beiden ein Lager auf dem Sofa und auf einer alten Matratze.

»So«, sagte er, als alles erledigt war, »nun lernt ihr noch etwas Neues kennen.« Er holte eine Flasche Bier und drei Gläser und schenkte ein. Agnes erkannte es als das Getränk, das sie am allerersten Abend im Dorf durch das Fenster erspäht hatten.

»Bier«, sagte Agnes. »Alkohol, das ist ungesund.« Das klang sehr nach angelesenem Wissen.

»Seh ich denn so ungesund aus?«, konterte Clemens. »In vernünftigen Mengen ist es sogar gesund. Das ist mittlerweile medizinisch erwiesen. Aber ihr müsst das nicht trinken, sondern könnt es gern erst mal probieren.«

Günter nippte vorsichtig am Glas. Er spürte, wie das Getränk in seinem Mund prickelte. Es schmeckte anders als alles, was er bisher gekostet hatte: bitter. Aber nicht schlecht. Er schluckte es hinunter und probierte gleich noch einmal, jetzt etwas mehr. Agnes wollte wissen, wie es schmeckte, und er beschrieb ihr das Prickeln und den bitteren Geschmack. Sie tat es Günter gleich, verzog aber das Gesicht.

Günter trank sein Glas nach und nach aus – und spürte einen winzigen Anflug von einem Schwips. Nicht unangenehm. Auch Agnes nahm noch einige Schlucke. So bitter schien ihr das Getränk nun gar nicht mehr. Auch sie leerte ihr Glas und musste sich eingestehen, dass die Leichtigkeit im Kopf, die sie spürte, angenehm war. Günter fragte nach einem zweiten Glas, doch Clemens vertröstete ihn auf ein andermal.

»Das muss fürs Erste reichen«, beschied er ihn. Dann schickte er seine neuen Freunde ins Bett. Vorher sagte er noch:

»Ich besorge euch Campingliegen und Luftmatratzen. Da habt ihr's bequemer als auf dem ollen Stroh.«

Agnes und Günter schliefen so gut wie schon lange nicht mehr.

Fünf Tage später fuhr Clemens im Morgengrauen mit seinem kleinen Transporter an den Rand des Sperrgebiets. Er hielt an der vereinbarten Stelle und hupte kurz drei Mal. Wenig später zeigten sich am Waldrand einige Gestalten. Sie zogen die kleine Ziegen- und Schafherde mit sich, hatten zwei große Körbe dabei und jeder noch einen Rucksack voll mit Utensilien. Alles klappte wie vereinbart.

Herzlich begrüßten sich Clemens, Agnes, Günter und auch Klaus. Dann gab es eine kurze Vorstellungsrunde. Obwohl er Hans nicht kannte, drückte Clemens ihn fest an sich. Die Kinder hob er einzeln hoch und drückte auch sie – alle, bis auf Kläuschen. Der bekam mit seinen dreizehn Jahren nur eine Umarmung.

Anschließend wurden die widerspenstig zappelnden Schafe eines nach dem anderen auf die Ladefläche gehievt. Standen sie erst einmal oben, verstummte ihr Geblöke. Noch ein Erwachsener dazu, dann war die Ladefläche voll. Clemens musste mindestens zweimal fahren, um alle Tiere zu transportieren. Er bat Agnes, mit den vier kleineren Kindern zu ihm ins Führerhaus zu steigen.

Sie saßen zwar ziemlich eng, doch die paar Kilometer würde es schon gehen. Und eine Polizeikontrolle war um diese Zeit nicht zu befürchten. Alle anderen sollten warten, bis Clemens zurückkehrte, sich vorsichtshalber aber im Wald verbergen.

Die Kinder bestaunten das Auto mit großen Augen. So etwas hatten sie noch nie in echt gesehen. Nur aus Bilderbüchern kannten sie solche Gefährte. Marion und Helga stiegen begeistert ein, Erich war unsicher. Doch zusammen mit seiner Mama traute er sich. Sie nahm ihn auf das rechte Knie, den kleinen Wolfgang auf ihr linkes. Die beiden Mädchen bekamen einen Korb mit Kaninchen auf den Schoß.

Als Clemens den Motor anließ, fing Erich an zu plärren, und kurz darauf stimmte Wolfgang ein. Agnes redete beruhigend auf die beiden ein. Trotz der Enge schaffte sie es, Wolfgang an die Brust zu legen, und so kehrte Stille in dem Gefährt ein.

Das Auto ruckelte den Feldweg entlang. Durch das Geschaukel schlief Wolfgang sogar ein. Bald bog Clemens auf eine befestigte Straße ab, und sie fuhren durch Winsen. Mit großen Augen bestaunten Marion und Helga das, was sie draußen sahen, und stellten ihrer Mutter unablässig Fragen. Die antwortete, so gut sie konnte. Doch kaum hatte sie eine Frage beantwortet, kam auch schon die nächste.

Fritz erwartete die Ankömmlinge bereits auf dem Hof. Auch er drückte Agnes und die Kinder der Reihe nach an sich. Er half Clemens, die Heidschnucken von der Ladefläche zu bugsieren, und brachte sie ins Gehege. Agnes ging mit den Kindern hinterher.

»Und da hinten schlafen wir«, erklärte sie den Kindern. »Ist doch toll hier, so gut hatten wir es noch nie.« Allerdings gewahrte sie im Eck einen Berg von Sachen, die beim ersten Besuch dort noch nicht lagen. Auch die Campingliegen, von denen Clemens gesprochen hatte, waren nicht da.

»Nix da«, widersprach Fritz. Agnes blickte irritiert auf, doch ihr Schreck dauerte nicht lange. »Ihr kommt mit ins Haus.«

Fritz hatte sich in der Zwischenzeit mit Clemens unterhalten. Es gab die verwaisten Zimmer seiner Kinder und das Elternzimmer in einem Nebentrakt. Die dienten allesamt nur als Abstellraum oder als Gerümpelkammer. Eigentlich viel zu schade dafür.

Zusammen mit Clemens hatte Fritz die Zimmer freigeräumt. Alles landete erst einmal in der Scheune. Die vorhandenen Möbel richteten sie einigermaßen her. So gab es ein Zimmer für die Eltern und eines für die beiden Senioren. Die größeren Kinder mussten sich jeweils einen Raum teilen, der kleine Wolfgang sollte mit ins Elternzimmer.

Agnes bestaunte den unerwarteten Luxus, und die Mädchen konnten ihr Glück kaum fassen. Erich, der noch zu klein war, um sich ein eigenes Urteil zu bilden, spürte die Zufriedenheit, die von seinen Eltern und Geschwistern ausging. Und auch er fing an zu strahlen.

Als Agnes die Zimmer in Augenschein nahm und überlegte, wie sie ihre Habseligkeiten in ihnen verteilen könnte, fuhr Clemens wieder zum Sperrgebiet. Nach einer kappen Stunde kam er zurück. Auf der Ladefläche befanden sich die Ziegen, die von Hans im Zaum gehalten worden waren. Günter und Kläuschen fuhren im Führerhaus mit; den anderen Korb mit den Fasanen hatten sie bei sich.

Die Ziegen kamen zu den Schafen. Alle Tiere waren in einem guten Zustand, das musste Fritz anerkennen. Die Fasanen wurden ins Hühnerhaus zu den Kaninchen gebracht.

Nun fehlten nur noch Hans und das Gepäck. Die holte Clemens bei der dritten Tour ab.

Eine Aufgabe war noch zu bewältigen: Die Kaninchen hatten nicht alle in die Körbe gepasst, sondern sechs Stück von ihnen waren noch im Sperrgebiet. Deshalb brachen Clemens und Günter am nächsten Morgen zu Fuß auf. Sie nahmen Proviant, ein paar Decken und einen Korb mit. Zwei Tage würden sie für den Weg benötigen.

Clemens staunte nicht schlecht, was er in der ehemaligen Behausung von Agnes und Günter vorfand. Mit ihren Mitteln hatten sie es sich geradezu wohnlich eingerichtet. Alles sah nach solidem Handwerk aus.

Agnes' Bücherregal war einfach rührend. Die Kinderbücher hatte sie, nach Größe und Farben geordnet, aufgereiht, was zeigte, wie sehr sie sie schätzte. Sie hatte gebeten, ihr so viele wie möglich davon mitzubringen.

Auch die Gehege sahen beeindruckend aus. Alles wirkte so, als hätten die Bewohner mit ihren Mitteln jedwede Überlebensmöglichkeit gehabt. Die Kaninchen sprangen in dem kleinen Gehege herum, als sie Stimmen hörten und die Menschen sahen. Sie hatten es nicht geschafft, ihren Vorrat ganz zu vertilgen. Trotzdem gab Günter ihnen etwas frisches Gras und neue Blätter. Gierig stürzten sie sich darauf.

Derweil ging Clemens mit seiner Digitalkamera auf Motivsuche. Er machte Aufnahmen vom ganzen Ensemble, dem Inneren der Ruine wie auch von jedem einzelnen Gegenstand. Hundertvierzig Fotos hatte er am Schluss.

Günter kannte Digitalkameras inzwischen ebenso wie Fernsehapparate. Trotzdem wunderte er sich, wie schnell man ein Bild machen und sofort danach betrachten konnte.

»Wofür machst du das?«, wollte er von Clemens wissen.

»Als Erinnerung und als Beweis.«

»Wieso Beweis?«

»Vielleicht müssen wir eines Tages beweisen, dass ihr hier gelebt habt.«

Später führte Günter Clemens zu dem Aussichtspunkt auf dem Hügel. Die Sonne begann sich zu senken, und Günter wurde wehmütig.

»Das hier ist meine Heimat«, sagte er. Clemens konnte ihn verstehen. Ein schöner Blick.

Günter zeigte Clemens die Reservate, von denen er eifrig Fotos machte. Schade, dass er nur einen Vierfachzoom hatte. Aber die Mauern waren gut zu erkennen. Im Dämmerlicht erhob sich ein Helikopter aus einer der Ansiedlungen. Das würde bald ein Ende haben. Clemens filmte sein Aufsteigen und den gesamten Flug bis zum Horizont.

Nachdem das Abendrot verglüht war, gingen die Männer zur Ruine zurück. Sie packten die Bücher in die mitgebrachten Rucksäcke, in die alle hineinpassten. Agnes würde sich freuen, auch wenn sie mittlerweile in der Stadtbücherei Werke ganz anderen Kalibers verschlang.

Nach dem Abendessen begaben sich Clemens und Günter zum Ruhelager. Für Günter war es ganz ungewohnt, dass dort, wo sonst immer Agnes an seiner Seite gelegen hatte, und oft genug ein Kind zwischen ihnen, nun ein anderer Mann lag. Das störte ihn nicht, doch er traute sich nicht, sich an ihn zu kuscheln. Das wollte er auch gar nicht.

Clemens hingegen war erstaunt, wie weich dieses Lager war, obwohl es nur aus Heu, Stroh und ein paar Zweigen bestand. Er schlief richtig gut. Irgendwann wurde er von etwas wach, das ihn störte. Es war Günters Arm, der auf seinem Brustkorb lag. Vorsichtig legte er ihn an seine Seite.

Am nächsten Morgen packte Clemens den Pulverkaffee aus.

»Wird mit kaltem Wasser nicht besonders gut schmecken. Immerhin habt ihr schöne Pötte hier. Muss schon sagen, handwerklich habt ihr echt was drauf.« Günter nickte stolz.

Clemens ließ sich zeigen, wo der Bach floss, und holte Wasser. Unterdessen rieb Günter mit dem Holzstäbchen auf einem kleinen Scheit, die Spitze qualmte schon ein wenig. Clemens sprang begeistert herbei, zückte den Fotoapparat und konnte den Film rechtzeitig starten. Noch ein paar Dreher, dann züngelte eine Flamme daran empor wie an einem großen Streichholz. Vorsichtig, um die kleine Flamme nicht auszulöschen, hielt Günter die Spitze in ein Häufchen Heu, das sofort lichterloh brannte. Ein paar Stöckchen dazu, größere Zweige, und schon prasselte ein kleines Lagerfeuer.

Clemens hatte alles auf den Chip gebannt. Selbst in der Wildnis bekam er einen heißen Kaffee.

Als sie die belegten Stullen verspeisten, fragte Clemens, wie Hans unbemerkt aus dem Reservat hatte verschwinden können. Dazu musste Günter etwas weiter ausholen.

In den vereinbarten vier Wochen waren Agnes und Günter regelmäßig auf dem Markt erschienen. In der Klause hatte Clemens nach und nach fast sein ganzes Leben offenbart. Sie hatten etwas Geld gespart und konnten das ein oder andere anschaffen, was ihnen ihr Eremitenleben erleichterte. Das meiste gab Agnes jedoch für Fahrkarten zur Bibliothek in Celle und die Leihgebühren aus. Sie informierte sich grundlegend über das Leben außerhalb von Reservat und Sperrzone.

Bald hatte sie verstanden, wie die Gesellschaft funktioniert. Die demokratischen Prinzipien, die Gewaltenteilung, die Organisation von Parlament, Polizei und Rechtsprechung waren ihr vertraut. Agnes erkannte die Unterschiede zwischen ihrer eigenen Sprechweise und modernem Deutsch und brachte das ihren Leuten so gut wie möglich bei.

Außerdem wusste Agnes inzwischen um die Bundeswehr und den Truppenübungsplatz Bergen. Auf dessen Gelände lagen die Reservate. Doch über Letztere fand sie in der Literatur absolut nichts.

Post und Telekommunikation waren ihr keine unbekannten Begriffe mehr, und sie konnte die Grundzüge der elektronischen Datenverarbeitung bereits nachvollziehen. Auch die Nutzung der Bildschirmgeräte in der Bibliothek war ihr geläufig. Sie lieh immer drei, vier Bücher aus, las sie zu Hause durch und brachte das Wichtigste ihren Leuten bei – soweit die das verstanden.

Das Paar verdiente mit Trockenobst und -pilzen sehr gut. So konnte es sich einiges leisten. Die Notwendigkeit, den Kontakt zum Reservat aufrechtzuerhalten, schwand immer mehr. Hans wurde zunehmend neidisch, wenn er erfuhr, was Klaus wieder alles erlebt hatte. Außerdem reizte ihn das Leben da draußen zusammen mit seinen Freunden. Also wollte auch er in die Freiheit. Die Frage war nur, ob er sich ebenfalls scheintot stellen sollte oder seine Flucht anders bewerkstelligen konnte.

Es ging tatsächlich anders, mit geringeren Schmerzen.

Hans vertraute einem Kumpel spätabends vor dem Schlafengehen an, dass er sich in der kommenden Nacht aus dem Reservat schleichen wolle. Vom Getreidespeicher aus habe er erst kürzlich etwas gesehen, das er sich unbedingt aus der Nähe ansehen wolle. Hans war sich sicher, dieser Kumpel würde ihn umgehend beim Priester verpfeifen. Was er draußen wollte, verriet er nicht. »Du wirst es morgen früh ja sehen«, sagte er nur.

So ging Hans in der folgenden Nacht, als alle schliefen, einfach durch das Tor hinaus und ließ alles hinter sich offen stehen.

Am nächsten Tag wurde Hans vermisst. Der Kumpel ging zum Priester und erzählte, was er wusste. Zwar bekam er einen Tadel, nicht gleich gekommen zu sein. Doch der Kumpel sagte, er hätte Hans nicht geglaubt, und zum anderen sei es schon sehr spät gewesen. Da hätte er den Priester nicht mehr stören wollen. Auch dem Gottesmann schien das so lieber zu sein.

Ein Wächter entdeckte etwas weiter weg auf dem Boden einen Flecken, und man fand Hans' Kleider, blutig verschmiert. Ein weiterer Beweis dafür, welch immense Gefahren da draußen lauerten. Man fand sich mit Hans' rätselhaftem Verschwinden ab. Niemand bemerkte, dass seine Kleider mit Kaninchenblut besudelt waren.

Nach dieser Schilderung packten Clemens und Günter ihre paar Habseligkeiten zusammen. Den Proviant für unterwegs steckten sie in die Seitentaschen des Rucksacks. Innen war noch etwas Platz, sodass sie die selbst gebrannte Keramik dort auch unterbringen konnten.

Die Rucksäcke waren deutlich schwerer als auf dem Herweg, und die Männer hatten noch die Kaninchen zu schleppen. Trotzdem schafften sie die Strecke wieder an einem Tag. Kurz vor Verlassen des Sperrgebiets rief Clemens Fritz mit dem Handy an, weil er wieder Empfang hatte. Auf dem Truppenübungsplatz hatte er kein Netz gehabt.

Wenig später holte Fritz die beiden Ausflügler ab.

Oft saßen die Leute abends zusammen. In den ersten Tagen verfolgte Clemens aufmerksam die Immobilienanzeigen, um für seine Freunde eine neue Bleibe zu finden. Dafür benötigte er Geld. Sein Erspartes würde er dafür gern opfern, doch es war nicht genug. Er hatte aber eine andere Idee. Doch die behielt er erst einmal für sich.

Fritz genoss das neue Leben in der Bude. Die Rasselbande der vier Kinder tat ihm gut, und er erlebte noch einmal die schönen Seiten, die seine eigenen Kinder ihm bereitet hatten. Im Gegensatz zu damals trug er aber nicht die Verantwortung für sie. Die Freude teilte er sich mit ihnen, für den Rest waren Vater oder Mutter zuständig. Er kam sich fast wie ein Großvater vor, obwohl er nicht viel älter war als die Eltern.

Günter war seinen Kindern ein liebevoller Vater. Er hätschelte sie und kannte sich aus mit ihrer Entwicklung und vor allem auch mit den Krankheiten. Er spielte mit ihnen und forderte sie heraus, kannte gleichzeitig aber auch die Grenze zur Überforderung.

Agnes, diese wunderbare Frau, sorgte sich indes um den Haushalt. Der war seit dem Tod von Margret, Fritz' Frau, vor fünf Jahren zu kurz gekommen. In der Zeit des Alleinseins hatte Fritz fast ausschließlich von Konservendosen und Tiefkühlkost gelebt. Agnes erledigte die Arbeiten in unglaublichem Tempo und mit ungekannter Leichtigkeit. Sie faszinierte ihn. Oft unterhielt er sich mit Clemens über sie und der gestand ihm dabei seine Sympathie für sie – wenn es nicht schon mehr war.

Damit hatte Fritz nicht nur Günter zum Konkurrenten, sondern auch den alten Clemens. Sein bester Freund, war der nicht viel zu alt für diese bezaubernde Frau? Liebe kennt keine Altersgrenzen. Auch wenn Fritz Günter nicht in die

Quere kommen wollte, verlockte ihn der Gedanke, einmal mit Agnes zu kuscheln oder auch mehr. Davon träumte er.

Agnes spürte, dass sie die Henne im Korb war. Die Männerherzen schlugen höher, wenn sie sich zu ihnen gesellte. Sie genoss diesen Zustand, genoss die erwartungsvollen, sehnsüchtigen Blicke.

Doch sie gehörte Günter. Tatsächlich? Wie sollte sie sich dessen sicher sein? In diesem Punkt gab es für sie keine Vorbilder, keine Anhaltspunkte, keine Regeln. In ihrer Kindheit und Jugend waren Berührungen untereinander verboten. Sympathien gab es, doch keine körperliche Nähe. Das war ein Vergehen, das geahndet wurde.

Und hatte sie nicht beobachtet, wie Mäuse- und Rattenkinder sich in offensichtlichem Behagen aneinanderschmiegten? Gleiches fand sie später bei den Kaninchen, Ziegen und Schafen. Selbst die Fasanen hockten gern beieinander.

Wäre statt Günter ein anderer Mann gekommen, wäre ihr der genauso angenehm gewesen? War es Zufall, dass dieser Mensch, der ihr in der Wildnis begegnete, ausgerechnet der Mann ihres Herzens war, sozusagen ihr Wunschkandidat? Oder wäre sie mit jedem Charakter klargekommen, einfach von Trieben gesteuert? Hätte jedes Mitglied der Gattung *Mann* ihre Begierden entfacht?

Agnes konnte sich diese Fragen nicht beantworten. Was wäre passiert, wäre zum Beispiel Clemens erschienen? Bei diesem Gedanken wurde ihr warm ums Herz, und sie musste sich eingestehen, dass sie für Clemens andere Gefühle hegte als für Klaus, Hans und Fritz. Die kamen ziemlich nah heran an die Art der Zuneigung, die sie für Günter empfand.

Agnes begann, Clemens genauer zu beobachten. Sie studierte, wie er ging, sich bewegte, wie er sprach, mit den Kindern umging und vor allem, wie er lachte. Ein Mann der Tat, immer unternehmungslustig. Das kam allen zugute. In jeder freien Minute zeigte er den Flüchtigen neue Wunder in der Umgebung. Damit begeisterte er nicht nur die Kinder.

Das waren Selbstverständlichkeiten wie Hallenbad, Minigolf, Tretbootfahren, aber auch die regionalen Sehenswürdigkeiten Museumshof, Bockwindmühle. Daran schlossen sich Besuche in Celle, Bremen und sogar Hamburg an. Hin und weg war vor allem Kläuschen von der Miniatur-Wunderwelt, der größten Modelleisenbahn-Anlage der Welt.

Clemens fand sogar noch die Zeit, den größeren Kindern Radfahren beizubringen, nachdem er für jedes ein eigenes besorgt hatte.

Und es war wirklich nicht nur der Umgang mit den Kindern, mit dem Clemens das Feuer bei Agnes entfachte. Sie achtete jedoch sehr darauf, dass weder Clemens ihre neue Zuneigung auffiel noch den anderen, vor allem aber nicht Günter. Sie konnte sich Clemens gegenüber jedoch nicht mehr so unbefangen verhalten wie die Wochen zuvor. Ihr dämmerte allmählich, dass sie sich in ihn zu verlieben begann.

Clemens war die Veränderung in Agnes' Verhalten nicht verborgen geblieben. Kleine Anzeichen verrieten ihm, dass da mehr war als freundschaftliche Sympathie. Sie suchte öfter seine Nähe, als es notwendig gewesen wäre, und wirkte trotzdem unsicher. Besonders wie sie ihre Blicke zu kaschieren versuchte, war schon so etwas wie ein Beweis.

Clemens tat es gut, von einer so jungen Frau angehimmelt zu werden. Doch er hatte Skrupel. Das größte Hindernis waren Günter und die Kinder. Natürlich wünschte Clemens es sich nicht, doch falls Günter etwas zustieß, könnte er, Clemens, Agnes und den Kindern ein guter Liebhaber und Vater sein?

Sie trafen sich im Stall. Agnes fütterte gerade die Tiere im Gehege, als Clemens einen frischen Ballen Stroh hereinbrachte. Er ging dicht an Agnes vorbei. Sie streckte den Arm aus, ließ ihn nicht passieren.

»Du, Clemens, ich muss dir etwas sagen.«

Er ließ das Bündel fallen, umschlang sie und antwortete: »Nein, du musst überhaupt nichts sagen.«

Das stimmte. Sie griff sich dieses Mannsbild, drückte es an sich und gab ihm einen Kuss mitten auf den Mund. Und noch einen, und noch und noch und noch einen.

Clemens, etwas überrascht, aber nicht unglücklich ob des Überfalls, schob sie etwas von sich weg und sagte: »Mensch, Agnes, was soll das?«

»Das möchte ich auch wissen, was das soll!«, schrie jemand von der Tür her. Verwundert schauten beide in Richtung des Rufers. Wie ein Blitz kam Fritz angeschossen, schubste Clemens von Agnes weg, dass er taumelte, und gab ihm schnell noch einen Kinnhaken mit auf den Weg.

»Du wirst diese Frau doch wohl in Ruhe lassen, ich fass es nicht!«, schrie Fritz erneut. »Eine Mutter von fünf Kindern. Und dann könntest du ihr Vater sein. Schäm dich was!«

Clemens rieb sich das Kinn. »Darf ich vielleicht aufstehen? Nix passiert, Fritz. Wirklich, es ist ü-ber-haupt nichts passiert.«

Der Gestrauchelte rappelte sich auf die Beine. »Trotzdem musst du hier nicht den Sittenwächter spielen. Grad du. Hast ja selbst eingeräumt, wie sympathisch dir die Agnes ist.«

Agnes war völlig verwirrt. Was hatte sie da nur ausgelöst? War das in Ordnung, was sie getan hatte? Der Drang, Clemens zu küssen, war übermächtig über sie gekommen. Doch wieso mischte Fritz sich nun ein? Sie ließ die Männer stehen und ging in ihr Zimmer. Was Günter dazu wohl sagte?

Sie kam zu keinem klaren Schluss. Als sie Erich draußen weinen hörte, ging sie zu ihm. Er hatte mit den Großen gespielt und war gestürzt. Etwas Trost wie beruhigende Worte, Streicheln und Pusten des geschürften Knies war angesagt. Es gab auch noch anderes zu tun. Als Günter zur Tür hereinkam, empfing sie ihn gleich mit den Worten: »Du, ich habe Clemens geküsst.«

Günter schüttelte verwundert den Kopf, so, als müsste er das Gehörte erst verdauen. Er begriff nicht ganz die Tragweite dieser Aussage. Manchmal gaben sich Leute Küsschen, das hatte er inzwischen gelernt. »Ja und?«, fragte er deshalb.

»Fritz hat ihn dafür verprügelt.«

Günter verstand immer weniger. Agnes erklärte ihm, dass Fritz gemeint habe, Clemens solle die Finger von einer Mutter von fünf Kindern lassen. Außerdem sei er viel zu alt für sie.

Die Antwort verwirrte Günter mehr, als dass sie zur Klärung beitrug. Günter hatte sehr wohl registriert, wie beliebt Agnes in der Männerrunde war – und hatte sich darüber gefreut. Warum sollten sie sie nicht küssen? Fritz hätte Agnes doch auch küssen können, statt Clemens zu schlagen.

Doch das Folgende machte ihn nachdenklich. Es war wohl mehr als nur Freundschaft. Agnes hatte sich damit beschäftigt, wie ihre Beziehung zustande gekommen war. War er einfach der Zufallsgeliebte, oder hätte sie ihn auch unter Tausenden von Männern ausgesucht? Auf diese Frage fand sie keine Antwort, und er auch nicht. Er versuchte, sich tausend Frauen vorzustellen, darunter Agnes. Hätte er sie unter diesen Umständen zur Lebensgefährtin gewählt?

»Vom Gefühl her, liebe Agnes, glaube ich, du bist es. Du bist die Frau, mit der ich zusammenleben will. Du tust mir gut. Das Zusammenliegen mit dir ist wunderschön. Wenn du jemanden küsst, ist das in Ordnung. Wenn du den aber richtig küsst, du weißt schon, mit Zungenspiel und so weiter – vielleicht wäre das nicht mehr ganz so schön für mich. Warum das so ist, kann ich dir nicht sagen. Ich kann mir auch nicht recht vorstellen, dass du die ganze Nacht bei einem anderen liegst und all das tust, was wir getan haben. Wie es mir damit ergehen würde, weiß ich wirklich nicht.«

Günter war ratlos, aber nicht sauer. Auch ihm fehlten all die gesellschaftlichen Regeln und Normen, die hierzu aufgestellt worden waren.

Agnes' und Günters Fragen blieben unbeantwortet. Drei Tage lang herrschte gedrückte Stimmung auf dem Hof. Das Leben ging wie immer seinen Gang. Fritz fuhr mit dem Traktor über die Felder, Clemens belieferte die Wochenmärkte mit Kartoffeln, Günter kümmerte sich ums Vieh, Agnes versorgte den Haushalt, und die Kinder tollten herum.

Für sie war jeder Tag ein Abenteuer, immer noch entdeckten sie Neues, probierten alles aus. Längst hatten sich alle, auch der kleine Wolfgang, an die brummenden Maschinen gewöhnt. Am meisten Spaß machte es, wenn Fritz sie auf dem Trecker mitnahm.

Eines Nachmittags kam Clemens früher zurück. Agnes hantierte in der Küche herum. Clemens ging zu ihr und begann ein Gespräch. Beide spürten, welche Anspannung im Raum lag. Clemens räumte ein, dass das stimmte, was Fritz in seiner Wut gesagt hatte. Er, Clemens, war in sie verschossen und hätte gern eine Beziehung mit ihr begonnen. In den letzten Tagen habe er sich aber klargemacht, dass das nicht ging.

»Weißt du, Günter ist auch mein Freund«, erklärte Clemens. »Ich kann und will ihn nicht verletzen, und ich will eure Beziehung nicht zerstören.«

Das waren klare Worte, für die Agnes ihm dankte. Sie entschuldigte sich dafür, ihn geküsst zu haben, und meinte, auch er sei ihr mehr als sympathisch. Sie habe sich in ihn verliebt, warum auch immer. Sie berichtete ihm von ihren Gedanken zu Beziehungen und von ihrer Verunsicherung, ob Günter wirklich der richtige für sie sei.

»Ich habe mich inzwischen mit Günter ausgesprochen«, fuhr sie fort. »Wie er reagiert und was er gesagt hat, hat mich in meiner Ansicht wieder gefestigt, dass er der Richtige für mich ist, auch wenn er damals der Einzige war, dem ich begegnet bin. Er ist ein guter Mann. Er ist mein Mann.«

Die ganze Anspannung war abgeklungen.

Das Abendessen verlief in gelöster Stimmung. Clemens flachste herum, Agnes steuerte ihre Heiterkeit bei, und nach längerer Zeit war die Runde erstmals wieder richtig unbeschwert. Nachdem die Kinder im Bett waren, sagte Clemens plötzlich:

»Günter, du hast eine tolle Frau. Sie ist so toll, dass sie mir doch tatsächlich den Kopf verdreht hat. Um ein Haar hätte ich mich richtig in sie verknallt. Aber Gott sei Dank hat Fritz mich auf den Boden der Tatsachen zurückgeholt. Ich will mit euch beiden befreundet bleiben und durch Liebesgeplänkel nicht alles kaputtmachen.«

»Ich schließe mich an«, fügte Fritz hinzu. »Auch ich finde, Günter, du hast eine tolle Frau, und ja, auch ich war ein wenig in sie verschossen. Als ich beobachtete, wie Clemens sie im Stall geküsst hat, sind bei mir sämtliche Sicherungen durchgeknallt. Nicht Empörung war der Grund, sondern Eifersucht.«

»Da habe ich ja wohl was versäumt«, ließ Hans sich vernehmen. »Mir kam die Stimmung in den letzten Tage schon etwas komisch vor. Aber von eurer Rangelei hab ich nichts mitbekommen. Auch ich kann nur sagen, du hast eine tolle Frau, Günter. Wäre ich jünger, wahrscheinlich wär es mir so gegangen wie Clemens und Fritz. So aber bin ich alt, und alte Menschen pflanzen sich ja anscheinend nicht mehr fort, und der Trieb lässt nach. Im Reservat hat man über Hormone und dergleichen rein gar nichts erfahren.«

Dann sagte er noch, wie froh und stolz er sei, dass Klaus ihn aus dem Reservat befreit habe, und wie wichtig ihm die Freundschaft zu allen sein.

»Bitte sehr, Hans, gern geschehen!«, antwortete ihm Klaus. »Es hat mich auch gefreut, dass du zu unserer Runde gestoßen bist. Die meiste Zeit musstest du ja nach drei Tagen wieder zurück ins Gefängnis. Ich aber bin Günter von Herzen dankbar, und ohne Agnes säßen wir alle nicht hier. Agnes, du bist eine tolle Frau, und dich, Günter, beneide ich ein bisschen auch darum, dass du ihr Auserwählter bist. Ich glaube, ein Hormonrest schwimmt in meinem Blut sogar noch herum.«

Alle lachten.

Fritz ging zum Küchenschrank, holte sechs Schnapsgläser, verteilte diese am Tisch und goss Zwetschgenwasser ein.

»Gut, dass wir wieder zusammengefunden haben. Wir haben auch noch einiges zu erledigen. Darauf trinken wir.«

Fritz hob sein Glas und prostete den anderen zu.

Agnes hatte er am wenigsten eingeschenkt. Die aber schüttelte sich am meisten.

Fritz griff den Faden wieder auf, nachdem alle ausgetrunken hatten. Als Nächstes war die Polizei zu informieren. Die sollte die Reservate befreien und die Verbrecher festnehmen, die sich als *Götter* aufspielten. Die Kinder sollten endlich zur Schule gehen, und auch Agnes' und Günters Kinder müssten das tun. Die Leute müssten in vernünftigen Unterkünften einquartiert werden.

»Was genau wird passieren, wenn wir zur Polizei gehen?«, wollte Günter wissen.

»Die werden uns erst mal nicht glauben«, wandte Clemens ein.

Da war etwas dran. Vielleicht hätte Clemens mit seinen Fotos überzeugen können. Doch mit denen hätte er sich strafbar gemacht, da er den Truppenübungsplatz unerlaubt betreten hatte. Die Bilder konnten gegen ihn verwendet werden. Außerdem war für dieses Gelände nicht die Polizei zuständig, sondern das Militär. Und das hatte an einem neuen Skandal vielleicht kein besonderes Interesse.

»Zu was werden die *Götter* denn verurteilt werden?«, wollte Agnes wissen. Das konnte keiner von ihnen abschätzen. Doch Fritz meinte schließlich: »Na, lebenslänglich werden die schon kriegen. Schließlich haben die Leute umgebracht. Aufgehängt haben die einige von euch – mit den fadenscheinigsten Begründungen.«

»Nee, nee«, widersprach Clemens. »Die haben die Leute ja nicht selbst aufgeknüpft, sondern die Priester und Henker. Den *Göttern* wird man das nicht anlasten können. Und den Henkern wahrscheinlich auch nicht. Die wussten's ja nicht besser.«

Eine heiße Diskussion entbrannte. Begriffe wie Freiheitsberaubung, Versklavung, sexuelle Nötigung, Vergewaltigung fielen. Anmaßung von richterlicher Hoheit und das Vorenthalten der Bürgerrechte kamen hinzu.

»Maximal zehn Jahre, mehr wird da nicht drin sein. Bei guter Führung sind die vielleicht viel schneller wieder draußen.« Das war Clemens' Abschlusskommentar.

Agnes sah Günter frustriert an. Ihre Aufregung konnten die anderen ihr ansehen und gewahrten, wie sich die Farbe ihres Gesichts änderte: Es wurde rot vor Wut.

»So billig kommen die mir nicht davon. So viele Leben haben sie zerstört, haben uns wie Tiere gehalten und uns ausgebeutet. Bestraft und gehenkt haben sie etliche von uns. Günter und ich können von Glück sagen, dass wir noch leben. Nein, ich will Rache!«

Agnes schrie vor Zorn. Sie sprang auf und schlug mit der Faust auf den Tisch. »Rache will ich, und wenn ich es allein machen muss. Diese Dreckskerle bring ich um!«

»Halt mal ein«, meinte Fritz beschwichtigend zu ihr. »Das bringt nichts, sich da reinzusteigern. Wir müssen einen kühlen Kopf behalten.« Und wirklich, Agnes beruhigte sich wieder.

»Deine Wut und deinen Zorn kann ich gut verstehen. Trotzdem müssen wir uns rechtsstaatlich verhalten. Wir sind doch nicht so wie die«, schloss Fritz ab.

»Mit der Rechtsstaatlichkeit ist das so eine Sache«, entgegnete Clemens nach einem Weilchen. »Die *Götter* haben den Leuten in den Reservaten ihre Form von Staat aufgezwungen, wenn man so will. Sie haben spezielle Gesetze gemacht, Todesstrafe inbegriffen. Nehmen wir einmal an, Agnes wäre nicht geflohen und der ganze Betrug durch Zufall aufgeflogen. Die *Götter* wären überwältigt worden und hätten eine Weile im Gefängnis geschmort. Ihr habt da doch Gefängnisse, oder?« Agnes nickte mit dem Kopf.

»Gut«, fuhr Clemens fort, »sie sitzen also dort im Gefängnis. Das ganze Reservat berät, was zu tun ist. Bestrafung muss sein, da sind sich alle einig. Todesstrafe, auch dieser Beschluss geht einstimmig durch. Die Leute bestrafen nach den dort geltenden Prinzipien. Wer kann ihnen etwas vorwerfen, da sie nichts anderes kennen? Das ist ihr Rechtssystem. Sie werden die *Götter* hängen. Denn sie wären ohne Frage selbst gehenkt worden, hätte man sie eines Vergehens überführt.«

Schwerwiegende Sätze. Agnes' Mine hellte sich wieder auf.

»Genau so werden wir das machen. Wir gehen in Günters Reservat und klären die Leute dort auf. Das wird uns nicht schwerfallen. Als Frau bin ich der lebende Beweis für den fortgesetzten Betrug dieser Tyrannen. Wir können Bilder zeigen vom Leben in Freiheit. Clemens, du besorgst ein Tablet und stellst belastendes Material zusammen.«

Diese Frau machte vor nichts halt und verblüffte den Angesprochenen ein weiteres Mal. ›Tablet‹! Sie verleibte sich alles ein, was sie von der hoch technologisierten Kultur erhaschen konnte. Hinzu kam, dass ihre Idee äußerst brauchbar war.

»Es wird nur wenige Tage dauern, bis wir die Einwohner

überzeugt haben«, fuhr Agnes fort. »Wenn die *Götter* dann beim nächsten Gottesdienst erscheinen, nehmen wir sie fest. Sie werden damit nicht rechnen, und der Überraschungseffekt ist auf unserer Seite. Dann werfen wir sie in die Kerker. Und das Reservat darf richten. Wir selbst halten uns zurück und warten ab, was dabei herauskommt. Wenn es die Todesstrafe ist, will ich sie vollstrecken. Wenn nicht, werde ich das akzeptieren.«

Wieder langes Schweigen.

»Gut«, sagte Hans schließlich. »Ein guter Plan, ein sehr guter Plan sogar. Ich bin dabei.«

»Ich auch«, kam es wie aus einem Mund von Günter und Klaus.

Wieder Schweigen. Clemens hatte die Beine übereinandergeschlagen und wippte mit dem Fuß.

»Okay, so machen wir's«, sagte er schließlich.

»Ich werde euch unterstützen«, ließ sich Fritz vernehmen. »Meine moralischen Bedenken sind weg, ihr habt mich überzeugt. Doch übernehme ich lieber eine andere Aufgabe. In eurer Abwesenheit muss sich ja jemand um die Kinder kümmern.«

Agnes sah ihn dankbar an.

Die sechs Erwachsenen redeten bis zum Morgengrauen. Der Plan wurde ausgefeilt, Einzelheiten erörtert und teilweise wieder verworfen. Alle waren aufgeregt und überdreht. Trotzdem forderte die Müdigkeit irgendwann ihren Tribut. Bevor sie in die Zimmer gingen, schlug Clemens noch Folgendes vor:

»Wir müssen sehr genau planen und dürfen uns keinen Fehler erlauben. Auch wenn wir heute meinen, wir könnten morgen losschlagen, kann das ein gewaltiger Irrtum sein.

Deshalb mein Vorschlag: Wir starten die Aktion frühestens in einem Monat. Und wenn irgendetwas unklar ist, warten wir lieber noch ein Weilchen ab. Nach so vielen Jahren kommt es auf ein paar Wochen auch nicht an.«

Alle stimmten zu, standen auf und nahmen sich in die Arme, bevor sie sich zur Ruhe legten.

Rache

Sechs Wochen waren seit dem denkwürdigen Gespräch in Fritz' Küche vergangen. Nun zogen sechs Erwachsene ins Sperrgebiet: Agnes, Günter, Clemens, Klaus und Hans. Der sechste Mann, ein Journalist, war ein neuer Mitstreiter: Lothar Mattes, genannt Lotta. *Lotta* – italienisch für *Kampf*.

Clemens hatte schon früh in Erwägung gezogen, einen Journalisten mit ins Boot zu holen. Lotta vom renommierten politischen Wochenmagazin *Lupe* kannte er über Umwege. Lange musste er ihn nicht überzeugen, obwohl er die ganze Geschichte zunächst als Spinnerei abgetan hatte. Die Aufnahmen von der Zwischenbleibe der Geflohenen gaben ihm allerdings zu denken, und er witterte seine Chance auf einen ungewöhnlichen Stoff.

Clemens überredete ihn zu einem Ausflug auf den Truppenübungsplatz, und Lotta erkundete die Ruine der Geflohenen. Die Besichtigung des Fluchtwegs in Günters Reservat hinein überzeugte ihn restlos. Durch den geheimen Gang war er in der folgenden Nacht bis in das Gebäude am anderen Ende vorgedrungen. Lotta lief sogar ein paar Schritte durch die verlassenen Gässchen. Dass es mitten im Sperrgebiet ein funktionierendes Dorf gab, war schon eine Sensation.

Mit der speziellen Gerichtsbarkeit innerhalb des Reservats wollte Lotta sich jedoch nicht abfinden. Bei allem Verständnis für das Anliegen der Geflohenen, das Vorgehen könnte für alle unangenehme Konsequenzen haben. Doch die wollten alle anderen mit Ausnahme von Lotta auf sich nehmen.

Trotzdem machte Lotta mit. Ihm wurden die Exklusivrechte für die Berichterstattung und die Interviews mit den Beteiligten eingeräumt. Doch mit einer möglichen Hinrichtung wollte er nichts zu tun haben. Es wurde vereinbart, dass er bei der Überwältigung der *Götter* dabei wäre, auch fotografieren und filmen durfte. Dann sollte er sich verziehen und erst wieder in Erscheinung treten, wenn die Befreiung der Ghettos abgeschlossen war.

Darauf ließ Lotta sich ein. Im Gegenzug handelte Clemens die gesamte Finanzierung des Unternehmens mit ihm aus und zusätzlich ein ordentliches finanzielles Polster für die Lebenshaltungskosten aller Beteiligter. Es war nicht leicht für Lotta, diese Summen bei seinem Verlag durchzusetzen, zumal er keine näheren Angaben machen konnte, um was es sich dabei handelte und wie viele Monate das Projekt sich hinziehen würde. Letztlich gab seine hervorragende Reputation den Ausschlag.

Schließlich war es soweit. Der Priester wohnte immer noch im gleichen Haus. Warum auch nicht? Es war eines der komfortabelsten im ganzen Dorf.

Hans klopfte frühmorgens an dessen Tür. Das Leben auf der Straße hatte noch nicht begonnen. Im Haus tat sich nichts. Hans klopft nochmals, heftiger. Drinnen hörte er bald Geraschel, und eine Männerstimme brummte verschlafen: »Komme ja schon.«

Die Tür öffnete sich, und Priester Eberhard streckte seinen Kopf heraus. Er war also noch im Amt. Als Eberhard Hans erblickte, der erst vor ein paar Monaten verschwunden war, war er sichtlich irritiert. Als dann auch noch Klaus von der Seite her auf ihn zutrat, war er völlig sprachlos.

»Ich muss mit Ihro Hochwürden reden«, eröffnete ihm Hans. Eberhard war unschlüssig, wie er sich verhalten sollte. Tür zuschlagen und abschließen? Das war ihm nicht geheuer. Zwei Tote standen vor ihm. Suchten ihn Geister heim? Doch die Männer wirkten sehr lebendig. Nun kam noch jemand zum Vorschein, nämlich Günter. Auch der kam ihm bekannt vor, auch wenn der schon vor vielen Jahren verschwunden war.

Der Überraschungseffekt führte dazu, dass Eberhard die ungebetenen Gäste nicht gleich aussperrte.

»Nun lasset uns schon herein, wir tuen Ihm nichts«, sagte Günter so freundlich wie möglich und drückte die Tür ein Stück weiter auf. Er musste sich an das altertümliche Deutsch erst wieder gewöhnen. »Und wir haben noch jemanden mitgebracht. Das dorten ist Agnes, die wird dir Seltsames beweisen, und das da drüben ist Lotta.« Günter deutete auf die andere Straßenseite, von wo aus der Journalist eifrig Bilder schoss. »Dann haben wir hier noch Clemens, einen guten Freund.«

Da der Priester offenbar nicht in der Lage war zu reagieren, drückte Günter die Tür ganz auf, schob den Mann beherzt zur Seite und trat ein. Er winkte den Freunden, ihm zu folgen. Daraufhin löste sich bei Eberhard die Schockstarre. Gegen diese Übermacht konnte er nichts machen, das war ihm plötzlich klar.

»Na, denn mal hereinspazieret, ihr Lausejungen«, brachte

er schmunzelnd hervor. »Wie könnet ihr einen alten Mann nur so erschröcken?« Mit diesem Scherz versuchte er, die Oberhand über die Situation zurückzugewinnen. Er führte die Gäste ins Konsultationszimmer, wo er meist die Verleumder empfing.

Nachdem alle Platz genommen hatten, begann Hans mit seiner Geschichte, die durch Klaus und Günter ergänzt wurde. Alle Anwesenden sahen es hinter Eberhards Stirn arbeiten. Unglaube wechselte mit Erstaunen ab. Wenn Worte nichts mehr zu helfen schienen, zeigte Clemens ihm Fotos auf seinem Tablet.

Starrte Eberhard das Gezeigte zunächst an, als sei es Zauberei oder Teufelszeug, so war er von den Bildern doch beeindruckt. Er betrachtete die Höhle der Geflohenen und bekam in kleinen Dosen Fotos von Winsen, den Leuten, den Häusern, Straßen und Fahrzeugen zu sehen. Nach ein paar Stunden hatte das Überzeugungsteam erreicht, dass Eberhard eine Welt da draußen akzeptierte.

Jeden Besucher, der an seine Tür klopfte, wimmelte er ab. Von einem Mann ließ er sich allerdings ein paar Brote bringen. Damit verköstigte er die Eindringlinge. Die holten ihrerseits aus den Rucksäcken einige Leckerbissen hervor, die sie Eberhard kosten ließen – insbesondere verschiedene Wurst- und Käsesorten, aber auch Pudding, Joghurt und als Krönung Schokolade.

So bekam Eberhard eine Idee davon, dass das Leben da draußen in dem Ort, den sie Winsen nannten, vielleicht gar nicht so schlecht war.

Doch dann hatte er den nächsten Offenbarungs-Hammer zu schlucken: Das war dieses andere Wesen, das *Frau* genannt wurde. Es dauerte den Rest des Tages, bis Eberhard von der Zweigeschlechtlichkeit der Menschheit überzeugt war. Den Ausschlag hierfür gab, wie einst bei Günter und später auch bei Klaus und Hans, Agnes' Brust.

Es war ihr zum ersten Mal sichtlich unangenehm, sie dem Priester zu zeigen. Irgendetwas im Blick dieses Mannes störte sie. Doch es musste sein. Sie ließ ihn ihre Brust sogar befühlen, damit er nicht dachte, das seien nur aufgeklebte Erhebungen.

Und es dauerte nochmals die halbe Nacht, bis Eberhard begriff, wie die Kinder auf die Welt kamen. Didaktisch geschickt zeigte Clemens zunächst auf dem Tablet ein Video von einer Hundegeburt. Die Welpen, die dabei hilflos herumwuselten und bald an den Zitzen des Muttertiers saugten, schienen Eberhard zu gefallen.

Zuletzt noch ein Film über eine menschliche Geburt. Den hatte Clemens bei YouTube heruntergeladen. Obwohl Günter bei allen Geburten seiner Kinder anwesend war, war auch er davon beeindruckt. Und der Priester war überwältigt. Er lehnte sich zurück und schwieg. Niemand redete in diesem Augenblick. Alle wussten, wie schwer es für diesen Mann war, das Gesehene und Gehörte zu verarbeiten.

Mehrfach schüttelte Eberhard den Kopf. Er wirkte erschöpft, als hätte er gerade selbst ein Kind zur Welt gebracht. Dann besann er sich auf seine Gastgeberpflichten. Auch wenn er auf so großen Besuch nicht eingestellt war, fand sich für jeden ein Eckchen zum Schlafen. Die Gäste hatten alle Isomatten und Schlafsäcke dabei.

Am nächsten Morgen wirkte Eberhard sehr aufgeräumt. Er sagte, er habe kaum schlafen können. Alle seien sie von den *Göttern* über so viele Jahre und Jahrzehnte betrogen worden. Auch die Vorfahren.

»Diese Leute seynd gemeine Verbrecher«, empörte er sich aufrichtig. »Denen muss das Handwerk geleget werden.«

»Deshalb sind wir hauptsächlich hier«, pflichtete Clemens ihm bei. Er war erleichtert, dass sie nicht noch weiter verhandeln mussten, um den Priester auf ihre Seite zu bringen. Er sollte sein Reservat aufklären, da man ihm glauben würde.

Der Rest des Tages verstrich mit weiteren Besprechungen.

Der nächste Gottesdienst war in zwei Tagen. Eberhard regte an, dieses Mal noch nicht zuzuschlagen. Er wollte die Gruppe in der Gedächtnishalle verstecken. So konnten sich alle ein Bild davon machen, wie der Gottesdienst ablief, und das weitere Vorgehen genau durchplanen. Dieser Vorschlag wurde einstimmig angenommen.

In den nächsten beiden Tagen vertiefte Eberhard sein neues Wissen über das wirkliche Leben. Er bewirtete seine Gäste, so gut er konnte, bedauerte es aber, dass deren leckere Vorräte bald aufgebraucht waren.

»Nun ja, lange brauche ich itzt nicht mehr warten, bis sie mir auch immer zur Verfügung stehen«, stellte er fest.

»Klar, so ist das«, bestätigte daraufhin Clemens.

Dann kam der Sonntag. Merkwürdig war, dass dieser Tag auch im Reservat wie in der ganzen christlichen Welt geheiligt war.

Am frühen Vormittag versammelte sich die Gemeinde. Eine seitliche Wand der Andachtshalle war mit Vorhängen verziert. Eberhard postierte die sechs dahinter. In Augenhöhe hatte er einige Löcher herausgeschnitten, die selbst aus der Nähe kaum auffielen.

Der Priester stimmte von der Bühne herab ein Lied mit

der Gemeinde an und betete von einer Art Altar aus seinen Sermon zur Ehre der Götter herunter. Hinter ihm fiel ein weiterer, prächtiger Vorhang von der Decke bis zum Boden. Dieser war blau, in der Mittel geteilt, edel glänzend und stark verziert und verdeckte einen Eingang.

Dann folgte ein neues Lied. Der Gesang wurde bald übertönt durch das Geratter eines Hubschraubers, der unmittelbar hinter der Halle landete. Der Motorenlärm ließ nach und ebbte schließlich ganz ab. Eberhard wies zwei Jungen an, den blauen Vorhang nach links und rechts zur Seite zu ziehen.

Rudolph, Manfred und Karl-Heinz standen vor einer mit Schnitzereien verzierten Doppeltür. Durch diese mussten sie vom Helikopter aus hinter den Vorhang getreten sein. Dieser Vorgang spielte sich offenbar sehr routiniert jeden Sonntag ab. Helfer hatten den Eingang nach dem Eintreten der *Götter* wieder verschlossen, sodass sie kurz hinter dem Vorhang verweilt hatten.

Nachdem die Kinder ihre Aufgabe erfüllt hatten und die Gemeinde die Götter sehen konnte, traten diese in ihren schmucken Uniformen nach vorn. Clemens kannte alle drei noch gut von den Strebern her. Sie winkten den Versammelten zu, und Beifall brandete auf. Nachdem der sich gelegt hatte, stimmte der Priester mit der Gemeinde ein neues Lied an.

Dabei schleppten Männer Säcke, Kisten und Körbe zu den göttlichen Besuchern. Die begutachteten den Inhalt wohlgefällig und schienen mit der Menge und der Qualität der Produkte zufrieden zu sein. Es folgten Anweisungen an einige Männer. Diese öffneten daraufhin die Doppeltür, hinter der eine flache Rampe sichtbar wurde.

Die Männer mussten sodann einige Güter aus dem Frachtraum des Hubschraubers entladen, was durch den geöffneten Eingang gut zu beobachten war. Sie bauten alles auf der Rampe auf, andere Helfer schleppten es zum Altar. Die Gemeinde sollte sehen, mit welch wundervollen *Gottesgaben* sie auch dieses Mal bedacht wurde. Anschließend füllten die Helfer den Laderaum des Helikopters mit Behältnissen aus dem Reservat. Austausch von Roh- gegen Fertigprodukte, das war den geheimen Besuchern schnell klar.

Die *Götter* weideten sich noch ein Weilchen an einem Dankgebet. Dann winkten sie der Gemeinde zum Abschied gönnerhaft zu und begaben sich über die Rampe des Hinterausgangs zum Hubschrauber. Die beiden Jungen verschlossen das rückwärtige Tor wieder und zogen den Vorhang vor, während die Gläubigen sangen:

»O wie so großartig seynd Ihr, unsere Götter!
Ihr lasset es uns mangeln an nichts.
Ihr erfüllet uns und gebet unserem Leben einen Sinn.
Ihr Götter schützet uns vor allem Feindseligen,
  das draußen weylet.
Wir lieben Euch, wir lieben Euch,
  wir geben unser Leben für Euch!
Ihr Götter, o Ihr Herrlichkeit, Ihr seynd der Sonnen gleich.
Ihre Pracht ist Euer, Ihr strahlet wie sie,
  Ihr wärmet wie sie.
O Ihr Götter, verlasset uns nie, verlasset uns nie,
  verlasset uns nie!«

Priester Eberhard verrichtete seinen Dienst mit einer Inbrunst, die sein Schauspielertalent offenbarte. Agnes fragte sich insgeheim, ob er wirklich zu seinem Wort stünde. Doch der fromme Mann machte keinerlei Anstalten, auf die Gruppe hinzuweisen oder sie auf andere Art zu verraten. Alles schien seine Richtigkeit zu haben.

Nachdem die Opfergaben ausgetauscht waren, begleitete der Priester die drei *Götter* zu ihrem Gefährt. Agnes konnte nichts hören, doch es schien ihr, als bewege Eberhard die ganze Zeit über leicht die Lippen.

Das Abschlussgebet und der Schlussgesang gingen im Lärm des startenden Hubschraubers unter. Der Priester reckte die Arme hoch, sprach einen Segen, und die Gemeinde verließ nach und nach den Versammlungsort.

Nachdem der letzte gegangen war, traten die sechs geheimen Späher hinter dem Vorhang hervor. Sie hatten den Ablauf der Zeremonie gut beobachten können und wussten, wo die *Götter* sich aufhielten. Lotta hatte durch eines der Löcher sogar Aufnahmen machen können. Es sollte nicht schwerfallen, mit den selbst ernannten *Göttern* fertig zu werden.

Eberhard führte die Freunde anschließend in sein Haus. Er war zuvorkommend und freundlich und schien es kaum erwarten zu können, den *Göttern* das Handwerk zu legen. Trotzdem gemahnte er die Freunde, nichts zu überstürzen.

»Nach so vielen Jahren kommet es auf einen Tag mehr oder weniger auch nicht mehr an. Ich will, dass es gut gehet.«

Dann schlug er vor, die Freunde sollten nach Hause gehen und in ein oder zwei Wochen wiederkommen, da er sie nicht die ganze Zeit über verköstigen könne. Dem Bäckerjungen sei auch schon die Menge seiner Bestellungen in den beiden letzten Tagen aufgefallen. In dieser Zeit könnten sie jedes Detail in Ruhe nochmals durchplanen.

Alle waren einverstanden, nur Agnes verspürte einen Rest an Skepsis. Doch sie sagte nichts.

»Eberhard, wir kommen am übernächsten Samstag zur gleichen Zeit in der Frühe wie vorgestern. Wenn wir klopfen, weißt du, dass wir es sind. Wir bringen auch noch jemanden mit.«

Diese Aussage verblüffte alle, wie Clemens den verdutzten Gesichtern entnahm.

»Na, jemand muss den Helikopter am Ende doch wieder wegfliegen.« Das leuchtete ein. Anscheinend hatte Clemens einen Piloten an der Hand. Doch sein Plan ging noch deutlich weiter.

Es ging auf den Abend zu, die Gässchen waren wie ausgestorben. Dennoch verschoben Eberhards Gäste den Abschied bis zum vollständigen Einbruch der Dunkelheit.

Clemens wollte den Priester beim Abschiednehmen ganz unbefangen an sich drücken. Doch er gewahrte schnell, dass der durch so viel Nähe überfordert war. Wie versteinert stand Eberhard plötzlich da. Erst als Clemens von ihm wegrückte, rührte er sich wieder. An der Tür flüsterte er ihnen noch hinterher: »Bringet doch bitte auch noch ein wenig von der Schokolade mit!« Alle mussten grinsen.

Die beiden folgenden Wochen vergingen wie im Flug. Gleich am Montagabend setzten die Freunde sich zusammen und planten den Angriff durch. Lotta war nicht dabei, sondern sichtete das Bildmaterial. Er bedankte sich überschwänglich bei Clemens, dass ihm dieser die Geschichte anvertraut hatte. Das würde mit Sicherheit das Highlight seines Journalistenlebens werden. Er würde am Freitag kommen und sich über alles Weitere instruieren lassen.

Der Plan sah vor, dass Lotta hinter dem Vorhang steht und filmt. Die Öffnung muss so präpariert sein, dass er ungehindert aufnehmen kann.

Agnes, Klaus und Hans sitzen in der Andachtshalle in der ersten Reihe. Eberhard lässt sie vorher herein, setzt sich in ihre Nähe und verhindert, dass jemand sie begrüßt oder möglicherweise erkennt. Er sagt allen, die sich ihnen nähern, die drei hätten Grippe, und man solle sich von ihnen fernhalten.

Günter und Clemens halten sich möglichst unbemerkt vor der Andachtshalle auf. Sobald die *Götter* gelandet sind und auf der Bühne stehen, stellen sie sich hinter den Eingang. Sowie die Männer die Gaben bringen, springen Clemens und Günter unter Geschrei nach vorn, packen sich die beiden linken *Götter*, wohingegen Eberhard sich, auch wenn er nicht besonders sportlich und geschickt erscheint, den *Gott* rechts greift.

In dem entstehenden Tohuwabohu werden die *Götter* schnell zu überwinden sein. Ihre Verblüffung wird dadurch noch verstärkt, dass die drei Verschwörer aus der ersten Reihe im gleichen Moment aufspringen, mit viel Geschrei auf sie zurennen und dabei helfen, sie zu überwältigen.

Ruck, zuck bekommen die drei *Götter* Handschellen angelegt und werden an der Bühne angekettet. Eberhard müssen sie noch zeigen, wie die funktionieren.

Der Priester beruhigt inzwischen die Gemeinde, während Agnes, Günter, Klaus und Hans den Überwältigten die Uniformen vom Leib reißen, sodass sie nur noch in Unterwäsche dort stehen. Dabei wird es sich vielleicht nicht vermeiden lassen, dass deren Haut ein paar Kratzer oder gar tiefe Schnitte von Messer oder Schere abbekommt.

Dann erfolgt die Aufklärung der Dorfgemeinschaft, was ähnlich wie beim Priester einige Zeit in Anspruch nehmen wird. Und es dürfte nicht schwer werden, die selbst ernannten *Götter* zu Geständnissen zu zwingen.

Clemens war übrigens überzeugt, dass alle drei unbewaffnet waren. Er hatte ihre Kleidung genau in Augenschein genommen und auf versteckte Revolver hin abgesucht. Verdächtige Ausbeulungen hatte er keine entdeckt.

Danach wurde der Plan bis zum Einsatz nicht mehr abgeändert, obwohl die Freunde immer wieder darüber sprachen. Also war er in sich stimmig.

Nur Agnes hatte Bedenken. Dieser Eberhard kam ihr nicht geheuer vor, weil er in ihren Augen etwas Verschlagenes an sich hatte. Ihren Verdacht äußerte sie Clemens gegenüber. Sie war sich außerdem sicher, dass er beim Hinausgehen mit den *Göttern* gesprochen hatte.

Clemens schrieb diese Sichtweise ihren überdrehten Nerven zu. Er hatte die genau gegenteilige Einschätzung von Eberhards Charakter.

»Agnes, du musst nicht mitmachen, wenn du nicht willst«, bot er ihr an. »Deine Kinder brauchen dich. Es wäre fatal, wenn dir etwas zustieße. Ich denke, unser Plan ist gut, und er wird gelingen. Doch eine Garantie gibt es nicht.«

»Auf keinen Fall!«, lehnte Agnes vehement ab. »Ich will die Schweine fallen sehen und sie wimmern hören.«

Das konnte Clemens gut verstehen. »Weißt du, der Eberhard ist ja jetzt schon süchtig nach Schokolade. Der wird einen Teufel tun, den Nachschub zu gefährden.«

Agnes lachte. Ja, sie war wieder guter Dinge. Sie hatte viel nachgedacht in dieser Woche. War es richtig, die *Götter* einer Todesstrafe zuzuführen und diese auch zu vollstrecken? Sie genoss das Leben in der Freiheit, in der Zivilisation. Das war ihre Zukunft. Die Abschaffung der Todesstrafe war eine der Errungenschaften in dieser Gesellschaft. Hass und Rache – sollte sie sich nicht von diesen archaischen Regungen verabschieden? Ein Stück weit bewunderte sie Lotta. Für ihn war ganz eindeutig klar, dass er damit nichts zu tun haben wollte.

Doch sobald sie an die Grausamkeiten dachte, die die *Götter* skrupellos ihren Untergebenen zugefügt hatten, über Generationen hinweg, überkam Agnes die blanke Wut.

Sie war sich nicht sicher. Doch sie war sich bewusst darüber, dass sie maßgeblich beeinflussen konnte, wie die Reservatsinsassen richten würden. Noch hatte sie etwas Zeit für eine Entscheidung. Die Götter mussten sowieso eine Weile im Gefängnis schmoren. Sie wollte in dieser Zeit die Frage mit den Ihren erörtern.

Am Freitagabend verabschiedete sich die Gruppe von den Kindern und von Fritz. »Ich drücke euch alle Daumen, die ich habe«, sagte er. Sie hatten vor, um drei Uhr in der Nacht aufzubrechen.

Agnes fiel der Abschied von ihren Kindern dieses Mal deutlich schwerer als zwei Wochen zuvor. Sollte ihr etwas passieren, waren sie bei Fritz in guten Händen. Ihr Mutterherz spürte, dass er ihnen wohlgesonnen war und väterliche Gefühle für sie hegte – eher großväterliche, wie er selbst sagte.

Sie waren mit Alf, dem Piloten, zu siebt. Nicht wenig, was Clemens für ihn hinlegen musste. Doch es hätte noch teurer werden können. Alf hatte für Abenteuer etwas übrig, und für

Leute, die ihm sympathisch waren, ging er mit seinen Preisen nach unten. In diese Kategorie fiel Clemens.

Nachdem die Gruppe im Reservat angelangt war, musste Hans dieses Mal nur leicht an die Tür klopfen, schon schlurfte Eberhard heran. Herzliche Begrüßung, aber ohne Umarmung. Der Priester konnte es kaum erwarten, bis Clemens ihm einen Schokoriegel überreichte.

Dann unterwies Clemens den Gottesmann im Umgang mit Handschellen: geöffnet über die Handgelenke streifen, zudrücken, fertig. Sie übten es ein paar Mal. Clemens zappelte dabei immer mehr herum, trotzdem schaffte es Eberhard, sie ihm anzulegen. Den ganzen Samstag über probten sie ihren Einsatz bei jeder Gelegenheit.

Sonntag. Alles im Plan. Die Andachtshalle ist gefüllt. Agnes, Klaus und Hans sitzen in der ersten Reihe und drehen sich nicht um. Der Priester hat zwei, drei Leute über ihre *Grippe* informiert, und jeder meidet ihre Nähe.

Lotta steht hinter dem Vorhang. Er hat eine 64-GB-Speicherkarte, auf die mehrere Stunden Film passen. Also legt er sich keinen Zwang auf und dreht ab der ersten Minuten, als der Saal sich füllt. Überflüssiges kann er immer noch rausschneiden. Gut, dass das keine Super-Acht ist, denkt er, denn deren Geratter hätte ihn verraten.

Günter und Clemens stehen am Hintereingang zur Halle, der eine links, der andere rechts davon. Alfs Einsatz wird etwas später kommen.

Gebete werden gemurmelt, Gesang erklingt. Wieder Gebete und nochmals Gesang. Der Hubschrauber nähert sich, landet. Die Rotoren werden langsamer, bleiben stehen. Drei Personen, übrigens die gleichen wie zwei Wochen zuvor, steigen aus und springen die Rampe hoch. Der blaue Vorhang wird zur Seite gezogen. Die *Götter* treten ein.

Clemens und Günter springen ebenfalls von hinten auf die Rampe und nähern sich dem Eingang. Günter sieht Rudolph, und er sieht den Priester. Der macht eine Kopfbewegung in Richtung Agnes. Rudolph zieht einen Revolver und schießt.

Agnes sinkt getroffen zusammen.

Günter schreit auf und stürzt sich auf Rudolph. Ein weiterer Schuss peitscht durch den Saal, und Klaus bricht zusammen. Und noch ein Knall, doch der kommt aus einer anderen Ecke. Karl-Heinz, der *Gott* ganz rechts, geht zu Boden.

Die Gemeinde springt verwirrt auf. Viele rennen aus dem Saal, ein paar Mutige gehen zur Bühne, wagen sich aber nicht hinauf. Zu groß ist die Ehrfurcht vor den allmächtigen *Göttern*, zu groß die Verunsicherung ob der sich gerade zutragenden Ereignisse.

Rudolph dreht sich um und erkennt Clemens, den Abtrünnigen. Der hat die kleine Miriam überleben lassen, obwohl sein Auftrag anders lautete. Einmal ist er ungestraft davongekommen, doch jetzt schlägt die Stunde der Wahrheit. Rudolph hebt seine Waffe und schießt Clemens mitten in die Brust.

Doch der sinkt nicht zusammen, sondern hält ihm einen Elektroschocker an den Hals und schaltet ihn ein. Bevor er noch einmal abdrücken kann, sinkt Rudolph bewusstlos zu Boden. Clemens wartet nicht lange, sondern lässt Manfred und den Priester den Schocker ebenfalls spüren. Auch sie gehen zu Boden. Die Wirkung hält nicht lange vor, doch die Zeit reicht, ihnen Handschellen anzulegen.

Eberhard, der Verräter, wird auf die nächste Schokolade

lange warten müssen. Karl-Heinz rührt sich nicht. Der scheint nicht mehr gefährlich werden zu können, sodass man sich später um ihn kümmern kann.

Günter rennt zu seiner Agnes. Aufgelöst und fassungslos machen ihm die Leute Platz. Er stürzt sich auf sie, sie starrt ihn verdattert an. Noch ist sie nicht tot.

»Klaus!«, sagt sie leise und deutet auf den Nebensitz. Der Mann liegt auf dem Stuhl, sein Gesäß ist fast von der Kante gerutscht. Der Kopf baumelte überstreckt nach hinten. Clemens hebt ihn hoch, spürt blutverschmiertes Haar. Mitten in der Stirn prangt ein kleines Loch. Irritiert sieht Günter zu Agnes. Sie richtet sich auf und fängt an zu wimmern. Sie dreht sich um, nimmt Klaus' Kopf in die Arme und weint hemmungslos.

Günter ist glücklich, weil seine Agnes lebt, und bestürzt, weil sein alter Erzieher und Freund Klaus ist tot. Da braucht er sich nichts vorzumachen. Und er trägt Schuld daran. Hätte er den alten Mann nicht besser zu Hause gelassen?

Derweil herrscht im Saal blankes Entsetzen, und eine gewaltige Unruhe erhebt sich. Einige Männer schreien, andere halten sich vor Angst den Mund zu. Viele laufen ratlos hin und her und wissen nicht, ob sie ihrem Priester oder den *Göttern* zu Hilfe eilen sollen. Immer mehr drängen zum Ausgang. Abermals fällt ein Schuss. Dieses Mal ist es Clemens, der in die Decke geschossen hat. Sofort legt sich der Tumult im Saal.

Mit lauter Stimme ruft Clemens: »Leute geht nach Hause. Der Gottesdienst ist für heute und für immer beendet. Das Spiel der *Götter* ist aus. Ihr könnt das jetzt noch nicht verstehen. Doch kommt morgen früh wieder hierher, statt zur Arbeit zu gehen. Wir befehlen euch nichts, sondern ihr seid frei in eurer Entscheidung. Aber alle, die kommen, werden dann erfahren, was sich hier gerade abgespielt hat.«

Die Leute schienen sich zu beruhigen. Schweigend verließen sie den Saal. Doch draußen fingen sie an zu murmeln. Alf kam über die Bühne in die Halle, sah die beiden Toten und sagte nur: »Ach, du Scheiße!«

Der Plan war gewaltig schiefgegangen. Eberhard war ein Verräter. Offenbar hatte er sich einen ganz besonderen Platz in der Hierarchie der Gottesdiener verschaffen wollen. Doch es hätte noch schlimmer kommen können.

Durch Agnes' Bedenken war Clemens stärker verunsichert gewesen, als er sich hatte anmerken lassen. Vor dem Einsatz hatte er schusssichere Westen an seine Freunde verteilt und sie aufgefordert, sie anzuziehen. Das sei eine reine Vorsichtsmaßnahme, meinte er auf Nachfragen. Jetzt sah er, wie notwendig sie gewesen war.

Andernfalls wäre Agnes jetzt tot und er selbst auch. So trugen sie nur einen blauen Fleck am Brustkorb davon. Seiner war bedeutend größer, da Rudolph aus nächster Nähe geschossen hatte. Doch das war unerheblich. Nur Klaus hatte die Weste nichts genutzt, weil Rudolph ihn am Kopf erwischt hatte.

Weitere Vorsichtsmaßnahmen waren, sich mit einer Waffe und dem Elektroschocker zu wappnen und auch Lotta eine Waffe zu geben. Er wusste, dass der damit umgehen konnte. In manchen Krisengebieten hatte er sich damit geschützt. Ob Lotta sie dort auch benutzt hatte, wusste Clemens nicht.

Jedenfalls hatte er Karl-Heinz ausgeschaltet. Sehr schnell hatte er begriffen, dass die Sache gewaltig aus dem Ruder lief, und geholfen, die *Götter* zu überwinden.

Clemens sammelte sich noch ein paar Minuten. Dann schritt er zur Tat.

Eberhard wurde fürs Erste an einen der Stützpfeiler im Andachtsraum fixiert. Die Männer packten ihn, zerrten ihn dorthin, lösten eine der Handschellen, führten beide Arme nach hinten um den Pfeiler herum und ließen das Gerät wieder einschnappen. Hier konnte Eberhard bis zum nächsten Tag bleiben. Dann würde er zusammen mit den beiden überlebenden *Göttern* im Kerker landen.

Den toten Klaus brachten sie ins Haus des Priesters und legten ihn auf dessen Bett. Dort sollte er seinen Triumph spüren können, wenn so etwas möglich war.

Nun konnte das weitere Geschehen nach dem ursprünglichen Plan der Freunde ablaufen.

Die Männer trieben Rudolph und Manfred zum Helikopter und warfen sie auf die Ladefläche. Nicht sonderlich bequem, aber das sollte es auch nicht sein. Alf flog sie zusammen mit Agnes, Günter und Clemens ins nächste Reservat; Hans und Lotta blieben bei Klaus. Lotta hatte ja eine Waffe bei sich. Aufgrund der Ereignisse konnte niemand wissen, was genau in den Leuten vor sich ging. Vielleicht drehte noch jemand durch, und man musste sich mit der Waffe verteidigen. Aufnahmen der anderen Reservate konnte er auch später noch machen.

Das nächste Ziel war das zweite Männerreservat. Dort zerrte das Trio die *Götter* aus dem Helikopter und schleppte sie zum Andachtsraum und zum Priester. Dieser erkannte seine *Götter* und wunderte sich über die Fremden, die offenbar Macht über diese Allmächtigen hatten. Denn sie machten mit ihnen, was sie wollten.

Günter sagte dem Priester, er bräuchte keine Angst zu

haben. Vielmehr solle er so viele Leute wie möglich zusammentrommeln.

Der tat, wie ihm geheißen, und schlug auf den riesigen Gong im Andachtssaal. Tatsächlich kamen immer mehr Gläubige. Obwohl längst nicht alle versammelt waren, hielt Clemens eine Ansprache. Den Übrigen würde das Gesagte schon berichtet werden, da war er sich sicher.

»Diese *Götter* sind keine Götter, sondern Menschen wie wir alle. Es sind schlimme Gestalten und große Betrüger.« Dabei schnitt er genüsslich mit dem Messer in ihre Kleidung hinein und erzielte die erhoffte Wirkung: Er zerstörte damit die Würde der *Götter* und bewies, wie machtlos sie waren.

Clemens sagte schließlich noch, sie würden jetzt wieder abreisen. Besuch aus der Luft würden sie keinen mehr bekommen. Doch er und seine Freunde kämen wieder, da sie ihnen allen viele Erklärungen schuldig seien. Das nächste Mal kämen sie aber über Land mit Fahrzeugen, die vier Räder hätten und brummten. Sie kämen ans Eingangstor zum Reservat, und wenn sie dagegen klopften, sollte ihnen aufgemacht werden.

»Habt ihr das verstanden? Es wird euch gut gehen. Besser als je zuvor«, versprach er. Die meisten blieben stocksteif sitzen, einige nickten mit dem Kopf.

Die drei schoben die beiden *Götter* ruppig zum Hubschrauber. Clemens und Lotta ergriffen sie unsanft an Armen und Beinen und wuchteten sie auf die Ladefläche. Agnes schob von hinten nach.

Die Prozedur wiederholte sich in den beiden ausstehenden Reservaten für Frauen. Der Unterschied war nur der, dass Agnes hier die Ansprachen hielt. Dabei schnippelte sie genüsslich an den Uniformen herum. Besonders gefiel ihr, wenn die Träger unterdrückt aufseufzten. Dann wusste sie, dass sie in die Haut geschnitten hatte. Die Blöße, laut zu stöhnen, wollten sie sich nicht geben.

Das letzte Reservat war jenes, aus dem Agnes geflohen war. Sie fasste es nicht, dass die Priesterin immer noch die gleiche war, die ihr damals das angebliche Reuebekenntnis vor dem Todesurteil abgenommen hatte.

»Na, erkennest du mich, Martha, du alte Runkunkel?«, fragte sie. Martha hatte keine Erinnerung, war aber mehr als verunsichert. »Na, vielleicht fällt dir das bis zum nächsten Mal wieder ein.«

Auch hier wurden die Frauen zusammengerufen. Agnes erkannte unter ihnen eine Erzieherin, die damals die Jüngste aus der Gruppe war. Die älteren waren inzwischen vielleicht schon gestorben.

Und dann entdeckte Agnes Vera, die sie seinerzeit verpetzt hatte. Mein Gott, sah die schlecht aus. Obwohl sie kaum älter war als sie selbst, wirkte sie wie eine alte Frau. Agnes starrte ihr geradewegs in die Augen. Plötzlich wurde Vera kreidebleich und sank in sich zusammen.

Agnes wusste, dass Vera sie erkannt hatte. Vielleicht hielt sie sie für einen rachsüchtigen Geist? Nun, in dem Glauben sollte sie ruhig eine Weile schmoren.

Nachdem die Mission auch hier beendet war, flog Alf seine Mitreisenden zurück in Günters Reservat. Dort durften die zerrupften *Götter* Eberhard Gesellschaft leisten und wurden jeweils an einen Pfeiler gefesselt. Danach stieg Alf allein mit dem Hubschrauber auf. Er hatte noch einen langen, nicht ganz ungefährlichen Flug vor sich. Clemens hatte ihn dafür fürstlich entlohnt. Und zwar sollte Alf den Heli in der Ostsee zwischen Kappeln und der dänischen Insel Ærø versenken. Er hatte genaue Koordinaten, wo das geschehen sollte. Dort würde eine Motorjacht auf ihn warten und ihn aufnehmen.

***

Es waren nur kleine Meldungen, die in den folgenden Tagen durch die Medien gingen. So wichtig waren die von Wallmodens doch nicht mehr. Ein Hubschrauber mit Rudolph von Wallmoden als Pilot und zwei Begleitern wurde vermisst. Zuletzt hatte er sich vom Truppenübungsplatz Bergen aus gemeldet, wo er regelmäßig Übungsflüge unternahm. Er war ein guter Pilot. Ein letztes Notsignal von der Ostsee war unerklärlich. Hatte es Streit gegeben? Wurde Rudolph von Wallmoden gar gezwungen, dorthin zu fliegen?

Diverse Spekulationen wurden angestellt, dann entdeckte ein Suchschiff das Fluggerät. Der Helikopter konnte geborgen werden, doch von den Insassen fehlte jede Spur. Das Gerät schien unbeschädigt, es gab keinen Hinweis für einen Aufprall aufs Wasser. Vielmehr sprach einiges dafür, als habe es auf dem Wasser aufgesetzt und sei dann untergegangen.

Noch bestand eine gewisse Hoffnung, doch zunehmend wich sie im Hause derer von Wallmoden tiefer Trauer.

Rudolph wartete in dem Reservat, das er von Jugend an drangsaliert hatte, auf seinen Prozess. Der überlebende Begleiter war mitangeklagt, der andere begann in der Dorflatrine bereits zu vermodern. Woher hätten die Verwandten davon auch nur die leiseste Ahnung haben sollen?

***

Am Montagmorgen schlug Günter in seinem ehemaligen Reservat den Gong. Mehr als die Hälfte der Bewohner erschien im Andachtssaal. Irritiert und neugierig betrachteten die Ankömmlinge Rudolph, Manfred und den Priester.

Und nun begann die Aufklärung, ein langwieriger, zäher und umständlicher Prozess. Die Berichte der Fremden stellten das Weltbild aller komplett auf den Kopf. Ungläubiges Staunen machte sich breit, das im Lauf der nächsten Stunden bei vielen in Wut umschlug. Einige wollten die Gefangenen am liebsten gleich massakrieren, doch Clemens gebot ihnen Einhalt. Nach einem gerechten und fairen Prozess würden sie ihre Strafe bekommen. Außerdem, so Günter, wüssten er und seine Freunde längst nicht alles über die Entstehung der Reservate und die Gründe für deren Errichtung. Die Verhöre der Gefangenen konnten hierzu einigen Aufschluss bieten.

Der Anfang war gemacht, die Dorfbewohner hatten Vertrauen gefasst. Begeistert schauten sie zu, wie Clemens Rudolph bedrohte. Er richtete seine Waffe auf ihn; die meisten kannten vom Vortag noch deren Wirkung. Was sie nicht kannten, war ein Stück Papier, das Clemens Rudolph unter die Nase hielt.

»Erschieß mich doch«, giftete Rudolph Clemens trotzig an. »Ich unterschreibe nichts.«

»Ich erschieße dich nicht. Höchstens schieße ich dir ins Bein. Erst mal in das eine, und dann sehen wir weiter.« Angesichts dieser Drohung stimmte Rudolph zu. Agnes hielt ein Schriftstück auf einem Brett vor ihn. Gleichzeitig öffnete Clemens die Handschellen, und Hans packte den linken Arm und hielt ihn, nach hinten gedreht, fest.

Widerwillig unterschrieb Rudolph Berechtigungen, die

mehreren Personen die Zufahrt zu seinem Gelände gestatteten. Danach wurden die drei Gefangenen in Zellen gesperrt.

Unter den Versammelten hatte Günter seinen Schützling Richard entdeckt. Nachdem alles vorüber war, ging er zu ihm, strahlte ihn an und wartete auf eine Reaktion. Richard lächelte zurück, und Günter traute sich, sein Lieblingskind von damals in den Arm zu nehmen.

Richard ließ es über sich ergehen, auch wenn es ihm nicht ganz geheuer war. Doch bald umschlang er seinen alten Erzieher und drückte auch ihn. Von wegen Kind, dachte Günter. Ein junger, kräftiger Mann war Richard mittlerweile geworden.

»Du kennest doch noch den Klaus?«, fragte er.

»Den sie gestern tot gemacht haben?«, fragte Richard zurück. Günter nickte.

»Ja, den kenne ich. Der hat auch immer mal auf uns aufgepasset. Wir alle hatten gedacht, er wäre verstorben. Wir wussten ja nicht, dass er zu dir geflüchtet ist.«

Günter bat Richard darum, beim Schreiner einen Sarg in Auftrag zu geben, der bis zum nächsten Tag fertig sein sollte.

Dann sagte er noch, dass er, Richard, für all diese Veränderungen der Grund gewesen sei. Hätte er, Günter, damals nicht geglaubt, Richard sei tot, wäre er nicht abgehauen, und die *Götter* würden weiter über die Menschen in den Reservaten herrschen.

Dann brachen die Freunde auf und versprachen, am nächsten Tag mit einem Fahrzeug zurückzukommen. Man sollte ihnen das Tor öffnen, wenn sie hupten. Niemand wusste, was damit gemeint war. Deshalb machte ihnen Clemens, so laut er konnte, ein »Tuut« vor.

Fritz und die Kinder waren überglücklich, als der Trupp zurückkehrte. Den Kindern wurde nicht allzu viel erzählt, doch Fritz erfuhr selbstredend alles. Bei der Schilderung des Schusswechsels wurde er starr vor Schreck. Er war entsetzt über den Mord an Klaus. Und ihm wurde klar, wie sehr er ihn gemocht hatte. Trotzdem war er sehr erleichtert, dass nicht noch Schlimmeres passiert war. Er beglückwünschte Clemens, dass er vorsorglich schusssichere Westen mitgenommen hatte.

Nun wurde ein geschlossener Unimog, den Clemens günstig erstanden hatte, mit Lebensmitteln beladen, die es im Reservat nie gegeben hatte. Hinzu kamen noch Dinge, die nicht unbedingt lebensnotwendig waren, aber das Herz erfreuten: besondere Leckereien wie Plätzchen, Torten, Chips und Sushi.

Unterlagen und technisches Gerät für Vorträge wurden ebenso eingeladen, darunter ein Stromgenerator, ein Laptop, ein Beamer und eine Leinwand. Auch medizinische Instrumente und Notfall-Medikamente kamen in den Gepäckraum. Eine Ärztin, die in Hannover Obdachlose betreute, fuhr mit, um sich um die Kranken in den Reservaten zu kümmern. Sie war eine der zahlreichen Kontakte aus Clemens' Bekanntenkreis.

Fritz war dieses Mal auch mit dabei und platzte beinahe vor Neugierde, das sagenumwobene Reservat kennenzulernen. Für die Kinder und den Hof hatte er kurzfristig eine Babysitterin und eine Hilfskraft engagiert.

Kaum war die Grenze zum Sperrgebiet überquert, wurde der Unimog samt Besatzung auch schon von einem Wachsoldaten angehalten. Dabei hatten sie noch nicht einmal die Hälfte des Wegs bis zum Reservat zurückgelegt. Klar, dass ein solches Fahrzeug im Gegensatz zu Personen, die sich zu Fuß im Gelände bewegten, schnell die Aufmerksamkeit der Soldaten erregte. Ein offener Jeep kam angebraust, in dem drei Rekruten saßen, die alle Gewehre in Brusthöhe hielten – ein bedrohlicher Anblick.

Ein Stabsgefreiter winkte Clemens zu sich heran. Er nahm die von Rudolph von Wallmoden unterzeichneten Papiere mit und zeigte sie vor. Der Diensthabende studierte sie genau und ließ sich dann Personalausweis, Führerschein und Fahrzeugpapiere geben. Er gebot Clemens, sich fünf Meter zu entfernen. Dann funkte er seinen Vorgesetzten an, da er dem Schriftstück nicht zu trauen schien. Offensichtlich las er dessen Inhalt ganz vor.

Der Stabsgefreite winkte Clemens wieder zu sich und eröffnete ihm, dass Herr von Wallmoden derzeit gar nichts unterschreiben könne. Dass der seit dem Vortag vermisst wurde, erwähnte er nicht. Clemens deutete auf das Ausstellungsdatum, das fünf Wochen zurücklag.

Wieder wurde er weggeschickt, wieder griff der Wachmann zum Hörer des Funkgeräts.

Danach sollte Clemens darlegen, was er im Sperrgebiet überhaupt wolle. Clemens erwiderte, das Dorf hätte sich bei ihm gemeldet, da er ein Vertrauter von Wallmodens sei. Das gehe aus den Papieren eindeutig hervor. Sie hätten ihm mitgeteilt, die regelmäßige Versorgung per Hubschrauber sei ausgeblieben. Er würde die Lebensmittel stattdessen nun mit dem Unimog bringen.

Wegschicken, Funkgespräch – fast schon Routine. Dann eröffnete der Mann Clemens, dass er die Ladung kontrollieren wolle. Er ließ alle Personen aussteigen und sich vor dem Fahrzeug aufstellen. Die Rekruten begleiteten den

Stabsgefreiten. Diesmal hielten sie ihre Sturmgewehre im Anschlag – entsichert, wie Clemens schnell bemerkte. Hoffentlich drehte von denen keiner durch. Man hielt sie anscheinend immer noch für gefährlich.

Der Wachmann sah sich im Laderaum genau um. »Wofür ist der Beamer?«, wollte er wissen.

»Wir führen eine Schulung durch, weil die Versorgung vielleicht länger unterbrochen sein wird.«

»Und was sollen die Medikamente?«

»Es gibt ein paar Kranke.«

»Wer soll die denn versorgen?«

Die Ärztin meldete sich und zeigte ihren Arztausweis.

Eine Handbewegung in Richtung der Soldaten, und die Sperren der Gewehre klicken, ihr Lauf sank nach unten. Der Stabsgefreite notierte die Namen sämtlicher Anwesenden, ließ sich ihre Ausweise zeigen und schrieb deren Nummern auf.

»Was genau machen Sie da in dem Dorf?«

Als hätte er das nicht bereits erklärt: Lebensmittel liefern, eine Schulung abhalten und Leute verarzten. Clemens verwies auf die landwirtschaftlichen Betriebe. Von Wallmoden plane sowieso, die Versorgung von der Luft auf die Straße umzustellen. Das sei auf Dauer entschieden kostengünstiger. Deshalb habe er ihm auch diesen Passagierschein ausgestellt.

Wieder ein Funkspruch. Der Offizier kehrte zur Gruppe zurück und sagte zu Clemens:

»Sie melden sich heute Abend um zwanzig Uhr in der Kommandantur in Bergen-Lohe bei Oberstleutnant Stromeyer. Sie dürfen das Gelände nur nach Süden verlassen, also dort, wo Sie es auch betreten haben. Heute Abend nehmen Sie aber den normalen Weg über die asphaltierte Landstraße nach Belsen. Hier Ihr Passierschein.«

Er nahm einen Block, trug Namen und Kfz-Kennzeichen in ein Formular ein, riss es heraus und überreichte es Clemens. Dann durften sie einsteigen und weiterfahren.

»Vielen Dank, Offizier …«, er tat, als erwarte er jetzt seinen Namen.»Tut nichts zur Sache«, war die barsche Antwort.

Endlich kamen sie am Ziel an. Clemens hielt mit dem Unimog vor dem Tor, ohne hupen zu müssen. Das Gebrumme hatte schon einige Neugierige auf die Mauern gelockt. Interessiert beobachteten sie, wie die Tore sich öffneten und das Gefährt zum Dorfplatz ratterte. Es war bald umringt von Menschen, Kinder drängten sich nach vorn, obwohl die Erzieher das aus einem Schutzreflex heraus zu verhindern suchten.

Die Freunde verteilten zuallererst Schokoladentäfelchen, machten den Kindern vor, wie man das Papier abreißt, einen Riegel abbricht und in den Mund steckt. Warum sollte hier nicht funktionieren, was selbst dem hinterhältigen Priester eine Wonne war?

Binnen Kurzem hatte die Gruppe rund zwanzig kleine Freunde. Und kurz darauf kamen gut zweihundert große hinzu. Anschließend wurden die Lebensmittel verteilt. Die Befreier machten keine großen Worte, sondern empfahlen den einzelnen Wohngruppen, sie einfach der Reihe nach durchzuprobieren. Weitere Erklärungen würde es später geben.

In der Zwischenzeit ging Günter mit Richard, den er schnell wiedergefunden hatte, zum Schreiner. Der Sarg war fertig. Sie trugen ihn zu mehreren ins Haus des Priesters und legten Klaus hinein. Einige Männer schalteten schnell und hoben eine Grube auf dem nahen Friedhof aus.

Im Rahmen einer kleinen Zeremonie brachten die Freunde den toten Erzieher und Mitstreiter unter die Erde. Als der Sarg ins Grab abgesenkt wurde, fing Agnes hemmungslos an zu weinen. Aber auch bei Günter, Hans und Clemens rollten Tränen über die Wangen. Selbst Fritz' Augen wurden feucht.

Die Trauergemeinde ging ins Dorf zurück. Günter besprach sich mit Richard. Sie würden bis morgen bleiben, nur Clemens würde mit dem Unimog zurückfahren, um dem Befehl des Wachoffiziers Folge zu leisten.

Im Saal bauten die Befreier alles auf, was sie zur Durchführung des Vortrags brauchten. Den Generator stellten sie vorsichtshalber hinter die Bühne, damit sein Geräusch möglichst wenig störte.

Lange vor Beginn waren fast alle Bewohner im Saal, und mit dem vereinbarten Gongschlag kamen die letzten. Jeder Lehrer hätte sich derart aufmerksame Schüler gewünscht. Die Reservatsbewohner staunten schon, als die ersten Bilder auf der Leinwand erschienen, erst recht, als der erste Filmclip vorgeführt wurde. Stimmen, die aus einem Kasten kamen – niemals hätten sie so etwas für möglich gehalten.

Die Befreier erzählten von der Welt da draußen und hatten sich dabei vier Schwerpunkte gesetzt:

- Leben in Dörfern, Städten und Großstädten
- Verkehrsmittel, Hubschrauber eingeschlossen
- Zweigeschlechtlichkeit und Fortpflanzung
- Schreiben und Lesen.

Dazu gab es jeweils Bilder und kleine Filmbeiträge. Als der Beamer das erste Foto auf die Leinwand warf, ging ein erstauntes Raunen durch den Saal. Die Freunde mussten immer wieder erklären, dass das alles keine Zauberei und überhaupt nichts Göttliches sei.

Clemens traf pünktlich bei Oberstleutnant Stromeyer ein.

Er wurde zu einem Gremium geführt, bestehend aus sechs Offizieren. Zunächst musste er sich nochmals ausweisen und das Dokument vorlegen, das von Wallmodens Unterschrift trug. Das Schriftstück machte die Runde und wurde für echt befunden.

Dann begann eine intensive Befragung. Clemens sollte genau angeben, was er über den Verbleib Rudolph von Wallmodens wusste. Er habe darüber keine Kenntnis und meinte nur, den Oberst öfter zu den Dörfern begleitet zu haben. Er kenne sich in deren Versorgungsstruktur aus. Die Leute dort seien in vielen Bereichen autark, bräuchten jedoch regelmäßig Güter, die sie selbst nicht herstellen konnten.

Die hohen Militärs gaben sich alle Mühe, so zu tun, als seien sie über alles informiert. Doch Clemens merkte an der Art ihrer Fragen, dass sie keine Ahnung hatten, was im Einzelnen in den Reservaten vor sich ging. Er behielt seine Vermutung allerdings für sich. Es bereitete ihm keine große Mühe, Rede und Antwort zu stehen.

Am Ende fragte Clemens ganz unbefangen: »Was ist denn nun mit meinem Freund Rudolph.«

Betretene Blicke, doch dann sagte Stromeyer: »Er ist über der Ostsee verschollen.«

Clemens tat erstaunt, doch innerlich triumphierte er. Sein Plan war aufgegangen. Sie hatten keinen Verdacht, dass er sich noch lebend im Reservat aufhalten könnte.

Die Runde kam zum Abschluss. Clemens wurde in einen Nebenraum gebeten, dessen Tür hinter ihm abgeschlossen wurde. Nach einer halben Stunde wurde er wieder hereingebeten, und Stromeyer eröffnete ihm, er sei berechtigt, die von Wallmoden'schen Dörfer auch weiterhin zu versorgen, bis neue Instruktionen kämen. Es dürften ihn aber nur jene Personen begleiten, deren Namen schon registriert waren. Sollten neue Personen mitfahren, waren diese vorher per Fax anzumelden. Erst nach Eingang eines Bestätigungsfaxes durften sie das Sperrgebiet betreten.

Das Gleiche galt für die Fahrzeuge. Er durfte im Moment nur diesen Unimog verwenden. Sollte er mit anderen Fahrzeugen einreisen wollen, musste er diese vorher ebenso anmelden.

Auf Verlangen hatte er jedem Soldaten umgehend die Papiere zur Kontrolle auszuhändigen.

Er dürfe nur den Weg benutzen, den er heute gefahren sei. Abweichungen davon seien untersagt. Innerhalb des von Wallmoden'schen Areals dürfe er sich frei bewegen, dessen Verlassen in jedwede Richtung sei jedoch verboten.

Schusswaffen durften nicht mitgeführt werden.

Da der Vertrag mit Rudolph von Wallmoden ein Geheimvertrag war, galt die Schweigepflicht auch für Clemens Röder.

Dieser erklärte sich mit allen Vorschriften einverstanden, wunderte sich aber, wie schnell die Bürokratie zugeschlagen hatte. Der Verhaltenskatalog war bereits in einem mehrseitigen Schriftstück festgehalten worden, das er unterschreiben musste. Gleichzeitig wusste er aber schon jetzt, dass er gerade den letzten Punkt, die Schweigepflicht, nicht mehr allzu lange würde einhalten können. Er erhielt eine Zweitausfertigung mit Brief und Siegel und sechs

Unterschriften von der Bundeswehr der Bundesrepublik Deutschland.

In den nächsten Tagen, wenn sie ihre Versorgungs- und Schulungsfahrten unternahmen, konnten die Befreier sehen, wie ein Trupp Soldaten einen Zaun entlang der Zufahrt errichtete. Wahrscheinlich eine militärische Übung. Drei Wochen später war das gesamte von Wallmoden'sche Gebiet zum ersten Mal in seiner Geschichte durch einen Zaun, der die vier Reservate umfasste, vom übrigen Truppenübungsplatz abgetrennt. Dieser Bereich war für die Militärs entbehrlich, da hier nie Übungen stattfanden.

Zeitgleich errichtete die Bundeswehr am Anfang der Passierroute ein kleines Wachhäuschen. Das war von da an halbtags mit einem Soldaten besetzt. Er hatte das Fahrzeug und die Personen zu kontrollieren. In der übrigen Zeit mussten die Passanten sich über ein außen angebrachtes Telefon melden und auf Verlangen die Papiere vor die Linse einer Videokamera halten.

Die Freunde hatten bis spät in die Nacht auf Clemens gewartet. Der berichtete von der Vernehmung durch Oberstleutnant Stromeyer und zeigte stolz sein neues Dokument. Nun waren sie so etwas wie offizielle Botschafter der Reservatsbewohner.

Am nächsten Morgen fuhren Clemens und Günther zunächst zum Großhändler, luden den Unimog voll und dann weiter zum zweiten Männerreservat. Sie hupten vor dem Tor, doch es passierte nichts. Günter wandte sich per Megafon an die Bewohner:

»Wächter, könnet ihr mich hören? Gehet auf die Mauer,

dorten kann euch nichts passieren. Ich werde euch etwas zeigen.«

Tatsächlich erschienen nach einer Weile ein paar Gesichter. Sie bekamen Plakate mit den *Göttern* in voller Pracht und Uniformen gezeigt, die sie gut kannten. Anschließend zeigten ihnen Clemens und Günter ihre ehemaligen Quälgeister als Gefangene in zerschlissener Kleidung und in Ketten. Lotta hatte geeignete Bilder aus seinem Fundus herausgesucht und entsprechend groß ausgedruckt.

Endlich ging das Tor auf. Die beiden Männer ließen sich zum Priester führen, wo abermals eine langwierige Unterrichtung begann. Die aufwendige Überzeugungsarbeit konnte mithilfe von Schokolade erheblich abgekürzt werden. Filme von Tier- und Menschengeburten gaben den Ausschlag. Der Priester erklärte sich bereit mitzuhelfen, das Dorf zu überzeugen.

Am nächsten Tag gab es eine Versammlung. Die Verteilung von Lebensmitteln und Süßigkeiten am Vormittag hatte sich bewährt. Am Nachmittag fand die erste Schulung statt.

Ähnlich verlief die Aufklärungskampagne in den beiden Frauenreservaten, die im Wesentlichen durch Agnes gestaltet wurde. Die Frauen sollten durch männliche Referenten nicht noch mehr verwirrt werden, als sie es ohnehin schon waren. Geschlechtsteile wurden nicht in natura gezeigt, sondern man verließ sich ganz auf die Wirkung der Filme.

In ihrem Reservat nahm sich Agnes sowohl Vera wie auch die Priesterin Martha vor. Vera schlotterte vor Angst, als Agnes sich ihr näherte, sodass diese beinahe schon Mitleid mit ihr bekam. Die Unterredung war kurz.

»Ich kann das auch heute noch nicht gut finden, was du

vor beinahe zwanzig Jahren getan hast, das kannst du mir glauben. Doch ich werde dir keine Schuld daran geben. Du hast nur das getan, was viele getan haben. Schade nur, dass du diesen verdammten Verbrechern – angeblichen *Göttern* – auf den Leim gegangen bist. Wie konntet ihr nur alle auf die hereinfallen? Ich bin es doch auch nicht.«

Vera rang nach Atem, wollte etwas sagen, fand aber keine Worte.

»Lass gut sein, Freundinnen werden wir auch in Zukunft nicht. Doch ich werde dich auch nicht mehr hassen. Dazu bist du mir zu unwichtig.«

Agnes wandte sich ab.

»Entschuldigung!«, hörte sie Vera hinter sich wispern. Agnes drehte sich nochmals um und sah sie an, um zu zeigen, dass sie die Entschuldigung gehört hatte. Tränen liefen über Veras Wangen. Immerhin hat sie sich entschuldigt, dachte Agnes. Doch sie war sich nicht sicher, ob sie das akzeptieren sollte. Deshalb blieb ihre Miene bewegungslos.

Das Gespräch mit Martha dauerte länger. Diese bat Agnes sogleich und sehr aufrichtig um Verzeihung. Eigentlich brauchte sie nichts zu erklären, denn Agnes kannte ihre Beweggründe. Sie hatte nur das getan, was sie als Gottesfrau hatte tun müssen. Trotzdem hörte Agnes ihr zu, ohne sie zu unterbrechen.

»Jedwede Strafe, die du mir auferlegest, werde ich annehmen«, sagte sie zum Schluss.

»Ich werde dich weder strafen noch bestrafen lassen. Ihr habt euch alle schwer genug damit bestraft, dass ihr den ganzen Quatsch geglaubt und mitgemacht habt. Was ich von dir aber verlange, ist, dass du tatkräftig alles unterstützt, was meine Freunde hier aufbauen.«

Das versprach Martha mit einem Schwur auf die Götter. Bei den ersten Worten hielt sie jedoch verdutzt inne, und Agnes lachte auf.

Schüchtern lächelte nun auch Martha. Agnes war schon im Gehen.

»Und Agnes, eines solltest du noch wissen«, sagte sie zu ihr, als sie sich wegdrehte. »Du kannst dir nicht vorstellen, wie sehr ich dich bewundere.«

Diese Aussage berührte Agnes und stimmte sie ein Stück weit versöhnlich.

Fast gleichzeitig wurde allen Reservaten mitgeteilt, dass die Tore geöffnet werden sollten und sich jeder frei bewegen könne. Dadurch sollten sie die Umgebung erkunden und vor allem sich gegenseitig besuchen. Vorerst dürften sie das Gelände außerhalb der Abgrenzung nicht betreten. Doch bald sollten sie die Welt draußen kennenlernen. Sie würden Menschen sein wie alle anderen auch. Doch zuerst sollte den *Göttern* der Prozess gemacht werden. Diesem Prozedere stimmten die Reservatsbewohner mehrheitlich zu.

Von den Besuchsmöglichkeiten machten die Bewohner reichlich Gebrauch. Oft taten sie sich in Gruppen von sechs bis zwölf Leuten zusammen und gingen in eines der Nachbarreservate, wo sie begeistert empfangen wurden. Besonders aufregend waren natürlich die Besuche von Frauengruppen in den Männerreservaten und umgekehrt.

***

Der Prozess gegen die beiden überlebenden *Götter* und Eberhard, den Priester, begann.

Die Befreier schlugen die Art der Gerichtsverhandlung

vor. Agnes und Günter bildeten als Betroffene so etwas wie die Anklage. Richten sollten alle Bewohner. Sie wählten aus jedem Reservat eine Sprecherin oder einen Sprecher. Die Vorgänge waren für alle Insassen Neuland. Sie kannten das Leben *draußen* noch nicht. Damit das Plenum nicht durch viele auftauchende Fragen lahmgelegt wurde, sollte sich ein jeder vorab an einen Vermittler wenden. In Günters Reservat wurde das Richard. Sein ehemaliger Erzieher war stolz auf die Wahl seines Zöglings.

Verteidiger gab es keine. Auch die Bewohner der Reservate hatten nie einen Rechtsbeistand gehabt, wenn sie wegen irgendetwas beschuldigt worden waren. Wollten sie sich selbst verteidigen, erhöhte das automatisch das Strafmaß.

Die Angeklagten wurden verhört, und schnell stellte sich heraus, dass Rudolph der Hauptschuldige war. Er hatte die Reservate aufgrund von Geheimverträgen mit der Bundesregierung von seinem Vater geerbt. Seit mehreren Generationen seien die Reservate in Familienbesitz. Wie die Bewohner dort hineingelangt waren und warum, wusste er nicht zu sagen. Das hatte ihn auch nie interessiert. Was musste sich ein Herrenmensch mit der Geschichte von Untermenschen abgeben? Er drückte sich zwar nicht in dieser Weise aus, doch war seine Haltung unschwer zu erkennen.

Das Areal, auf dem die Reservate lagen, war ohne Frage sein Hoheitsgebiet, auf dem er nach Belieben schalten und walten konnte. Es gab keine Kontrollmöglichkeit durch bundesrepublikanische Einrichtungen, und der Staat interessierte sich nicht dafür, was dort geschah. Ferner konnte Rudolph mehrere Bundeswehr-Hubschrauber privat für seine Zwecke nutzen. Er durfte in seinem Gebiet sogar Schießübungen machen – und den Abwurf von Bomben trainieren.

Die Ankläger bewegten ihn zu der Aussage, dass er mitunter aus Frust oder aufgrund von ungerechter Behandlung immer wieder mal Bomben über den Reservaten abwerfen ließ.

»Das ist doch Willkürherrschaft in Reinform!«, schrie Hans ihn empört an. Er war der Sprecher von *Männer I,* der neuen Bezeichnung für sein Reservat. *Frauen I* war das von Agnes.

»Sie brauchen mich nicht anzuschreien«, beschwerte sich Rudolph. »Ich verlange sofort, entweder freigelassen oder vor ein ordentliches Gericht gestellt zu werden. Diese Justizfarce hier erkenne ich nicht an. Mir stehen immer noch alle Bürgerrechte zu!«

»Was du hier anerkennst oder nicht, spielt überhaupt keine Rolle«, klärte Clemens ihn auf. »Vielmehr solltest du endlich die Situation erkennen, in der du dich befindest.« Dann hakte er ganz freundlich nach: »Wir befinden uns hier in deinem ehemaligen Reservat. Nun erklär mir bitte doch einmal ganz genau, seit wann es hier, in deinem Hoheitsgebiet, so etwas wie Bürgerrechte gibt. Du hättest lange genug Zeit gehabt, sie einzuführen. Jetzt ist etwas zu spät dafür, findest du nicht auch?«

Rudolph ging darauf nicht ein. Stattdessen forderte er: »Ich will meinen Anwalt sprechen.«

»Dagegen hab ich überhaupt nichts. Du kannst jederzeit mit deinem Anwalt sprechen, da du ja allmächtig bist«, meinte Günter unter Lachen. »Allerdings kannst du von uns nicht erwarten, dass wir für dich losgehen und dir deinen Anwalt holen. Und hatte irgendjemand hier von uns, der beschuldigt worden war, je einen Anwalt bekommen? Wir machen nichts anderes, als genau die Regeln einzuhalten, die ihr uns aufgezwungen habt.«

Alle konnten sehen, wie Rudolph in sich zusammensackte. Er erkannte, dass sein Aufbegehren zu nichts führte.

Es gab noch viele Verhandlungstage. Agnes und Günter insistierten darauf, mehr über die Geschichte der Reservate zu erfahren. Rudolph von Wallmoden räumte schließlich ein, dass sein Vater genaue Aufzeichnungen darüber hätte, für die er, Rudolph, sich aber nie interessiert hätte. Auf Druck gab er den Aufbewahrungsort in einem Safe preis und rückte auch den Code heraus.

Lotta hatte es geschafft: Er saß bei Frau von Wallmoden und interviewte sie. Das ominöse Verschwinden ihres Gatten war inzwischen offiziell. Sie hatte den Journalisten in einen komfortablen Salon geführt und schilderte tief bewegt die Ereignisse. Als sie sagte, dass kaum noch Hoffnung auf seine Rettung bestehe, stiegen ihr die Tränen in die Augen.

Lotta befragte die Dame eingehend nach Vorlieben, Hobbys und Geschäften des Vermissten. Wie sich bald herausstellte, hatte Frau von Wallmoden vom Zweitleben ihres Mannes nicht die geringste Ahnung. Als Lotta die Mitgliedschaft in einem Geheimbund andeutete, bekam er ebenfalls keine Information. Von den *Strebern* hatte die Witwe noch nie gehört, und das glaubte ihr Lotta.

Holger, der als Fotograf mitgekommen war, hatte nicht viel zu tun. Er schoss die üblichen Interviewbilder – mal Frau von Wallmoden allein oder im Gespräch mit Lotta.

»Dürfte ich vielleicht kurz nach draußen gehen? Ich glaube, ich habe mir den Magen verdorben. Mir ist ein wenig unwohl. Vielleicht gehe ich aber erst einmal auf die Toilette.«

Selbstverständlich gestattete ihm die Hausherrin das. Sie wies ihm die Richtung zur Toilette und den Weg in den Park. In der folgenden halben Stunde zog Lotta sie mit seinen Fragen derart in seinen Bann, dass sie gar nicht bemerkte, wie lange Holger abwesend war.

Der schlich sich in die Bibliothek und gelangte mittels eines Hebels hinter dem richtigen Buch in besagtes Geheimzimmer. Dort fand er den Safe und öffnete ihn mit der Zahlenkombination, die er zuvor auswendig gelernt hatte. Eine Kiste mit der Aufschrift ›Reservatssachen‹ sprang ihm sofort ins Auge. Er öffnete den Deckel und fand darin zirka zehn Ordner.

Holger zögerte nicht lange und schleppte die Kiste zum Auto. Auf dem Weg dorthin traf er die Köchin. Auf deren neugierige Fragen hin behauptete er dreist, das sei seine erweiterte Fotoausrüstung. Das Gleiche erzählte er kurz darauf auch dem Gärtner.

Der Prozess neigte sich dem Ende zu. Rudolph von Wallmoden zeigte keine Spur von Reue, wohingegen sie bei Manfred und Eberhard zumindest in Ansätzen vorhanden war.

Clemens hatte, wie er das aus Gerichtsfilmen kannte, den Bewohnern der Reservate vorgeschlagen, Agnes und Günter am Schluss die Straftaten der Beschuldigten zusammenfassen zu lassen, ihr Urteil vorzuschlagen und es zu begründen. Das letzte Wort sollten dann die Angeklagten haben. Über das Urteil sollte tags darauf abgestimmt werden.

Diese Vorgehensweise wurde einhellig befürwortet.

Bei den Plädoyers war der Versammlungsraum bis auf den letzten Platz besetzt. Niemand wollte dieses Ereignis versäumen, fast sämtliche Bewohner aller vier Reservate waren gekommen. Nur die alten Leute blieben zu Hause und übernahmen die Kinderbetreuung, sodass auch die Erzieher anwesend sein konnten.

Die Leute standen dicht gedrängt aneinander. Trotzdem passten die fast tausend Bewohner nicht hinein. Clemens und Lotta hatten jedoch vorgesorgt. Per Kamera übertrugen sie den vorletzten Prozesstag direkt auf die Leinwand, die auf dem Dorfplatz aufgebaut worden war.

In bewegenden Worten schilderte Agnes ihre eigene Verurteilung und die Geschichte ihrer Flucht. Sie betonte, wie gnadenlos die *Götter* und die Priester gegen sie und die übrigen Dorfbewohner vorgegangen waren. Sie rief die unberechtigten Todesurteile in Erinnerung und die menschenverachtenden Bombardements.

»Meine Forderung ist eindeutig«, schloss sie ihr Plädoyer. »Ich fordere die Todesstrafe durch Erhängen für alle drei Angeklagten. Für Rudolph, weil er das unmenschliche Regime seiner Vorfahren fortgesetzt und Klaus erschossen hat. Für Manfred, weil er ein gedankenloser Opportunist war und alle Vorteile, die er durch die Mittäterschaft hatte, schamlos ausnutzte. Und für Eberhard, weil er ein Verräter ist. Er hat Klaus auf dem Gewissen und wollte darüber hinaus, dass wir alle umgebracht werden. Auf niederträchtige Weise wollte er sich durch seinen Verrat noch mehr Vorteile sichern.«

Jubel brandete auf, nachdem Agnes geendet hatte. Sie konnte zu ihrer Aussage stehen. Ihre Skrupel bezüglich der

Todesstrafe waren nach dem Mord an Klaus wie weggeblasen. Doch tief in ihrem Inneren wusste Agnes, dass ihre Auseinandersetzung mit diesem Problem noch nicht abgeschlossen war. Sie würde den Dreien aber eine Chance zum Überleben bieten.

Günter schilderte ebenfalls die Unmenschlichkeit des Regimes derer von Wallmodens. Seine Flucht wäre objektiv nicht nötig gewesen, doch sie verdeutliche die Angst der Bewohner vor Strafen bei vermeintlichen Vergehen. Er schloss sich Agnes' Forderung nach der Todesstrafe an und fügte hinzu, ihnen allen seien die persönliche Freiheit, Bildung und Entfaltung ihrer Persönlichkeit über viele Jahre, ihr ganzes bisheriges Leben, vorenthalten worden.

Auch Günter erhielt gehörigen Beifall. Aus einer Ecke des Saals kam plötzlich der Ruf nach Folter auf, dem sich ein vielstimmiger Chor anschloss:

»Vor-her fol-tern! Vor-her fol-tern!«

Clemens ging auf die Bühne und gewahrte, dass die drei Angeklagten dabei ganz blass wurden. Beschwichtigend hob er die Hände, woraufhin die Sprechchöre verstummten.

»Liebe Reservatsbewohner«, sagte er ins Mikrofon, »es wird nicht mehr lange dauern, dann seid ihr richtig frei und lernt die Welt da draußen kennen. Ihr werdet das mit eigenen Augen sehen und erleben, was wir euch in Bildern und Filmen gezeigt haben.

Auch da draußen gibt es Regeln und Gesetze, natürlich aber auch Strafen. Todesstrafe und Folter wurden in Deutschland abgeschafft. Ihr richtet hier nach euren Gesetzen. Ich weiß, wie übel euch mitgespielt wurde. Deshalb kann ich auch euren Wunsch nach Todesstrafe verstehen. Und glaubt mir, es gab Ereignisse in meinem Leben, bei denen ich die Todesstrafe vollstreckt habe. Ich will auch ehrlich sein, es gibt ein paar Länder in der Welt, in denen die Todesstrafe immer noch gilt. Die Anwendung von Folter geht mir allerdings gegen den Strich. Das ist unmenschlich und überflüssig. Die Todesstrafe als Sanktionsmaßnahme reicht. Zumal ihr euch für eine Art entschieden habt, bei der die Hingerichteten in ihren letzten Lebensminuten schwer leiden müssen. Das sollte Strafe genug sein.«

Die Versammlung blieb ruhig.

»Vergesst die Folter«, ergänzte Clemens. »Damit kommt ihr der Zivilgesellschaft ebenfalls ein Stück näher.«

Gemurmel im Saal und auf dem Dorfplatz. Doch keine neuen Sprechchöre mehr.

»Weiter im Prozess«, forderte Richard jetzt. Er erteilte Eberhard das Wort.

Der Priester brabbelte etwas davon, er hätte nicht anders gekonnt, und meinte, sein Reservat vor dem Zorn der *Götter* bewahren zu müssen. Denn er hätte doch befürchtet, dass sie das ganze Dorf in Schutt und Asche bombten. Das hatte er in seiner langen Priesterzeit dreimal erlebt, wenn die Sünden der Bewohner allzu groß waren. Bis zum Schluss wäre er dem Irrtum aufgesessen, die *Götter* seien allmächtig. Deshalb habe er so getan, als glaubte er den Befreiern, doch im tiefsten Inneren habe er in ihnen nur Versuchungen des Teufels gesehen.

Mit einer Lachsalve wurde seine Rede durch die Zuhörer quittiert.

Manfred wiederum suchte sich als Opfer hinzustellen. Er wälzte die gesamte Schuld auf Rudolph von Wallmoden ab. Auch er erntete dafür Hohn und Spott.

Als Letzter kam der Adlige zu Wort. Er rechtfertigte sein

Verhalten mit den ererbten Rechten und Pflichten. Ganz im Sinne der Vorfahren sei er nach wie vor überzeugt, dass mit diesem Menschenschlag nicht anders umgegangen werden könne. Sie sollten sich keine Illusionen machen, denn draußen in der Gesellschaft würden sie garantiert scheitern. Ihnen fehle die Fähigkeit zur Integration. Gleich den Aborigines in Australien würden sie zu Alkoholikern und Verbrechern werden.

Ferner beharrte Rudolph nochmals darauf, dass er dieses Gericht nicht anerkenne. Stattdessen forderte er ein rechtsstaatliches Verfahren. Und erntete damit höhnisches Gelächter.

»Bevor ihr euer Urteil morgen fällt«, schloss er ab, »überlegt euch gut, was ihr macht. Ihr werdet für euer Tun zur Rechenschaft gezogen werden. Wir leben hier in einem Land von Recht und Gesetz.«

Wieder Buhrufe.

»Wenn ihr überleben wollt, seid ihr auf uns angewiesen. Ihr braucht einen, der eure Reservate zu managen in der Lage ist. Und das bin ich, niemand sonst. Meint ihr, dieser Clemens kann das oder Drückeberger wie Agnes und Günter? Nein, mit denen werdet ihr garantiert untergehen.

Ich mache euch ein Angebot: Ihr bekommt die Errungenschaften der Zivilisation wie Strom, fließendes Wasser, Zugang zu allen technischen Errungenschaften, Bildung, freie Entfaltung eures Sexuallebens. Jedwede Bestrafung wird abgeschafft. Und ihr erhaltet ab sofort eine gerechte Vergütung für eure Arbeit.

Doch das alles gilt nur, wenn ihr mich als euren Schutzpatron behaltet und in euren Reservaten bleibt.«

Ob dieser unglaublichen Dreistigkeit blieb die Versammlung einige Sekunden mucksmäuschenstill. ›Jetzt flippt der ja total aus‹, dachte Clemens.

Dann brach ein Tumult los, die Zuhörer in den vordersten Reihen waren im Begriff, die Bühne zu erstürmen. Clemens ergriff das Mikrofon, stellte die Anlage auf maximale Lautstärke. Die Lautsprecher gaben ein ohrenbetäubendes, schrilles Rückkoppelungs-Kreischen von sich. Die Leute hielten inne, fanden wieder zur Besinnung.

Clemens regelte die Lautstärke herunter.

»Ich glaube fast, Rudolph ist größenwahnsinnig. Er scheint seine Situation völlig falsch einzuschätzen. Doch wir wollten ihn sprechen lassen, und er hat diese Gelegenheit genutzt. Wir bringen ihn und die beiden anderen jetzt wieder in ihre Zellen. Morgen fällt ihr das Urteil. Erscheint bitte alle pünktlich, der Gong wird euch rufen.«

Die Rede wirkte. Im Saal und auf dem Platz blieb es ruhig. Einige Männer kamen, banden die Delinquenten von den Pfosten los und brachten sie in die Keller.

***

Wenige Tage vor den abschließenden Plädoyers hatte Holger die Kiste ›Reservatssachen‹ geborgen. Die Befreier begannen, sie in Fritz' guter Stube zu sichten. Darin befanden sich zehn Ordner und ein Papierstapel.

Agnes durfte die Kiste öffnen, Günter, Clemens und Hans reckten ihre Köpfe über den Deckel, Lotta und Holger waren anwesend ebenso wie Fritz als Gastgeber. Es interessierte sie gewaltig, was sie in den Akten und dem Papierstapel finden würden. Agnes zog Akte für Akte heraus und stellte sie in eine Reihe auf den Tisch.

Die Ordner waren von II bis XI durchnummeriert. Nr. II trug die Aufschrift *Verträge*, auf den folgenden stand jeweils *Bewohner*, gefolgt von Jahresangaben.

Agnes öffnete zuerst den Papierstapel, der mit einer römischen I beschriftet war. Dabei handelte sich um eine Sammlung altehrwürdiger Papiere oder Pergamente, die in Leder eingeschlagen waren. In der Mitte befanden sich die Reste von Siegeln. Anscheinend waren diese mehrfach aufgebrochen und dann wieder angebracht worden.

Zuoberst lag ein handgeschriebenes Schriftstück mit aufgedrucktem Preußenadler. Darunter war in schön geschwungener Schreibschrift zu lesen:

»Vertrag zwischen König Friedrich dem Zweiten von Preußen und dem General-Ober-Finanz-Kriegs- und Domainen-Directorium«.

Auch wenn es zunächst Schwierigkeiten machte, das Geschriebene zu entziffern, ging aus dem Dokument Folgendes hervor: Das Domainen-Directorium gestand dem König den Besitz und das alleinige Verwaltungsrecht über ein Gebiet im Oderbruch in der Nähe von Oderberg zu. Es wurde aus dem allgemeinen Staatsgebiet ausgegliedert und war fortan Hoheitsgebiet des Königs, über das er nach Gutdünken verfügen konnte. Auch eine Veräußerung war ihm ausdrücklich erlaubt.

Das Gebiet umfasste 2500 Hektar und sollte zur Unterbringung von Verbrechern und anderem *Gesindel* dienen, das von der übrigen Bevölkerung zu deren Schutz *getrennet* gehalten werden sollte. Um das *Gesindel* vor unnötigen sinnlichen Verführungen zu bewahren, sollten die Mannsbilder und die Weiber strikt voneinander getrennt und ohne Kontakt untereinander gehalten werden.

Der Vertrag datierte vom 12. November des Jahres 1765.

»Friedrich, der Zweite, also«, meinte Lotta. »Das war doch ein Schöngeist und eigentlich ein toleranter Mensch. Der hat die Folter abgeschafft und sogar ein bisschen was von Pressefreiheit gewährt. Das erstaunt mich jetzt aber.«

»Wieso denn Oderbruch? Wir sind doch in der Lüneburger Heide«, wunderte sich Günter.

»Keine Ahnung. Friedrich hat in dieser Zeit das Oderbruch trocken legen lassen und den Kartoffelanbau angeordnet. Vielleicht hat man ihm quasi zur Belohnung dieses Land zugesprochen. Es war vorher so gut wie wertlos, weil es mehrmals im Jahr überschwemmt wurde.«

»Woher du das alles weißt, Lotta!«, wunderte sich Fritz.

»Geschichte war schon immer mein Ding. Doch ich wollte kein Historiker werden, weil mir das zu langweilig war. Als Journalist ist es aber immer gut, wenn man geschichtliche Zusammenhänge sieht. Hab auch eine dicke Hausarbeit über Preußen geschrieben.«

Dann erzählte er von diesem Friedrich, dem Großen. Neben Musik hatte der viele Interessen, komponierte selbst und spielte Flöte, er schrieb Gedichte, verkehrte mit Voltaire, interessierte sich für Landwirtschaft und neue Technologien.

Später kam es zum Zerwürfnis zwischen Vater und Sohn, weil Friedrich sich mehr für die schönen Künste interessierte als fürs Militär. Der Junior versuchte sich immer wieder dem Einfluss des Vaters zu entziehen. Mit achtzehn Jahren wollte er – zusammen mit seinem Freund Hans von Katte – über Frankreich nach England flüchten. Doch sie wurden erwischt.

Der Vater empfand das Urteil *Lebenslänglich* als zu mild

für Katte und wandelte es in die Todesstrafe um. Er sorgte dafür, dass es innerhalb einer Woche vollstreckt wurde. Friedrich wurde gezwungen, der Enthauptung des Freundes beizuwohnen.

»Das ist ja hoch spannend«, unterbrach ihn Günter. »Im Grunde interessiert uns hier aber doch etwas ganz anderes.«

»Das stimmt schon«, pflichtete Lotta ihm bei. »Ich will auf etwas Bestimmtes hinaus. Dann könnt ihr euch vielleicht ein besseres Bild machen.«

Er berichtete, dass Friedrich von medizinischen Fragestellungen angetan war. So wollte er beispielsweise herausfinden, ob Kaffee oder Tee für den Menschen gesünder sei. Er verfügte, dass ein zu lebenslänglich Verurteilter nur Kaffee zu trinken bekam, ein anderer nur Tee. Beide überlebten sie den König und starben fast gleichaltrig. Vielleicht interessierte den König auch, so Lottas Überlegung, wie sich die Getrenntgeschlechtlichkeit auf den Charakter der Menschen auswirkte. Anscheinend hatte er wenig Skrupel, das an Verbrechern und *Gesindel* auszuprobieren.

Nächster Inhaber der Sonderrechte war ab 1788 König Friedrich Wilhelm II. Dieser verfügte, dass nur noch Säuglinge und allerkleinste Kinder ohne ausgebildetes Gedächtnis neu in die *Sonderdistricte* aufgenommen werden sollten. So wollte man erreichen, dass es nach ein oder zwei Generationen überhaupt keine Erinnerung mehr an Menschen des anderen Schlags gab.

Hier also lag der Schlüssel für die Trennung von Männern und Frauen in verschiedene Reservate.

Weiter führte das Dokument aus, dass auf den Gehöften

der *Sonderdistricte* gearbeitet werden sollte, die Bewohner aber keinerlei Bildung erfahren durften. Fertigkeiten wie Lesen und Schreiben waren ausdrücklich untersagt. Nur für bestimmte Tätigkeiten wie Kinderaufzucht durfte Wissen weitergegeben werden.

Die streng begrenzten Kontakte zur Außenwelt sollten als ›Gottesbotschaften‹ von ›Gottgesandten‹ erklärt werden.

»Ein Hammer!«, entfuhr es Holger. »Über all diese Sonderdistricte und diesen Vertrag ist absolutes Stillschweigen zu wahren. Er unterliegt der höchsten Geheimhaltungsstufe«, las er weiter vor.

Die Freunde saßen nachdenklich auf ihren Stühlen und in den Sesseln und ließen das Gelesene auf sich wirken.

»Die Angelegenheit wird klarer«, sagte Agnes nach einer Weile. »Aber noch sind wir im Oderbruch.«

Weitere Schriftstücke ähnlichen Inhalts folgten. Es waren jeweils neue Verträge zwischen Erbfolgern und wechselnden Verwaltungen.

Dann kam ein Schriftstück vom 28. November 1866. Darin wurde verfügt, dass das *Hoheitsgebiet Oderbruch* in die Lüneburger Heide zu verlegen sei. Der Umzug habe geheim und unbemerkt von der Öffentlichkeit zu erfolgen.

Das war also die von allen gesuchte Erklärung. Und Lotta fügte noch hinzu: »Das war das gleiche Jahr, in dem Preußen sich das Königreich Hannover einverleibt hat. König Wilhelm hatte den sogenannten Deutschen Krieg gewonnen. Anscheinend machten die sofort Nägel mit Köpfen.«

Damit waren die Schriften aus der Sammlung Nummer I gesichtet. Einige Fragen waren beantwortet, doch die Neugierde blieb unverändert groß. Wegen allgemeiner Erschöpfung schlug Günter vor: »Lasst uns morgen weitermachen.

Ich kann nicht mehr. Ist doch ein guter Zeitpunkt, um unsere Studien zu unterbrechen.«

So begaben sich alle, noch ihren Gedanken nachhängend, zur Ruhe.

***

Am nächsten Morgen wurden die drei Gefangenen abermals in den Saal gebracht. Der war wieder brechend voll, sodass die Verhandlung nach draußen auf die Leinwand übertragen werden musste.

Richard nahm das Mikrofon. Im Verlauf des Prozesses hatte er gelernt, wie selbstverständlich damit umzugehen.

»Alle, die hier versammelt seynd, wissen, um was es gehet«, begann er. Er benutzte wieder die alte Ausdrucksweise, die er sich beinahe schon vollständig abgewöhnt hatte. »Wir haben gestern nach den, äh, Plä-do-yers noch lange darüber gesprochen. Das Ergebnis ist eindeutig.« Ohne Umschweife fuhr er fort: »Alle drei Verurteilte sind schuldig. Alle drei haben den Tod verdienet. Alle drei werden zum Tode verurteilet.«

Jubel brandete auf. Richards letzte Sätze gingen im Tumult fast unter.

»Die Angeklagten werden zum Tode durch den Strang verurteilt. Das Urteil wird in genau drei Wochen vollstrecket.«

Priester Eberhard und Manfred wurden kreidebleich, von Wallmoden fing an zu schreien: »Das ist illegal!«, und wiederholte noch ein paar Mal: »Illegal, illegal! Lasst mich los. Ich verlange meine sofortige Freilassung.« Seine Stimme überschlug sich.

Das nutzte ihm aber wenig. Grob wurde er zurück in den Keller befördert.

Nachdem sich das allgemeine Freudengeschrei gelegt hatte und im Dorf wieder Ruhe eingekehrt war, besuchte Agnes die drei Verurteilten in ihren Zellen. Sie zeigte ihnen ihre Wunde am Hals und ihr fehlendes Fingerglied und erklärte, wie sie das Hängen überlebt hatte. Auch wenn sie den Dreien gegenüber ihren Abscheu erklärte, ließ sie bei jedem ein Stück Holunderzweig, ein Messer, Verbandsmaterial und ein Abschnürband liegen.

***

Der nächste Papierstapel befand sich in einem richtigen Aktenordner. Zuoberst lag ein Vertrag aus dem Jahr 1870, ausgehandelt zwischen Wilhelm I. und Karl August Ludwig, Graf von Wallmoden-Gimborn, kaiserlich-königlicher Geheimrat und Feldmarschall-Leutnant.

Das war ein umfangreiches Vertragswerk, in dem sämtliche Rechte und Privilegien an den Sondergebieten auf den Grafen übergingen. Obwohl die Hintergründe des Transfers sehr genau beschrieben wurden, brachten sie der Runde keine grundsätzlich neuen Erkenntnisse zu den Reservaten selbst. Nur, dass die neuen Herren *von Wallmoden* hießen.

Immerhin hatte der Genannte die Privilegien bis zu seinem Tod dreizehn Jahre nutzen können. Weitere Übergänge folgten.

Ab 1930 war ein Ludwig Thedel von Wallmoden Nutznießer des *Sonderreservats*, wie es jetzt hieß. Unterzeichnet war die Urkunde von Reichspräsident Friedrich Ebert.

»Das war wahrscheinlich Rudolphs Großvater«, vermutete Clemens.

»Das werden wir bestimmt gleich erfahren«, meinte Lotta. »Viele Papiere sind es ja nicht mehr.«

Auch der Beginn des Dritten Reiches veränderte an den Besitzverhältnissen der Reservatsgebiete nichts. Im Oktober 1933 bestätigte und beurkundete diese Richard Walther Darré, Reichsminister für Ernährung und Landwirtschaft.

***

Clemens besuchte Rudolph in der Zelle. Die Begegnung verlief in frostiger Atmosphäre. Ohne Umschweife erklärte er dem Gefangenen, er könne ihm Zyankali besorgen. Als Gegenleistung verlangte er ein Testament nach seinen Vorstellungen.

Rudolph lachte höhnisch auf, doch Clemens erwiderte: »Am Strang zu ersticken ist kein schöner Tod. Das wird eine Qual. Du hast Schmerzen, die sind fast nicht zum Aushalten, wenn das ganze Körpergewicht nur an deinem Hals hängt. Es schnürt dir die Kehle zu. Du bekommst keine Luft und gerätst in Panik. Du weißt, dass es nichts nutzt, aber dein Verstand schaltet sich aus. Darum zappelst du herum wie ein Fisch an der Angel. Zur Belustigung von gut achthundert Leuten. Und glaub mir, alle werden kommen. Das dauert mindestens fünf Minuten, bis dein Herz das letzte bisschen Sauerstoff ins Gewebe gepumpt hat. Dann erst tritt für dich die Erlösung ein, und dir werden die Sinne schwinden.«

»Mach dich doch nicht lächerlich«, entgegnete Rudolph. »Die werden es nicht wagen, mich zu hängen.«

»Ich verstehe absolut nicht, wie du dir solche Illusionen machen kannst. Mein Angebot steht. Du kannst dir dein Leid erheblich verkürzen. Du brauchst die Kapsel erst dann zu zerbeißen, wenn sie dich hochziehen und du endlich begreifst, dass deine Hoffnung umsonst war. Solltest du aber recht behalten und sie lassen dich leben, kannst du jederzeit ein neues Testament aufsetzen. Du weißt ja selbst, es gilt immer das letzte.«

Dann ging er und kündigte an, am folgenden Tag wiederzukommen. Mit der Kapsel und Papier. Er könne sich alles in Ruhe überlegen.

***

Nun wurde es spannend. Vom September 1945 stammte ein kurzes Papier in englischer Sprache. Es garantierte den Fortbestand der von Wallmoden'schen Privilegien, vorbehaltlich des Ergebnisses des Entnazifizierungsverfahrens. Unterzeichnet war es vom Britischen Militärgouverneur Gordon McReady. Das nächste Dokument von 1948, ebenfalls auf Englisch, bescheinigte Johann Heinrich, dass ihm in Bezug auf seine Person keine Verflechtungen mit dem Nazi-Regime hätten nachgewiesen werden können.

Auf dem nächsten Vertrag prangte der Bundesadler. Mit Datum vom 23. Dezember 1949 bestätigte Konrad Adenauer persönlich von Wallmoden gegenüber die seit fast zweihundert Jahren bestehenden Privilegien.

»Nicht schlecht, so ein Weihnachtsgeschenk«, bemerkte Holger. Allgemeines Kichern in der Freundesrunde.

Das drittletzte Schriftstück fiel auf durch das Hoheitszeichen der Bundeswehr. Es war umfangreicher und regelte in allen Einzelheiten die Gebietszuteilung der von Wallmoden'schen Reservate und das damit verbundene Nutzungsrecht. Es war datiert auf den 20. Dezember 1955.

»Schon wieder ein Weihnachtsgeschenk«, konnte sich Holger nicht verkneifen zu sagen

Das vorletzte Schriftstück übertrug 1964 alle Privilegien nach Johann Heinrichs Tod auf Friedrich Thedel von Wallmoden.

Agnes blätterte um auf die letzte Seite des Schriftsatzes. Ein letztes Mal der Bundesadler. Der Text war mit Ausnahme der Daten fast identisch, nur der Vorname lautete jetzt ›Rudolph‹. Das Schreiben war vom 5. September 1985.

»Verdammt lange konnte der die Reservate ausbeuten«, bemerkte Clemens.

»Und gleichzeitig war er Herr über Leben und Tod«, ergänzte Lotta.

***

»Ich nehme die Kapsel«, brachte Rudolph von Wallmoden knirschend hervor.

Clemens setzte sich zu ihm. Da es in der Zelle keinen Tisch gab, hatte er ein Brett als Schreibunterlage mitgebracht. Clemens legte einen DIN-A4-Block darauf und diktierte Rudolph sein dreiseitiges Testament. Der schrieb widerwillig, aber er schrieb.

»Unten schreibst du Schloss Bredebeck bei Bergen, Niedersachsen.« Rudolph tat, wie geheißen. Das Schriftstück war um ein Jahr vordatiert.

»Nun gib die Kapsel«, forderte er.

»Nicht so schnell«, dämpfte ihn Clemens. Aus seiner

Kladde zog er eine Kopie des Vertrags mit der Bundesregierung heraus.

»Wo habt ihr den her?«, schrie er fast vor Empörung.

»Ja, du darfst uns ruhig einiges zutrauen.« Mehr gab Clemens nicht preis. Er verglich Rudolphs Unterschrift auf dem Testament mit der auf dem Vertrag und packte das Testament sichtlich zufrieden in einen Umschlag. Dann verlangte er noch, dass er den Kleberand mit der Zunge befeuchtete und selbstständig andrückte.

Jetzt erst hielt er Rudolph eine unscheinbare Kapsel hin. Der wollte sie an sich nehmen, doch Clemens zog sie nochmals weg.

»Eine Verständnisfrage habe ich noch, wenn du gestattest.«

Rudolph verdrehte die Augen. »Mann, du kannst mit mir machen, was du willst«, empörte er sich.

Unbeeindruckt fuhr Clemens fort: »Vor zweihundert Jahren gab es weder Narkose noch Kaiserschnitt. Hast du mal deinen Vater gefragt, wie sie das damals mit den Geburten angestellt haben? Oder hat dich das nicht interessiert?«

»Narkose gab's keine, dafür aber Opium. Die haben ihre Kinder alle im Rausch gekriegt.«

Diese Erklärung reichte Clemens, und wortlos reichte er Rudolph die Kapsel.

»Und wer garantiert mir, dass da Zyankali drin ist?«

»Kein Vertrauen, Alter? Du kannst sie gern jederzeit ausprobieren. Doch dann zerstörst du deine Hoffnung auf ein Wunder.«

Clemens ging, und Rudolph verstaute die Kapsel in einer Fuge zwischen den Steinen, aus der etwas Mörtel herausgebrochen war.

***

Die beiden obersten Akten aus der Kiste ›Reservatssachen‹ waren gesichtet. Die übrigen schienen kaum interessant. Das waren nur ewig lange Listen mit Namen.

Die kleine Versammlung löste sich auf. Agnes blieb sitzen und schaute sich die Listen genauer an. Zu ihrem Erstaunen waren in ihnen peinlich genau sämtliche Insassen der Reservate verzeichnet worden. Die Listen hatten von Urbeginn an beinahe den gleichen Aufbau, also auch schon die aus dem 18. Jahrhundert.

In der ersten Spalte stand der Vorname, aber kein Nachname. Dann folgte ***m*** oder ***w*** für das Geschlecht sowie ***Geb.dat***, gefolgt von der Spalte ***Übern*** und ***Bem***. Das war wohl das Datum der Einlieferung ins Reservat, teilweise mit einer Bemerkung. Es folgte ***Beruf***; die nächsten beiden Spalten waren reserviert für die Eltern. Über der vorletzten Spalte stand **Res.** Darunter gab es die Eintragungen *M I*, *M II*, *W I* oder *W II*. Deren Bedeutung war Agnes sofort klar. Die letzte Spalte beinhaltete das ***Sterbedat.*** mit einem kurzen Vermerk über die Todesursache (***Urs.***). Da stand beispielsweise *Lungenentzündung*, *Darmkatarrh*, *Schlaganfall* oder nur *Fieber*. Bei einigen fand sie *erhänget*.

Für Agnes war es unglaublich, mit welch preußischer Genauigkeit man dieses *Gesindel*, wie es genannt wurde, registriert hatte.

Wie bei den Nazis, dachte sie. Die sollen ja auch alle Juden genau registriert haben, die durch sie in den KZs umgebracht worden sind. Sie suchte sich die Akte von 1933 heraus. Die allermeisten Namen trugen den Vermerk *Judenbub* oder *Judenmädchen*. Die Reservate hatten in dieser Zeit einen enormen Zuwachs an Säuglingen. Die Nazis hatten mit Sicherheit nicht die Absicht, ihnen so das Überleben zu ermöglichen. Eher waren sie für grausige medizinische Versuche vorgesehen.

Von wegen, keine Beziehung zu den Nationalsozialisten. Hätten die Alliierten diese Akte in den Händen gehabt, wäre es aus der Entnazifizierung der von Wallmodens nichts geworden.

***

Nun hatte Agnes eine ganz besondere Idee. Neugierig suchte sie die Akte ihres Geburtsjahrgangs heraus. Ihr genaues Geburtsdatum kannte sie nicht, doch sie erinnerte sich, dass ihre Erzieherin einmal gesagt hatte, sie sei sechs Jahre alt. Von da ab zählte sie jedes Jahr mit und stieß auf ihr ungefähres Geburtsjahr: 1980.

Sehr viele Namen waren in diesem Jahr nicht eingetragen. Agnes ging sie alle der Reihe von oben nach unten durch.

Schon bald fiel Agnes der erste Name auf, der ihr vertraut schien. *Marie* stand dort. In ihrer Gruppe gab es eine Marie. War sie das? W II stand in der Reservatsspalte.

Nun fuhr sie diese Spalte hinunter, hielt beim nächsten Kürzel W II inne. *Ingrid.* Eine Ingrid war auch in ihrer Gruppe gewesen. Dann kam *Mechthild.* Auch die hatte sie gekannt. Sie war auf der richtigen Spur. Sie war fast am Ende der Liste. Nur noch fünf Namen.

Und der vierte lautete: *Agnes.*

Agnes musste schlucken, als sie ihren Namen las. Sie schaute hoch zur Decke, holte tief Luft und ging die Zeile mit den Eintragungen durch. In der Rubrik *Mutter* fand sie den Namen *Inga Braun.* Unter *Vater* stand *Clemens Röder, vermutl.*

Wieder musste sie ihren Blick zur Decke heben, schlucken, die Augen zusammenkneifen und wieder öffnen. Konnte das wahr sein? Sie war wie benommen. Die letzte Spalte ihres Jahrgangs war fast komplett leer. Nur bei ihr stand als Sterbedatum: 7. 5. 1995. Dahinter der Vermerk: ›erhngt‹. Ein *ä* war mit einem Strich oberhalb zwischen *h* und *n* eingefügt.

Agnes musste an die frische Luft und sich bewegen. Die Nacht war jung, als sie losging. Der Tag brach an, als sie zurückkehrte. Auf ihrem Weg hatte sie Winsen fast komplett umrundet. Doch sie sah jetzt klarer, hatte ihre innere Ruhe wiedergefunden.

Ins Bett ging sie nicht mehr. Sie brühte eine Kanne mit Kaffee auf. Den wusste sie inzwischen sehr zu schätzen. Sie setzte sich in die Küche und wartete, weil Clemens zum Frühstück kommen wollte.

Doch zunächst erschien Fritz. Dem fiel sie um den Hals. Er wusste nicht, wie ihm geschah.

»Was ist denn los?«

»Och, nix. Habe nicht geschlafen. Bin etwas aufgekratzt.«

»Ach so.« Die Erklärung schien ihm ausreichend.

Dann kam Hans. Auch ihm fiel Agnes um den Hals.

»Na, das ist ja mal eine Begrüßung. Die lob ich mir.« Er freute sich darüber, dass schon Kaffee bereit stand. Was sonst los war, interessierte ihn nicht. Doch wenige Augenblicke später wusste er es.

Die Tür ging auf, und Clemens trat ein.

»Hallo, Papa«, begrüßte ihn Agnes.

»Hallo, Liebes«, antwortete der verschlafen. Mitten im nächsten Schritt hielt er inne, und Fritz und Hans saßen wie versteinert da.

Alle drei blickten Agnes irritiert an.

Die Frau bekam einen Lachkrampf. Sie stürzte sich auf Clemens und warf sich auf ihn. Er wusste nicht, wie ihm geschah, stolperte, strauchelte und landete auf dem Küchenboden. Agnes plumpste auf ihn, konnte sich nicht halten vor Lachen.

»Papa, Papa, Papa!«, lachte sie. Sie japste dazwischen nach Luft. »Und fast hätte ich dich verführt.« Fritz und Hans schauten verdutzt.

Agnes rappelte sich hoch, holte die 1980er-Akte aus dem Regal und warf sie auf den Tisch. Sie legte ihren Zeigefinger auf die Zeile mit ihrem Vornamen. Ungläubig folgten drei Männeraugenpaare ihrem vorwärtsrückenden Zeigefinger:

Vorname: Agnes | Mutter: Inga Braun | Vater: Clemens Röder, vermutl. | Sterbedatum: 7. 5. 1995, erhngt – mit einem dazwischen gequetschten *ä*.

Clemens kapierte schnell, konnte trotzdem kaum glauben, was er da las. Gefühle durchfuhren ihn, wie er sie noch nie erlebt hatte. Eine Mischung aus Hitze und Kälte, ein Kribbeln und das Empfinden, gleich in Ohnmacht zu fallen.

Da half nur Körperkontakt. Er umschlang Agnes, seine Tochter, von der er bislang nichts gewusst hatte. Und er musste sich aufstützen, um sich auf den Beinen zu halten.

»Hans, Fritz, ihr Holzköpfe«, schrie er. »Kommt her, ihr müsst mich halten, sonst kippe ich gleich um!«

Fast dankbar für diese Aufgabe sprangen die Männer auf und packten Vater und Tochter von beiden Seiten. Clemens drückte sein Gesicht in Agnes' Haare. So hätte er eine Ewigkeit verharren können. Zusammen mit seinen Freunden kam er sich vor wie ein Fels, dem keine Brandung etwas anhaben konnte.

***

Auch Manfred bekam von Clemens Zyankali angeboten. Ihm schilderte er ebenfalls sehr anschaulich die Qualen eines Todes durch den Strang. Manfred hatte seine Hoffnungen längst fahren lassen. Weder glaubte er an die Gnade der Dörfler noch an plötzlich aufkeimende Skrupel bei ihnen. Seine Strategie war es, die Angst von einem auf den nächsten Tag zu verdrängen.

Manfred bat um die Kapsel. Sein Leiden würde auf diese Weise wenigstens abgekürzt werden. Als Gegenleistung verlangte Clemens Informationen über den Verbleib von Inga Braun.

Manfred zermarterte sich das Gehirn. Doch das alles lag dreißig Jahre und mehr zurück.

Doch, da ihm dämmerte etwas. Das war der Skandal mit seiner Kollegin, der Sektenbeauftragten der SPD-Bundestagsfraktion. Er selbst hatte das gleiche Amt in der CDU-Fraktion innegehabt. Die hatte die Streber hochgehen lassen wollen, und er hatte sie geschützt.

»Die Frau sollte meines Wissens liquidiert werden. Du hattest eine, wie soll ich sagen?, eine Beziehung zu ihr, nicht wahr?«

»Genau so ist es«, bestätigte Clemens. »Was habt ihr mit ihr gemacht?«

Manfred dachte lange nach. Dann kehrte die Erinnerung zumindest bruchstückhaft zurück.

Ja, so war es. Die Streber schickten ihre abgebrühtesten Killer hinter Inga her. Sie brachen in ihre Wohnung ein, aber sie hatte Wind davon bekommen und war untergetaucht. Ihre Unterlagen konnte sie nicht retten, da die Streber sie komplett vernichteten. Um ein Haar wären sie damit selbst vernichtet worden.

Die Erinnerung brach sich Bahn bei Manfred ihre Bahn. Er sah wieder klarer.

Die Streber hatten sämtliche zur Verfügung stehenden Mittel eingesetzt. Die Verfolgte war aber clever. Ein paarmal waren sie kurz vor dem Ziel, hatten sie im Visier. Doch immer wieder konnte sie entweichen. Immerhin wussten sie, dass sie schwanger war. Die Streber hatten gehofft, sie würde sich bei Clemens melden, dem wahrscheinlichen Vater. Doch dieses Risiko ging sie bewusst nicht ein.

Die Streber beobachteten von da an alle Geburtskliniken, die infrage kamen. Trotz aller Vorsicht ging ihnen Inga bei der Gelegenheit in die Falle. Zwei Killer sollten sie liquidieren und das Kind entführen. Als Pfleger getarnt, drangen sie in die Wochenstation ein. Im letzten Moment konnte die Mutter jedoch entkommen, und die Burschen erledigten nur den halben Auftrag. Das Kind kam nach W II. Die Mutter wurde noch eine Weile verfolgt, ihre Bekanntschaften observiert. Dann gab es für die Streber wichtigere Probleme.

»Bekomme ich jetzt die Kapsel?«, bat Manfred.»Das ist mir zu dürftig«, überlegte Clemens laut. »Ich will wissen, wo Inga jetzt ist.«

»Verdammt, ich habe mir doch schon das Hirn zermartert.«

Clemens stand auf, wollte den Keller verlassen. »Wenn du mehr weißt, lass mich rufen.«

Bevor Clemens die schwere Tür hinter sich schloss, rief Manfred hinter ihm her: »Da war jemand vom Zeugenschutzprogramm. Das fällt mir jetzt wieder ein.«

Clemens ging zurück. Manfred berichtete von einem Michael Buße, der für die Ausarbeitung solcher Schutzprogramme zuständig war.

Eines Tages habe Inga ihren Chef gebeten, ihr eine neue Identität zu verschaffen. Der habe sie an diesen Buße verwiesen.

»Und, wo ist sie hin. Wie heißt sie jetzt?«

»Das kann ich nicht sagen. Der Buße hatte alles nur organisiert, für die Ausführung waren andere zuständig. An die kamen wir nicht ran. Irgendwie fanden wir aber heraus, dass Inga sich in die USA absetzen wollte.«

Das war die letzte Spur.

Die Streber in den Staaten sollten die Verfolgung übernehmen. Sie machten das aber nur halbherzig, unterschätzten wohl die Gefährlichkeit dieser Frau, meinte Manfred.

Clemens glaubte ihm, dass seine Erinnerung nicht mehr hergab. Er händigte ihm die Kapsel aus.

***

Als Clemens in Fritz' Wohnzimmer zurückkam, waren Agnes und Günter, Hans und Fritz intensiv über die Akten gebeugt. Jeder von ihnen hielt Papiere in der Hand, die er eifrig studierte. Sie nahmen sein Eintreten kaum wahr.

Deshalb sagte er laut und deutlich: »Inga ist wohl mit neuer Identität in die USA geflüchtet. Die Streber haben sie nicht umgebracht.«

Damit erreichte Clemens, dass die vier gleichzeitig zu ihm

aufschauten. Agnes legte ihre Liste nieder und ging zu ihrem Vater. Es kam ihr noch ungewohnt vor, ihn sich als ihren Vater vorzustellen. Sie zog ihn mit an den Tisch, er sollte berichten.

Das tat er, alle hörten gebannt zu. Nachdem er geendet hatte, fragte Agnes: »Ob wir sie finden?«

»Wir müssen es versuchen.«

Fritz trank seinen Kaffee aus, goss sich nach und wollte auch Clemens eingießen. Es kamen aber nur noch ein paar Tröpfchen. »Ich brühe neuen auf«, sagte Agnes und ging in die Küche.

Von dort aus hörte sie Hans schreien: »Hier ist Klaus, verdammt noch mal, das ist er!« Er hielt die 1943er-Liste hoch.

Agnes rannte zurück und verfolgte die Zeile, auf die Hans' Zeigefinger deutete.

»Klaus | 11. 1. 43 | 12. 6. 43 | Klaus Cohen | Ursula Cohen | Judenbub.«

Wieder gespanntes Schweigen, man konnte die Gedanken fast knistern hören. Was konnte man damit anfangen. Wer waren diese Cohens?

Hans unterbrach die Stille. Fast andächtig sagte er: »Und hier bin ich.« Er deutete auf die letzte Zeile.

Hans | 5. 4. 43 | 8. 12. 43 | Ferdinand Blumental | Marianne Blumenthal | Judenbub.

»Ich glaube, ihr habt nicht nur nach Inga Braun zu forschen«, bemerkte Fritz nach einer Weile.

»Das stimmt«, sagte Agnes. »Doch eins ist komisch. Wieso steht bei Klaus kein Sterbedatum? Der hat seinen Tod doch vorgetäuscht.«

Die Erklärung fand sich wenig später. Die Aufzeichnungen endeten 1997. Rudolph hatte die Reservate übernommen und das Interesse an dieser Art Buchführung nach einigen Jahren anscheinend verloren.

Plötzlich schrie Clemens auf wie von einer Wespe gestochen. »Mein Gott, ich bin Opa, ich bin Opa!« Die anderen schauten ihn verdutzt an. »Fünffacher Opa bin ich.«

Er sprang hinüber zu Agnes und umarmte sie. Dann rannte er ins Nebenzimmer, hob den kleinen Wolfgang aus dem Kinderbettchen, obwohl der gerade schlief. Der Kleine blickte erschrocken auf und fing an zu wimmern. Clemens schaukelte ihn in seinen starken Armen, schnell beruhigte sich Wolfgang wieder. Clemens strahlte ihn stolz und beinahe verliebt an. Dann drückte er das Kleinkind seiner Mutter in die Hand und rannte hinaus auf den Hof.

Die Größeren tollten auf einem riesigen Kartoffelberg herum. »Kommt mal alle her«, rief Clemens ihnen zu. »Ich muss euch mal drücken.« Die Kinder verstanden zwar nicht, warum, doch sie kamen. Gegen eine Extraportion Zuwendung hatten sie nichts einzuwenden.

»Ich bin dein Opa«, sagte Clemens zu Kläuschen, als er ihn im Arm hielt. »Weißt du, was das ist?«

»Klar, ich bin doch kein Baby mehr«, verteidigte sich dieser. »Das kommt aber schon etwas plötzlich.« Clemens war glücklich. Nein, ein Baby war Kläuschen nicht mehr. Eher schon ein richtig großer Klaus.

»Ich erklär dir das später. Jetzt spielt erst mal weiter.« Mit vor Stolz geschwellter Brust kehrte er ins Haus zurück. So, als hätte er gerade eine riesige Leistung vollbracht.

***

Der Tag der Vollstreckung kam. Drei blasse Angeklagte standen im traditionellen Büßergewand gefesselt unter dem Galgen. Drei Stricke hingen vom Querbalken herab. Der mittlere lief über einen Flaschenzug, die beiden anderen durch einfache Stahlösen.

Der Dorfplatz war überfüllt. Dicht an dicht drängten sich die Bewohner aller vier Reservate. Niemand wollte sich entgehen lassen, wie die Peiniger für ihre Taten bestraft wurden und man ihnen für immer das Handwerk legte.

»Wir fangen an«, sagte Richard schlicht.

Viele Freiwillige hatten sich bereit erklärt, an der Vollstreckung mitzuwirken. Zwei Männer wurden ausgelost, die Günter und Hans unterstützen sollten. Agnes stand die Ehre zu, Rudolph allein hochzuziehen. Deshalb der Flaschenzug. Damit konnte sie das Vierfache ihres eigenen Körpergewichts bewegen.

Die Seile senkten sich herab. Agnes legte Rudolph die Schlinge um den Hals. Dabei stand sie vor ihm. Der blickte sie trotzig an; Agnes erwiderte seinen Blick mit jener Entschlossenheit, die sie so oft bewiesen hatte. War das der Moment, in dem er noch auf Gnade hoffte? In ihren Augen fand er sie nicht.

Rechts davon zog Günter Manfred die Schlinge über den Kopf, links machte Hans das Gleiche bei Eberhard. Auch diese ungleichen Paare blickten sich in die Augen. Manfred begann zu zittern, doch Eberhard spuckte Hans ins Gesicht und begann zu fluchen:

»Ihr Hunde, ihr verdammten Hunde!«

Bei diesem Geschrei macht sich Unruhe breit unter den Zuschauern. Richard gibt ein Zeichen, und die Seile strafften sich. Agnes zieht langsam am Flaschenzug, bei Manfred und Richard ziehen jeweils zwei Männer am anderen Seilende. Auch sie beeilen sich nicht.

Langsam ziehen sie weiter, die Hälse strecken sich. Noch versuchen die drei, sich auf die Fußspitzen zu stellen, hoffen vielleicht immer noch auf ein Wunder, auf Gnade. Die Zehenspitzen heben vom Boden ab, mehr als fünf Zentimeter sind es nicht. Die Füße zappeln, wollen die Fesseln sprengen.

Eberhards Geschrei erstirbt in einem Gurgeln. Manfred hängt plötzlich schlaff in seiner Schlinge. Hat er es schon hinter sich? Die Körper der beiden anderen Männer zucken noch eine Weile weiter. Die Augen wandern wie irre hin und her, die Gesichter sind schmerzverzerrt. Bei Eberhard lassen die Befreiungsversuche nach, werden weniger, hören schließlich ganz auf. Bei Rudolph dauert das Rucken am Längsten. Clemens hat das Gefühl, als werfe er ihm zornige Blicke zu – bis seine Augen trüb werden.

Dann kehrt Ruhe ein. Die Gerichteten werden abgesenkt.

Agnes reißt allen die Ärmel hoch. Keiner hat sich die Schlagader abgebunden. Sie reißt das Büßerhemd am Hals auf. Keiner hat sich die Luftröhre aufgeschnitten.

»Feiglinge, elende, verachtenswerte Feiglinge«, schreit sie und wendet sich angewidert ab.

Günter tastet nach dem Puls der drei reglosen Männer. Doch er kann nichts fühlen.

»Sie sind tot!«, ruft er. »Unsere Peiniger sind tot!« Jubel bricht aus.

Richard holt die Karre. Viele Hände packen Eberhard und werfen ihn darauf. Anschließend ziehen sie zur Jauchegrube, dem Ort, wo Karl-Heinz bereits vermodert und wo alle Bewohner täglich ihre Hinterlassenschaften ausleeren.

Sie kippen Eberhard mitsamt seinem Büßergewand hinein. Dieses wird niemals mehr gebraucht werden.

Die Grube ist eine Vorsichtsmaßnahme. Niemand soll die Leichen in der Nähe des Reservats finden. Außerdem ist sie eine letzte Schmach für diese Verbrecher.

Bevor die Männer Manfred auf die Karre werfen, öffnet Clemens ihm den Mund. Die zerbissene Zyankalikapsel steckt noch zwischen den Zähnen. Bei ihm hat das Gift offenbar gewirkt; bei Rudolph nicht. Woran lag das?

Clemens schaut auch ihm in den Mund. Die Kapsel ist ebenfalls zerbissen. Da entdeckt Clemens farblose Kristalle, die wie Salz über die Zunge verteilt sind. Bittermandelgeruch steigt ihm in die Nase.

Rudolph hat wohl zu lange gehofft, das ist die Erklärung. Als er das Gift schlucken wollte, war sein Hals schon so weit zugezogen, dass nichts mehr hindurchging.

***

Montag erschien Lothar Mattes' Titelstory in der *Lupe*:

Sklavenhaltung in Deutschland
Vermisster Hubschrauberpilot
Herr über Hunderte?

Der Artikel schlug ein wie eine Bombe. Über viele Seiten berichtete der Autor von den Reservaten und den geflohenen Sklaven A., G. und H. Den Start ins normale Leben habe ihnen ein gewisser C. R. ermöglicht. Ein Flüchtling namens K. wurde im Artikel nicht erwähnt.

Ein paar Tage zuvor hatte Lotta auf dem Truppenübungsplatz Bergen vorgesprochen. Er eröffnete Oberstleutnant Stromeyer, einem riesigen Skandal auf der Spur zu sein, was das von Wallmoden'sche Areal angehe. Er bekam keinerlei Auskünfte, nur die Bestätigung, dass der Adlige tatsächlich Hoheitsrechte über einen Teil des Truppenübungsplatzes habe. Lotta war sich sicher, dass die Militärs von den Vorkommnissen in den Reservaten nichts wussten.

Am Montagnachmittag kamen einige Herren von der Bundespolizei nach Thören und baten Agnes, Günter, Hans, Clemens und Fritz, sie zur Polizeiinspektion Celle in der Jägerstraße zu begleiten. Dort wurden sie einzeln verhört. Lotta hatte den Behörden mit ihrer Erlaubnis ihre Identität preisgegeben, nicht jedoch ihre Namen veröffentlichen dürfen. Stattdessen hatte er ihre Initialen verwendet.

Vorsorglich hatte Fritz die Kinder auf einem anderen Hof untergebracht. Das Ehepaar dort hatte eigene Kinder und veranstaltete im Sommer *Ferien auf dem Bauernhof*. Sie waren den Umgang mit Gästen gewohnt und hatten reichlich Platz. Zum Glück lief die Umstellung reibungslos. Selbst

Wolfgang machte keine Probleme. Er spürte, dass die großen Geschwister sich hier wohl und sicher fühlten. Also war für ihn auch alles in Ordnung.

Hinzu kam, dass die Gastmutter eine Seele von Frau war. Sie schloss wie selbstverständlich jedes Kind sogleich in ihr Herz, und das strahlte sie auch aus.

Agnes, Günter und Hans hatten es in den tagelangen Verhören recht einfach. Sie mussten nur das erzählen, was sie erlebt hatten – bis zu dem Moment, als sie die *Götter* überwältigt hatten. Wegen der Tragweite der Ereignisse ordnete der leitende Staatsanwalt Untersuchungshaft für alle drei an. Er entschuldigte dies damit, dass Absprachen untereinander vermieden werden sollten. Den Entflohenen bot er psychologische Hilfe an, die sie aber ablehnten.

Im Gegensatz zu den anderen wurde Clemens gehörig in die Zange genommen. Selbst Fritz kam glimpflicher weg. Clemens wurde schnell als die treibende Kraft identifiziert.

»Peter Muszynski, Polizeioberkommissar«, stellte sich der Beamte vor. »Und Sie sind?«

»Clemens Röder«, antwortete dieser und wollte seinen Personalausweis hervorkramen.

»Können Sie stecken lassen. Ihre Personalien sind schon überprüft. Ich muss Sie nur persönlich zu ein paar Dingen befragen. Und nun erzählen Sie mal«, fuhr er nach einer Weile fort, »in welcher Verbindung Sie zu den Vorfällen stehen.«

»Das steht doch alles in dem *Lupe*-Artikel.«

»Ich möchte es aber von Ihnen persönlich hören. Es gibt da etliche Ungereimtheiten.«

»Die da wären?«

»Nur mit der Ruhe, die werden zu gegebener Zeit noch zur Sprache kommen.«

Also berichtete Clemens von der Begegnung mit Agnes und Günter und wie erschrocken er war, als sie ihm von ihrer Flucht aus den Reservaten erzählten. Wie Schuppen sei es ihm von den Augen gefallen, dass sein Freund Rudolph von Wallmoden darin verwickelt war.

»Sie sind mit Rudolph von Wallmoden befreundet?«

»Das kann man so sagen. Ich kenne ihn seit rund zwanzig Jahren.«

»Und Sie haben von den Reservaten vorher nichts gewusst?«

»Doch, eigentlich von Beginn unserer Freundschaft an wusste ich das.«

»Und da sind Sie nicht zur Polizei gegangen?«

»Dafür gab es damals überhaupt keinen Grund. Außerdem war das mein Freund. Keiner kann von einem verlangen, den eigenen Freund anzuzeigen.«

»Dann sind Sie Mittäter. Ahnte ich so etwas doch.« Muszynski blieb trotz des Vorwurfs ruhig.

Doch Clemens führte aus, er habe nicht die geringste Ahnung gehabt, dass es sich bei den Bewohnern der Reservate um Sklaven handelte. Er sei davon ausgegangen, das seien normale Angestellte, die für entsprechenden Lohn landwirtschaftliche und kunstgewerbliche Arbeiten verrichteten. So hätte ihm Rudolph das geschildert.

»Und es hat Sie nicht gewundert, dass sich, wie soll ich sagen, die Produktionsstätten mitten auf einem Truppenübungsplatz befanden?«

Klar, hatte Clemens das gewundert. Doch Rudolph hatte ihm alle Verträge gezeigt, die mit der Bundesregierung, der

Bundeswehr und früheren Vertragspartnern bis hin zum preußischen König Friedrich II. geschlossen worden waren.

»Haben Sie dafür Beweise?«

»Sicher«, meinte Clemens ruhig. »Schließlich hat er mir die ganze Kiste zur Aufbewahrung gegeben.«

»Er hat was?« Nun war Muszynski doch ein wenig baff. »Und wo ist diese Kiste jetzt?«

»Bei mir zu Hause, in Winsen.«

Muszynski verließ den Vernehmungsraum. Drei weitere Beamte, niedrigere Dienstgrade, saßen Clemens schweigend gegenüber. Ein ziemlich hohes Tier hatte man für sein Verhör abgestellt. Darauf war Clemens sogar ein wenig stolz. Ein Tonbandgerät lief mit. Einer der Beamten stellte es jetzt ab.

Wenig später betrat der Oberkommissar wieder den Raum und schickte einen der Beamten mit Clemens nach Winsen. Draußen gesellten sich zwei bullige Bodybuilder-Typen als Begleitung hinzu. ›Bestimmt zu meinem Schutz‹, dachte Clemens.

Nach der Rückkehr zeigte Clemens Muszynski die *Reservatssachen* und wollte die Akte mit den Verträgen öffnen. Das wurde ihm untersagt, denn die Akten galten als Beweismaterial und wurden Clemens entzogen. Er hatte sämtliche Seiten vorher eingescannt, und die Dateien waren auf Lottas Rechner in sicheren Händen.

Trotzdem wandte Clemens ein: »Dürfen Sie das denn? Haben Sie eine richterliche Anordnung?«

»Die Maßnahme dient der Sicherstellung. Bei unklarem Eigentümer, Gefahr der missbräuchlichen Verwendung und zur Gefahrenabwehr gibt es keinen Richtervorbehalt«, war Muszynskis trockner Kommentar.

Beamte öffneten also anstelle von Clemens den Vertragsordner mit Latexhandschuhen. Clemens sollte angeben, in welcher Akte sich der Vertrag mit der Bundeswehr befand. Über dieses Blatt beugten sich sofort zahlreiche interessierte Köpfe.

Es entstand einige Unruhe unter den Beamten, als Clemens darauf verwies, dass das älteste Dokument von Friedrich II. unterschrieben worden war. Er durfte die entsprechende Akte benennen, geöffnet wurde aber auch sie von Beamten mit Handschuhen.

»Gut, das geht jetzt in die Kriminaltechnik«, verfügte Muszynski. »Die sollen alles auf Echtheit überprüfen. Wir müssen auch noch Historiker hinzuziehen.«

Dann setzte Muszynski die Vernehmung fort. Clemens sollte ihm darlegen, was er mit Rudolph von Wallmoden besprochen habe, nachdem die Flüchtlinge bei ihm aufgetaucht waren.

»Ich habe ihn sofort mit den Aussagen von Agnes, Günter und Hans konfrontiert und eine Stellungnahme verlangt. Außerdem habe ich ihm eröffnet, dass ich ihn auf jeden Fall anzeigen würde. Das war das schwerste Verbrechen, von dem ich je gehört hatte.«

»So sehe ich das auch. Aber weiter.«

Rudolph sagte, er hätte die Reservate geerbt. Sein Vater habe ihm gegenüber immer erklärt, das alles seine Richtigkeit habe und mit Recht und Gesetz übereinstimme. Wie sonst hätte die Bundesrepublik Deutschland solche Verträge abschließen können? Die Leute in den Reservaten hätten alle etwas auf dem Kerbholz, und insofern sei es eine eher milde Form der Strafe, die sie dort ableisten müssten. Quasi ein Resozialisierungsprogramm. Sie müssten sich an einen normalen Tagesablauf und den Arbeitsalltag gewöhnen.

Clemens hätte ihn ausgelacht, als er das hörte. Bestimmt hätte er sich an der sexuellen Ausbeutung beteiligt, von der Agnes berichtet hatte. Doch Rudolph schwor Stein und Bein, davon keine Ahnung zu haben. Er gab sich ziemlich entsetzt. Manfred und Karl-Heinz, diese Schweine, habe er gestöhnt, als sei bei ihm erst jetzt der Groschen gefallen. Die beiden hätte er, Clemens, flüchtig von den Strebern her gekannt. Die machte Rudolph für die Verbrechen verantwortlich.

Nun musste Clemens den Begriff *Streber* erklären. Das konnte er gut und überzeugend. Über die habe er Rudolph schließlich kennengelernt. Seine Rolle bei der Beseitigung Abtrünniger ließ er unerwähnt.

Den beiden genannten Mitgliedern traue er aber etliche Schweinereien zu, so Clemens. »Ich stellte Rudolph ein Ultimatum«, fuhr er fort. »Innerhalb einer Woche hatte er die Leute in den Reservaten freizulassen. Ansonsten erfolgte eine Anzeige. Und er sollte sich keine krummen Tricks einfallen lassen, denn ich wusste ja, zu was die Streber fähig sind. Deshalb behauptete ich, mein Bericht läge sowohl einem Journalisten als auch einem Notar vor.«

»Rudolph ging auf den Vorschlag ein«, berichtete Clemens weiter. »Am sechsten Tag bat er mich zu sich und sagte, alles sei vorbereitet. Am Nachmittag wollte er mit Karl-Heinz und Manfred in die Reservate fliegen und reinen Tisch machen. Entweder am Abend oder spätestens am nächsten Morgen käme er zurück. Er denke nicht, dass sich etwas Unvorhergesehenes ereignete. Bei diesen Worten überreichte er mir einen Umschlag.

›Und falls doch‹, sagte er zum Abschied, ›kannst du das hier vielleicht gut gebrauchen.‹ So, als hätte er etwas geahnt«, meinte Clemens.

»Was war denn in diesem ominösen Umschlag?«

»Eine Vollmacht für das Betreten bzw. für das Befahren des Sperrgebiets.«

»Und damit konnten Sie durchs Sperrgebiet fahren?«

»So ist es«, bestätigte Clemens. »Die Bundeswehr war überaus kooperativ. Sie richteten uns dafür einen richtigen Korridor ein.« Muszynski schickte einen Beamten los, um diese Aussage zu überprüfen.

»Und wieso Sie? Wieso hat Herr von Wallmoden gerade Ihnen diese Vollmacht gegeben?«

»Er hatte Vertrauen. Schließlich waren wir langjährige Freunde.« Clemens behauptete das, ohne rot zu werden. »Er hat mir ein Jahr zuvor auch sein Testament gegeben.«

»Er hat was?«, fragte Muszynski erstaunt.

»Ja, ich sollte es aufheben.«

»Und warum …?«

Clemens fiel Muszynski ins Wort: »Das habe ich ihn auch gefragt. ›Warum gibst du das nicht deiner Frau oder hinterlegst es bei einem Notar?‹ Er winkte nur ab. ›Ich will halt, dass es bei dir ist. Ist mir am sichersten. Du nimmst es doch?‹ Klar war ich ein Stück weit geschmeichelt. Wollte aber noch wissen, warum er überhaupt ein Testament gemacht hatte. ›Wir sind halt nicht mehr die Jüngsten‹, hat er da gemeint. ›Denk auch mal drüber nach.‹ Er zog's dann gleich aus der Tasche und überreichte es mir.«

Muszynski fragte Clemens, ob er den Inhalt kenne. Der verneinte. Rudolph habe ihn gebeten, es erst nach seinem Tod zu öffnen. Als Freund habe er sich selbstredend daran gehalten. Und wenn er vor ihm gestorben wäre?, wandte der Kommissar ein. Auch daran hätte Rudolph gedacht. Dann wollte er ein neues verfassen und es Manfred oder Karl-Heinz geben.

»So, und wo ist es jetzt?«, fragte Muszynski.

»Na, bei mir zu Hause.«

»Hätten Sie das nicht gleich sagen können?«, schnaubte Muszynski genervt.

»Dürfen Sie das denn einsehen?«, wandte Clemens ein.

»In diesem Fall ja«, erklärte Muszynski ganz sachlich. »Das Verschwinden des Herrn von Wallmoden ist noch nicht aufgeklärt. Möglicherweise finden wir darin Hinweise.«

Wieder dauerte es eine gute Stunde, bis Clemens, begleitet von drei Beamten, mitsamt dem Dokument zurückkam. Weitere Personen kamen hinzu, als der Umschlag mit Handschuhen geöffnet wurde – und Muszynski überflog das Schriftstück.

Nach einer Weile schaute er auf. »Das wird ja immer ominöser. Sie selbst sind in diesem Testament großzügig bedacht.

»Inwiefern?«, wollte Clemens scheinheilig wissen.

»Das wird der nächste Punkt sein«, versetzte Muszynski. »Ich fasse erst einmal den Ermittlungsstand zusammen:

Da laufen Ihnen zwei Menschen über den Weg, die Ihnen erzählen, sie seien aus einem Sklavenreservat ausgebrochen.

Sie gehen nicht zur Polizei.

Ihnen dämmert, dass ihr Freund Rudolph von Wallmoden der Sklavenhalter ist.

Sie gehen nicht zur Polizei.

Sie glauben ihm, dass er von der Sklavenhaltung nichts gewusst hat.

Sie verlangen, dass er und seine Kumpane die Sklaven freilassen.

Sie glauben ihm, als er Ihnen das zusagt.

Sie nehmen eine Vollmacht von ihm entgegen.

Die drei kehren nicht zurück.

Sie gehen nicht zur Polizei.

Stattdessen benutzen Sie die erwähnte Vollmacht und versorgen die Reservatsbewohner mit Lebensmitteln.

Und gehen immer noch nicht zur Polizei.

Sie machen sich zum Mittäter.

Wieso das alles?«

Clemens hatte bei jeder dieser Feststellungen mit dem Kopf genickt, außer bei der letzten.

Er verwahrte sich dagegen, als *Mittäter* bezeichnet zu werden. »Das haben Sie mir schon einmal vorgeworfen. Ich habe auf Bitten der ehemaligen Insassen, Agnes, Günter und Hans, hin nichts unternommen.«

»Das ist ja wie bei Böhnhardt, Mundlos und der Zschäpe«, stöhnte Muszynski auf. »Da verschwinden Leute unter mysteriösen Umständen, und plötzlich tut sich ein Abgrund an Abscheulichkeiten auf. In einem solchen Fall ist es doch nicht Ihre Sache zu entscheiden, was zu tun ist. Dafür gibt es Behörden. Wir sind die Zuständigen.« Muszynski war sichtlich erregt. Doch Clemens blieb gelassen.

Auch der Kommissar zwang sich zur Ruhe und setzte das Verhör sachlich fort.

»Wie haben die Bewohner Sie denn informiert, dass die Versorgungsflüge ausgeblieben waren?«, hakte Muszynski nach. »Die hatten doch weder Handys noch Funkgeräte.«

»Die haben mich auch nicht informiert, das hatte ich nur der Militärpolizei so gesagt. Als Rudolph nicht wie vereinbart wiederkam, wusste ich, dass etwas schiefgelaufen war. Ich musste irgendetwas unternehmen, um die Reservate zu versorgen, und schaute mir die Vollmacht an. Mir war klar, dass damit die Versorgung von außen gelingen konnte.«

»Und warum war die Vollmacht vordatiert?«

»Das verdanken wir wohl der Weitsicht Rudolphs.«

»Aha.« Muszynski dachte nach. »Und die Geflohenen wollten nicht, dass Sie zur Polizei gehen?«, fragte er nach einer Weile.

Die drei hatten große Bedenken, was passieren würde, wenn alles schlagartig herauskäme, führte Clemens aus. Sie fürchteten, ihre ehemaligen Mitgefangenen könnten das nicht verkraften. Sie wollten sie lieber schonend aufklären und dann mit ihnen zu den Behörden gehen. Das habe Clemens tatkräftig unterstützt, und dazu hätten sie sich ein zeitliches Limit von drei Monaten gesetzt.

Dann wollte Muszynski noch genau wissen, warum Clemens einen Journalisten eingeschaltet hatte, nicht aber die Polizei. Da sie für die Versorgung einiges an Geldmitteln benötigten, sollten diese durch Lotta bereitgestellt werden. Dafür bekamen er und sein Verlag die Exklusivrechte an der Geschichte.

»Und warum hat Ihr sauberer Herr Journalist nicht gewartet, bis Ihr soweit ward?«

»Das müssen Sie ihn schon selbst fragen«, war Clemens' Antwort.

»Das werden wir tun, darauf können Sie sich verlassen.«

Auch in anderer Richtung wurden die Aussagen von Clemens überprüft. Die Absprachen hatten Bestand. Selbstredend bestätigten die Geflohenen, dass sie es waren, die die

Aufklärung ihrer ehemaligen Mitgefangenen hatten selbst durchführen wollen. Sie hatten ihr Los Jahre und Jahrzehnte tragen müssen. Da wäre es schließlich auf ein paar Monate mehr oder weniger nicht angekommen, bis die Öffentlichkeit davon erfuhr.

Die drei gaben zu Protokoll, wie dankbar sie Clemens und Fritz für die Unterstützung waren. Besonders die Bilder von der Welt da draußen und die Filme über die Geburten bei Mensch und Tier hätten ihnen die Arbeit ungemein erleichtert.

Die gesamte Ausrüstung, wie Laptop, Beamer und Leinwand, wurde beschlagnahmt, die vorhandene Software überprüft. Pädagogen bestätigten, dass die Auswahl im Großen und Ganzen für Aufklärungszwecke geeignet war. Vieles war nicht optimal, doch man hielt Clemens und Fritz zugute, dass sie das Material unter enormem Zeitdruck zusammengestellt hatten. Das alles verminderte die Vorbehalte gegen Fritz und vor allem gegen Clemens erheblich.

Inzwischen war das Testament untersucht und dessen Echtheit bestätigt worden. Die Kriminaltechnik hatte sogar von Wallmodens DNA auf dem Klebestreifen des Umschlags gefunden. Eindeutiger ging es nicht.

Auch Lotta wurde auf den Zahn gefühlt, doch er hatte sich seine Argumente sorgfältig zurechtgelegt. Ihm wurde ebenfalls eine Mittäterschaft durch Unterlassung unterstellt. Diesem Vorwurf konnte er aber mit den gleichen Argumenten begegnen wie Clemens. Durch die Interviews habe er gewusst, wie vorsichtig Agnes und Günter sich der zivilisierten Welt genähert hätten. Aufgrund ihrer Klugheit und Unerschrockenheit hätten sie schon vor Jahren das Lügengebäude der *Götter* durchschaut, das ihnen ein Leben lang vorgesetzt worden war.

Diese Entwicklung mussten die Lagerinsassen binnen weniger Wochen durchlaufen, eine immense Herausforderung. Ihm sei daher schnell klar geworden, dass es viel besser war, wenn die Aufklärung über ehemalige Mitgefangene stattfand. Zumal in zwei der vier Reservate viele Leute Agnes und Günter noch kannten. Deshalb habe er, Lothar Mattes, die fünf in ihrer Arbeit tatkräftig unterstützt. Ansonsten hätte der Vorgang zerstörerisch werden können. Es gebe ja Beispiele aus dem Amazonasgebiet, wo immer noch indigene Stämme gefunden würden, die durch die Abholzungen entdeckt und schlagartig mit dem 21. Jahrhundert konfrontiert würden.

»Lassen wir den Amazonas in Südamerika. Erklären Sie mir aber trotzdem mal«, wollte Muszynski wissen, »warum Sie die Behörden nicht informiert haben. Ihre Argumente sind wirklich einleuchtend, das muss ich sagen. Damit hätten Sie jede staatliche Unterstützung sofort bekommen. Diese Agnes und dieser Günter hätten die Aufklärung leiten können. Doch man hätte ihnen ausgebildete Pädagogen zur Seite stellen können und nicht einen Kartoffelhändler und einen Bauern.«

»Das waren aber genau die Leute, zu denen die drei Flüchtlinge Vertrauen gefasst hatten. Zumal sie befürchten mussten, dass das Jugendamt als Erstes die Kinder einkassiert hätte.«

»Das ist ein anderes Thema, und darüber ist das letzte Wort noch nicht gesprochen.«

»Ich werde alles in Bewegung setzen, dass die Kinder bei den Eltern bleiben«, versicherte Lotta.

»Ich habe versucht«, fuhr er dann fort, »die Behörden zu informieren, und hatte unter anderem ein Gespräch mit der Bundeswehr. Oberstleutnant Stromeyer gegenüber deutete ich die Missstände in den von Wallmoden'schen Reservaten an. Er verwies auf die Hoheitsrechte der Familie. Weder die Bundeswehr noch die Bundesregierung hätten die Möglichkeit zur Intervention. Das Gebiet sei Hoheitsgebiet und genieße den Status von diplomatischen Vertretungen im Ausland. Doch werde man mit eigenen Mitteln erst einmal auch außerhalb der Sonderzone ermitteln, was da wirklich los sei.

Mit anderen Worten, ich stieß auf eine Mauer der Abwehr und hatte das Gefühl, die Bundeswehr würde alles daran setzen, den Skandal zu vertuschen.«

»Und warum haben Sie nicht die vereinbarten drei Monate abgewartet, von denen Herr Röder mir berichtet hat?«

»Nach dem Interview mit dem Oberstleutnant sah ich Gefahr im Verzug. Was sollte das denn bedeuten, wenn das Militär vorhatte, ›mit den eigenen Mitteln‹ und ›außerhalb der Sonderzone‹ zu ermitteln? Das konnte schlimmstenfalls heißen, dass man Herrn Röder die weitere Versorgung untersagt hätte. Ich sah mich zum Handeln gezwungen. Und die Aufklärung ist ja auch so gut wie abgeschlossen.«

Die Vorbehalte gegen Lotta, Clemens und Fritz waren nach einer Woche ausgeräumt. Im Lauf der Untersuchungshaft waren sie getrennt in Einzelzellen untergebracht worden. Am letzten Tag bestellte Muszynski alle zu sich – alle, bis auf Lothar Mattes. Der hatte schon am Vorabend gehen dürfen.

Muszynski eröffnete ihnen, die Untersuchungen seien beendet und gegen keinen von ihnen werde ein Verfahren eingeleitet. Die Flüchtlinge würden von Psychologen betreut, wenn sie das wünschten. Außerdem seien die personenstandsrechtlichen Angelegenheiten zu regeln. Neben der Eintragung im Standesamt sei das Ausstellen von Geburtsurkunden und Personalausweisen nötig. Sie müssten auch noch Nachnamen erhalten. Ferner müsse die Unterbringung der Kinder geregelt werden. Dazu müsse das Jugendamt eingeschaltet werden. Die Kinder müssten gründlich untersucht und die größeren nachgeschult werden.

Clemens wollte protestieren, doch Muszynski beteuerte, das alles falle nicht mehr in seinen Zuständigkeitsbereich. Damit mussten sie sich erst einmal zufriedengeben.

»Hoffentlich sind die Reservate in der Zwischenzeit nicht von Scharen von Reportern überrannt worden«, meinte Clemens zum Abschluss.

»Es sind nicht Scharen, sondern Heerscharen«, sagte Muszynski lachend. »Doch keine Angst, die Regierung hat ihre Sorgfaltspflicht wahrgenommen und sofort einen *Krisenstab Reservate* gegründet. Bei ihm laufen alle Maßnahmen zusammen.

Dem Heer der Reporter steht das Heer der Bundeswehr gegenüber. Sie hat sich an der Grenze des Sperrgebiets postiert, und keinem Reporter ist es meines Wissens gelungen durchzukommen. Ihre eigene Identität ist geschützt, da wir Ihre Adresse nicht bekannt gegeben haben.«

Das war beruhigend.

»Doch auf eines machen Sie sich gefasst«, beendete Muszynski seine Ansprache. »Wenn Sie das Gebäude verlassen, wird man Sie begrüßen.«

Die Warnung war nicht übertrieben. Der kleine Platz vor der Polizeiinspektion war gefüllt mit mehreren tausend

Menschen. Polizeibeamte mussten sie davon abhalten, auf die Fahrbahn zu treten. Auf dem breiten Bürgersteig gegenüber herrschte dichtes Gedränge.

Als die Tür aufging und die fünf Personen hinaustraten, brandete Beifall auf, Johlen und Schreie waren zu hören. Reporter hatten in vorderster Front gewartet und eröffneten nun ein Blitzlichtgewitter, an den Seiten standen Übertragungswagen. Lotta lief dem Befreierteam entgegen und gratulierte ihm.

Die Fünfer-Gruppe konnte das alles kaum fassen, war wie im Taumel. Fragen flogen von überall her auf sie zu, doch es war unmöglich, alle zu beantworten. Etwa zwanzig Beamte bahnten der Gruppe einen Weg zu Lottas Kleinbus, den dieser organisiert hatte, und unter Beifallsrufen stiegen sie ein. Beamte sicherten die Abfahrt und bauten zu diesem Zweck Absperrungen auf, damit weder Sympathisanten noch Presseleute sie per Auto verfolgen konnten.

Auf dem Weg nach Thören machten sie Halt beim Kinderbauernhof. Agnes und Günter umarmten ihre Kinder, und der Opa schloss sich gern an.

»So, dann fahren wir jetzt nach Hause«, sagte Agnes.

»Wir wollen aber nicht!«, kam es wie aus einem Mund.

***

Die Lupe brachte fortan exklusiv wöchentlich einen Bericht zu den Flüchtlingen, aber auch zu Clemens und Fritz. Diese wurden zu gefeierten Helden, hielten sich aber vor zu viel Öffentlichkeit zurück. Einladungen zu Rundfunk-, Fernsehauftritten und Talkshows lehnten sie ab.

Trotzdem bereitete Lotta die Veröffentlichung in Buchform vor. Damit waren alle einverstanden. Lotta führte nach und nach Interviews mit vielen Dorfbewohnern, die er wöchentlich veröffentlichte. Auch sie sollten ins Buch aufgenommen werden. Es zeichnete sich schon bald ab, dass es wegen der Materialfülle in mehreren Bänden erscheinen würde.

Die Ereignisse zogen weite Kreise, auch darüber berichtete das Magazin. Es gab etliche Verhaftungen. So wurden zwei Gynäkologen und deren willige Helfer festgenommen. Das waren Hebammen, Krankenschwestern und Anästhesisten, fast ausschließlich Streber-Mitglieder. Sie hatten die illegalen Geburten durch Kaiserschnitte vorgenommen.

Im Kreis der Streber konnten einige Männer dingfest gemacht werden, die der Vergewaltigung bezichtigt wurden. Der Geheimbund wurde verboten, sein Vermögen eingezogen.

Die Personenstandsformalitäten gestalteten sich unterschiedlich schwierig. Agnes und ihre Kinder bekamen den Nachnamen *Braun*, Günter hieß *Cohen* und Hans *Blumenthal*. Wo in den Listen der lebenden Insassen Eltern angegeben waren, war die Zuordnung ähnlich einfach. Schwieriger war es, wenn kein Vater angegeben war, sondern nur der Vorname der Mutter. Hier musste man von erzwungenen Schwängerungen im Reservat ausgehen. Oder auch von künstlichen Befruchtungen mit dem Samen, den man männlich Empfängern der *Göttergnade* abgezapft hatte.

Genetische Untersuchungen brachten eine neue Sensation zutage: Einige Bewohner waren eindeutig Nachkommen Rudolphs und seines Vaters. Daraufhin ordnete der Bundesstaatsanwalt Speichelproben von sämtlichen ehemaligen Strebern an, derer man habhaft werden konnte. Und siehe da, vielen von ihnen konnte eine Vaterschaft nachgewiesen werden. Sie hatten somit erbberechtigte Nachfahren und gehörige Unterhaltszahlungen zu leisten, auch im Nachhinein.

Es sollte nur der eigenen Sicherheit dienen, nicht dass sie Zweifel gehabt hätten. Agnes und Clemens wollten ebenfalls einen Vaterschaftstest machen.

Das Ergebnis erhielten sie bereits fünf Tage nach dem Absenden der Speichelproben mit der Post. Es fiel wie erwartet aus. Trotzdem stieß die ganze Gruppe in Fritz' guter Stube darauf an.

Ein findiger Anwalt setzte zudem die Nachvergütung der Zwangsarbeit für die ehemaligen Reservatsbewohner durch. In einem aufsehenerregenden Prozess wurde die Summe von 25,5 Millionen Euro festgesetzt, die den Lagerinsassen zugute kommen sollte. Ein eher symbolischer Betrag für jahrzehntelanges Leid. Doch es ging mehr um die nachträgliche Anerkennung der geleisteten Arbeit.

Vorerst blieb völlig unklar, wer für diese Summe aufzukommen hatte. War es Familie von Wallmoden allein, oder trug die Bundesrepublik Deutschland eine Mitschuld, weil sie keine Kontrollen durchgeführt und damit zur Sklavenhaltung von Menschen beigetragen hatte?

Weiteres juristisches Neuland stellte die Frage nach dem Status der Sondernutzungszone dar. Gehörte sie wirklich der Familie von Wallmoden, entsprach sie einem autonomen Hoheitsgebiet, oder waren sämtliche Verträge null und nichtig?

Fragen, die im Justizministerium, unter Rechtsgelehrten,

privaten Sachverständigen und in den juristischen Fakultäten der Universitäten kontrovers diskutiert wurden. Selbst im Ausland erregten diese Fragen enorme Aufmerksamkeit.

Vorerst wurde Clemens Röder kommissarisch als Verwalter der Zone eingesetzt – unter Vorbehalt, bis eben alle offenen juristischen Fragen geklärt waren. Er schien geeignet, weil er einen tiefen Einblick in die Vorgänge in den Reservaten hatte. An dem Testament bestand keine Zweifel.

Danach ging das gesamte Privatvermögen ausschließlich auf von Wallmodens Gattin über, sämtliche Rechte aus den Reservatsverträgen hatte Rudolph jedoch auf Clemens Röder übertragen. Hinzu kam, dass das Testament sowieso erst wirksam werden würde, wenn Rudolph von Wallmoden für tot erklärt war. Das konnte bei Vermissten frühestens nach fünf Jahren beantragt werden.

Clemens musste allerdings einen Amtmann an seiner Seite akzeptieren, mit dem er jede Veränderung in den Reservaten durchzusprechen hatte. Das war ein »Herr Schulz, schlicht und ergreifend Schulz«, so hatte sich dieser Clemens vorgestellt. Herr Schulz unterstand direkt dem Innenministerium.

Eine Schar von Wissenschaftlern wurde durch die Dörfer geschickt, um die Lebensgewohnheiten der Bewohner genau zu studierten. Man hatte bei ihnen handwerkliche Fähigkeiten entdeckt, die seit mehr als hundert Jahren als ausgestorben galten.

Die dort hergestellten Körbe und Möbel erzielten horrende Preise. Die Stücke, die Agnes und Günter vorher schon auf dem Flohmarkt verkauft hatten, wurden sogar für ein Mehrfaches versteigert.

Bald begann man eine Alphabetisierungskampagne und weitere Maßnahmen zur Erwachsenenbildung. Die Bewohner machten zum größten Teil begeistert mit. Die Gebäude wurden mit Strom ausgestattet und eine sanitäre Infrastruktur errichtet.

Dieses Vorhaben kam Clemens ausgesprochen gelegen. Nach Rücksprache mit Herrn Schulz und dem Ministerium durfte Clemens die Latrinengruben abpumpen lassen. Clemens beauftragte seinerseits Fritz damit, der Jauche als Dünger gebrauchen konnte. Clemens strebte damit einen weiteren Schachzug an.

***

Bei einbrechender Dunkelheit rückte Fritz mit seinem Jauchewagen an. Clemens transportierte eine Pumpe auf seinem Unimog. Die wenigen Neugierigen, die noch herumstanden, verzogen sich bald, als die Kloake ihren Gestank verbreitete. Als auf dem Grund der Grube vier Leichen übrigblieben, war niemand Fremdes mehr anwesend.

Dankbar dachte Clemens daran, dass keiner der Bewohner auch nur die geringste Andeutung zu den Hinrichtungen gemacht hatte. Das hätte alle ziemlich in die Bredouille gebracht. Das Befreierteam hatte es geschafft, den ehemaligen Insassen die Konsequenzen klar zu machen, die drohten, wenn etwas herauskäme.

Es hatte zwar etliche Befragungen der Bewohner gegeben: zu ihrem Leben in der Diktatur, zu Strafen, Hinrichtungen und zu den Bombardements. Doch die Befreier hatten durchgesetzt, dass die Befragung nur in Anwesenheit eines der Teammitglieder stattfinden durfte. Diese konnten so bedenkliche Fragen abschwächen.

Die Galgen in den einzelnen Reservaten wurden abgebaut. Das war eine der ersten Veränderungen, die vorgenommen wurden. Auch sie kamen in die Kriminallabors. Von den Stricken, mit denen Rudolph, Manfred und Eberhard aufgeknüpft worden waren, war in Fritz' Koksheizung kein Stäubchen mehr übrig geblieben.

Diesen Gedanken hatte Clemens beim Abpumpen der Jauchegrube nachgehangen. Auch ihm war der Gestank keineswegs angenehm. Jetzt kam jedoch der weitaus ekligere Teil: Die vermatschten Leichen mussten geborgen werden. Fritz zog in der Zwischenzeit den Jauchewagen mit seinem Trecker bis vor die Grenze des Sperrgebiets. Dort tauschte er ihn gegen einen Wassertank aus und ließ die Jauche erst einmal dort stehen. Das Wasser brachte er zur leeren Grube, wo die halb vermoderten Leichen damit gereinigt werden sollten.

Clemens biss die Zähne zusammen und stieg mit einer ausgeliehenen Wathose in die Grube. Dort band er ein Seil um den ersten Oberkörper und gab Fritz und Günter ein Zeichen. Sie zogen die Leiche oder den Rest davon nach oben und begannen sofort, sie gründlich abzuspülen.

Nachdem alle vier Leichen gesäubert waren, kam der typische Leichengeruch durch. Am liebsten hätten sich die drei Männer die Nase zugehalten, wären ihre Gummihandschuhe nicht mit übelstem Schleim überzogen gewesen. Sie wickelten die Körper in große Planen, banden sie am Kopf- und Fußende zu und versiegelten die Umschlagkante mit Klebeband. Der Gestank ließ merklich nach. Zusätzlich wickelten die Männer mit Jauche durchtränkte Erde in ähnliche Pakete.

Nachdem insgesamt zehn Bündel in den Unimog geladen worden waren, verließ Fritz das Reservat abermals. Der Kontrollpunkt war noch besetzt, und Fritz wurde nach dem Inhalt gefragt. Der eine Jauchewagen hätte nicht gereicht, war Fritz' Erklärung. Clemens behauptete, auch er hätte Dung im Unimog, aber in fester Form. Der Soldat inspizierte die Ladefläche, der Geruch hielt ihn aber davon ab, die Planen öffnen zu lassen. Hätte er darauf bestanden, hätte er sich beim siebten Paket ziemlich gewundert.

So aber verlief alles nach Plan. Am nächsten Tag luden die Männer die Jauche-Erde auf Fritz' Dunghaufen. Danach unternahmen Clemens und Günter eine kleine Reise an die Ostsee. In Kappeln mieteten sie ein altes, größeres Motorboot. Sie wollten, so sagten sie dem Vermieter, nach langer Zeit mal wieder ihrem Hobby frönen und auf Nachtfischen gehen.

»Ist die Wanne denn auch seetüchtig?«, fragte Clemens.

»Ja, was glaubst du denn? Würd ich die sonst vermieten? Fahr ja oft genug noch selber damit raus.«

»Na, nix für ungut, Mann. Ich frag halt nur.«

Der Skipper fragte nach ihrer Ausrüstung. Die sei im Unimog, antworteten die Freunde. Sie müssten sich nicht sonderlich beeilen, denn sie hätten ja Zeit bis in die Nacht. Sie wollten nach einem geeigneten Schlafplatz Ausschau halten und am Abend zurückkommen. Der Skipper erklärte ihnen das Boot und gab ihnen ein paar Tipps, wo man nach einer durchfischten Nacht seine Ruhe hätte. Er wünschte »Petri Heil!« und verabschiedete sich.

Die Männer fuhren daraufhin nach Süden, Richtung Damp. Ein paar Kilometer hinter Schönhagen entdeckten sie an einem Feldweg ein paar Bäume, nicht weit vom Strand entfernt. Dort luden sie ihre eklige Last ab. In Eimern schleppten sie Ostseewasser heran und reinigten die Ladefläche, so gut es ging.

Dann fuhren sie zu dem kleinen Hafen in Kappeln zurück und machten das Boot klar. Clemens hatte schon lange kein Motorboot mehr bedient, doch er kam zurecht.

Sie steuerten den Strand mit den Bäumen an. Im Schutz der Dunkelheit schleppten sie Leiche für Leiche ins Boot. Das heißt, Clemens zerrte sie allein über den Sand. Im Wasser kam ihm die Wathose zugute. Günter hielt derweil das Boot an Ort und Stelle und half, die Bündel über Deck zu hieven.

Dann kurvten die beiden die ganze Nacht über durch die Ostsee. Von Zeit zu Zeit ließen sie eine der Leichen in die Wogen plumpsen. Sie öffneten am Kopfende die Plane, zerrten den Körper über den Rand, hielten die Plane am Fußende fest und ließen den Leichnam herausrutschen. Der war glitschig genug, es gelang ohne Probleme. Aber auch der Gestank war wieder da. Die Planen wollten sie allerdings an anderer Stelle entsorgen. Deshalb verknoteten sie eine Ecke mit einem Seil und ließen sie in die Ostsee hinab, um sie zu spülen.

Nachdem die vier Körper entsorgt waren und der Tag anbrach, steuerten die beiden Männer den Hafen von Kappeln an. Der Skipper wartete schon und fragte nach ihrem Erfolg. Mäßig meinten sie und zeigten ihm ein paar Fische, die sie am Vortag im Supermarkt gekauft hatten.

»Aha, immerhin Hornhecht, Meerforelle und Dorsch«, meinte er sachkundig. »Viel mehr ist im Moment eh nicht zu erwarten. Und die Angeln schon wieder ordentlich verstaut?«, fragte er mit Blick auf die Planen. Clemens und Günter hatten sie um ein paar Latten gewickelt, um genau diesen Eindruck vorzugaukeln. Sie nickten nur.

Drei Wochen später wurde eine Wasserleiche bei Gelting, etwas nördlich von Kappeln, angespült. Das ist nichts Weltbewegendes, und in der Regel liest man außer in Lokalblättern nichts darüber. Doch diese Leiche wurde als der vermisste Karl-Heinz Weidlich identifiziert, ein Begleiter von Rudolph von Wallmoden.

Seine Überreste waren durch das Meerwasser stark verändert, die Gesichtszüge bis zur Unkenntlichkeit entstellt, und erst die Genanalyse brachte Klarheit. Der Brustkorb wies jedoch eindeutig eine tödliche Schussverletzung auf. Aufgrund der Verwesung ließen sich keine Rückschlüsse anstellen auf die Waffe oder die Distanz, aus der geschossen worden war. Fachleute stellten Vermutungen in verschiedene Richtungen an. Klar war nur, dass es an Bord des Helikopters offensichtlich einen Streit mit tödlichem Ausgang gegeben hatte.

Dann tauchte eine weitere Leiche auf, die durch Genvergleich als Rudolph von Wallmoden identifiziert wurde. Er wies keine schwerwiegenden Verletzungen auf. Ein paar Gewebedefekte konnten eindeutig Fischfraß zugeordnet werden.

Ein weiterer Leichenfund erregte die Gemüter. Das Genlabor konnte definitiv ausschließen, dass es sich um die Leiche von Manfred Rindt handelte. Aber noch innerhalb eines Monats wurden auch dessen Überreste angespült – ohne Schuss- oder sonst eine Verletzung.

Die Vorgänge an Bord des Hubschraubers ließen sich nicht eindeutig rekonstruieren. Es musste wohl einen Streit gegeben haben. Infolge eines Handgemenges war der Hubschrauber offenbar abgestürzt, die übrigen Insassen waren anscheinend ganz normal ertrunken.

Ob der vierte Mann mit an Bord war, konnte durch die Untersuchungen nicht geklärt werden. Sein genetischer Fingerabdruck wurde mit dem aller Vermissten abgeglichen, von denen Vergleichsmaterial vorlag. Doch das Ergebnis blieb negativ.

Für Clemens hieß das, dass er sein Erbe nun offiziell antreten konnte. Bis das Nachlassgericht seine Berechtigung überprüft und bestätigt hatte, vergingen nochmals eineinhalb Jahre. Das lag an der großen Zahl von Erbberechtigten.

Friedrich Thedel von Wallmoden war noch keine 30 Jahre tot. Somit konnten seine neun unehelichen Kinder, die in den Reservaten identifiziert worden waren, ihren Erbanteil einfordern. Clemens und Lotta sorgten dafür, dass sie das auch taten. Rudolph hatte das Vermögen seines Vaters als Alleinerbe übernommen. Durch seine Halbgeschwister schmälerte es sich im Nachhinein auf ein Zehntel.

Frau von Wallmoden war gezwungen, die Berechtigten auszuzahlen. Und selbst das geschrumpfte Vermögen ihres verstorbenen Gatten erbte sie nicht allein, ihr stand nur die Hälfte davon zu. Denn auch Rudolph konnten sechs uneheliche Kinder in den Reservaten zugeordnet werden. Das bedeutete für die Witwe von Wallmoden den Ruin. Die Erbberechtigten hatten zudem einen Anspruch darauf, den Namen des Adligen zu tragen. Die meisten lehnten ihn allerdings ab.

Eine Woche nach Bekanntwerden des Bescheids durch das Nachlassgericht beging Frau von Wallmoden mit einer Überdosis Schlaftabletten Selbstmord.

Den Angehörigen Manfred Rindts und Karl-Heinz Weidlichs ging es nicht anders. Die Zeitungen berichteten eilfertig, welche Nachfahren die beiden unter den ehemaligen Sklaven hatten und wie sich das Familienvermögen nun neu verteilte.

Das Nachlassgericht sah sich letztlich nicht als zuständig an für das von Wallmoden'sche Hoheitsgebiet. Nach den aktuellen und auch den historischen Verträgen konnte es nicht einfach vererbt werden, sondern ging auf einen einzigen Nachfolger über. Das zu klären sei eine Angelegenheit des Bundesgerichtshofes.

***

In der Zwischenzeit war Clemens nicht faul, sondern begann die Suche nach Inga. Er suchte das Gespräch mit Michael Buße im Justizministerium, der Inga angeblich eine neue Identität verschafft hatte.

Nachdem er der freundlichen Dame am anderen Ende der Leitung sein Anliegen vorgetragen hatte, versprach diese, ihn zurückzurufen. Noch am gleichen Nachmittag erhielt Clemens einen Termin für den kommenden Donnerstag im Justizministerium. Er solle sich im Sekretariat des Referats Strafrecht melden.

Fast eine Woche noch, Clemens fieberte dem Zeitpunkt entgegen. Clemens hatte beschlossen, Agnes zu diesem Termin mitzunehmen. Das ging nicht so ohne Weiteres, da nur er als Besucher vorgemerkt war. Clemens erklärte, er sei auf der Suche nach seiner früheren Lebensgefährtin sei. Und Agnes sei die gemeinsame Tochter.

Jetzt erkannte der Angestellte die aus den Medien berühmte Frau und strahlte. »Ich will sehen, was sich tun lässt.« Er griff zum Telefon. Nach einer Weile kam er wieder an die Sprechöffnung im Panzerglasfenster.

»Geht in Ordnung. Die Treppe hier hoch, den Gang links runter, Zimmer 374. Melden Sie sich bei Frau Lange. Vorher müssen Sie sich aber bitte noch ausweisen.«

Clemens und Agnes zeigten ihre Personalausweise vor, dann durften sie passieren.

Die Sekretärin bat sie, einen Moment noch im Flur zu warten. Kurz darauf holte ein rundlicher Herr Mitte vierzig sie ab und führte sie in sein Zimmer.

»Peter Krause«, stellte er sich vor und ließ sich die Angelegenheit schildern, um die es ging. Clemens hatte Michael Buße erwartet und sagte das auch.

»Herr Buße ist letztes Jahr leider verstorben. Kurz vor seiner Rente, der arme Kerl. Herzinfarkt, wissen Sie. Am Schreibtisch zusammengebrochen.«

»Das tut mir leid«, sagte Clemens. Gleichzeitig sah er seine Chancen schwinden, über Inga etwas herauszufinden. Herr Krause ließ sich die Angelegenheit schildern und tippte Daten in seinen Computer. Clemens gab ihm alle Informationen, die er von Inga noch wusste, wie Geburtsdatum und Adresse. Sogar der Name ihrer Eltern fiel ihm ein. Doch immer wieder schüttelte Herr Krause bedauernd den Kopf.

»Ich bin mit meinem Latein am Ende«, gestand er. »Einen kleinen Hoffnungsschimmer gibt es noch. Da wir noch nicht alle Unterlagen digitalisiert haben, kann ich da unten in dem verstaubten Papierarchiv nachsehen. Das kann allerdings etwas dauern.«

Agnes und Clemens bedankten sich bei ihm für die Mühen im Voraus. »Für Sie tue ich das doch gern«, verabschiedete er die beiden, und sie merkten, dass er es ernst meinte.

Clemens gab nicht auf. Er stöberte in seiner Vergangenheit herum, begann eine richtig detektivische Arbeit. Er suchte sämtliche alten Freunde auf, derer er habhaft werden konnte. Darunter waren einige halbseidene Gestalten. Er befragte sie, ob sie sich an seine alte Freundin Inga noch erinnern und ihm irgendeinen Anhaltspunkt über deren Verbleib liefern könnten. Doch Fehlanzeige.

Dann meldete sich Herr Krause bei ihm und entschuldigte sich als Erstes, dass er so lange gebraucht hätte. Er habe sämtliche Dokumente zu dem infrage kommenden Zeitraum einzeln durchgeschaut, doch eine Akte Inga Braun gäbe es definitiv nicht.

»Zwischen zwei Akten habe ich allerdings einen Zettel gefunden, der irgendwo rausgerutscht sein muss«, meinte er entschuldigend. »Da war handschriftlich drauf vermerkt: Inga Brauns Nachname auf Wunsch in Oppermann ändern. Strich. Und ein Datum: 13. 10. 1954. Kann sein, das war ihr neues Geburtsdatum. Die Handschrift ist jedenfalls die meines Vorgängers.«

Clemens bedankte sich überschwänglich bei Herrn Krause. Nun hatte er endlich einen konkreten Anhaltspunkt.

Bei den Einwanderungsbehörden der USA irgendwelche Auskünfte über gesuchte Personen zu bekommen, erwies sich als überaus schwierig. Clemens telefonierte, schrieb, faxte, verschickte E-Mails, wurde von Stelle zu Stelle verwiesen. Eine Mrs. Oppermann oder Opperman, auch Operman, war nirgendwo bekannt. Ihr Geburtsdatum half nicht weiter. Nett und freundlich waren die Amis, doch Clemens hatte nicht den Eindruck, dass sich bei den USCIS, den U.S. Citizenship and Immigration Services, irgendjemand wirklich für seine Angelegenheit interessierte.

Clemens bekam Zweifel. War Inga denn überhaupt in die

USA ausgewandert? Nicht einmal das war sicher. Es war lediglich ein Hinweis von Manfred, kurz vor dessen Hinrichtung.

Mitten in diese Überlegungen und Recherchen hinein kam die Mitteilung des Nachlassgerichts, wonach der Bundesgerichtshof ihm die Entscheidung unter bestimmten Direktiven überlassen hatte.

Danach konnte Clemens sein Erbe nicht einfach antreten, sondern hatte gewisse Einschränkungen zu akzeptieren. Unter anderem hatte er mit dem *Krisenstab Reservate* zusammenzuarbeiten, und Amtmann Schulz war ihm nach wie vor als Verbindungsmann zur Regierung zur Seite gestellt, jedoch mit deutlich weniger Befugnissen.

Eine Veräußerung der Reservate war so lange ausgeschlossen, bis deren Status vom Verfassungsgericht geklärt war. Letzteres hatte zu entscheiden, ob der Sonderstatus ähnlich einer ausländischen Vertretung rechtens war. So lange gelte für das Gelände der Rechtsstatus der Bundesrepublik Deutschland. Ferner hatte es darüber zu befinden, ob Clemens Röder nach dem Tod Rudolphs von Wallmoden alleiniger Inhaber des Sperrgebiets bliebe.

Er, Clemens Röder, habe deshalb alles daran zu setzen, die Bewohner weiter in die bestehenden sozialen Strukturen zu integrieren. Sie genössen Freizügigkeit, und ihnen stünden sämtliche Menschenrechte zu.

»Meinen Sie denn«, wandte sich Clemens an Schulz, »ich wollte die Sklaventreiberei fortsetzen?«

Der Delegationsleiter lachte. »Nein, das glauben wir nicht. Sie haben ja bewiesen, dass Sie genau das Gegenteil wollen. Trotzdem brauchen wir eine schriftliche Bestätigung von Ihnen.«

Wieder ein Vertrag, dachte Clemens.

»Ich habe die Absicht, das ganze Gelände den Bewohnern zu schenken, zumindest meinen Anteil«, verriet Clemens dem Beamten. »Spricht etwas dagegen?«

»Verschenken wäre eine Art Veräußerung, und die ist Ihnen im Moment untersagt«, erklärte Schulz. »Doch es wäre das Nobelste, was Sie tun könnten.« Die drei Beamten, die Clemens die Mitteilung des Nachlassgerichts persönlich überbrachten, waren sichtlich beeindruckt.

»Und wann bekomme ich die Kiste mit den *Reservatssachen* zurück? Dort gehört der neue Vertrag ja hinein.« Ohne dass Schulz ihm diese Frage hätte beantworten können, gratulierten er und die beiden anderen Herren ihm zu dieser Erbschaft.

Ein Jahr später erhielt Clemens per DHL einen Teil der *Reservatssachen* zurück. Alle Schriftstücke aus der Zeit vor 1949 waren dem Deutschen Historischen Museum in Berlin zugesprochen worden.

Eine Woche darauf erreichte ihn ein Schreiben der Bundesregierung, in der diese sich auf die Entscheidung des Bundesverfassungsgerichts bezog. Danach fungiere die Bundesrepublik Deutschland in dieser Angelegenheit als Rechtsnachfolgerin des Staates Preußen, was bedeutete, dass die Verträge formaljuristisch gesehen fortzuführen waren. Da sie jedoch allen derzeit gängigen Rechtsregularien widersprächen, empfahl das Gericht, das sogenannte Hoheitsgebiet in Privatbesitz zu überführen. Darüber solle sich die Regierung mit den Erben außergerichtlich einigen. Die übrigen Privilegien, wie Schießübungen, Bombenabwürfe und eigene Gerichtsbarkeit, hätten keine Gültigkeit mehr.

Clemens las das Schreiben seinen Freunden vor. »Na, da werd ich mich mit dem Privatbesitz doch wohl zufriedengeben«, meinte Clemens lachend, und die ganze Runde stimmte in sein Lachen mit ein.

Am nächsten Tag kam ein Brief aus New York. Mit Bedauern wurde darin mitgeteilt, dass man die Recherchen zu einer deutschen Einwanderin namens Opperman eingestellt habe.

»Sei nicht traurig, Papa«, tröstete Agnes ihren Vater, weil sie sah, dass sich Furchen auf seiner Stirn abzeichneten. »Wir haben so viel erreicht, und es grenzt geradezu an ein Wunder, dass wir uns gefunden haben. Wer weiß denn, ob meine Mutter überhaupt noch lebt?«

Ohne zu antworten nahm Clemens seine Tochter in die Arme und drückte sie lange an sich.

***

Zwei Wochen später klingelt es bei Fritz.

Agnes öffnet die Tür, ihre Familie wohnt jetzt fest bei ihm. Eine Frau, Anfang siebzig, steht vor ihr und lächelt sie aus tiefliegenden, aber hellwachen, graugrünen Augen an.

»Mein Name ist Astrid Wilding-Opperman«, stellt sie sich mit leicht englischem Akzent vor. »Früher hieß ich Inga Braun. Ich habe in Kanada viel über euch gelesen. Auch in den Nachrichten wart ihr andauernd. Ich muss euch einfach sehen.«